Avanzando

Gramática española y lectura

Avanzando

Gramática española y lectura

séptima edición

CARMEN SALAZAR
RAFAEL ARIAS
Los Angeles Valley College
SARA LEQUERICA DE LA VEGA

WILEY

VICE PRESIDENT AND EXECUTIVE PUBLISHER	Jay O'Callaghan
DIRECTOR, WORLD LANGUAGES	Magali Iglesias
ASSOCIATE EDITOR	Maruja Malavé
SENIOR PRODUCT DESIGNER	Lydia Cheng
ASSOCIATE CONTENT EDITOR	Christina Volpe
MARKETING MANAGER	Rolando Hernández
MARKET SPECIALISTS	Lee Ann Stone and Glenn Wilson
SENIOR CONTENT MANAGER	Lucille Buonocore
SENIOR PRODUCTION EDITOR	Anna Melhorn
SENIOR DESIGNER	Wendy Lai
SENIOR PHOTO EDITOR	Sheena Goldstein
SENIOR MARKETING MANAGER	Margaret Barrett
CREATIVE DIRECTOR	Harry Nolan
PRODUCTION SERVICES	PreMediaGlobal
COVER PHOTO CREDIT	© Anthony Arendt/Alamy Limited
COVER DESIGNER	Kapo Ng

This book was set in 10/12 Berkeley by PreMediaGlobal, and printed and bound by Donnelley Jefferson City

This book is printed on acid-free paper.

Founded in 1807, John Wiley & Sons, Inc. has been a valued source of knowledge and understanding for more than 200 years, helping people around the world meet their needs and fulfill their aspirations. Our company is built on a foundation of principles that include responsibility to the communities we serve and where we live and work. In 2008, we launched a Corporate Citizenship Initiative, a global effort to address the environmental, social, economic, and ethical challenges we face in our business. Among the issues we are addressing are carbon impact, paper specifications and procurement, ethical conduct within our business and among our vendors, and community and charitable support. For more information, please visit our website: *www.wiley.com/go/citizenship*.

Evaluation copies are provided to qualified academics and professionals for review purposes only, for use in their courses during the next academic year. These copies are licensed and may not be sold or transferred to a third party. Upon completion of the review period, please return the evaluation copy to Wiley. Return instructions and a free-of-charge return shipping label are available at *www.wiley.com/go/returnlabel*. If you have chosen to adopt this textbook for use in your course, please accept this book as your complimentary desk copy. Outside of the United States, please contact your local representative.

978-1-118-28023-2

Printed in the United States of America

10 9 8 7 6 5 4 3 2 1

In Memoriam

Sara Lequerica de la Vega

Precise grammar explanations, engaging readings, and a flexible organization are just a few reasons why *Avanzando: gramática española y lectura,* Seventh Edition, is so effective in high-intermediate to advanced Spanish courses both for heritage and non-heritage students.

Featuring a new thematic approach that exposes students to current topics, *Avanzando* continues to offer a comprehensive look at Spanish grammar. The flexible organization of the text, which has been tested and refined through six highly successful editions, encourages students to build on their current Spanish language skills and learn more advanced grammar points while developing their cultural knowledge and critical thinking skills, all in Spanish.

The clear grammar explanations and thorough practice activities are complemented by engaging, theme-based readings in each chapter in Part I, and a selection of short stories by well-known Spanish and Latin American authors in Part II. Reading activities encourage close reading and analysis of the texts, and are designed to develop critical thinking skills and to generate class discussion.

Here is how *Avanzando: gramática española y lectura*, Seventh Edition, works:

Part I: Gramática y lectura

Each chapter is organized around three main components:

Lectura.   A reading selection introduces the theme of the chapter. Reorganized for the seventh edition, each selection is preceded by vocabulary-building tasks and pre-reading questions. Post-reading activities aim to 1) verify students' comprehension of the selection, 2) elicit their opinions and views on the topic, and 3) generate analysis and spark discussion of the information presented.

Gramática.   Grammatical explanations are presented in simple Spanish with multiple examples drawn from the chapter theme, and English equivalents are provided for the most difficult structures. The topic of the chapter's opening **Lectura** is carried over in grammar activities, blending practice of specific structures with additional opportunities for students to express their ideas on the chapter theme.

Práctica de escritura.   This component reviews and expands on the rules of accentuation introduced in the preliminary chapter. Accent rules are applied as they relate to specific grammar points presented in the chapter. A brief section introduces other spelling rules. Finally, students are presented with topics for written composition related to the chapter theme and asked to think critically and express their ideas on them. Questions and suggestions are included to guide the students through the writing process.

Part II: Lectura

This part includes four short stories by well-known Spanish and Latin American writers. Introductory questions, vocabulary and vocabulary practice precede each story which is followed by comprehension and analysis questions. Grammar exercises focusing on the review of a particular structure exemplified in use in the story complete the post-reading activities.

New to this edition

◆ The *Capítulo Preliminar* has been updated in keeping with the latest changes in the 2010 norms of the *Real Academia Española* and includes new activities.

◆ **Lecturas** are based on thought-provoking themes that reflect life in the 21ˢᵗ Century. These readings —all but one new to the seventh edition— are designed to elicit pro or con reactions, which students are encouraged to express orally and in writing, thus becoming better engaged in the learning process. These authentic selections are taken from newspapers and journals with only slight adaptations.

◆ A **Prelectura** section that includes questions and new vocabulary building activities has been added in both Parts I and II. Active vocabulary is highlighted within the text and glosses in English help with lower frequency vocabulary.

◆ The **Gramática** section offers a revised sequence of grammatical points. A few items have been moved from one chapter or section to another in order to give more coherence to the text. For example, **tener** and **haber** are now included in Chapter 3 with other *to be* verbs like **ser** and **estar.** Prepositions are now covered in Chapter 5.

◆ Grammar explanations have been revised, making them easier to understand and examples are, whenever possible, more consistently related to the **Lectura** theme. A new design in format and numbering provides ease of use.

◆ A less formal approach is maintained by addressing students with the familiar *tú* instead of *usted* in the activities, most of which are new for the seventh edition and presented in a contextualized format. While many of the activities focus on discrete points of grammar, open-ended activities call for creativity, analysis, and reasoning. The seventh edition includes activities based on visuals, either presented in the text or available via Internet sites such as *YouTube*, etc.

◆ Although translation is kept to a minimum as a general practice model, some activities involve translation when there is a need to distinguish specifically between English and Spanish structures.

◆ Culture is integrated through the readings and the grammar activities. This edition makes use of very short (maximum 4 lines) poems or quotations by well-known writers (Bécquer, Machado, Gómez de la Serna) to illustrate a particular grammar point as well as longer poems or art work in the activities.

Complete program

In addition to the textbook, the *Avanzando: gramática española y lectura*, Seventh Edition program has the following components:

Cuaderno de Actividades (ISBN: 978-1-118-47254-5) This component has been completely revised. Numerous exercises of varying degrees of difficulty reinforce the grammatical structures presented in the text and help students master problem areas.

As in the textbook, the exercises in the workbook have been contextualized whenever possible. An answer key at the end of the workbook allows students to check their own work.

Online resources for students and instructors will be available at www.wiley.com/college/

Instructor Resources
- Chapter Exams and Answer Keys
- Textbook Answer Key

Student Resources
- Self-Tests
- Internet Activities
- Appendices:
  Lista de países y gentilicios
  Abreviaturas
  Lista de verbos irregulares
  Palabras que se prestan a confusión

We wish to thank the editorial and production staff at John Wiley & Sons, Inc. for their expertise and guidance in the production of this text, and especially Maruja Malavé, our Project Director, for her tireless support. For the design and work on the Internet Activities and the Testing Program we are indebted to Professor Argelia Andrade of *Los Angeles Valley College*. We also thank the following reviewers who took the time and care to fill out the publisher's questionnaires with valuable comments and suggestions:

German Lorenzo Ayala, *Saint Louis University*; Manel Lacorte, *University of Maryland, College Park*; Yvette Aparicio, *Grinnell College*; Karen Martin, *Texas Christian University*; Blas Hernández, *Radford University*; Celia Alpuche May, *Truman State University*; Yelgy Parada, *Los Angeles City College*; Lisa DeWaard, *Clemson University*; Vanessa Fonseca, *Arizona State University-Tempe*; Geraldine Ameriks, *University of Notre Dame*; Thomas Mathews, *Weber State University*; Aldona Pobutsky, *Oakland University*; Miriam Gorriaran, *University of Rhode Island/Rhode Island College*; Clara Pascual-Argente, *Rhodes College*; Ines Arribas, *Bryn Mawr College*; Mary Harges, *Missouri State University*; Beatrice Pita, *University of California, San Diego*; Juan Carlos Gallego, *California State University, Fullerton*; Jerome Mwinyelle, *East Tennessee State University*; Concepción Martínez, *University of North Texas-Denton*; María Elena Francés-Benítez, *Los Angeles Valley College*; Gwen Baxter, *University of Memphis*; Jeffrey Bruner, *West Virginia University*; Gloria Arjona, *California Institute of Technology*; Kimberlie R. Colson, *Indiana University-Kokomo*; Kayla S. García, *Oregon State University*.

Carmen Salazar
Rafael Arias

CONTENIDO

Parte 1 GRAMÁTICA Y LECTURA 1

CAPÍTULO 3   ADELANTOS TECNOLÓGICOS   87

CAPÍTULO 4   EL ARTE Y EL COMPROMISO SOCIAL   115

CAPÍTULO 5   LA NATURALEZA AMENAZADA   142

CAPÍTULO 6   FLUJOS SOCIALES 174

CAPÍTULO 7   EL VOLUNTARIADO Y LA SOLIDARIDAD 199

$\mathscr{Parte}$ 2 LECTURA

VOCABULARIO

APÉNDICES

ÍNDICE

CREDITS

GRAMÁTICA Y LECTURA

Capítulo Preliminar

© David Parsons/iStockphoto

DIPTONGOS Y TRIPTONGOS

Vocales fuertes = **a, e, o**   Vocales débiles = **i, u**

DIPTONGOS

Combinación de una vocal débil
y una fuerte, o dos vocales
débiles, cuya duración equivale
a una sílaba.

ai ia	au ua	ei ie	iu ui
eu ue	oi io	ou uo	

aire	autor	reina	ciudad
gloria	agua	diente	cuidado
neutro	oigo	bou*	
bueno	radio	cuota	

TRIPTONGOS

Combinación de una vocal fuerte entre
dos vocales débiles cuya duración
equivale a una sílaba.

iai iei	uai uei
iau uau	

apreciáis	Uruguay
pronunciéis	averigüéis
miau	
guau	

1. No hay diptongo cuando la vocal débil lleva tilde (acento escrito) puesto que esta se convierte en vocal fuerte: dí-a, con-ti-nú-a. Si la tilde va sobre la vocal fuerte se mantiene el diptongo: lec-ción, diá-lo-go.

2. Cuando la **i** final de los diptongos y triptongos ocurre al final de una palabra, se escribe con **y**.

    hoy   hay   ley   Paraguay   rey   muy

3. Los diptongos **ue** e **ie** se escriben con **h** (**hue, hie**) cuando están al principio de una palabra.

    hueso (*bone*)   huésped (*guest*)   huevo (*egg*)   hierro (*iron*)
    huerta (*orchard*)   hielo (*ice*)   hierba (*grass*)   hiedra (*ivy*)

4. La **h** entre dos vocales no impide que formen diptongo.

    ahijado (*godchild*)   **ahu**mado (*smoked*)   **cohi**bir (*to inhibit*)

 P-1   PRÁCTICA

Subraya los diptongos o triptongos en las palabras de la siguiente lista.
¡Cuidado! Algunas palabras tienen más de un diptongo y otras no tienen
ninguno.

Modelo: di**ar**iamente

1. astronomía
2. Rafael
3. país
4. gobierno
5. negocio
6. lengua
7. después
8. bilingüe
9. océano
10. suéter
11. Raúl
12. continuéis
13. sociólogo
14. estadounidense
15. virrey
16. traer

---

* Tipo de pesca que se hace con redes.

DIVISIÓN DE SÍLABAS

1. En las palabras con prefijos generalmente se separan las partículas añadidas aunque esa separación no coincida con la división en sílabas. Se aceptan ambas divisiones.

> des-i-gual/de-si-gual   in-ac-ti-vo/i-nac-ti-vo   in-ú-til/i-nú-til

2. En las palabras sin prefijos, una consonante entre dos vocales siempre forma sílaba con la vocal que le sigue.

> A-li-cia   e-ne-mi-go   to-rre   ge-ne-ral   u-sar

3. Si hay dos consonantes juntas, usualmente la primera pertenece a la sílaba anterior y la segunda, a la siguiente.

> car-ta   cuan-do   guan-tes   puer-ta   at-le-ta

NOTA: En general la combinación **tl** se separa en España; sin embargo, en Hispanoamérica (sobre todo en palabras de origen náhuatl) y en Canarias, la combinación **tl** se pronuncia dentro de la misma sílaba. Por esta razón se admiten ambas divisiones: at-le-ta/a-tle-ta; At-lán-ti-co/A-tlán-ti-co; Ma-zat-lán/Ma-za-tlán.

4. No se separan las siguientes combinaciones:

ch, ll, rr	mu-**cha**-cha	ca-ba-**llo**	co-**rrer**	**fl, fr**	in-**fluen**-cia	re-**fres**-co
bl, br	ha-**blar**	a-**bri**-go		**gl, gr**	con-**glo**-me-ra-do	a-le-**gre**
cl, cr	pro-**cla**-mar	re-**cre**-o		**pl, pr**	com-**ple**-tar	ex-**pre**-sar
dr, tr	cua-**dro**	de-**trás**				

5. Si hay tres consonantes entre dos vocales y la segunda consonante es una **s**, las dos primeras consonantes pertenecen a una sílaba y la tercera consonante, a la siguiente.

> cons-ti-tu-ción   ins-ta-lar   obs-tá-cu-lo   abs-ti-nen-cia   ins-tan-te

Pero cuando hay una combinación de **consonante + l** o **r**, esta combinación forma sílaba con la vocal que sigue.

> em-ple-a-do   no-viem-bre   dis-tri-to   cos-tum-bre   ex-trac-to

6. Si hay cuatro consonantes entre dos vocales, dos consonantes forman sílaba con la primera vocal y las otras dos con la segunda vocal.

> cons-truir   ins-truc-ción   ins-cri-bir   abs-trac-to   obs-truc-ción

7. Las únicas letras que se repiten y se separan son **c** y **n**.

> ac-ción   a-trac-ción   lec-ción   in-ne-ce-sa-rio   in-nu-me-ra-ble

8. No se separan las vocales de los diptongos y triptongos. Recuerda: La **h** entre una vocal fuerte y una débil no impide la formación de un diptongo.

> die-ci-sie-te   aun-que   Pa-ra-guay   prohi-bi-ción   ahu-mar

Sin embargo, cuando la vocal débil lleva el acento tónico (el acento hablado) se deshace el diptongo y se separan las vocales. La disolución del diptongo se señala con una tilde (acento escrito) sobre la vocal débil.

| Ra-úl | Co-ím-bra | le-ís-te | i-rí-a | bio-gra-fí-a |

9. Al escribir una palabra al final de una línea, no se deben separar las sílabas de manera que quede una sola vocal al final del renglón o al principio del siguiente. Igualmente, se debe evitar que la sílaba empiece con *x*.

Incorrecto	*Correcto*	*Incorrecto*	*Correcto*
a-demás	ade-más	cone-xión	co-nexión
simultáne-o	simultá-neo	o-xígeno	oxí-geno

 P-2   PRÁCTICA

Divide las siguientes palabras en sílabas.

1. Venezuela	6. poema	11. abstracción	16. político
2. pájaros	7. anillo	12. automóvil	17. arbusto
3. diría	8. aquellos	13. instalar	18. orígenes
4. cuota	9. angelito	14. riqueza	19. agencia
5. selva	10. empleo	15. interesante	20. biología

 P-3   PRÁCTICA

Divide las palabras como si estuvieran al final del renglón. En algunos casos hay varias posibilidades.

Modelos: economía   **eco-nomía**   econo-mía
aéreo   **aé-reo**

1. transporte	4. zanahoria	7. olivas	10. rehusar
2. errores	5. cabello	8. instantáneo	11. preocupado
3. anillo	6. exagerar	9. diccionario	12. ahijado

ACENTUACIÓN*

En todas las palabras de dos o más sílabas, hay una sílaba que se pronuncia con más intensidad (*stress*) que las demás. Esta sílaba más fuerte se llama **sílaba tónica** (*stressed syllable*).

1. En la mayoría de las palabras que terminan en **vocal, n** o **s**, la sílaba tónica es la penúltima (*next to the last*).

    gran-de   res-**pe**-to   **co**-mo   ca-**mi**-nan   **bai**-las

2. En la mayoría de las palabras que terminan en **consonante**, excepto **n** o **s**, la sílaba tónica es la última (*the last*).

    es-pa-**ñol**   a-**rroz**   a-**mor**   ca-pa-ci-**dad**   nor-**mal**

3. Toda palabra cuya acentuación es diferente lleva una tilde sobre la sílaba tónica.

    ca-**fé**   a-**llá**   **lá**-piz   a-**diós**   **Pé**-rez

4. Según el lugar donde esté la sílaba tónica, las palabras se dividen en **agudas, llanas** o **graves, esdrújulas** y **sobresdrújulas**.

AGUDAS

En las palabras agudas la sílaba tónica es la última.

    pa-**sar**   a-**mar**   cris-**tal**   li-ber-**tad**   a-**zul**   ca-**paz**

Llevan tilde cuando terminan en **vocal, n** o **s**.

    ma-**má**   can-**té**   sa-**lí**   pa-**só**   hin-**dú**   Ra-**món**   na-**ción**   es-**tás**

LLANAS O GRAVES

En las palabras llanas la sílaba tónica es la penúltima.

    Ro-sa   **puer**-ta   ca-**mi**-no   lle-**va**-mos   es-**cri**-ben   **ca**-sas

Llevan tilde cuando terminan en **consonante**, excepto **n** o **s**.

    dó-lar   **már**-mol   Fer-**nán**-dez   ca-**dá**-ver   di-**fí**-cil   **Fé**-lix

ESDRÚJULAS

En las palabras esdrújulas la sílaba tónica es la antepenúltima (*the third syllable counting back from the end of the word*).

    re-**pú**-bli-ca   A-**mé**-ri-ca   **pá**-ja-ro   re-**gí**-me-nes   ven-**dér**-se-la

Siempre llevan tilde.

SOBRESDRÚJULAS

En las palabras sobresdrújulas la sílaba tónica es la anterior a la antepenúltima (*fourth syllable counting back from the end of the word*).

    llé-ve-se-lo   es-**crí**-ba-me-lo   **lé**-a-me-lo   **dí**-ga-se-lo

Las palabras sobresdrújulas corresponden siempre a formas verbales con pronombres añadidos y todas llevan tilde en la sílaba tónica.

---

* Hay un repaso de acentuación en cada capítulo.

5. Las palabras de una sílaba (monosilábicas) en general no llevan tilde.

   fui   fue   dio   bien   guion

6. En ciertas palabras monosilábicas que se escriben de la misma manera, la tilde sirve para indicar una diferencia de significado y uso gramatical. La diferencia en la pronunciación es casi imperceptible, pero la palabra que lleva tilde se pronuncia acentuando un poco más la vocal.

aun *even* (adverbio)	Viaja sola **aun** sin ser mayor de edad.
aún* *yet; still* (adverbio)	**Aún** no hemos ido al banco.
dé *give* (verbo)	No nos **dé** tanta tarea.
de *of* (preposición)	Ellos son **de** Colombia.
él *he* (pronombre personal)	**Él** llegó ayer, ¿verdad?
el *the* (artículo)	**El** niño está llorando.
más *more* (adverbio)	¿Te sirvo **más** limonada?
mas *but* (conjunción y adverbio)	No la vi, **mas** la llamé.
mí *me* (pronombre preposicional)	Estos guantes son para **mí**.
mi *my* (pronombre posesivo)	**Mi** primo está en Chile.
sé *I know*; *be* (mandato) (verbo)	No **sé** la respuesta.
	Hijo, **sé** un poco más cortés.
se *herself, himself, him, her* (pronombre reflexivo y de complemento indirecto), (**se** impersonal y voz pasiva)	Ella **se** levanta temprano.
	Yo **se** lo dije a Luis.
	Se habla inglés.
	La casa ya **se** vendió.
sí *yes* (adverbio)	¿Sales esta noche? **Sí**, claro.
sí *himself, herself* (pronombre)	Trabaja para **sí** mismo.
si *if* (conjunción)	**Si** quieres, vamos juntos.
té *tea* (nombre)	Ya serví el **té**.
te *you* (pronombre de complemento directo, indirecto y reflexivo)	Sonia **te** llamó ayer.
	Te compré un anillo.
	¿A qué hora **te** acostaste anoche?
tú *you* (pronombre personal)	¿Cuándo se van **tú** y Jorge?
tu *your* (pronombre posesivo)	Aquí está **tu** *iPad*.

---

* Debido a la tilde, **aún** tiene dos sílabas.

7. En palabras de más de una sílaba que se escriben de la misma forma, la tilde sirve para distinguir la pronunciación o el significado.

   público (*public*)   publico (*I publish*)   publicó (*he, she published*)

8. Cuando el acento tónico recae en la vocal débil no se forma diptongo y se requiere la tilde para indicar que se trata de dos sílabas. Compara las siguientes palabras.

   dí-a   co-me-**dia**   **o-ís**-te   **oi**-go   **pa-ís**   **pai**-sa-je

9. Los adjetivos que llevan tilde la conservan al añadir la terminación adverbial -**mente**.

   rápido   rápidamente   fácil   fácilmente   difícil   difícilmente

10. Las palabras compuestas llevan tilde solo en el último componente aun cuando ambos lle-van tilde cuando se escriben por separado. La excepción es cuando los componentes se unen mediante un guion.

    decimoséptimo   físico-químico   histórico-geográfico

11. Si en la palabra compuesta la primera llevaba tilde, esta se pierde.

    así   asimismo   balón   baloncesto   décimo   decimoquinto

12. Algunas palabras cambian al formar el plural.

    Las palabras agudas que terminan en **n** o **s** pierden la tilde porque se convierten en palabras llanas.

    corazón → **corazones**   nación → **naciones**   francés → **franceses**

    Las palabras llanas que terminan en **consonante**, excepto **s**, llevan tilde porque se con-vierten en palabras esdrújulas.

    examen → **exámenes**   árbol → **árboles**   lápiz → **lápices**

    Algunas palabras cambian el acento tónico al usarse en plural; como consecuencia, la tilde se pierde o cambia de posición.

    carácter → **caracteres**   régimen → **regímenes**   espécimen → **especímenes**

13. Las palabras interrogativas y exclamativas, directas e indirectas, llevan tilde.

Directas	Indirectas
¿**Qué** quieres?	No sé **qué** quieres.
¿**Cómo** estás?	Ella preguntó **cómo estás**.
¡**Qué** bello día!	Elsa dijo que **qué** día tan bello.

Observa la diferencia en las variantes de **por qué**.

¿por qué?	¿**Por qué** (*why*) no comes?
porque	No como **porque** (*because*) no tengo hambre.
porqué	Quiero saber el **porqué** (*why, reason*) de tu decisión.
por que	Esa es la razón **por que** (la cual) (*for which, why*) te llamé.

14. ¡OJO! Nuevas normas de la Real Academia Española (2010):*

◆ Se recomienda no escribir con tilde nunca la palabra **solo**, ni los pronombres demostrativos **este, ese, aquel**, etc.

Roberto escuchó **solo** la música. Nadie estaba con él en la sala.
Escuchó **solo** (solamente) la música popular.
Esa (adjetivo) música es su favorita. **Esa** (pronombre) es mi favorita también.

◆ La conjunción **o** no se debe escribir con tilde, ya sea entre palabras o entre números.

¿Qué prefieres, té **o** café?
Prefiero café, con 2 **o** 3 cucharaditas de azúcar.

◆ Los verbos seguidos de pronombres (me, te, nos, se, le, etc.) se escriben sin tilde por ser palabras llanas terminadas en vocal.

dé   **Deme** aquellos papeles, por favor.
está   Niña, **estate** quieta.

P-4   ¿DÓNDE VA EL ACENTO?

Escucha la pronunciación de las siguientes palabras que leerá tu profesor/a. Subraya la sílaba tónica y pon la tilde si se requiere.

1. vendia	5. pondre	9. arbol	13. dolares	17. decimocuarto
2. azucar	6. sentiria	10. compro	14. dificil	18. paracaidas
3. caido	7. aire	11. llevaselo	15. paciencia	19. espantapajaros
4. puntapie	8. sientate	12. veintitres	16. abrecartas	20. socioeconomico

P-5   PALABRAS AGUDAS, LLANAS (GRAVES), ESDRÚJULAS Y SOBRESDRÚJULAS

Escucha la pronunciación de las siguientes palabras que leerá tu profesor/a. Escribe la tilde en las palabras que la necesiten. Después identifica la palabra según su acento con una **A** (aguda), **L** (llana), **(E)** esdrújula, o **S** (sobresdrújula).

1. ____ cartas	7. ____ musicologo	13. ____ almuerzan	19. ____ ayudame
2. ____ unico	8. ____ gramatica	14. ____ leyo	20. ____ azul
3. ____ facil	9. ____ dinero	15. ____ aviones	21. ____ compramelo
4. ____ horror	10. ____ frances	16. ____ aquellas	22. ____ tienen
5. ____ rapido	11. ____ lampara	17. ____ Martinez	23. ____ dinero
6. ____ estas	12. ____ examenes	18. ____ verdad	24. ____ digaselo

---

* En este texto se observan estas normas.

P-6   DIÁLOGO

Corrige el siguiente diálogo poniendo la tilde cuando se necesite en las palabras subrayadas.

ANA: —Me gusta mucho tu voz. ¿Por que no cantas tu en el programa del sábado? Tu puedes cantar en español e inglés mientras que el solo canta en español. Además, no se si te lo dije antes, pero creo que a el no le gusta el tener que cantar con el coro.

EDUARDO: —A mi si me gusta el coro. Pero no se si puedo este fin de semana porque vienen mis primos de México. ¿Quieres que te de un timbrazo (*ring*) esta noche?

 P-7   PRÁCTICA

Las siguientes palabras tienen la sílaba tónica subrayada. Pon la tilde si se necesita.

Roberto y Eduardo cantaran en el programa. Los escuche cuando estaban ensayando y me parecio que estos jóvenes cantaban tan bien como el celebre Andrea Bocelli. Exagero, ¿verdad? Me gustaria que Ana recitara un poema de Bécquer. Recientemente lo leímos en clase y nos gusto muchisimo.

 P-8   RIMA VII DE BÉCQUER*

En el siguiente poema de Bécquer se han omitido las tildes. Con un/a compañero/a lean el poema en voz alta. Después subrayen la sílaba tónica de las palabras y escriban la tilde en las palabras que la necesiten (no es necesario subrayar las palabras de una sola sílaba). Finalmente reciten el poema para la clase.

Rima VII

Del salon en el angulo oscuro,
De su dueño tal vez olvidada,
Silenciosa y cubierta de polvo
Veiase° el arpa.   *Se veía*
¡Cuanta nota dormia en sus cuerdas,
Como el pajaro duerme en las ramas,
Esperando la mano de nieve
Que sabe arrancarlas!°   *pull them*
¡Ay! –pense–. ¡Cuantas veces el genio
Asi duerme en el fondo del alma,
Y una voz, como Lazaro, espera
Que le diga: "¡Levantate y anda!"

---

* Gustavo Adolfo Bécquer (1836–1870), poeta español romántico.

P-9   ¿QUÉ NOS DICE EL POETA?

Vuelve a leer el poema. Aunque el poema habla de un arpa, ¿crees que el poeta se refiere literalmente a un instrumento musical o puede también referirse al talento inexplorado de muchas personas? ¿Cómo podrías relacionar la última estrofa a ti mismo/a? ¿Tienes tú también un genio o talento que todavía no has explorado? Escribe un breve párrafo describiendo un talento que tengas pero que todavía no hayas desarrollado. Al escribir, cuida de poner la tilde en las palabras que la necesiten.

MAYÚSCULAS

1. Se escriben con mayúscula:

◆ Los nombres propios de personas, animales, sobrenombres y apodos.

Pedro López   Rocinante   Juana la Loca   Che Guevara

◆ Los títulos y nombres de dignidad, aunque este uso no es obligatorio.

Su Excelencia   Su Majestad

NOTA: Si los títulos van acompañados del nombre propio, es obligada la minúscula. Asimismo se escriben con minúscula los títulos de cualquier rango.

el presidente Roosevelt   el rey Carlos III
su santidad Benedicto XVI   la ministra de Defensa

◆ Los nombres y pronombres que se refieren a divinidades.

Nuestro Señor   la Virgen Santa   el Creador   Él   Alá

◆ La primera palabra del título de un libro, artículo o pieza teatral.

Lo que el viento se llevó   Bodas de sangre

◆ Los títulos de publicaciones periodísticas y revistas llevan mayúsculas no solo en la primera palabra, sino también en los demás nombres y adjetivos.

El País   El Hogar y la Moda   Muy Interesante

◆ Las abreviaturas de títulos.

usted **Ud.** o **Vd.**   señor **Sr.**   doctor **Dr.**

◆ Los nombres de instituciones.

la Real Academia Española   la Cruz Roja   la Biblioteca Nacional

◆ Los nombres geográficos de ciudades, ríos, montañas, países, etc. y el nombre o artículo que los acompaña si este forma parte del nombre.

el río Amazonas	**el Río Grande**	**la Ciudad de México**	**El Salvador**
el lago Titicaca	**la Sierra Nevada**	**España**	**La Habana**

◆ Los días feriados, ya sean religiosos o nacionales.

el Día de la Independencia   **la Navidad**   **la Semana Santa**

Sin embargo, se escriben con minúscula las palabras como **feliz, próspero, paz.**

Amigos, les deseo una **feliz** Navidad y un **próspero** Año Nuevo.

◆ La primera palabra de un escrito y la que vaya después de un punto, de un signo de interrogación o exclamación y de puntos suspensivos.

¿Adónde? A la oficina.   **Vendrá... Sí,** vendrá esta tarde.
¡Qué sorpresa! **Dile** que pase.   **Dijo** que no. **Que** no quiere ir.

Pero si una pregunta o una exclamación va en medio de una oración, no se usa letra mayúscula después del signo que abre la interrogación o la exclamación.

Llamaron a la puerta y mi hermano me preguntó, **¿esperas** a alguien?

◆ Las siglas y acrónimos que identifican organizaciones comerciales, políticas, etc.

OTAN (*NATO*)   **ABC** (*American Broadcasting Co.*)   **OEA** (*OAS*)

◆ Los nombres de materias académicas cuando se refieren a la disciplina como tal.

La **Psicología** se considera importante para los educadores.
Pero: Es necesario entender la **psicología** de los niños.

2. A diferencia del inglés, no se escriben con mayúscula:

◆ Los días de la semana y los meses y las estaciones del año: **martes, julio, otoño.**

◆ Los adjetivos que denotan nacionalidad: **mexicano, panameña, costarricenses.**

◆ Los nombres de los idiomas: **el inglés, el español, el quechua.**

◆ Los nombres que indican relaciones familiares: **la tía Sara, abuelita Gómez.**

◆ El pronombre **yo.**

◆ Los nombres de las religiones o afiliaciones políticas: **cristiandad, judaísmo, demócrata.**

 P-10   PRÁCTICA

En las siguientes oraciones se han omitido las letras mayúsculas.
Escríbelas cuando sea necesario.

1. el aconcagua es el pico más alto de las américas y tiene 6.959 metros de altura. está en las montañas de los andes en la provincia de mendoza, en la argentina.

2. el venezolano simón bolívar, conocido como el libertador, dedicó su vida a la lucha por la independencia de su patria. murió en la pobreza el 17 de diciembre de 1830.

3. leí en el periódico mexicano *la prensa* un ensayo sobre la historia de hispanoamérica.

4. los chilenos celebran el dia de la independencia el 18 de septiembre.

5. el español es la lengua oficial de casi todos los países de sudamérica, excepto brasil, donde se habla portugués.

6. mi tía guadalupe, con quien pasé la navidad en méxico, me regaló un libro sobre la cultura y la historia de latinoamérica.

LA PUNTUACIÓN

En general, la puntuación en español es parecida a la puntuación en inglés. Una diferencia notable es el caso de las interrogaciones y exclamaciones que llevan un signo invertido al principio de la frase además del que se usa al final: (¿ ?) (¡ !).

Signos de puntuación

arroba	@	llaves	{}
asterisco	*	paréntesis	()
barra o vírgula	/	punto	.
coma	,	punto y coma	;
comillas	" " « »	puntos suspensivos	…
corchetes	[ ]	raya	—
dos puntos	:	signos de interrogación	¿?
guion	-	signos de exclamación	¡!

1. El *punto* se usa:

   ◆ Al final de una oración, de un párrafo, o de un escrito.

   Rosa llegó a las tres de la tarde.

   ◆ Con los números, para separar grupos de tres cifras (en inglés se usa la coma). En algunos países de habla hispana, sin embargo, se prefiere la forma inglesa.

   2.000; 5.345 *(2,000; 5,345)*
   3.450.890 *(3,450,890)*

   ◆ Detrás de las abreviaturas.

   Srta. (señorita); **Atte.** (atentamente); **Sres.** (señores)

2. La *coma* se usa:

   ◆ Para separar el nombre en vocativo.

   Josefina, llámame el lunes. Llámame el lunes, **Josefina**, no el martes.

   ◆ Para separar palabras o frases en serie.

   Entró, se sentó, habló por teléfono y luego salió.

◆ Para separar frases como **al parecer, por consiguiente, ahora bien, al menos**.

No la vi el martes, **por consiguiente**, no le di las noticias.

◆ Para evitar la repetición de un verbo.

Ramona **cenó** en casa; Rubén, en la cafetería.

◆ Para la separación de los decimales (en inglés se usa el punto).

2,6 *(2.6)* **48,35€** *(€48.35)*

3.   Los *dos puntos* se usan:

◆ En los saludos de las cartas (en inglés se usa la coma en cartas informales).

Querido Ernesto: **Estimada Sra. Rosas:**

◆ Para introducir citas textuales.

El mensaje decía: «Llego mañana a las siete».

◆ Para enumerar el contenido de lo que se anunció previamente.

Juanito le pidió a los Reyes Magos *(Three Wise Men)* lo siguiente: **una bicicleta, un bate y un guante de béisbol.**

◆ En los diálogos de los personajes, después de las palabras **explicó, dijo, contestó**, etc.

El chico **le preguntó** al amigo:

—¿Dónde compraste el violín?

Y este **le contestó**:

—No lo compré. Me lo regalaron mis padres.

◆ Después de una enumeración, a modo de resumen.

Se portó como lo que es: **todo un caballero.**

4.   El *punto y coma* indica una pausa mayor que la coma y se usa para separar frases y enumeraciones largas dentro de un párrafo.

No quiero hablar de los planes para el **verano; si** sacan ese tema, les decimos que todavía no sabemos lo que vamos a hacer.

5.   Hay tres tipos de *comillas*: « » (comillas españolas), " " (comillas inglesas) y ' ' (comillas sencillas). En general, hay poca diferencia entre el uso de un tipo u otro. Sin embargo, se alternan cuando es necesario utilizar comillas dentro de un texto ya entrecomillado: « " ' " ».

«Alcé los hombros, musité "**ahora vuelvo**" y me metí en lo oscuro. Al principio no veía nada.» (Octavio Paz, «El ramo azul»)

◆ Cuando se cita literalmente a un autor.

El *Quijote* de Cervantes empieza así: «**En un lugar de la Mancha, de cuyo nombre no quiero acordarme...**».

NOTA: Si el texto que va entre comillas es una oración completa, el punto final se pone *delante* de la comilla que cierra; si lo que está entre comillas es parte de una oración mayor, se pone el punto final *después* de la comilla que cierra.

Entré en la sala y sentí un olor raro. «**Caramba, se quemó la comida.**» Fui corriendo a la cocina para ver qué pasaba.

Después de dar sus opiniones, los miembros del jurado estuvieron de acuerdo en que Mariela «**... tenía todas las cualidades para ser una gran cantante**».

◆ Para destacar los títulos de cuentos, artículos y noticias de un periódico o poesías.

«**El árbol**» es un cuento de Elena Garro.

◆ Cuando se introducen palabras extranjeras, términos con sentido burlesco o irónico o para comentar un término desde el punto de vista lingüístico. En textos escritos con medios donde es posible usar cursiva se recomienda el uso de esta.

Su hermano Juan, el «**ojitos**» del barrio, era un «**yuppie**» que trabajaba sin cesar.
Su hermano Juan, el *ojitos* del barrio, era un *yuppie* que trabajaba sin cesar.

La palabra «**música**» lleva acento en la «**u**».
La palabra *música* lleva acento en la *u*.

◆ En las obras literarias se usan las comillas inglesas para expresar los pensamientos de los protagonistas dentro de una cita.

Raúl salió lentamente, pensando: "**¿Cómo voy a explicarle esto a Ana María?**"

6. Los *paréntesis* se usan:

◆ Para intercalar palabras o expresiones aclaratorias en un texto.

Leímos los párrafos asignados (**páginas 30-35**) antes de contestar las preguntas.
Visitó varias ciudades (**Guanajuato, Morelia y Zacatecas**) cuando estuvo en México.

◆ En textos dramáticos para las acotaciones del autor.

Doña Marta: (**En voz baja**) No es que quiera criticar, pero...

Doña Ana: Bueno, bueno. Vámonos ya.

(**Salen por el lado izquierdo.**)

7. La *raya* se usa:

◆ En los diálogos para indicar las frases de cada hablante.

—¿Cómo te sientes? —le preguntó.
—Muy bien, ¿y tú?

◆ Para separar frases incidentales.

El **Sr.** Suárez **—que llamó ayer para una reservación—** dice que llegará el jueves en vez del martes.

Las frases incidentales también pueden estar separadas por comas o entre paréntesis.

8. El *guion* se usa:

◆ Para separar las palabras en sílabas.

ca-ri-ño   es-pe-jo   tra-ba-jo

◆ En palabras compuestas.

obsesiva-compulsiva   teórico-práctico   amor-odio

◆ Para indicar la parte de una palabra.

-mente   -zco   des-   in-

◆ Para separar los prefijos de las palabras que corresponden a siglas, números o nombres propios.

pro-ONU   super-6   anti-europeísta

Pero: En general los prefijos no se separan de las palabras base.

vicepresidente   multilateral   exmarido   antivirus

9. Los *puntos suspensivos* se usan:

◆ Para indicar que la enumeración continúa.

Allí se encontraban profesores, estudiantes, directores…

◆ Cuando se deja una frase sin terminar, en suspenso, o cuando se sobrentiende lo que sigue.

Yo le insistí, pero… bueno, no vale la pena repetirlo.

◆ Para indicar temor, duda, o titubeo.

Pues… no sé que más pueda decir…

◆ Para indicar que se omiten ciertos pasajes de un texto que se transcribe. En este caso los puntos suspensivos van entre *corchetes* [...] o entre *paréntesis* (...).

El día de su encuentro con Marta [...] tuvo la sensación de que todo había pasado ya.

P-11   PRÁCTICA

Pon la puntuación que haga falta en los siguientes párrafos sobre Alicia y Martín, dos jóvenes que viven en el Sur de California.

Alicia y Martín trabajan en los estudios de Hollywood por lo tanto tienen la oportunidad de conocer a muchos actores y a la vez conseguir entradas gratis para muchos estrenos ventajas que se consiguen en pocos empleos A los dos les encanta su trabajo Alicia trabaja como ayudante de producción Martín como maquillador

Al lado de los estudios hay un cine antiguo que es una joya de la arquitectura art decó En los años 80 quisieron demolerlo *(to tear down)* para construir otro más moderno Sin embargo la oposición de la población que hizo una campaña para preservar el edificio logró salvarlo antes de que lo destruyeran Ahora está completamente restaurado y muestra películas extranjeras y otras más artísticas Cada vez que pueden Alicia y Martín van a ver películas allí Siempre entran se sientan y admiran la bella arquitectura del edificio Los dos se alegran de que este edificio se salvara Alicia siempre dice Martín nunca subestimes *(underestimate)* lo que puede hacer la gente

 P-12   PRÁCTICA

Corrige el siguiente diálogo entre dos amigos, poniendo la puntuación que sea necesaria.

—Estoy leyendo una obra muy interesante titulada *En aquellos años* Te la recomiendo

—De qué trata

—Pues trata de la época de los años setenta y es acerca de los hippies que vivian en Venice California En la primera parte páginas 1-3 se hace una introducción acerca de una comuna específica y después habla de un personaje en particular el ángel de la comuna El ángel en un momento piensa para sí mismo y se pregunta Cómo es que yo me encuentro aquí, entre tanta gente y a la vez tan solo

—Que interesante Por qué crees que se siente solo

—No sé pero voy a seguir leyendo Mira aunque la mayor parte de los hechos ocurre en Venice se mencionan otros sitios Santa Cruz Santa Bárbara San Diego donde también había otras comunas de hippies Luego que termine de leer te cuento más

LA ORACIÓN Y SUS ELEMENTOS PRINCIPALES

Hay ocho tipos de palabras que se usan para formar las oraciones: nombre (o sustantivo), artículo, adjetivo, verbo, adverbio, pronombre, preposición y conjunción.

- ◆ El *nombre*: Designa personas, cosas, lugares y conceptos: **Juan, mesa, libertad**.
- ◆ El *artículo*: Acompaña y modifica el nombre o su equivalente: **el** río, **unas** casas.

◆ El *adjetivo*: Acompaña y modifica al nombre o su equivalente: rosa **blanca, cinco** programas.

◆ El *verbo*: Expresa acción o condición y es el elemento principal de la oración: Ella **juega**.

◆ El *adverbio*: Modifica al verbo, al adjetivo u otro adverbio: Llega **tarde**.

◆ El *pronombre*: Sustituye el nombre: **Ellos** salen. Mañana **los** veo.

◆ La *preposición*: Enlaza palabras indicando la relación entre ellas: clase **de** español.

◆ La *conjunción*: Enlaza oraciones y palabras no complementarias: Ellos tocan la guitarra **y** ellas cantan **y** beben refrescos **o** vino.

1. Una *oración* es toda palabra o conjunto de palabras que expresa un pensamiento completo. En toda oración hay dos partes: el sujeto y el predicado. *Sujeto* es la persona o cosa que realiza la acción o de la cual se habla. *Predicado* es todo lo que se dice del sujeto.

> <u>Alejandra</u>   <u>trabaja en el centro de salud</u>.
>   SUJETO   PREDICADO
> <u>El volcán Paricutín</u>   <u>está en México</u>.

2. Los predicados pueden ser nominales o verbales:

◆ El *predicado nominal* es el verbo **ser** o **estar** + complemento predicativo (sustantivo, adjetivo, o pronombre).

>   predicado nominal
> Mi madre   <u>es</u> <u>enfermera</u>.
>   VERBO SUSTANTIVO
> Los estudiantes <u>están</u> <u>atareados</u>.
>   VERBO   ADJETIVO
> El más generoso <u>es</u>   <u>él</u>.
>   VERBO PRONOMBRE

Los verbos **ser** y **estar** se llaman verbos *copulativos* porque sirven de nexo entre el sujeto y el complemento predicativo. El complemento predicativo califica o clasifica al sujeto.

◆ El *predicado verbal* es el verbo + complementos (directos, indirectos o circunstanciales).

>   predicado verbal
> Manuel   <u>prepara</u> <u>la cena de Nochebuena</u>.
>   VERBO   COMPLEMENTO DIRECTO
> <u>Le</u>   <u>escribo</u> <u>un *email*</u> <u>a mi novio</u>.
> COMPLEMENTO VERBO COMPLEMENTO COMPLEMENTO
> INDIRECTO   DIRECTO   INDIRECTO
> El perro   <u>duerme</u> <u>en el patio</u>.
>   VERBO   COMPLEMENTO
>   CIRCUNSTANCIAL

3. El verbo del predicado verbal puede ser transitivo o intransitivo:

◆ El *verbo transitivo* es el que no tiene completo su significado y necesita un complemento directo para completarlo.

> El viento **mueve** <u>las hojas</u>.   La madre **abraza** <u>a su hijo</u>.

◆ El *verbo intransitivo* es el que tiene significado completo sin necesidad de complemento directo.

> La niña **salta**.   El avión **vuela**.   La señora **sonríe**.

4. Los complementos completan el significado del verbo. Pueden ser directos, indirectos o circunstanciales:

◆ El *complemento directo* es el nombre o pronombre que recibe directamente la acción del verbo transitivo. Generalmente se puede encontrar el complemento directo preguntándole al verbo "¿qué?" o "¿a quién?"

Hacemos **el trabajo**. **Lo** hacemos bien.   ¿Qué hacemos? (el trabajo)
Llamé **a Elena**. **La** llamé.   ¿A quién llamé? (a Elena)

NOTA: El complemento directo va precedido de la preposición **a** cuando se refiere a personas o a animales o cosas personificados excepto después del verbo **tener**.

Saludé **a mis vecinos**.
Llevamos **a mi perro Coco**.   Conozco **el pueblo**.
Extraño **a mi pueblo querido**.   Vemos **las montañas**.

Pero: Tenemos **muchos primos**.

◆ El *complemento indirecto* es la persona o cosa a quien va dirigido el complemento directo. El complemento indirecto puede estar representando por un pronombre. Generalmente se puede encontrar el complemento indirecto preguntándoles al verbo y al complemento directo "¿a quién?" o "¿a qué?".

Le llevamos las flores **a mi madre**.   ¿A quién le llevamos las flores? (a mi madre)
Le pongo azúcar **al café**.   ¿A qué le pongo azúcar? (al café)

◆ El *complemento circunstancial* es la palabra o palabras que modifican el significado del verbo denotando una circunstancia de lugar, tiempo, modo, materia, contenido, etc.

Salimos   <u>**de la Ciudad de México**</u>   <u>**a las tres de la tarde**</u>.
            COMPLEMENTO CIRCUNSTANCIAL DE LUGAR   COMPLEMENTO CIRCUNSTANCIAL DE TIEMPO

Hacen   <u>**la tarea**</u>   <u>**con mucho cuidado**</u>.
        COMPLEMENTO DIRECTO   COMPLEMENTO CIRCUNSTANCIAL DE MODO

 P-13   PRÁCTICA

Indica en las siguientes oraciones el sujeto (**S**), el verbo (**V**) y los complementos (**C**): predicativo (**pr**), directo (**dir**), indirecto (**ind**), circunstancial (**cir**).

Modelo: <u>Manuel de Falla</u> <u>compuso</u> *<u>El amor brujo</u>*.
           S   V   C-dir

1. El venezolano Gustavo Dudamel fue director de la Orquesta Sinfónica Simón Bolívar.

2. Él comenzó los estudios de música a la edad de cuatro años.

3. Dudamel ha ganado muchos concursos de dirección de orquesta.

4. Dudamel incorpora música latinoamericana en su repertorio.

5. Este genio de la música fue nombrado director de la Orquesta Filarmónica de Los Ángeles en 2009.

P-14   PRÁCTICA

Completa las oraciones con los elementos gramaticales que se especifican. Usa palabras que tengan sentido lógico.

1. Ayer _____ compré _____.
       sujeto   complemento directo

2. _____ es _____.
       sujeto   complemento predicativo

3. Marina _____ a su prima.
                     verbo

4. Ella compró las flores _____.
                              complemento circunstancial de lugar

5. Le llevó las flores _____.
                         complemento indirecto

 P-15   EL COMPLEMENTO DIRECTO DE LA ORACIÓN

Escoge la opción que complete la oración con un complemento directo. *¡Cuidado!* Todas las opciones tienen sentido gramatical, pero solo una se clasifica como complemento directo.

1. Deberías escribirles…

   a. acerca de tus planes.   c. esta misma tarde.
   b. un mensaje de texto.   d. a tus padres.

2. No puedo ir al cine con ustedes. Es importante que yo termine…

   a. la tarea esta noche.   c. dentro de poco.
   b. cuanto antes.   d. de prisa.

3. Voy a llamar…

   a. a la oficina.   c. a mi esposa.
   b. al mediodía.   d. al menos.

4. No puedo decirles…

   a. a ellos.   c. toda la verdad.
   b. sin emocionarme.   d. durante la cena.

5. Esta noche pensamos cenar…

   a. en un restaurante.   c. con mi familia.
   b. después de la reunión.   d. pescado frito.

ORACIÓN SIMPLE Y ORACIÓN COMPUESTA

Hay dos tipos de oración: oración simple y oración compuesta.

1. La *oración simple* se compone de una cláusula independiente que incluye por lo menos un sujeto, que puede ser implícito, y un predicado.

Sujeto	Predicado
Estela y yo (nosotros)	terminamos todo el trabajo antes de la una.
	Vimos a Roberto y a su novia en el festival de libros.

2. La *oración compuesta* incluye dos o más cláusulas independientes unidas por conjunciones coordinantes (**y, o, pero,** etc.), o bien, puede incluir una o más cláusulas independientes y una o más cláusulas dependientes (subordinadas) introducidas por conjunciones subordinantes.

cláusula independiente	cláusula independiente	cláusula independiente
Salió de casa temprano **y**	llegó al aeropuerto a las diez,	**pero** el avión ya había salido.

Consiguió otro vuelo **pero** tuvo que esperar dos horas.

cláusula independiente	cláusula subordinada	cláusula subordinada
Salió de casa temprano	**de modo que** llegó al aeropuerto	mucho **antes de que** saliera el avión.

cláusula independiente	cláusula independiente	cláusula subordinada
Compró una revista **y**	se puso a leer	**hasta que** anunciaron su vuelo.
Dijo		**que** estaba cansado.

 P-16   PRÁCTICA

Identifica las siguientes oraciones marcando con una **S** las oraciones simples y con una **C** las oraciones compuestas. Subraya las cláusulas subordinadas.

_____ 1. Hay mucha gente en la calle.

_____ 2. Me llamó ayer tan pronto como supo las noticias.

_____ 3. Trabajará este verano o asistirá a clases en la universidad.

_____ 4. Eduardo y Julio estuvieron en el gimnasio desde las diez hasta las doce.

_____ 5. Me pide que le escriba en cuanto llegue a Buenos Aires.

_____ 6. Salimos del cine a las ocho y después fuimos a cenar.

 P-17   PRÁCTICA

Completa las oraciones con una idea original. Después indica si la oración es simple o compuesta.

1. No sé la respuesta porque...

2. Escogió las clases más difíciles y ahora...

3. Siéntate y...

4. La película que vamos a ver mañana...

5. La familia Gómez desea...

Capítulo 1

© Blend_Images/iStockphoto

EL SENTIDO DEL HUMOR

Enfoque temático

- ◆ Vocabulario
- ◆ Lectura: "La risa y la productividad"
- ◆ Comprensión, análisis y expansión

Objetivos gramaticales

- ◆ Del verbo: persona, número, modo y tiempo
- ◆ Presente de indicativo: formas
- ◆ Usos del presente de indicativo

- ◆ Construcciones reflexivas
- ◆ Verbos que expresan idea de cambio
- ◆ Interrogativos
- ◆ Exclamativos

Práctica de escritura

- ◆ Repaso de acentuación
- ◆ Ortografía: **c**, **s**, **z**
- ◆ Composición

PRELECTURA

 1-1   PREGUNTAS DE PRELECTURA

1. ¿Crees que el sentido del humor es importante en las relaciones humanas? Da razones para tu respuesta.

2. ¿Qué te hace reír? Da un ejemplo de una situación que tú consideres cómica y explica por qué es humorística.

3. ¿Usas también el humor en tus estudios? Explica de qué manera crees que el humor puede ayudar a aprender mejor.

4. ¿Crees que el humor es compatible con el mundo del trabajo? ¿Cómo crees que el humor puede incrementar la productividad en una compañía o corporación?

 1-2   VOCABULARIO

Antes de leer, familiarízate con las siguientes palabras y expresiones que aparecen en negrita en la lectura.

a la vez	al mismo tiempo	despejar	limpiar, aclarar
a saber	es decir; específicamente	eficacia	efectividad, eficiencia
así pues	de esta manera; en consecuencia	empresa	compañía; negocio
		entorno	ambiente, lo que rodea
asimismo	igualmente; también	envolver (ue)	cubrir, empaquetar
asomar	aparecer; mostrarse	herramienta	instrumento
carcajada	risa enérgica	hoy (en) día	en estos tiempos, ahora
comportamiento	forma de actuar	lanzar (c)	tirar, echar
chiste	broma	promover (ue)	impulsar, iniciar
de hecho	en realidad, verdaderamente	restar	disminuir, quitar
deprimente	triste, depresivo		

 1-3   MEJORA TU VOCABULARIO

Escoge la palabra o expresión que mejor complete el sentido de la oración.

1. El humor puede también ser una buena (herramienta/eficacia) de trabajo.

2. El (comportamiento/chiste) humano puede cambiar gracias al humor.

3. La risa puede tener grandes beneficios. (Así pues/A saber), incrementa las endorfinas, induce la relajación y estimula el organismo.

4. Muchas compañías hoy (envuelven/promueven) el uso del humor para crear camaradería entre sus empleados.

5. Nuevas corrientes para mejorar la productividad en el trabajo se están (despejando/asomando) en muchas corporaciones.

6. Oímos (empresas/carcajadas) en la oficina de al lado y supimos que le habían gastado una broma al pobre de Juan.

7. El sentido del humor puede hacer el trabajo más agradable. (Entorno/Asimismo) puede subir la moral de los empleados.

8. (Hoy (en) día/De hecho) las grandes corporaciones buscan formas de introducir el humor en las relaciones con sus empleados.

9. Mi compañía va a (lanzar/restar) un nuevo programa de atención al cliente.

10. Un ambiente de trabajo excesivamente serio y sin humor puede resultar (casual/deprimente).

LECTURA

 ## LA RISA Y LA PRODUCTIVIDAD

Flexibilidad, autonomía y creatividad son los términos de moda° en la actual cultura empresarial. En esta misma línea, el humor y la risa se están perfilando° como excelentes **herramientas** para mejorar la productividad y el clima laboral de cualquier tipo de **empresa** o negocio.   *in vogue* / *becoming*

La cultura empresarial se refiere a los valores y **comportamientos** que subyacen° en una organización empresarial. En los años ochenta y noventa dominaba en las empresas un aire de seriedad y rigidez, donde términos como productividad, competitividad y sinergias formaban parte del vocabulario de los entonces totemizados° ejecutivos agresivos.   *underlie* / *idolized*

Hoy día, los términos de moda son flexibilidad, autonomía y creatividad, y los ejecutivos calco° de la película *Wall Street* han tirado sus corbatas a la basura porque lo que se hace ahora es vestirse casual. Parece que esta relajación no ha servido demasiado, pues los estudios sobre el origen del estrés apuntan al trabajo como la primera causa del mismo y el ritmo y presión laboral no han hecho sino aumentar.   *in imitation*

Quizá sea este el motivo de que una nueva corriente se esté **asomando** por el mundo empresarial: la de utilizar la risa para mejorar la productividad y el clima laboral. Recientemente se publicó un reportaje sobre la risoterapia, una forma de terapia que utiliza la risa como método de sanación°. La psicología clínica ha venido exportando sus métodos al mundo de la psicología empresarial y esta vez no ha sido diferente.   *healing*

Medir el humor

Muchas de estas innovaciones organizativas provienen° de Estados Unidos, donde se ha incorporado al tradicional IQ (*intelligence quotient* o coeficiente intelectual) y al más reciente EQ (*emotional quotient* o coeficiente emocional) el denominado FQ (*fun quotient*), que se traduciría como coeficiente humorístico. **Así pues**, algunas organizaciones han incorporado a las entrevistas de trabajo de sus procesos de selección unas pruebas psicotécnicas donde miden el sentido del humor o capacidades de reír de los candidatos.   *come*

novel

embrace

Entre las empresas que aplican esta novedosa° y sorprendente filosofía se encuentran la compañía aérea norteamericana Southwest Airlines o la pescadería de Seattle Pike Place Fish, que se ha convertido en la más célebre y visitada del mundo. En ella, sus empleados abrazan° a sus clientes, gritan, cantan y hasta **lanzan** el pescado por los aires antes de **envolverlo**. El caso de esta pescadería dio lugar al best seller *Fish!*, en el que se relata la historia de este negocio y cómo trabajar bajo condiciones de diversión aumenta la productividad, produciendo mayores beneficios a las empresas.

Productividad optimista

fluency

insures / anxieties

Más allá de estos ejemplos un tanto extremos, está probado que trabajar en **entornos** en los que se favorece el humor, se da espacio a la espontaneidad o se permiten y **promueven** las risas, genera multitud de resultados positivos. **A saber**: elimina el estrés, aumenta la productividad, es fuente de motivación, estimula la imaginación y favorece la fluidez° de la comunicación entre los diversos miembros de la organización. **Asimismo**, mantiene alta la autoestima de los traba- jadores, asegura° el optimismo y se reducen los miedos o angustias° derivados de los resultados del trabajo.

Restar dramatismo

to take lightly
what it's about
everyday matters /
fair measure
performance
in the manner of /
playful
blunders

Naturalmente, promover el humor en las empresas no significa tomarse a la ligera° las respon- sabilidades, los proyectos o los clientes. De lo que se trata° es de restar dramatismo a lo cotidiano°, de situar en su justa medida° las expectativas negativas que a menudo nos creamos en el desempeño° profesional, de aprender a reírnos de nosotros mismos, **a la vez** que nos to- mamos en serio nuestro trabajo. Algunas de las técnicas recomendadas pasan por enseñar a los trabajadores a pensar en clave de° diversión, por estimularlos a adoptar una actitud lúdica°. Para ello se organizan concursos de ideas divertidas, se premian las anécdotas más graciosas de la semana, se permite que circulen pifias° de los jefes, quienes deben ser los primeros en reírse de ellas y explicarlas al resto, y un largo etcétera.

Hay incluso expertos en transformar empresas serias, aburridas, **deprimentes** y tensas en organizaciones alegres, afables, estimulantes e imaginativas. Varias de estas consultorías profesio- nales operan ya también en España.

Humor y creatividad

A primera vista, todo lo expuesto puede parecer anecdótico y de dudosa **eficacia**. Pues no es así. Desde los griegos (incluido Aristóteles), multitud de filósofos, sociólogos y psicólogos (también el propio Sigmund Freud) han investigado sobre el humor y sus beneficios. Existen en la actualidad varias asociaciones científicas especializadas en esta materia, como la ISHS (*International Society for Humor Studies*), que desde 1976 lleva organizando un buen número de congresos que han reunido a científicos y médicos para tratar del tema. En España, por ejemplo, la Fundación General de la Universidad de Alcalá de Henares ha impulsado varios proyectos relacionados con esta disciplina.

both
unrelated

De hecho, los expertos en creatividad han establecido un paralelismo absoluto entre el humor y la esencia del pensamiento creativo. Y es que la creatividad funciona bajo los mis- mos mecanismos que un **chiste**. En ambos° casos se trata de conectar dos ideas aparentemente inconexas°.

fabric

Si yo digo que "una flor no se muere nunca", habremos de establecer un nuevo para- digma bajo el cual eso sea posible (por ejemplo, una flor artificial o de tela°). En un chiste, el mecanismo es el mismo. Se expone una situación absurda para que quien escuche descubra el paradigma que le da sentido. Por ejemplo, en la escuela, la maestra dice: "A ver, Javier, ¿cómo te imaginas la escuela ideal?". "¡Cerrada, maestra!". En este caso, el nuevo paradigma es que para Javier no existe adjetivo posible para una escuela que tanto aborrece°.

hates

Es pertinente preguntarse si es posible reírse cuando las ventas van mal o cuando una empresa pierde dinero. Cierto es que en la vida y en los negocios hay situaciones en las que es imposible reírse. Sin embargo, me quedo con el ejemplo que nos dio uno de los maestros del humor, quien para una de las peores situaciones también imaginó un chiste. Me refiero a Groucho Marx, en cuya lápida° reza° el epitafio: "Señora, perdone que no me levante".

tombstone / reads

Datos curiosos

Como se sabe, a los monjes de la Edad Media les estaba prohibido reírse. Sin embargo, hoy día un niño ríe 300 veces al día y al llegar a adulto reirá solamente 15. Es una pena, porque un minuto de risa equivale a 45 minutos de relajación, una **carcajada** mueve más de 400 músculos, reír libera endorfinas (un sedante natural del cerebro que logra efectos similares a los de un analgésico). La risa también estimula el bazo°, elimina toxinas, lubrica y limpia los ojos, hace vibrar la cabeza, **despeja** nariz y oídos, ayuda a hacer la digestión y reduce los ácidos grasos.

spleen

1-4   COMPRENSIÓN DEL TEXTO

1. ¿Por qué dice el artículo que el humor se está perfilando como una excelente herramienta en las empresas?

2. Busca en el texto el nombre de una forma de terapia que utiliza la risa como método de sanación. ¿De qué ciencia proviene?

3. Además de las preguntas de selección tradicionales, ¿qué otras pruebas se han incorporado a las entrevistas de trabajo?

4. ¿Qué compañías ya usan este sistema de selección de candidatos?

5. Haz una lista de los beneficios que el humor puede aportar a una empresa.

6. ¿Por qué es gracioso el epitafio de Groucho Marx?

1-5   ANÁLISIS Y EXPANSIÓN

1. Escribe tres cosas que ya sabías sobre el humor y tres cosas nuevas que has aprendido sobre el tema después de leer este artículo.

2. La lectura menciona varios valores empresariales de los años ochenta y noventa. Compara estos valores con los de hoy en día. ¿Cuáles crees que son más efectivos para incrementar la productividad?

3. Este artículo apareció en 2005 en un momento de bonanza económica. ¿Crees que se pueden aplicar los mismos criterios del humor en el trabajo en momentos de crisis, es decir, cuando la economía va mal? Razona por qué.

4. Escribe tres preguntas que harías a un/a candidato/a para determinar su coeficiente humorístico.

5. Explica cómo el humor y el pensamiento creativo pueden ir paralelos.

GRAMÁTICA

DEL VERBO: PERSONA, NÚMERO, MODO Y TIEMPO*

1. El *verbo* expresa una acción o indica un estado o una condición.

Rafael **nada** en la piscina de la universidad con su equipo pero hoy **está** enfermo y no **puede ir** al entrenamiento.

El *infinitivo* es el nombre del verbo y es la forma que aparece en los diccionarios. Corresponde a *to + verb*.

comprar   vender   recibir

El verbo cambia de forma para indicar *la persona, el número, el tiempo y el modo*. Estos cambios o accidentes tienen una gran importancia porque indican quién hace la acción, cuándo ocurre y la actitud de la persona que habla con respecto a esta acción.

compro: primera persona singular del presente de indicativo
compren: tercera persona plural del presente de subjuntivo

De acuerdo con la terminación del infinitivo (**-ar, -er** o **-ir**), los verbos en español pertenecen a una de las tres conjugaciones. La mayoría de los verbos cambian de acuerdo con el siguiente modelo regular.

PRIMERA CONJUGACIÓN		SEGUNDA CONJUGACIÓN		TERCERA CONJUGACIÓN	
SALUDAR		COMER		ESCRIBIR	
saludo	saludamos	como	comemos	escribo	escribimos
saludas	saludáis	comes	coméis	escribes	escribís
saluda	saludan	come	comen	escribe	escriben

---

* Se presenta aquí una breve introducción a la definición de los términos gramaticales.

Los verbos que son irregulares no siguen el modelo de los verbos regulares. Algunos verbos sufren cambios ortográficos o cambio de vocal en la raíz. En este libro estos cambios están indicados y aparecen entre paréntesis junto al infinitivo.

perder (**ie**)	**pierdo**	volver (**ue**)	**vuelvo**
pedir (**i**)	**pido**	dirigir (**j**)	**dirijo**
conocer (**zc**)	**conozco**	vencer (**z**)	**venzo**

Hay un pequeño número de verbos cuyas irregularidades son completamente arbitrarias y, por lo tanto, no pertenecen a ningún grupo. Como se verá más adelante, dos de estos verbos son **ser** e **ir**.

2. Cuando se conjuga un verbo, se presentan las distintas formas o cambios que indican la persona y el número en los distintos tiempos y modos.

La raíz (*root, stem*) es la parte del verbo que antecede a la terminación.

compr ar   **vend er**   **recib ir**

La terminación es todo lo que se añade detrás de la raíz. Indica la persona, el número, el tiempo y el modo. Puesto que la terminación del verbo indica la persona y el número, no es necesario expresar el pronombre correspondiente en los casos que no ofrecen ambigüedad.

(yo) convers**o**	**yo** trabaj**aba**
(nosotros) convers**amos**	ella, él, Ud. trabaj**aba**

3. Hay tres personas: primera, segunda y tercera. El pronombre sujeto es el que determina el número y la persona en una forma verbal.

PERSONA GRAMATICAL	PRONOMBRE SUJETO CORRESPONDIENTE		PERSONA FÍSICA INDICADA POR LA FORMA GRAMATICAL
	SINGULAR	PLURAL	
1ª	yo	nosotros/as	quién habla
2ª	tú	vosotros/as	con quién se habla
	Ud.	Uds.	
3ª	él, ella	ellos/as	de quién se habla
	ello		de qué se habla

NOTAS: Ud. y Uds., aunque son formas de segunda persona puesto que indican **con quién se habla**, gramaticalmente se usan con las formas verbales de tercera persona. Son formas respetuosas que evolucionaron de **Vuestra Merced**, que era la forma que se usaba antiguamente. En Hispanoamérica por lo general se usa **ustedes** como plural de **tú** y **Ud.**; en España se usa **vosotros/as** como el plural de **tú** y **ustedes** como el plural de **usted**.

Ello generalmente se refiere a algo mencionado previamente, pero se usa poco. En su lugar se prefiere usar la forma neutra **eso**. Recuerda que en español no hay equivalencia para *it* cuando funciona como sujeto.

4. Los modos verbales denotan la actitud del hablante con respecto a lo que se dice. Hay tres modos: modo indicativo, modo subjuntivo y modo imperativo.

El *modo indicativo* se usa para informar sobre una acción o condición de una manera definida y objetiva y generalmente expresa los hechos como reales o verdaderos. El indicativo puede usarse en las cláusulas principales o en las cláusulas subordinadas cuando se refieren con certidumbre a un hecho.

Cláusula principal		Cláusula subordinada en indicativo
Leonor **dice**	que	Andrea **vive** en Sevilla.
Es cierto	que	sus chistes **son** divertidos.

Las distintas formas del *modo subjuntivo* generalmente se usan en cláusulas subordinadas y expresan de una manera subjetiva un hecho o condición que depende de la actitud mental del sujeto de la cláusula principal. Esta actitud puede ser de duda, emoción, deseo, incertidumbre, o negación.

Cláusula principal		Cláusula subordinada en subjuntivo
Dudo	que	la empresa **pueda** introducir cambios tan rápidamente.
Los empleados pidieron	que	los **dejaran** vestirse casualmente.
Me alegro de	que	te **haya gustado** nuestro entorno de trabajo.

El *modo imperativo* se usa para dar órdenes. Hay formas para **tú** y **vosotros** y formas para **Ud., Uds.** y **nosotros**.

> Sergio, llámame antes de salir.
> Niños, duérmanse ya.
> Venga, ¡empecemos de una vez!

5. Los *tiempos* son las distintas formas que tiene el verbo para indicar cuándo se realiza la acción. Hay *tiempos simples* y *tiempos compuestos*. Los tiempos simples no necesitan de otro verbo auxiliar. Los tiempos compuestos necesitan del verbo auxiliar **haber**.

El *modo indicativo* tiene diez tiempos.

Tiempos simples		Tiempos compuestos	
Presente:	**compro**	Presente perfecto:	**he comprado**
Pretérito:	**compré**	Pretérito anterior:*	**hube comprado**
Imperfecto:	**compraba**	Pluscuamperfecto:	**había comprado**
Futuro:	**compraré**	Futuro perfecto:	**habré comprado**
Condicional:	**compraría**	Condicional perfecto:	**habría comprado**

* Esta forma casi está en desuso hoy en día.

El *modo subjuntivo* tiene seis tiempos. El futuro y el futuro perfecto casi están en desuso hoy en día excepto en el lenguaje legal y se encuentran rara vez en literatura. Por este motivo no los incluimos y solo practicamos cuatro tiempos.

Tiempos simples		Tiempos compuestos	
Presente:	**compre**	Presente perfecto:	**haya comprado**
Imperfecto:	**comprara**	Pluscuamperfecto:	**hubiera comprado**
	(comprase)		**(hubiese comprado)**

PRESENTE DE INDICATIVO: FORMAS

1. Verbos regulares.

COMPRAR	VENDER	RECIBIR
compr **o**	vend **o**	recib **o**
compr **as**	vend **es**	recib **es**
compr **a**	vend **e**	recib **e**
compr **amos**	vend **emos**	recib **imos**
compr **áis**	vend **éis**	recib **ís**
compr **an**	vend **en**	recib **en**

Cambios en la acentuación. Algunos verbos terminados en **-iar** y **-uar** (excepto **-guar**) llevan tilde en la vocal débil cuando en la conjugación esta tiene el acento tónico. Lo mismo ocurre en verbos como **reunir** y **prohibir** que también llevan tilde en la vocal débil. La mayoría de los verbos que terminan en **-iar** son regulares: *estudiar*, *cambiar*, *limpiar*, etc.

Enviar		Actuar		Reunir		Prohibir	
envío	enviamos	**actúo**	actuamos	**reúno**	reunimos	**prohíbo**	prohibimos
envías	enviáis	**actúas**	actuáis	**reúnes**	reunís	**prohíbes**	prohibís
envía	envían	**actúa**	actúan	**reúne**	reúnen	**prohíbe**	prohíben

Otros verbos que también llevan tilde:
Como **enviar**: ampliar (*to enlarge*), confiar (*to trust*), enfriar (*to chill*), guiar (*to guide*)
Como **actuar**: acentuar (*to accentuate*), continuar (*to continue*), graduarse (*to graduate*)
Como **reunir**: rehusar (*to refuse*)
Como **prohibir**: cohibir (*to inhibit*)

2. Verbos con cambios ortográficos.

Algunos verbos tienen cambios ortográficos cuando se añaden ciertas terminaciones, como se indica en el siguiente recuadro.*

---

* Ver Capítulos 6 y 7.

TERMINACIÓN DEL VERBO	CAMBIO	INFINITIVO	PRESENTE DE INDICATIVO	
-cer, **-cir** (con consonante delante de la terminación)	c → z ante **a**, **o**	convencer ejercer	(yo) **convenzo** **ejerzo**	
-cer, **-cir** (con vocal delante de la terminación)	c → zc ante **a**, **o**	aparecer traducir	**aparezco** **traduzco**	
-ger, **-gir**	g → j ante **a**, **o**	escoger dirigir	**escojo** **dirijo**	
-guir	gu → g ante **a**, **o**	extinguir distinguir	**extingo** **distingo**	
-uir	i → y	huir	**huyo** **huyes** **huye**	**huimos** **huis** **huyen**

Los verbos **mecer** *(to rock)* y **cocer (ue)** *(to cook)* son excepciones y pertenecen al primer grupo: **mezo**, **cuezo**.

Otros verbos que tienen estos cambios ortográficos:
Como **convencer**: vencer *(to conquer)*, esparcir *(to scatter)*
Como **aparecer**: merecer *(to deserve)*, pertenecer *(to belong)*, conducir *(to drive, conduct)*
Como **escoger**: proteger *(to protect)*, coger *(to get, to take)*, encoger *(to shrink)*
Como **huir**: construir *(to construct)*, destruir *(to destroy)*, incluir *(to include)*

1-6   MI AUTO HÍBRIDO

Completa el siguiente diálogo con la forma correcta del verbo entre paréntesis.

JAIME: ¿Qué auto (conducir) _____[1] tú?

CARLOS: Ahora no (conducir) _____[2] ninguno. Si (trabajar) _____[3] este verano y (conseguir) _____[4] la plata, voy a comprarme un auto híbrido. Creo que me lo (merecer) _____[5].

JAIME: Buena idea esa del auto híbrido. Pero debes comparar varios modelos. Hay varios que (merecer) _____[6] un vistazo, por lo menos.

CARLOS: Esta tarde me (reunir) _____[7] con mis padres para ver si ellos me (incluir) _____[8] en su seguro. A propósito, ¿has visto el nuevo anuncio de esa compañía de seguros, la de la lagartija *(lizard)*? El anuncio es muy cómico. Cada vez que lo veo, me (reír) _____[9] de esa lagartija. Ja, ja.

JAIME: Sí, (parecer) _____[10] que la compañía (usar) _____[11] el humor en sus anuncios y de esta manera (producir) _____[12] interés en el espectador por sus productos.

CARLOS: Si mis padres me (sugerir) _____[13] que tenga mi propio seguro, voy a pedirle un presupuesto a la compañía esa de la lagartija. A ver si me (ellos-enviar) _____[14] los precios del seguro y a ver si los (convencer) _____[15] de que me hagan un descuento, pues soy estudiante y un buen conductor.

1-7   HABLANDO DE ANUNCIOS. . .

¿Has visto algunos comerciales o anuncios que te llamen la atención por el sentido del humor? Escoge uno de tus favoritos, descríbelo, y explica por qué es gracioso y de qué manera es efectivo para promocionar el producto en cuestión.

3. Verbos con cambios en la raíz.

Algunos verbos sufren cambios en la raíz cuando la vocal de esta lleva el acento tónico. Estos cambios ocurren en el presente en las formas correspondientes a **yo, tú, Ud., Uds.**, **él/ella**, y **ellos/ellas/ello**. Estos verbos se agrupan de acuerdo con el cambio que sufren.

CAMBIO	PRESENTE DE INDICATIVO		OTROS VERBOS
Cerrar			
e → ie	**cierro**	cerramos	comenzar, empezar, defender,
	cierras	cerráis	divertirse, pensar, preferir,
	cierra	**cierran**	querer, sentir
Volver			
o → ue	**vuelvo**	volvemos	contar, costar, dormir,
	vuelves	volvéis	encontrar, morir, mostrar,
	vuelve	**vuelven**	recordar, resolver
Pedir			
e → i	**pido**	pedimos	conseguir, repetir, reír*,
	pides	pedís	seguir, servir, vestir
	pide	**piden**	
Adquirir			
i → ie	**adquiero**	adquirimos	inquirir
	adquieres	adquirís	
	adquiere	**adquieren**	
Jugar			
u → ue	**juego**	jugamos	
	juegas	jugáis	
	juega	**juegan**	

* Se requiere la tilde en la vocal débil en *reír(se)* (*to laugh*): **me río, te ríes, se ríe, nos reímos, os reís, se ríen.**

Otros verbos con cambios en la raíz:

Como **cerrar**: apretar (*to tighten*), gobernar (*to govern*), sugerir (*to suggest*), tentar (*to tempt*)
Como **volver**: promover (*to promote*), morir (*to die*), rodar (*to roll*), rogar (*to beg*)
Como **pedir**: medir (*to measure*), impedir (*to impede*), perseguir, (*to pursue*), reñir (*to quarrel*)

Algunos verbos que sufren cambios en la raíz también tienen cambios ortográficos:

torcer (*to twist*) y **cocer** (*to cook*) cambian **c → z** en la primera persona: **tuerzo, cuezo**
seguir (*to follow*) y los verbos como **seguir** cambian **gu → g** ante **a, o**: sigo, consigo, persigo
oler (*to smell*) cambia **o → hue**: **huelo, hueles, huele**, olemos, oléis, **huelen**

4. Verbos irregulares.

Los siguientes verbos tienen irregularidades propias.

Tener		Venir		Decir		Ser	
tengo	tenemos	**vengo**	venimos	**digo**	decimos	**soy**	somos
tienes	tenéis	**vienes**	venís	**dices**	decís	eres	sois
tiene	**tienen**	**viene**	**vienen**	**dice**	dicen	es	son

Estar		Haber		Oír		Ir	
estoy	estamos	**he**	**hemos**	**oigo**	**oímos**	**voy**	**vamos**
estás	estáis	**has**	habéis	**oyes**	oís	vas	vais
está	**están**	**ha**	**han**	**oye**	**oyen**	va	van

Los siguientes verbos son irregulares solo en la primera persona (**yo**) del singular.

caer:	**caigo**	poner:	**pongo**	salir:	**salgo**	dar:	**doy**	ver:	**veo**
hacer:	**hago**	traer:	**traigo**	valer:	**valgo**	saber:	**sé**	caber:	**quepo**

Los verbos derivados de otros verbos siguen las irregularidades de estos:

Como **poner**: componer (*to compose*), suponer (*to suppose*), oponer (*to oppose*)
Como **traer**: distraer (*to distract*), atraer (*to attract*), contraer (*to contract*)
Como **tener**: mantener (*to maintain, support*), contener (*to contain*), detener (*to detain*)
Como **hacer**: deshacer (*to undo*), rehacer (*to redo*), satisfacer (*to satisfy*)
Como **venir**: convenir (*to agree*), intervenir (*to intervene*), provenir (*to come*)
Como **decir**: predecir (*to foretell*), desdecir (*to deny*), maldecir (*to curse*)

1-8   DON QUIJOTE

Rellena los espacios en blanco con el presente de indicativo de los verbos que aparecen entre paréntesis.

Don Quijote de la Mancha (ser) _____[1] una obra universal en la que Miguel de Cervantes (unir) _____[2] lo trágico con lo cómico, y lo real con lo irreal de una forma magistral. El libro, rebosante *(brimming)* de comicidad, (seguir) _____[3] el ideal clásico, es decir, (instruir) _____[4] y (divertir) _____[5] a la vez. El lector se (reír) _____[6] de los disparates de don Quijote, quien (actuar) _____[7] como loco al creerse caballero andante *(knight errant)*, pero a la vez (sentir) _____[8] tristeza cuando este (fracasar) _____[9] en su lucha constante por defender sus ideales. El empeño de don Quijote por "desfacer entuertos" *(to right wrongs)* a menudo (encontrar) _____[10] un desenlace humorístico. Mientras que Sancho (intuir) _____[11] el desenlace a menudo desastroso de las peripecias *(unexpected events)* de don Quijote, este defiende los valores de su mundo irreal a toda costa sin reparar en las consecuencias. La frase "luchar contra molinos de viento", que (querer) _____[12] decir luchar contra cosas imaginarias, (proceder) _____[13] de un episodio de la novela. En este episodio don Quijote (pensar) _____[14] que los molinos son gigantes, y por más que su fiel escudero Sancho le (decir) _____[15] que no son gigantes sino molinos, don Quijote se (lanzar) _____[16] al ataque y pronto (rodar) _____[17] por el suelo junto con su caballo Rocinante. Don Quijote y Sancho (constituir) _____[18] una síntesis del ser humano; son figuras complementarias que (mostrar) _____[19] la complejidad de la vida. Mientras que Sancho se (influir) _____[20] por los valores materiales, don Quijote (defender) _____[21] lo ideal. Es así que la obra se (convertir) _____[22] en una obra de gran alcance psicológico y filosófico. Cervantes (morir) _____[23] en 1616 pero (conseguir) _____[24] hacer del caballero andante una figura inmortal.

1-9   UNA PERSONA IDEALISTA

¿Conoces a una persona que, como don Quijote, luche contra las injusticias y los males de la sociedad? Prepara una breve composición resumiendo los ideales de esa persona y sus contribuciones a la sociedad. Presenta tu redacción a la clase.

1-10   MIRANDO A LA GIOCONDA

La enigmática sonrisa de la Gioconda *(Mona Lisa)* del italiano Leonardo da Vinci (1452–1519) ha inspirado a muchos escritores y artistas, entre ellos a la mexicana Rosario Castellanos (1925–1974). Lee el siguiente poema de Castellanos. Después de leer, contesta las preguntas que aparecen más abajo. Ten en cuenta que Castellanos es conocida por su tono de humor irónico, y su desafío de las jerarquías sociales que oprimen a la mujer y al indígena mexicanos.

Mirando a la Gioconda
(En el Museo de Louvre, naturalmente)

¿Te ríes de mí? Haces bien.
Si yo fuera sor Juana
o la Malinche o, para no salirse del folklore,

dumb

to boot

alguna encarnación de la Güera Rodríguez*
(como ves, los extremos, igual que Gide**, me tocan)
me verías, quizá, como se ve
al espécimen representativo
de algún sector social de un país del Tercer Mundo.

Pero soy solamente una imbécil turista de a cuartilla°,
de las que acuden a la agencia de viajes para que
les inventen un *tour*. Y monolingüe
¡para colmo!° que viene a contemplarte.

Y tú sonríes misteriosamente
como es tu obligación. Pero yo te interpreto.

Esa sonrisa es burla. Burla de mí y de todos
los que creemos que creemos que
la cultura es un líquido que se bebe en su fuente,
un síntoma especial que se contrae
en ciertos sitios contagiosos, algo
que se adquiere por ósmosis.

La Gioconda de Leonardo da Vinci
(1503–1506)

▨ 1-11   PREGUNTAS DE COMPRENSIÓN E INTERPRETACIÓN

1. ¿Dónde está y con quién está hablando la poeta en este poema?

2. Explica por qué se considera una imbécil.

3. Averigua quiénes fueron sor Juana y la Malinche. Después explica qué efecto busca la autora con la mención de estas dos figuras en el poema.

4. La poeta interpreta la sonrisa de la Gioconda como una burla. Según el poema, ¿de quién se burla?

5. ¿Estás de acuerdo con la interpretación de la poeta? Explica por qué sí o por qué no.

USOS DEL PRESENTE DE INDICATIVO

En general, el presente de indicativo se usa como en inglés. Tiene las siguientes traducciones:

Escriben.   *They write. They do write. They are writing.*
¿Trabajan?   *They work? Do they work? Are they working?*

El presente de indicativo se usa:

◆ Para expresar acciones que ocurren en el momento en que se habla.

   Quiero ver una película cómica.   *I want to see a comic film.*

---

* Jugó un papel importante en la independencia hispanoamericana pero escandalizó por sus amoríos.
** André Gide (1869–1951), escritor francés, buscaba la reconciliación entre la libertad individual y la responsabilidad moral y ética.

◆ Para expresar acciones que están en progreso. En este sentido es equivalente al presente progresivo.

¿Qué **haces**? (estás haciendo)   *What are you doing?*
Escribo (estoy escribiendo) un ensayo sobre el humor.   *I'm writing an essay on humor.*

NOTA: Compara con los siguientes ejemplos que expresan acciones habituales.

¿Qué **haces** los fines de semana?   *What do you do on weekends? (normally)*
Practico con mi grupo de improvisación.   *I practice with my improvisation group.*

◆ Para expresar acciones que ocurren habitualmente.

Eugenio siempre **cuenta** los chistes más cómicos.   *Eugenio always tells the funniest jokes.*
Trabajas demasiado.   *You work (are working) too much.*

◆ Con verbos de movimiento, que en inglés se expresan con el progresivo.

¿De dónde **vienen?**   *Where are they coming from?*
Vuelven del aeropuerto.   *They're coming back from the airport.*

NOTA: No se dice *¿De dónde **están viniendo**?*

◆ Para expresar acciones que ocurrirán en el futuro.

Dicen que mañana **anuncian** los premios del humor.   *They say they will announce the humor awards tomorrow.*
Esta noche **se reúne** mi grupo de risoterapia.   *My laughter therapy group is meeting tonight.*

◆ Para expresar verdades generales.

El humor **hace** la vida más llevadera.   *Humor makes life more bearable.*
El agua **hierve** a cien grados centígrados.   *Water boils at 100 degrees centigrade.*

◆ Para expresar un pasado histórico, haciendo la acción más inmediata.

El *Quijote* **se publica** en 1605.   Don Quijote *is published in 1605.*
Cervantes **muere** en 1616.   *Cervantes dies in 1616.*

◆ Para dramatizar un evento que ocurrió en el pasado.

Estaba contando un chiste cuando **se abre** la puerta, y ¿a quién **veo**? ¡Al jefe!   *I was telling a joke when the door opens and whom do I see? The boss!*

◆ Con la frase **por poco** o **casi** para expresar una acción pasada que no ocurrió.

Por poco no **vengo**.   *I almost didn't come.*
Casi la **llamo** para avisarle.   *I almost called her to inform her.*

◆ Para expresar un mandato, ya sea abrupto o delicado.

Tú **te sientas** ahora mismo.   *You sit down right now.*
¿Me **trae** el té ahora, por favor?   *Would you bring me the tea now, please.*

◆ Para expresar la idea de *will* o *shall,* generalmente en preguntas.

¿**Nos vamos**?   *Shall we go?*
¿Me **permites** verlo?   *Will you let me see it?*

 1-12   TRADUCCIÓN

¿Cómo se dice en español? Usa el presente de indicativo para traducir los siguientes minidiálogos.

—*Where are you going?*

—*I'm going to the market.*

—*Will you take me with you? I also need to buy some things.*

—*Of course. Wait for me here and I'll come back in five minutes.*

—*Tonight we will stay at home to watch a movie on TV.*

—*What movie will you watch?*

—*An old comedy from Mexico.*

—*Oh, I almost saw one last week. Tell me what you think of it.*

 1-13   *LA GIOCONDA* DE BOTERO

El pintor colombiano Fernando Botero también se ha inspirado en la Gioconda de da Vinci. Busca en Internet información biográfica acerca de Botero y escribe un breve párrafo incluyendo su información personal y dando algunas características de su obra. Usa el presente histórico.

 1-14   UNA COMPARACIÓN

Imagínate que tienes la oportunidad de admirar el cuadro de Botero *La Gioconda,* como la persona que aparece en la foto de la página 39. ¿Qué ves? ¿Cómo son sus rasgos? ¿Es su sonrisa enigmática? ¿Cómo lo compararías con el original de Leonardo da Vinci? ¿En qué se parecen y en qué se diferencian? Finalmente con un/a compañero/a decidan qué elementos de este cuadro lo hacen humorístico.

Mirando *La Gioconda* (1977) de Botero

  1-15   TELEVENDEDORES

Lee la siguiente anécdota y explica dónde reside su humor. Presta atención al uso del presente en los verbos que aparecen en negrita para contestar la pregunta que se da en la actividad 1-16.

Sobradamente conocida es la exasperante insistencia de los televendedores *(telemarketers)* en promocionar y tratar de vender productos por teléfono sin tener en cuenta que muchas de estas insistentes llamadas acaban por irritar al cliente hasta el punto de este llegar a rechazar no solo el producto, sino al operador u operadora que lo promociona. Pero los clientes están reaccionando de una forma creativa para terminar con estas insistentes y molestas llamadas. Recientemente Efrén Arias-Jordán escribió esta entrada en su *blog*:

"Hace días que **recibo** prácticamente dos o tres llamadas al día del 1004 (Movistar) en mi móvil particular. Al principio cogía el teléfono y siempre les decía que no me interesaba, pero últimamente opté por no contestar. El otro día lo **comento** con un amigo y me **dice** que su padre siempre **contesta** como si fuese del cementerio o del depósito de cadáveres. Me pareció una buena idea y hoy por la mañana, al recibir la primera llamada del día, pensé en mi amigo y esto es lo que pasó:

YO: ¿Diga?

SEÑORITA: Buenos días, mi nombre es María Estela Fernández y le **llamo** de Movistar. ¿Es usted el propietario de la línea?

Por poco **cuelgo**, pero continué:

YO: Buenos días. Mire, este es el depósito de cadáveres y este teléfono es de un cadáver sin identificar que acaban de traer. Si fuese usted tan amable de decirme a quien está llamando, nos facilitaría su identificación.

SEÑORITA: Perdone señor, pero no se nos permite hacerlo.

YO: Pues nos ayudaría bastante con la identificación.

SEÑORITA: Lo siento, no nos está permitido hacerlo. Pero de todas formas, ¿podría usted decirme quién se va a quedar con este teléfono?

YO (INDIGNADO): Pero señora, le **digo** que este teléfono pertenece a un cadáver sin identificar y usted me pregunta que quién se va a quedar con el teléfono. ¡Qué falta de consideración por un muerto!

SEÑORITA: Bueno, señor, entonces pongo una nota ahora mismo sobre este número. En 24 horas el sistema lo **borra** de la lista de números para que no lo vuelvan a llamar más. Disculpe por la molestia. Ha sido usted muy amable al atendernos. Buenos días."

 ### 1-16   PRÁCTICA

De los verbos que están en negrita, ¿cuáles son ejemplos de las siguientes reglas sobre el uso del presente de indicativo?

Expresa acción habitual.
Expresa acción futura.
Se usa en vez de un progresivo.
Hace más inmediata o dramatiza una acción.
Expresa una idea pasada que no ocurrió.

 ### 1-17   UNA ANÉCDOTA PERSONAL

¿Tienes alguna anécdota semejante a la de este texto? Cuéntasela a la clase.

 ## VERBO + PREPOSICIÓN + INFINITIVO

Hay ciertos verbos que requieren el uso de la preposición **a**, **de** o **en** cuando van seguidos de un infinitivo. A continuación se dan algunos de los verbos más comunes. En el Capítulo 5 se da una lista más extensa de los verbos que requieren una preposición y aquellos que no la requieren.

Aprenden a tocar el piano.	**Comienza a** trabajar mañana.
Nos sentamos a comer a las siete	**Me alegro de** verte.
Te invito a cenar esta noche.	**Salen a** jugar en el jardín.
Nos enseña a bailar.	**Vengo a** cenar a las siete.

Los siguientes verbos no requieren preposición:

Necesito ahorrar más dinero.	**Quiero** salir ahora mismo.
Prefieren ver televisión.	No **pueden** terminar ahora.

CONSTRUCCIONES REFLEXIVAS

◆ **Greguería* de Ramón Gómez de la Serna****

No hay que **tirarse** desde demasiado alto
para no **arrepentirse** por el camino.

1. Los *verbos reflexivos*, en general, se emplean para indicar que la misma persona que ejecuta la acción del verbo también la recibe. Requieren el uso de los *pronombres reflexivos* **me, te, se, nos, os, se.*****

Muchos verbos reflexivos se refieren al aseo personal o a la rutina diaria:

acostarse (ue)	dormirse (ue)	peinarse
ducharse	bañarse	despertarse (ie)
maquillarse	vestirse (i)	levantarse

Yo **me acuesto** temprano. ¿A qué hora **te acuestas** tú?
Alberto **se afeita** y **se ducha** antes de ir al trabajo.

2. Hay algunos verbos reflexivos que van seguidos de un sustantivo que funciona como complemento directo. En español se usa el artículo definido con los verbos reflexivos cuando se refieren a partes del cuerpo o a prendas de vestir. A diferencia del inglés, se usa la forma singular del artículo definido cuando se entiende que se refiere a una prenda de vestir por persona.

afeitarse la barba	cepillarse los dientes	limarse las uñas
lavarse la cabeza	ponerse el suéter	quitarse la ropa
secarse las manos	cortarse el pelo	pintarse los labios

Se lava **las manos**.   *She washes her hands.*
Me quito **el suéter**.   *I take off my sweater.*
Hace mucho calor. ¿Por qué no se quitan **el gorro**?   *It's very hot. Why don't you take off your caps?*
Nos ponemos **el parka**.   *We put on our parkas.*

Es posible, sin embargo, usar el pronombre posesivo con el verbo reflexivo para dar énfasis al aspecto posesivo o para evitar ambigüedad.

Me pongo **mis** zapatos.   *I put on my shoes (not yours).*
Se quita **sus** guantes y se pone los míos.   *She takes off her gloves and puts on mine.*

3. Muchos verbos que son transitivos† pueden usarse en forma reflexiva. Algunos de estos verbos son:

aburrir(se)	divertir(se)	parar(se)
alegrar(se)	enamorar(se)	reunir(se)
callar(se)	enojar(se)	sentar(se)
cortar(se)	preparar(se)	sentir(se)

---

* metáfora + humor
** (español, 1888–1967)
*** Ver pronombres reflexivos, Capítulo 8.
† Ver Capítulo Preliminar, página 19.

Transitivo	Reflexivo
Elisa **levanta** a la niña.	Elisa **se levanta** a las seis.
Quiero **sorprender** a mamá con una fiesta.	Mamá **se sorprende** cuando le hacemos una fiesta.

4. Los pronombres reflexivos se colocan delante de un verbo conjugado o de un imperativo negativo. Se añaden a imperativos afirmativos y a infinitivos o a gerundios.

¿**Te quieres levantar** temprano?   ¿Quieres **levantarte** temprano?
Julia **se está lavando** el pelo.   Julia **está lavándose** el pelo.
Oye, **no te rías tanto**.   **Ríete** todo lo que quieras.

5. Hay verbos que por su significado, o por la idea que expresan, se usan siempre en forma reflexiva. En algunos casos van acompañados de las preposiciones **a, de** o **en**.

arrepentirse(ie) (de)	*to repent, regret*	**enterarse (de)**	*to find out about*
asomarse (a)	*to look out of*	**equivocarse**	*to make an error*
atreverse (a)	*to dare*	**portarse mal/bien**	*to (mis)behave*
burlarse (de)	*to make fun of*	**quejarse (de)**	*to complain about*
darse cuenta (de)	*to realize*	**resignarse (a)**	*to resign oneself*
desmayarse	*to faint*	**regodearse**	*to take delight in*
empeñarse (en)	*to insist on*	**suicidarse**	*to commit suicide*

Me resigno a mi suerte.
No **me arrepiento** de lo que dije.

6. Algunos verbos cambian de significado al usarse en forma reflexiva.

acordar	*to agree to*	**acordarse (de)**	*to remember*
comer	*to eat*	**comerse**	*to eat… all up*
conducir	*to drive*	**conducirse**	*to behave*
despedir	*to dismiss*	**despedirse (de)**	*to say good-bye*
dormir	*to sleep*	**dormirse**	*to fall asleep*
ir	*to go*	**irse**	*to go away, leave*
llamar	*to call*	**llamarse**	*to be named*
llevar	*to carry, take; wear*	**llevarse**	*to take away*
negar	*to deny*	**negarse**	*to refuse*
parecer	*to seem, look like*	**parecerse**	*to look alike*
poner	*to put, place*	**ponerse**	*to put on; to become*
probar	*to taste, try*	**probarse**	*to try on*
venir	*to come*	**venirse**	*to leave, depart*
volver	*to return*	**volverse**	*to turn around; become*

Jesús **condujo** su auto a la entrevista.   Jesús **se condujo** con jovialidad en la entrevista.

La compañía **acordó** permitir la ropa casual los viernes.   Nadie **se acordó** de decírselo a Juan y vino con su traje habitual.

Despidieron a la nueva secretaria por su comportamiento.   Las otras secretarias **se despidieron de** ella ayer.

7. Para expresar una acción recíproca se usan los pronombres **nos, os** y **se**. Puesto que algunos verbos reflexivos pueden usarse como verbos recíprocos, a veces se usan frases como **unos a otros, mutuamente** o **a sí mismos** para aclarar una acción.

Elena y yo **nos hablamos** por teléfono diariamente.   *Elena and I call each other daily.*
Se respetan mucho a **sí mismos**.   *They respect themselves a lot.*
Se respetan el uno al otro.   *They respect each other.*

 1-18 EMPRESAS ABURRIDAS Y EMPRESAS DIVERTIDAS

Escoge cuál de las dos opciones indicadas en cada caso es la correcta según el significado de la oración. Recuerda conjugar el verbo en cada caso.

Roberto trabaja para la Compañía Equis. La gerente es muy seria y siempre (vestir/vestirse)[1] de una manera muy formal. Siempre (llevar/llevarse)[2] un traje de chaqueta y (conducir/conducirse)[3] las reuniones de sus empleados de una manera rígida. Julia, la novia de Roberto, trabaja en otra empresa cuya administradora es todo lo contrario de la gerente de Roberto. En su firma nadie (aburrir/aburrirse)[4]. La administradora hace todo lo posible por mantener un ambiente relajado. Sabe que la productividad del negocio no sufre si los empleados (divertir/divertirse)[5] mientras trabajan. Por ejemplo, permite los "viernes casuales" en que los hombres pueden (quitar/quitarse)[6] las corbatas. El Día de las Brujas pueden (poner/ponerse)[7] disfraces. Puesto que todos trabajan intensivamente, (cansan/se cansan)[8], pero hay un sitio dedicado al descanso donde pueden (dormir/dormirse)[9] unos quince minutos. También hay un jardín donde pueden (sentar/sentarse)[10] a disfrutar de la naturaleza.

 1-19 APRENDIENDO CON HUMOR

Piensa en una clase que tengas o hayas tenido en la que el/la profesor/a y los alumnos empleen o hayan empleado el humor para crear un mejor ambiente de estudio y aprendizaje. Describe el ambiente en esa clase usando verbos reflexivos.

"Voy a empezar con un chiste para que podamos dejar el humor a un lado."

CartoonStock

Modelo: Los estudiantes **se ríen** de los chistes del profesor.

 1-20 MINILECTURA. "LAS ESTATUAS"

Enrique Anderson-Imbert (1919–2000), reconocido escritor argentino, tuvo una larga y exitosa carrera de profesor, novelista, historiador y crítico literario, tanto en su tierra natal como en los Estados Unidos. "Las estatuas" es representativo de los microcuentos de Anderson-Imbert. Lee el siguiente relato prestando atención al uso de las construcciones reflexivas y al sentido del humor que emplea el autor en la narración.

light / campus quad
stealthily
taking delight
scrubbed

En el jardín de Brighton, colegio de señoritas, hay dos estatuas, la de la fundadora y la del profesor más famoso. Cierta noche —todo el colegio, dormido— una estudiante traviesa salió a escondidas de su dormitorio y pintó sobre el suelo, entre ambos pedestales, huellas de pasos: leves° pasos de mujer, decididos pasos de hombre que se encuentran en la glorieta° y se hacen el amor a la hora de los fantasmas. Después se retiró con el mismo sigilo°, regodeándose° por adelantado. A esperar que el jardín se llene de gente. ¡Las caras que pondrán! Cuando al día siguiente fue a gozar la broma vio que las huellas habían sido lavadas y restregadas°: algo sucias de pintura le quedaron las manos a la estatua de la señorita fundadora.

(© Anderson Imbert, Enrique, *El gato de Cheshire*. Cuentos II, Buenos Aires, Corregidor, 1999.)

 1-21 PRÁCTICA

En el cuento hay cinco verbos que se usan en forma reflexiva. ¿Cuáles son reflexivos y cuáles son recíprocos? Explica las razones por las que se usan estos reflexivos.

 1-22 PREGUNTAS DE COMPRENSIÓN

1. ¿Qué representan las dos estatuas que hay en el jardín?
2. Explica por qué el narrador llama a la estudiante "traviesa".
3. ¿Qué pinta sobre el suelo?
4. ¿Qué espera la estudiante que ocurra?
5. Explica lo que vio al día siguiente.

 1-23 INTERPRETACIÓN Y ANÁLISIS DEL MICROCUENTO

1. ¿Cómo se explica el final de este cuento?
2. En tu opinión, ¿pueden cobrar vida las estatuas?
3. Algunas veces el resultado de una acción tiene un desenlace diferente al que se espera. ¿Puedes recordar algún incidente de tu vida personal o de un/a amigo/a similar al de la estudiante? Describe ese incidente y lo que en realidad sucedió.
4. Explica en dónde reside el humor en este cuento.

 1-24 RECÍPROCOS

Imagina cómo puede ser la relación entre una de las siguientes parejas. Usa verbos recíprocos en tu descripción.

una pareja de recién casados
un actor y una actriz de una comedia de televisión
tú y tu/s amigo/as

VERBOS QUE EXPRESAN IDEA DE CAMBIO

1. Los verbos **convertirse (en)**, **ponerse**, **volverse**, **hacerse** y **llegar a ser** + adjetivo o nombre se usan para expresar cambio de condición o estado. Corresponden al inglés *to turn into*, *to become*, *to get to be*.

    Convertirse expresa un cambio total, una transformación de una cosa en otra.

    > Con *Don Quijote,* Cervantes **se convierte** en un escritor inmortal.
    > *With Don Quijote, Cervantes becomes an immortal writer.*

    Ponerse expresa un cambio, físico o emocional, generalmente de poca duración.

    > Mi perro siempre **se pone** contento cuando llego a casa.
    > *My dog always gets happy when I get home.*

    Volverse indica un cambio más radical y de más duración.

    > Julio se ha vuelto imposible. No hay manera de hacerlo entrar en razón.
    > *Julio has become impossible. There is no way to reason with him.*

    Hacerse indica cambio obtenido por un esfuerzo. **Llegar a ser** expresa también cambio obtenido por un esfuerzo, pero indica un proceso de más duración *(to get to be)*. No puede usarse para indicar un cambio radical o repentino.

    > Pedro estudia para **hacerse** médico.
    > *Pedro is studying to become a doctor.*

    > Rebeca **llegó a ser** abogada.
    > *Rebecca became (got to be) a lawyer.*

2. **Quedarse** también indica el cambio ocurrido como consecuencia de un hecho ocurrido antes. Expresa el estado o la condición en que permanece la persona.

    > Mi madre siempre **se queda** muy triste cuando nos vamos.
    > *My mother is (stays) very sad when we leave.*

    > El hombre **se quedó** sordo por el accidente.
    > *The man became deaf due to the accident.*

3. Hay verbos en los que la idea de cambio está contenida en sí mismos. Muchos de estos verbos son reflexivos. Algunos van seguidos de preposición ante un infinitivo.

aburrirse (de)	*to get bored*	**enloquecer**	*to go crazy*
acostumbrarse (a)	*to get used to*	**enojarse**	*to get angry*
adelgazar	*to get thin, lose weight*	**enrojecerse**	*to blush*
alegrarse (de)	*to be (get) happy*	**entristecerse**	*to become sad*
calmarse	*to calm down*	**envejecer**	*to get old*
cansarse (de)	*to get tired*	**mejorarse**	*to get better*
enfermarse	*to get sick*	**palidecer**	*to become pale*

    Necesito **adelgazar** unas veinte libras para llegar a mi peso saludable.
    Manuel **se enoja** mucho cuando le dicen que no hable tanto.

1-25   PRÁCTICA

Continúa la idea con una de las siguientes expresiones: **ponerse, volverse, hacerse, llegar a ser, convertirse**. Recuerda conjugar el verbo en cada caso. Más de una opción es posible en ciertos casos.

1. Siempre que me llama el jefe a su oficina...
2. Antonio es muy organizado. Cuando le tocan sus cosas...
3. Cuando les hablo a mis padres de mis planes para terminar mi carrera universitaria...
4. Si Ana se da cuenta de que su novio sale con otra chica...
5. Cuando la temperatura es muy baja, el agua...
6. Mi sueño es...

 1-26   PRÁCTICA

Termina estas oraciones con el verbo de la lista que mejor complete su sentido. Conjuga el verbo o usa el infinitivo y pon el pronombre reflexivo según corresponda en cada caso.

hacerse   envejecer   acostumbrarse   enrojecerse   enfermarse   alegrarse

1. Tengo una salud de hierro. Casi nunca _____.
2. (Nosotros) _____ de saber que te va bien en tu nuevo trabajo.
3. Después de las vacaciones, siempre es difícil _____ a volver al trabajo.
4. Pobre Luis. Por mucho que intenta parecer indiferente, siempre _____ cuando ve a esa chica.
5. Es imposible dejar de _____. El caso es hacerlo con dignidad.
6. Rogelio dice que va a _____ ciudadano para poder votar en las próximas elecciones presidenciales.

 1-27   DIÁLOGO

Con un/a compañero/a de clase completen el diálogo usando verbos que expresen idea de cambio.

ELENA: Tengo tanto trabajo que a veces creo que voy a _____[1] loca.

INÉS: No debes trabajar tanto. Puedes _____[2] y ya sabes lo difícil que es encontrar médico el fin de semana.

ELENA: Estoy muy ansiosa. No puedo _____[3]. Y es que quiero terminar todo antes del fin de semana.

INÉS: No debes _____⁴ tan nerviosa. Estoy preocupada por ti. Últimamente te noto muy cansada. Debes _____⁵ un poco.

ELENA: _____⁶ con mí misma porque nunca me doy suficiente tiempo. Luego _____⁷ muy triste porque no puedo salir a divertirme con **Uds.**

INTERROGATIVOS

Invariables		**Variables**	
¿Qué?	*What? Which?*	¿Cuál (-es)?	*What? Which?*
¿Cuándo?	*When?*	¿Quién (-es)?	*Who?*
¿Cómo?	*How?*	¿Cuánto (-os, -a, -as)?	*How much? How many?*
¿Dónde?	*Where?*	¿A quién (-es)?	*Whom?*
¿Por qué?	*Why?*	¿De quién (-es)?	*Whose*

Expresiones idiomáticas

¿Cómo? ¿Cómo dices?	*What? What did you say?*
¿Cómo te va?	*How are you? How's it going?*
¿De cuándo acá? ¿Desde cuándo?	*Since when?*
¿Y qué?	*So what?*
¿Qué tal?	*How are you? What's up?*
¿Para qué?	*What for?*
¿Por dónde?	*Which way?*

Los interrogativos pueden presentarse solos o después de una preposición. Siempre llevan tilde, bien sea en pregunta directa o indirecta.

Pregunta directa	**Pregunta indirecta**
¿**Qué** compraste?	Dime **qué** compraste.
¿**Cómo** se llama tu amiga?	Quiere saber **cómo** te llamas.
¿**De quién** es esta revista?	Me pregunta que **de quién** es la revista.

1.   ¿**Qué**? pide definición, identificación, explicación o información y puede usarse delante de un verbo o de un sustantivo. Cuando se menciona un sustantivo después de ¿**qué**? indica selección.

Rima XXI de G. A. Bécquer

¿**Qué** es poesía? Dices mientras
Clavas en mi pupila tu pupila azul.
¿**Qué** es poesía? ¿Y tú me lo preguntas?
Poesía… ¡eres tú!

    ¿**Qué** es eso?   —Es un *iPad*.
    ¿**Qué** es un *iPad*?   —Es una tableta que funciona como una computadora.
    ¿**Qué** modelo compraste?   —El último modelo, el que acaba de salir a la venta.
    ¿**Qué** compraste además del *iPad*?   —No compré nada más.

2. **¿Cuál (-es)?** pide una selección y puede usarse delante de un verbo o delante de la preposición **de**, pero en general no se usa delante de un sustantivo.*

    ¿Cuál de estas viñetas te gusta más? —Me gusta más la que está a colores.
    ¿Cuál prefieres? —Prefiero la más pequeña.
    ¿Cuál te parece más cómica? —La de los dos políticos en un combate de boxeo.

3. **¿Quién (-es)?** se refiere solo a personas y se usa solo o acompañado de preposiciones. A diferencia del inglés, la preposición se coloca siempre antes del interrogativo.

    ¿Quién es ese señor? —Es Alberto Gómez.
    ¿Con quiénes fuiste? —Fui con mis amigos.

4. **¿Cuánto (-a)?** equivale en inglés a *how much*? **¿Cuántos (-as)?** equivale en inglés a *how many*?

    ¿Cuánto cuestan esas herramientas? —Ochenta pesos.
    ¿Cuántas personas había en el estadio? —Creo que había unas cincuenta mil.

5. **¿Cómo?** equivale en inglés a *how*? cuando va delante de un verbo.

    ¿Cómo vienes a la universidad? —En autobús.
    ¿Cómo te sientes hoy? —Mucho mejor que ayer.

    ¿Cómo? tiene varias traducciones:

¿Cómo estás?	*How are you?*
¿Cómo es él?	*What is he like?*
¿Cómo se llama ella?	*What is her name?*

    A diferencia del inglés, **¿cómo?** no se usa delante de un adjetivo o un adverbio como ocurre con *how*?

How old is he?	¿Cuántos años tiene? ¿Qué edad tiene?
How often does he call?	¿Llama con frecuencia? ¿Con qué frecuencia llama?
How important is it?	¿Qué importancia tiene?
How tall/short is she?	¿Qué estatura tiene? ¿Cuánto mide? ¿Qué tan alta/baja es?

 1-28   DIÁLOGO

Completa este diálogo con **¿Qué?, ¿Cuál?** o **¿Cuáles?**

PABLO: Mira, tengo que decidirme por uno de estos dos teléfonos.

CARMEN: ¿ _____?[1]

PABLO: El *Samsung* y el *iPhone*

CARMEN: ¿_____[2] te gusta más?

---

* Sin embargo, en Latinoamérica se oye **cuál** + *sustantivo* para pedir selección: **¿Cuál película** te gustó más?

PABLO: No sé. Me gusta el *iPhone*, pero no sé si es el mejor para mí. También me gusta el *Samsung*.

CARMEN: ¿——³ aplicaciones tiene cada teléfono?

PABLO: Más o menos las mismas.

CARMEN: ¿Y ——⁴ tipo de pantalla tienen?

PABLO: Creo que una pantalla táctil.

CARMEN: ¿——⁵ de los dos tiene mejor cámara?

PABLO: Creo que el *iPhone*.

CARMEN: Mira, los dos son muy parecidos. ¿——⁶ es más barato? Creo que debes comprar el que te sea más económico.

PABLO: Sí. Tienes razón. Voy a preguntarle los precios a esa dependienta.

1-29   ENTREVISTA

Imagínate que eres presentador/a de televisión. Con un/a compañero/a escojan una de las siguientes personas o parejas y preparen preguntas para hacerles una entrevista. Después escenifiquen la entrevista. ¡Sean creativos!

el Presidente de EE. UU. y la Primera Dama
Mark Zuckerberg, creador de *Facebook*
Penélope Cruz, actriz

 ## EXCLAMATIVOS

Exclamativos

¡Qué!	¡Cuánto!
¡Cómo!	¡Cuántos!
¡Quién!	

Expresiones idiomáticas

¡Cómo así!	*How is it possible!*	¡Qué barbaridad!	*How shocking! Good grief!*
¡Cómo no!	*Of course!*	¡Cuánto lo siento!	*I'm so sorry!*
¡Qué pena!	*What a shame!*	¡Qué lío!	*What a mess!*
¡A mí qué!	*So what!*	¡Qué sé yo!	*How should I know!*
¡Qué va!	*No way!*	¡Vaya hombre!	*Oh dear!/Oh man!*

Muchas expresiones exclamativas en el habla común hacen referencia a Dios, al demonio o al más allá.

Válgame Dios	Cielos	Vete al demonio / infierno
Dios mío	Sabe Dios	Qué diablos
Dios me libre	Ay, Dios	Diablos

1. **¡Qué!** + sustantivo generalmente equivale en inglés a *what!*

¡Qué jugador tan bueno!	*What a good player!*
¡Qué buena idea!	*What a good idea!*
¡Qué calor hace hoy!	*It's so hot today!*

2. **¡Qué!** + adjetivo o adverbio generalmente equivale en inglés a *how!*

¡Qué sabroso!	*How tasty!*
¡Qué bien baila!	*She dances so well! How well she dances!*
¡Qué listo eres!	*You are so clever! How clever you are!*

3. **¡Cuánto (-a)!** + verbo o sustantivo en general equivale en inglés a *how! (so much).*

¡Cuánto te extraño!	*I miss you so much! How I miss you!*
¡Cuánta maldad hay hoy día!	*There's so much evil nowadays!*

4. **¡Cuántos(as)!** + sustantivo equivale en inglés a *so many!*

¡Cuántos regalos!	*So many gifts!*
¡Cuántas carcajadas se oyeron!	*So many belly laughs were heard!*

5. **¡Cómo!** + verbo equivale en inglés a *how! (so much, so well)*

¡Cómo gritan!	*How they scream! They scream so much!*
¡Cómo canta!	*How (well) she sings! She sings so well!*

6. **¡Quién!** + verbo en imperfecto de subjuntivo equivale a *if only.*

¡Quién cantara como Plácido Domingo!	*If only I could sing like Placido Domingo.*
¡Quién fuera millonario!	*If only I were a millionaire.*

1-30   DIÁLOGO

Usa una expresión idiomática de la lista en la página 49 para completar el siguiente diálogo de una manera lógica. En algunos casos hay más de una posibilidad.

LUCÍA: Gabriela ganó el primer lugar en el campeonato de natación.

ANTONIO: _____[1]. No creo que sea tan buena nadadora.

LUCÍA: Pues se esfuerza mucho. Pero la pobre se lastimó un brazo y quizás no pueda competir el mes próximo.

ANTONIO: _____[2]. Debemos llamarla a ver cómo está.

LUCÍA: _____[3]. Pero antes déjame preguntarte algo. ¿Quién es el chico con el que fue al cine el sábado?

ANTONIO: _____[4]. Ni lo sé ni me importa.

1-31   UN *PODCAST*

Imagínate que eres un/a comentarista de radio de una estación hispana y estás preparando un *Podcast* de los eventos indicados abajo. Construye oraciones exclamativas comentando lo que observas para dar idea a los espectadores del ambiente que se respira en dichos eventos. Después compara tus oraciones con las de tus compañeros de clase.

Modelo: En un partido de voleibol de playa: **¡Cuánta gente hay hoy! ¡Qué azul está el mar! ¡Qué limpia está la arena! ¡Cómo anima el público!**

1. En un concierto de rock latino:
2. En un partido de fútbol:
3. En la entrega de los premios Grammy latinos:

ESCRITURA

Antes de escribir, repasa las siguientes reglas sobre la acentuación y la ortografía.

REPASO DE ACENTUACIÓN

1. Repasa los verbos que terminan en **-iar** y **-uar** que requieren el acento escrito en el presente de indicativo. Ver página 31 de este capítulo.

   Ahora siempre **envío** mis cartas por correo electrónico pero mi madre **continúa** enviando las suyas por correo ordinario.

2. Repasa las palabras interrogativas y exclamativas, directas e indirectas, que llevan acento escrito. Ver páginas 47 y 49 de este capítulo.

   —¿**Cuándo** vienen?
   —No sé **cuándo** vienen. Vienen **cuando** quieren.
   —¿**Qué** me vas a regalar para Navidad? Anda, hombre, dime **qué** me vas a regalar.
   —Solo digo **que** te gustará.

 1-32   PRÁCTICA

Pon la tilde en las palabras subrayadas que la necesiten.

—¿Cuando[1] se gradua[2] Isabel?
—No sé cuando[3], pero creo que el próximo semestre.
—¡Que[4] contentos van a estar sus padres!
—Sí, especialmente si continua[5] con el doctorado. ¡Ay! ¡Quien[6] fuera Isabel!
—¿Sabes en que[7] piensa especializarse? Si no, avísame cuando[8] lo sepas.

—Muy bien, pero <u>confío</u>[9] en que sea una carrera en traducción e interpretación.
—¿Por <u>que</u>[10]?
—<u>Porque</u>[11] le gustan los idiomas y además podrá tener oportunidades para viajar.

ORTOGRAFÍA: c, s, z

1. Se escriben con **c**:
   - los verbos terminados en -**cer** y -**cir** y sus derivados:
     aparecer, conocer, producir, conocimiento, producen (excepto: **ser, toser, coser**)
   - la terminación -**encia**, -**ancia** o -**ancio**:
     emergencia, inteligencia, ignorancia, distancia, cansancio (excepto: **Hortensia, ansia**)
   - las palabras terminadas en -**icia**, -**icio**, -**icie**:
     avaricia, ejercicio, servicio, superficie, especie
   - las formas diminutivas terminadas en -**cita**, -**cito**, -**cico**, -**cillo**, -**cilla**:
     florecita, rinconcito, Carmencita, pedacico, panecillo, manecilla
   - los nombres terminados en -**ción** que corresponden al inglés -*tion*:
     conversación, mención, traducción, estación, ocupación
   - las terminaciones -**acia**, -**acio**:
     democracia, farmacia, espacio, palacio, despacio

2. Se escriben con **s**:
   - los nombres terminados en -**sión** que corresponden al inglés -*sion* o -*ssion*:
     propulsión, expulsión, comisión, discusión, profesión
   - los adjetivos terminados en -**oso**, -**osa**, -**esco**, -**esca**, -**sivo**, -**siva**:
     famoso, preciosa, burlesco, comprensiva (excepto: **nocivo, lascivo**)
   - los gentilicios terminados en -**ense** y -**es**:
     nicaragüense, estadounidense, canadiense, japonés, portugués
   - la terminación -**ísimo** o -**ísima**:
     bellísima, muchísimo, guapísimo, facilísimo

3. Se escriben con **z**:
   - los verbos terminados en -**zar** y sus derivados:
     almorzar, autorización, almuerzo, comenzar (excepto: **revisar, improvisar**)
   - la primera persona del indicativo y del subjuntivo de los verbos terminados en -**cer** o -**cir**:
     conozco, conozca, establezco, establezca, ofrezco, ofrezca
   - las palabras terminadas en -**anza**:
     confianza, esperanza, enseñanza (excepto: **mansa, gansa**)
   - los nombres abstractos terminados en -**ez** y -**eza**:
     niñez, estupidez, grandeza, limpieza, pureza

◆ los patronímicos terminados en -**ez**, -**iz**, -**oz**:

   Chávez, Pérez, Muñiz, Muñoz

◆ las terminaciones -**azo**, -**izo**, -**iza**:

   portazo, rojizo, enfermiza

◆ la terminación femenina -**iz**:

   actriz, emperatriz, institutriz

4. La **z** cambia a **c** en el plural de los nombres que terminan en -**z**:

   lápiz, lápices; vez, veces; luz, luces; pez, peces

5. Las siguientes palabras a menudo presentan dudas ortográficas.

coser (*to sew*) **cocer (ue)** (*to cook*)	**casar** (*to marry*) **cazar** (*to hunt*)
ciento (*hundred*) **siento** (*I feel*)	**has** (*you have*) **haz** (*do*)
ves (*you see*) **vez** (*time*)	**cierra** (*closes*) **sierra** (*mountain range*)
abrazar (*to embrace*) **abrasar** (*to burn*)	**cien** (*hundred*) **sien** (*temple*)
cenado (*dined*) **senado** (*senate*)	**asar** (*to roast*) **azar** (*chance*)
cesión (*transfer*) **sesión** (*session*)	**zeta** (*z*) **seta** (*mushroom*)
taza (*cup*) **tasa** (*rate*)	**concejo** (*council*) **consejo** (*advice*)

 1-33   PRÁCTICA

Escribe una oración original con las palabras que siguen:

1. taza   4. abrazar
2. coser   5. cien
3. cenado   6. consejo

 1-34   PRÁCTICA

Escoge la palabra correcta para completar las oraciones.

1. A mi primo le gusta mucho (casar/cazar) y generalmente va a la (cierra/sierra) que queda cerca. Esta (ves/vez) va con unos amigos que viven en otro estado. (Ciento/Siento) no poder acompañarlos.

2. En la última (sesión/cesión) del Parlamento el (Cenado/Senado) aprobó varias leyes. Menos mal que siguieron el buen (concejo/consejo) de no aumentar las (tazas/tasas) académicas.

3. (Has/Haz) la ensalada y ponle tomates y (zetas/setas). Mientras tanto yo voy a poner a (azar/asar) el pollo en el horno. Le voy a agregar media (taza/tasa) de consomé para darle sabor.

1-35   PRÁCTICA

¿Se escriben con **c, s** o **z**?

Pére_____	esperan_____a	posi_____ión	lápi_____es
pose_____ión	costarricen_____e	pane_____ito	oca_____ión
_____enado (*senate*)	pare_____er	actri_____	pere_____a
co_____emos (*sew*)	democra_____ia	cono_____co	mere_____co
bra_____o	rela_____ión	dificilí_____imo	servi_____io

COMPOSICIÓN

 1-36   REDACCIÓN

Escoge uno de los siguientes temas para escribir una composición de por lo menos tres párrafos, siguiendo las sugerencias que se dan a continuación.

TEMA 1: En la lectura de este capítulo se dice que cada vez más las empresas buscan candidatos que no solo posean las cualificaciones necesarias para el trabajo sino también un alto coeficiente humorístico. Imagínate que, como parte de una entrevista de trabajo, la empresa te pide que describas por escrito tu sentido del humor. Escribe una composición describiendo de qué manera(s) usas el humor en tu vida privada, académica o profesional. Puedes describir lo que tú encuentras gracioso y cómo usas el humor para hacer situaciones difíciles tanto personales como laborales más llevaderas. En tu composición puedes describir una situación en la que usaste el humor para salir airoso/a de ella. Describe lo que pasó, dónde y con quién estabas, y qué efecto tuvo tu uso del humor. Finamente explica cómo esta situación es un ejemplo de tu uso del humor para hacer más llevadera tu vida personal o más distendida (o productiva) tu vida profesional.

TEMA 2: En una sociedad democrática y libre, el humor se usa a menudo en los medios de comunicación para hacer sátiras de políticos, celebridades y personajes famosos. Busca en Internet chistes, viñetas (*cartoons*) o videos (por ejemplo, *YouTube*) que satiricen a un político o personaje famoso. ¿Por qué son graciosos? ¿Qué elementos hacen humorísticos al chiste, viñeta o video? Elige uno que te resulte especialmente gracioso y analiza por qué te gusta tanto. Después escribe una composición describiendo la viñeta o video que elegiste, el personaje que satiriza, la razón por la que se le satiriza y los elementos (dibujo, texto, diálogo, imágenes, situaciones absurdas, etc.) que se usan para producir un efecto cómico. En tu composición, explica también qué crees que busca el autor con su chiste y si crees que este tipo de sátira aumenta o disminuye la popularidad de un político o personaje público. Finalmente puedes hacer una presentación a la clase sobre la viñeta o video que escogiste explicando por qué es tan cómico.

Capítulo 2

© Joshua Hodge Photography/iStockphoto

LOS AVANCES EN LA IGUALDAD

Enfoque temático

- Vocabulario
- Lectura: "Sor Juana Inés de la Cruz: precursora de la igualdad en Latinoamérica"
- Comprensión, análisis y expansión

Objetivos gramaticales

- El pasado: pretérito e imperfecto
- Pretérito: formas
- Usos del pretérito
- Imperfecto de indicativo: formas

- Usos del imperfecto de indicativo
- Diferencias entre el pretérito y el imperfecto de indicativo
- Artículo definido
- Artículo indefinido
- Verbos impersonales

Práctica de escritura

- Repaso de acentuación
- Ortografía: **b**, **v**
- Composición

PRELECTURA

 2-1   PREGUNTAS DE PRELECTURA

1. ¿Crees que las mujeres en EE. UU. han logrado la igualdad plena con los hombres? Si no, ¿qué derecho, logro o posición social crees que todavía les falta por alcanzar a las mujeres?

2. ¿Qué grupos sociales crees que todavía no han logrado plenamente la igualdad en la sociedad actual? Da ejemplos y explica por qué.

3. ¿Conoces alguna asociación que trabaje para lograr la igualdad social en tu campus, tu comunidad, a nivel nacional o en otros países? Explica qué metas busca alcanzar.

4. ¿Crees que la lucha por la igualdad entre los sexos es un fenómeno de los siglos XX y XXI o ha habido en la historia hombres y mujeres que en el pasado han luchado por la igualdad? ¿Sabes de algún caso en concreto?

 2-2   FAMILIARÍZATE CON EL VOCABULARIO

Antes de leer, trata de deducir según el contexto que se da en cada oración el significado de estas palabras que aparecen en negrita en la lectura. Después escoge la opción que mejor las defina.

___ 1. Los críticos **acogieron** muy bien la última novela de ese escritor.
   a. recibir   b. hallar

___ 2. En el México colonial había mucha **afición** por la poesía.
   a. oposición   b. interés

___ 3. El presidente presentó su programa político. **Asimismo**, expuso la necesidad de alcanzar la igualdad plena entre los sexos.
   a. pues   b. igualmente

___ 4. Las ciudades coloniales **atraían a** toda clase de individuos.
   a. captar el interés de   b. adquirir el gusto de

___ 5. Epidemias como la peste solían **azotar** las ciudades coloniales con cierta frecuencia.
   a. devastar   b. rogar

___ 6. Las autoridades eclesiásticas **culparon** a sor Juana de ser vanidosa.
   a. confirmar   b. hacer responsable

___ 7. En México, el virrey representaba al rey de España, gobernaba y **ejercía** justicia.
   a. practicar   b. escoger

___ 8. Sus aspiraciones políticas se vieron **ensombrecidas** cuando se supo que había estado en la cárcel.
   a. dañar   b. oscurecer

___ 9. En el pasado las condiciones **impuestas** por la sociedad no favorecían la igualdad entre los sexos.
   a. aplicar   b. componer

___10. Muchos escritores combinan la literatura con el **magisterio**, es decir, se dedican también a la educación para poder sobrevivir económicamente.
   a. sociología   b. enseñanza

___11. En el pasado las mujeres eran las encargadas de hacer los **quehaceres** domésticos y criar a los hijos.
   a. trabajo   b. cometido

___12. Científicos como Galileo **rebatieron** la idea sostenida por la Iglesia de que la Tierra era el centro del universo.
   a. refutar   b. argumentar

___13. La monja **regañó** a la novicia por llegar tarde a misa.
   a. reprender   b. defender

___14. Las ideas de la Edad Media quedaron **relegadas** a un segundo plano con la llegada del Renacimiento (*Renaissance*).
   a. ocultar   b. confinar

___15. Entre los avances más importantes en materia de igualdad sexual en el último siglo **sobresalen** el voto femenino, el derecho a la educación de la mujer y su incorporación al mundo del trabajo.
   a. distinguirse   b. solicitar

LECTURA

SOR JUANA INÉS DE LA CRUZ: PRECURSORA DE LA IGUALDAD EN LATINOAMÉRICA

En el año 1651 nació, a poca distancia de la Ciudad de México, Inés de Asbaje y Ramírez, más conocida por su nombre conventual° de sor Juana Inés de la Cruz. Esta mujer notable **sobresalió** como poeta brillante y defendió con convicción la dignidad y los derechos de la mujer en una época en que esta estaba **relegada** a los **quehaceres** domésticos. Aunque las costumbres de la época en el virreinato° de México y las restricciones **impuestas** por un dogma religioso no eran favorables para el desarrollo intelectual de una mujer interesada en la poesía, la música y las ciencias, sor Juana mostró siempre unos deseos intensos de saber y pasó toda su vida tratando de adquirir cultura para comprender las ciencias y las letras. *monastic* *viceroyalty*

En el siglo XVII existía en México un ambiente intelectual estimulante y la universidad, fundada en 1553, **atraía** a miles de estudiantes que deseaban recibir los grados de bachiller°, o de licenciado o de doctor. En este ambiente de curiosidad intelectual creció sor Juana. Ella nos dice en una página de su *Respuesta a sor Filotea de la Cruz* que ella tenía unos seis o siete años cuando oyó hablar de la Universidad de México y de las Escuelas donde se aprendían las ciencias. Como° ya sabía leer y escribir, le rogaba a su madre, con gran insistencia, que la vistiera de muchacho para poder asistir a la universidad. Aun° a esa edad, ella sabía que como mujer nunca podría entrar allí. *bachelor* *Since* *Even*

Desde muy niña, sor Juana tuvo acceso a los libros de su abuelo, y así adquirió y desarrolló su enorme **afición** e interés por la lectura. Cuando todavía era adolescente fue a vivir a casa de su tía en la Ciudad de México, llamó la atención de todos los que la conocieron por su curiosidad intelectual y gran aptitud para defender sus ideas y responder a las preguntas que le hacían en la corte del virreinato de México.

La vanidad de la corte de México en aquella época no le atraía a la joven, y siempre buscaba la soledad para dedicarse tranquilamente a la lectura y a la investigación. En 1669 Inés de Asbaje y Ramírez decidió entrar en un convento de monjas para vivir el resto de su vida en la pobreza, sin poseer ningún bien material, y dedicarse a meditar, a estudiar y a escribir. La poeta que había en ella empezó a desarrollarse y escribió versos que empezaron a circular y a publicarse, siendo muy bien **acogidos** en México y en España.

Sor Juana Inés de la Cruz, Miguel Cabrera (1750)

Hay dos características constantes que marcan todo el proceso de la obra de sor Juana Inés de la Cruz: la pasión y la razón. Su temperamento apasionado estaba controlado por el dominio de la razón y ella misma lo explica, con gran sinceridad, en los siguientes versos:

> *En dos partes dividida*
> *tengo el alma en confusión:*
> *una, esclava° a la pasión,*
> *y otra, a la razón medida°*

slave
controlled by reason

Sus poemas más conocidos son sus famosas "Redondillas" donde hace una defensa de la mujer, **culpando** a los hombres de los deslices° de las mujeres, ya que son ellos los que las llevan al mal.

mistakes

> *Hombres necios que acusáis*
> *a la mujer sin razón,*
> *sin ver que sois la ocasión*
> *de lo mismo que culpáis*
> *Si con ansia sin igual*
> *solicitáis su desdén°*
> *¿por qué queréis que obren bien*
> *si las incitáis al mal?*
> ...

scorn

Pero la vida de la monja-poeta se vio **ensombrecida** cuando el obispo° de Puebla, contestando una carta que sor Juana Inés de la Cruz escribió discutiendo un sermón pronunciado por un cura jesuita, la **regañó** públicamente y la criticó por su vanidad. Sor Juana escribió una contestación al obispo que ha pasado a la historia como un documento en contra de° las injusticias de la época. En esta carta sor Juana **rebatió** la acusación de vanidosa que le hacía el obispo y, al mismo tiempo, defendió los derechos de la mujer para aprender y **ejercer** el **magisterio**. **Asimismo**, defendió la libertad de opinión, oponiéndose a la intolerancia de la época. En cuanto a° la poesía que escribió, sor Juana expresó: "he buscado muy de propósito que los versos pueden hacer daño y no lo he hallado".

bishop

against

As for

Sor Juana murió en 1695 cuando una epidemia **azotó** el convento en que ella vivía. Esta notable mujer fue víctima del antagonismo y de la hostilidad que existían contra los intelectuales y, especialmente, contra la mujer. En uno de sus famosos sonetos sor Juana expresó:

> En perseguirme° Mundo, ¿qué interesas? *persecute*
> ¿En qué te ofendo cuando solo intento
> poner belleza en mi entendimiento
> y no mi entendimiento en las bellezas?
> Yo no estimo tesoros ni riquezas,
> y así siempre me causa más contento
> poner riquezas en mi entendimiento
> que no mi entendimiento en las riquezas.
> Y no estimo hermosura, que vencida
> es despojo° civil de las edades, *spoils*
> ni riqueza me agrada fementida°, *false*
> Teniendo por mejor en mis verdades
> consumir vanidades de la vida
> que consumir la vida en vanidades.

 2-3   COMPRENSIÓN DEL TEXTO

1. Según el texto, sor Juana fue una joven diferente a las demás de su época. Da tres ejemplos de estas diferencias.
2. Describe cómo era el ambiente intelectual en el México del siglo XVII.
3. Explica qué motivó a sor Juana a entrar en un convento.
4. ¿Cuáles son las dos características contrapuestas que marcaron la obra de sor Juana?
5. ¿De qué acusa sor Juana a los hombres en sus famosas "Redondillas"?
6. Resume los tres puntos que expuso sor Juana en la carta que le escribió al obispo de Puebla.

 2-4   ANÁLISIS Y EXPANSIÓN

1. Explica por qué se podría considerar a sor Juana como precursora de los derechos de la mujer en Latinoamérica.
2. Si sor Juana hubiera vivido en el siglo XXI, ¿crees que habría sufrido el ataque de la sociedad por expresar sus ideas? Explica por qué sí o por qué no.
3. Con un/a compañero/a analicen esta estrofa:

   > ¿En qué te ofendo cuando solo intento
   > poner belleza en mi entendimiento
   > y no mi entendimiento en las bellezas?

   ¿Cómo interpretas lo que dice sor Juana en estos versos? ¿Qué crees que buscaba con su poesía?
4. ¿Crees que las aspiraciones de sor Juana y los conceptos que incorpora en su poesía son todavía válidos en la sociedad actual? Justifica tu respuesta.
5. Con un/a compañero/a, comparen a sor Juana con otra luchadora por la igualdad (contemporánea o del pasado) que conozcan. ¿En qué se parecen y en qué se diferencian?

GRAMÁTICA

EL PASADO: PRETÉRITO E IMPERFECTO

En español hay dos tiempos gramaticales simples para expresar el pasado: el pretérito y el imperfecto. Su uso depende de la idea que quiera comunicar la persona que habla.

El *pretérito* expresa una acción, estado o condición que se considera completamente terminada.

En general se refiere a un momento determinado en el que empieza o termina una acción.

> Desde muy niña Sor Juana **tuvo** acceso a los libros de su abuelo, y así **adquirió** y **desarrolló** su interés por la lectura.

El *imperfecto* narra una escena o expresa una acción, estado o condición que estaba en progreso, sin hacer referencia a un tiempo determinado. En general, es más común para expresar acciones repetidas en el pasado, en descripciones y con verbos que expresan estado de ánimo en vez de acción.

> La vanidad de la corte de México no le **atraía** a la joven y siempre **buscaba** la soledad para dedicarse a la lectura.

Más adelante vamos a comparar el uso de estos dos aspectos del pasado.*

PRETÉRITO: FORMAS

1. Verbos regulares.

COMPRAR	VENDER	RECIBIR
compr **é**	vend **í**	recib **í**
compr **aste**	vend **iste**	recib **iste**
compr **ó**	vend **ió**	recib **ió**
compr **amos**	vend **imos**	recib **imos**
compr **asteis**	vend **isteis**	recib **isteis**
compr **aron**	vend **ieron**	recib **ieron**

2. Verbos con cambios ortográficos.

◆ Los verbos terminados en **-car, -gar y -zar** sufren cambios ortográficos en la forma **yo** al poner la terminación **-é** de la primera persona.

INFINITIVO	CAMBIO ORTOGRÁFICO	PRETÉRITO
sacar	c → qu	(yo) **saqué**
atacar		**ataqué**
llegar	g → gu	**llegué**
pagar		**pagué**
empezar	z → c	**empecé**
almorzar		**almorcé**

---

* Ver "Diferencias entre el pretérito y el imperfecto de indicativo," páginas 70–72.

◆ La forma correspondiente a los verbos que terminan en -**guar** como **averiguar** (*to find out*) y **atestiguar** (*to testify*) requiere dos puntitos (diéresis) sobre la **u** para indicar que es necesario pronunciar la **u** a pesar de ir esta entre una **g** y **e**.

(yo) **averigüé, atestigüé**

◆ Los verbos de la segunda y tercera conjugación que tienen una vocal delante de la terminación del infinitivo cambian las terminaciones **-ió, -ieron → -yó, -yeron**. Observa el uso de la tilde en todas las formas de **caer** y los verbos como **caer** para indicar que la vocal débil se convierte en vocal fuerte. Los verbos que terminan en -**uir** llevan tilde solo en la tercera persona singular, excepto **hui** porque es una palabra monosilábica.

Caer

caí	caímos
caíste	caísteis
cayó	**cayeron**

Huir

hui	huimos
huiste	huisteis
huyó	**huyeron**

Infinitivo	Pretérito
creer	creí, creíste, **creyó**, creímos, creísteis, **creyeron**
leer	leí, leíste, **leyó**, leímos, leísteis, **leyeron**
oír	oí, oíste, **oyó**, oímos, oísteis, **oyeron**
incluir	incluí, incluiste, **incluyó**, incluimos, incluisteis, **incluyeron**
construir	construí, construiste, **construyó**, construimos, construisteis, **construyeron**
atribuir	atribuí, atribuiste, **atribuyó**, atribuimos, atribuisteis, **atribuyeron**

 2-5 PRÁCTICA

Completa el párrafo con el pretérito de los infinitivos que están entre paréntesis.

El verano pasado yo (trabajar) _____[1] de asistente en un bufete (*lawyer's office*) donde varios abogados se especializan en la defensa de individuos que sufren acoso sexual, especialmente mujeres. No (recibir) _____[2] ningún pago, pues me interesaba más que nada servir de voluntaria y aprender más sobre los derechos de la mujer. Para prepararme para este trabajo, (empezar) _____[3] a leer unos artículos que (encontrar) _____[4] en Internet y en los libros de derecho que me (facilitar) _____[5] los abogados. (Leer) _____[6] que hasta el siglo XX el proceso político (excluir) _____[7] a las mujeres de tener el control de su propio destino. Y que no fue hasta la década de 1960 que el Congreso (incluir) _____[8] el género entre las formas de discriminación en el empleo. Una cosa me (llevar) _____[9] a otra y de esa manera (averiguar) _____[10] muchos datos interesantes. (Dedicar) _____[11] buen tiempo a un repaso de las actividades de las organizaciones como NOW (*National Organization for Women*) y la ONU (Organización de Naciones Unidas) y cómo estas han contribuido a la protección de los derechos humanos alrededor del mundo.

2-6   MUJERES EN LA POLÍTICA

Hoy en día hay mujeres que han logrado sobresalir en campos tradicionalmente dominados por los hombres, por ejemplo, la política y la justicia. Este es el caso de Sonia Sotomayor en los Estados Unidos, Michelle
Bachelet en Chile, Cristina Fernández de Kirchner en Argentina, Laura
Chinchilla en Costa Rica y Violeta Chamorro en Nicaragua, entre otras.
Busca en Internet información acerca de estas mujeres, los acontecimien-
tos que las distinguen y los logros que consiguieron en sus países. Comparte tu información con el resto de la clase.

Top Left: ALEJANDRO PAGNI/AFP/Getty Images, Inc.;
Top Center: FABRICE COFFRINI/AFP/Getty Images, Inc.;
Top Right: © Alliance Images / Alamy Limited;
Bottom Left: Kathy Willens/©AP/Wide World Photos;
Bottom Right: Daniel Acker/Bloomberg via Getty Images

En el sentido de las agujas del reloj: Cristina Fernández de Kirchner, Laura Chinchilla, Sonia Sotomayor,
Michelle Bachelet y Violeta Chamorro.

3. Verbos con cambios en la raíz.

♦ Los verbos que terminan en **-ar** y **-er** con cambios en la raíz en el presente son regulares en el pretérito. Los verbos terminados en **-ir** cambian la **e → i** o la **o → u** en **Ud.**, **Uds.**, **él**, **ella**, **ellos**, **ellas** y **ello**. Las terminaciones son regulares. El verbo **reír(se)** requiere la tilde para indicar que la vocal débil se convierte en vocal fuerte.

Servir (i)

servi	servimos
serviste	servisteis
sirvió	**sirvieron**

Reír(se) (i)

me reí	nos reímos
te reíste	os reísteis
se rio	**se rieron***

Dormir (u)

dormí	dormimos
dormiste	dormisteis
durmió	**durmieron**

Otros verbos que sufren este cambio son:
Como **servir**: conseguir, convertir(se), despedir(se), divertir(se), mentir, pedir, repetir, seguir, sentir, vestir(se)
Como **reír(se)**: reñir, teñir(se): **riñó**, **riñeron**; **tiñó**, **tiñeron**
Como **dormir**: morir

4. Verbos irregulares.

♦ Ciertos verbos tienen la raíz y las terminaciones irregulares. Observa que las terminaciones de la primera y tercera persona son **-e**, **-o** en vez de **-í**, **-ió** y que ninguna de las terminaciones (**-e**, **-iste**, **-o**, **-imos**, **-isteis**, **-ieron**) lleva tilde. Además los verbos cuya raíz termina en **j**, cambian la terminación **-ieron → -eron**.

Infinitivo	Raíz	Terminación
poder	(yo) **pud-**	
poner	**pus-**	e
saber	**sup-**	
caber	**cup-**	iste
haber	**hub-**	
tener	**tuv-**	o
estar	**estuv-**	
andar	**anduv-**	imos
querer	**quis-**	
hacer	**hic-****	isteis
venir	**vin-**	
decir	**dij-**	ieron
traer	**traj-**	(j)eron
introducir	**introduj-**	

Los verbos derivados de otros verbos siguen las irregularidades de estos:
Como **traer**: atraer, distraer
Como **tener**: detener, contener

* Las terminaciones de la tercera persona singular y plural cambian **-io → -o** y **-ieron → -eron**.
** Con el verbo **hacer**, **c → z** delante de **o**: **hizo**.

Como **poner**: proponer, componer
Como **decir**: maldecir, predecir
Como **hacer**: deshacer, rehacer
Como **introducir**: producir, traducir
Como **venir**: prevenir, intervenir

◆ Los verbos **ser** e **ir** tienen las mismas formas en el pretérito; su significado se determina según el contexto. El verbo **dar** usa las terminaciones de la segunda conjugación (se conjuga como **ver**). Observa que las formas de estos verbos no llevan tilde.

Infinitivo	Pretérito
ser	fui, fuiste, fue, fuimos, fuisteis, fueron
ir	fui, fuiste, fue, fuimos, fuisteis, fueron
dar	di, diste, dio, dimos, disteis, dieron
ver	vi, viste, vio, vimos, visteis, vieron

Sor Juana **fue** una defensora de los derechos de la mujer en el México colonial.
No **fue** a la universidad porque no se lo permitían las costumbres de la época.
La vida religiosa le **dio** a sor Juana la posibilidad de instruirse y escribir.
Muchos **vieron** en sor Juana a una precursora del feminismo en Latinoamérica.

 ### 2-7   UNA PELÍCULA

Completa el siguiente párrafo con el pretérito del verbo entre paréntesis.

La película que Jaime y yo (ver) _____[1] anoche nos (gustar) _____[2] porque en ella se (introducir) _____[3] el tema de la discriminación de la mujer en el trabajo. La protagonista de la película era una mujer brillante y muy preparada que (trabajar) _____[4] en la misma compañía durante 10 años. Sin embargo, nunca (poder) _____[5] llegar a ejercer puestos de dirección, pues sus supervisores sistemáticamente la relegaban a puestos de menos responsabilidad. En repetidas ocasiones (ellos) le (decir) _____[6] que su posición en la empresa era la más alta a la que podía llegar. Es el típico caso del *techo de cristal*. Pero un día (ella-saber) _____[7] que un compañero con menos experiencia que ella había sido ascendido a supervisor. La protagonista (llevar) _____[8] su caso a los tribunales y (demandar) _____[9] a su empresa por discriminación sexual. En su empresa (haber) _____[10] un gran desasosiego (*unrest*) ya que este caso (producir) _____[11] ríos de tinta en la prensa. Por fin la dirección nacional (intervenir) _____[12], (despedir) _____[13] a los supervisores y le (proponer) _____[14] darle a ella el puesto de supervisora. Asimismo, le (dar) _____[15] una compensación de un año de salario. La protagonista (retirar) _____[16] la demanda y (volver) _____[17] a la compañía, donde se (introducir) _____[18] cambios para que ninguna mujer fuera discriminada solo por el hecho de serlo. Creo que la actriz (hacer) _____[19] muy buen papel. Esta mañana (yo-leer) _____[20] en el periódico la reseña que (hacer) _____[21] un crítico de cine. Me (parecer) _____[22] que sus comentarios sobre el tratamiento del tema, la interpretación y dirección (ser) _____[23] muy acertados. Por lo visto, tanto el público como la crítica (acoger) _____[24] muy bien esta película.

USOS DEL PRETÉRITO

El pretérito se usa:

◆ Para informar sobre una acción, condición o estado terminado en el pasado. A veces el verbo va acompañado de una expresión que se refiere a un momento o tiempo específico, como **ayer, el domingo pasado, anoche, el año pasado**.

> A los seis años Juana de Asbaje **oyó** hablar por primera vez de la Universidad de México. En 1669 sor Juana **decidió** entrar en un convento de monjas.

◆ Para informar sobre hechos que ocurrieron durante un período determinado.

> Durante su adolescencia **fue** a vivir a casa de su tía.
> **Permaneció** allí poco tiempo.

◆ Para expresar el comienzo o el final de una acción.

> **Empezó** a leer a los tres años.
> **Escribió** versos que pronto empezaron a publicarse.

◆ Para expresar acciones terminadas en una secuencia temporal. En estos casos se entiende que una acción termina antes de que la otra empiece. A veces se usan expresiones como **primero, después, a continuación**.

> **Entró** en la habitación, **descansó** un rato y después **se puso** a escribir.
> Primero **copió** el poema en latín, después lo **tradujo** al español.

◆ Para indicar un cambio repentino. A veces se usan frases como **de repente, de pronto, súbitamente**.

> Después de leer tanta literatura, sor Juana de repente **decidió** escribir poesía.
> Súbitamente la fama de sor Juana se **vio** ensombrecida por las acusaciones del obispo de Puebla.

◆ Para indicar que una acción interrumpe otra acción que estaba en desarrollo.

> Mientras leía la carta del obispo, sor Juana **comprendió** que la acusaba de ser vanidosa.
> Sor Juana vivía en un convento cuando **murió** en 1695.

IMPERFECTO DE INDICATIVO: FORMAS

1. Verbos regulares.

COMPRAR	VENDER	RECIBIR
compr **aba**	vend **ía**	recib **ía**
compr **abas**	vend **ías**	recib **ías**
compr **aba**	vend **ía**	recib **ía**
compr **ábamos**	vend **íamos**	recib **íamos**
compr **abais**	vend **íais**	recib **íais**
compr **aban**	vend **ían**	recib **ían**

2. Hay solo tres verbos irregulares en el imperfecto de indicativo.

Ser		Ir		Ver	
era	éramos	iba	íbamos	veía	veíamos
eras	erais	ibas	ibais	veías	veíais
era	eran	iba	iban	veía	veían

USOS DEL IMPERFECTO DE INDICATIVO

El imperfecto se usa cuando la acción pasada no se refiere a un momento determinado. En inglés se traduce con expresiones como *used to, would, was + -ing* y con el pasado, según el contexto. Es importante notar que *would* en este caso indica acciones habituales en el pasado y no el condicional. El imperfecto se usa:

◆ Para describir la escena de una acción, estado o condición en progreso en el pasado.

El viento **soplaba** (*was blowing*) muy fuerte, por eso cerré todas las ventanas.
Los niños **jugaban** (*were playing*) en el parque con sus amiguitos.

◆ Para expresar una acción habitual que se repite en el pasado. A veces se usan expresiones como **siempre, a menudo, con frecuencia, cada semana, todos los días.**

De joven mi madre **participaba** (*used to take part*) en manifestaciones a favor de la igualdad de la mujer y en contra de la segregación racial.
Mi padre también **iba** (*would also go*) pues también **estaba** (*was*) a favor de la igualdad para todos.

◆ Para descripciones de condiciones físicas o características de las personas y cosas en el pasado.

En aquella época mi madre **era** (*was*) joven y linda y bastante radical.
Sus ideales **eran** (*were*) claros: igualdad para todos a toda costa.

NOTA: Para indicar que hubo un cambio, utilizaríamos el pretérito:

Mi madre **fue** muy radical de joven. (Implica que ya no lo es.)

Las mujeres **estuvieron** relegadas a un segundo plano. (Implica que ocurrió por cierto tiempo, pero ahora ya no.)

◆ Para expresar estados de ánimo, deseos, u opiniones.

Julia no **se sentía** contenta en el trabajo porque no tenía oportunidades de progresar. Por eso **quería** cambiar de trabajo. **Creía** que podría encontrar otro trabajo con más oportunidades.

Pero es posible expresar estados de ánimo en el pretérito si indica un cambio o un momento determinado del pasado.

Julia **se sintió** decepcionada cuando le denegaron una promoción que se merecía.

◆ Para expresar la hora y la edad en pasado.

Eran las cinco, hora de salir, cuando le dieron la noticia.
Tenía veinticinco años y un título en dirección de empresas.

◆ Para expresar acciones que ocurrían simultáneamente.

Julia **actualizaba** su *currículum vitae* mientras **terminaba** otros proyectos.
A veces su amiga Luisa **corregía** sus cartas de presentación mientras Julia **investigaba** trabajos en Internet.

◆ Para indicar una acción en progreso con los verbos **ir** y **venir**. Recuerda que estos verbos no suelen usarse en gerundio con los tiempos progresivos (*is/was* + *-ing* en inglés)*.

Iba al aeropuerto. (No se dice <u>estaba yendo</u>.)   *He was going to the airport.*
Venía con su novio. (No se dice <u>estaba viniendo</u>.)   *She was coming with her boyfriend.*

◆ En discurso indirecto.

Julia me dijo que **iba** a aceptar un trabajo de directora financiera.
Me preguntó que si **quería** solicitar empleo en la misma compañía.

◆ En expresiones de cortesía, sobre todo cuando se pide un favor. El uso del imperfecto expresa un tono menos abrupto. Compara las siguientes oraciones:

Quería que vinieras conmigo el sábado.   *I wanted you to come with me on Saturday.*
Quiero que vengas conmigo el sábado.   *I want you to come with me on Saturday.*

¿Qué **deseaba**?   *What would you like?*
¿Qué **desea**?   *What do you want?*

* Ver Capítulo 3, tiempos progresivos, páginas, 109–110.

2-8　LOS DERECHOS DE LAS MUJERES

Haz una lista de los derechos de las mujeres hoy en día en EE. UU.
Con un/a compañero/a decidan si todas las mujeres del mundo tienen
estos derechos. Ahora miren la lista. ¿Cuáles de estos derechos creen
que tenían y cuáles se les negaban a las mujeres del siglo XVII? ¿Cómo
ha evolucionado la sensibilidad social hacia el reconocimiento de los
derechos para todos?

Ejemplo: Hoy las mujeres pueden estudiar en la universidad. En el siglo XVII, no podían.

 2-9　MINILECTURA. "IGUALDAD ANTE EL MATRIMONIO EN ESPAÑA"

Al leer el texto presta atención a los verbos subrayados y a las reglas del
uso del pretérito y el imperfecto.

El 30 de junio de 2005 el Parlamento de España <u>aprobó</u> la modificación del código civil por la que se garantizaba la igualdad de todas las personas a la hora de contraer matrimonio, incluyendo a personas del mismo sexo. De esta forma, España <u>se sumó</u> junto con Bélgica, Holanda y Canadá a la creciente lista de países que otorgan° los mismos derechos a todos los ciudadanos en materia de matrimonio. Según el presidente del gobierno español en aquel entonces, José

Brian Summers/Getty Images, Inc.

Luis Rodríguez Zapatero, este cambio <u>era</u> necesario para preservar dos pilares básicos de una sociedad moderna: la libertad y la igualdad.

El presidente Zapatero notó en su discurso ante el Parlamento que no se <u>estaba legislando</u> para gentes remotas o extrañas, y que lo que pretendía° la ley era ampliar las oportunidades de felicidad y estabilidad para vecinos, compañeros de trabajo, amigos y familiares que hasta el momento no podían acceder a los beneficios y protecciones legales del matrimonio.

Algunos diputados y diputadas se opusieron a la aprobación de la ley pues les <u>parecía</u> que esta dañaba la institución del matrimonio y la familia. Sin embargo, el presidente Zapatero alegó° que más bien al contrario, de lo que se trataba era de establecer un cauce legal para que las parejas homosexuales estables pudieran ordenar sus vidas de acuerdo con las normas y exigencias del matrimonio y de la familia. De esta manera, el presidente concluyó que no había una conculcación° de la institución matrimonial, sino justamente lo opuesto: valoración y reconocimiento del matrimonio.

grant

intended

claimed, adduced

infringement

En aquella histórica votación, España <u>dio</u> un paso más en el camino hacia la libertad, la tolerancia y la igualdad ante la ley. Desde la aprobación del matrimonio homosexual en España en 2005, el Distrito Federal de México y países como Sudáfrica y Argentina también han aprobado leyes que garantizan la igualdad y el derecho a contraer matrimonio a personas del mismo sexo.

 ## 2-10   PRÁCTICA

Ahora explica por qué se requiere el imperfecto o pretérito en los verbos abajo indicados y cita la regla gramatical que se aplica en cada caso.

aprobó
se sumó
era
estaba legislando
parecía
dio

 ## 2-11   PREGUNTAS DE COMPRENSIÓN

1. ¿Qué aprobó el Parlamento de España en 2005?
2. ¿Por qué era necesaria esta modificación de la ley según el presidente Zapatero?
3. Explica para quién era esta ley y lo que se pretendía con su aprobación.
4. ¿Qué argumentos defendían los diputados que se oponían a la ley?
5. ¿Cuál fue la respuesta del presidente Zapatero a estos diputados?
6. Razona por qué se consideró como histórica la aprobación de esta ley.
7. ¿En qué otros países es legal el matrimonio de personas del mismo sexo?

 ## 2-12   EXPANSIÓN DEL TEMA

1. Muchas personas hoy en día consideran que el matrimonio entre personas del mismo sexo es una realidad inevitable. ¿Cuál es tu posición sobre este tema? Haz una lista de las razones por las que estás a favor o en contra de que se les permita a las parejas homosexuales contraer matrimonio. Después explica tu posición a tus compañeros/as.
2. ¿Se puede considerar igualitaria una sociedad que limite los derechos de una parte de sus ciudadanos? Explica tu respuesta.
3. Busca en Internet la lista de estados que han aprobado el matrimonio homosexual e investiga los derechos que estas parejas tienen ahora que antes no tenían. Después preséntala a tu clase (por ejemplo: "Antes no podían recibir la pensión del esposo/a; ahora sí").

2-13   LOS DERECHOS HUMANOS

En la lectura de este capítulo leíste como a sor Juana se le negaba el derecho a aprender y a expresar sus opiniones por ser mujer. ¿Conoces otros casos hoy en día en los que todavía se le nieguen derechos a un grupo social, étnico o religioso? Con un/a compañero/a den ejemplos de estos grupos, expliquen qué tipo de desigualdades sufren, y lo que en su opinión se debería hacer para corregir estas desigualdades.

DIFERENCIAS ENTRE EL PRETÉRITO Y EL IMPERFECTO DE INDICATIVO

La selección del pretérito o del imperfecto, o el uso de los dos tiempos en una misma oración, depende de cómo desee presentar los hechos la persona que habla.

1. En los siguientes ejemplos el pretérito pone énfasis en el comienzo o en la terminación de un hecho, mientras que el imperfecto subraya el tiempo indefinido de la acción.

Pretérito	Imperfecto de indicativo
Él **estuvo** enfermo la semana pasada.	Él **estaba** enfermo cuando lo **visité** la semana pasada.
(Se terminó la condición de estar enfermo.)	(Se describe la condición de la persona mientras ocurría la visita la semana pasada.)
Cuando **tuvo** dinero **gastó** (*spent*) mucho. (Sugiere que se terminó el hecho de tener dinero y el hecho de gastarlo.)	Cuando **tenía** dinero **gastaba** mucho. (Durante el período indefinido de tiempo en que tenía dinero tenía la costumbre de gastarlo.)
Tuve la noticia ayer. (Recibí la noticia ayer.) *I got the news yesterday.*	Ya **tenía** la noticia. (Ya había recibido la noticia.) *I (already) had the news.*
El almuerzo **fue** a la una. (El almuerzo se celebró a la una.)	El almuerzo **era** a la una. (El almuerzo estaba anunciado para la una.)
Ella **enseñó** en la universidad. (Indica que en un momento determinado de tiempo se interrumpió la acción de enseñar. Es decir, ella ya no enseña en la universidad.)	Ella **enseñaba** en la universidad. (Describe lo que ella hacía durante un período indefinido de tiempo.)

2. Algunos verbos comunican ideas diferentes al usarse en el pretérito o en el imperfecto. Entre estos están **poder, saber, querer, conocer, costar, estar, tener**. Observa las equivalencias que se dan en inglés para ambos tiempos.

Pretérito	Imperfecto de indicativo
Él **pudo** trabajar. (Tuvo la oportunidad de trabajar.) *He did manage to work.*	Él **podía** trabajar. (Tenía la capacidad para trabajar.) *He was able to work.*
Supieron la noticia. (Se enteraron de la noticia.) *They found out the news.*	**Sabían** la noticia. (Ya tenían conocimiento de la noticia.) *They knew the news.*
Yo no **quise** hacerlo. (Rehusé hacerlo, me negué a hacerlo.) *I refused to do it.*	Yo no **quería** hacerlo. (No tenía el deseo de hacerlo ni traté de hacerlo.) *I did not want (did not try) to do it.*
Él **quiso** venir. (Hizo todo lo posible por venir. Trató de venir.) *He wanted to come. He tried to come.*	Él **quería** venir. (Tenía el deseo, la actitud mental de venir.) *He wanted to come. He had the desire, the mental attitude.*
Conocí a tu hermana el año pasado. (Me presentaron a tu hermana el año pasado.) *I met your sister last year.*	Yo **conocía** a tu hermana. (Sugiere en forma indefinida el conocer a la hermana.) *I used to know your sister. I was acquainted with your sister.*
El traje de baño **costó** demasiado. (Sugiere que compré el traje de baño.) *The swimsuit cost a lot.*	El traje de baño **costaba** demasiado. (El traje de baño tenía un precio alto.) *The swimsuit was priced high.*
Estuvimos allí a las cinco. (Llegamos a las cinco.) *We got there at five.*	**Estábamos** allí a las cinco. (Llegamos antes de las cinco.) *We were (already) there at five.*
Yo **tuve que ir** al médico porque **estaba** enferma. (La visita al médico se efectuó [acción terminada] debido a la condición de estar enferma.)	Yo **tenía que ir** a la universidad pero me quedé dormida. (Tenía la obligación de ir a la universidad pero no fui porque me quedé dormida.)

ALGO MÁS

a. Estos verbos pueden usarse en pretérito con su definición original:

Carlos siempre **quiso** (*loved*) mucho a sus padrinos.
Ella **estuvo** (*was*) aquí desde las ocho hasta las diez.
Aunque Roberto y yo trabajamos juntos un tiempo, no lo **conocí** (*knew*) muy bien.
Cuando me hizo la pregunta, no **supe** (*didn't know*) qué contestar.

b. El verbo **soler** (*to be in the habit of*) solamente se usa en presente o imperfecto, nunca en pretérito ni en ningún otro tiempo.

Solíamos (*we used to*) vernos después del trabajo.

c. La expresión **acabar de** + *inf.* (*to have just*) tiene este significado solamente en presente e imperfecto. En pretérito y otros tiempos significa *to finish*.

Acaba de (*She has just*) publicar un trabajo sobre el feminismo en el siglo XX.
Acababa de (*She had just*) publicar un trabajo sobre el feminismo en el siglo XX.
Acabó de (*She finished*) publicar un trabajo sobre el feminismo en el siglo XX.

d. La expresión **Hace** + *tiempo* + **que** cambia de significado cuando el verbo principal está en imperfecto o pretérito.*

Hace mucho tiempo que trabaja por los derechos de los indígenas en Guatemala.
*She **has been working** for the rights of indigenous people in Guatemala for a long time.*

Hacía mucho tiempo que trabajaba por los derechos de los indígenas en Guatemala.
*She **had been working** for the rights of indigenous people in Guatemala for a long time.*

Hace mucho tiempo que trabajó por los derechos de los indígenas en Guatemala.
*She **worked** for the rights of indigenous people in Guatemala a long time **ago**.*

2-14   LUIS, UN CHICO EXCEPCIONAL

Antes de leer, repasa la lista de verbos que cambian de significado según su uso en pretérito o imperfecto. Después escoge la forma correcta del verbo según el contexto de la lectura.

Rayman/Getty Images, Inc.

El semestre pasado (conocí/conocía)[1] a un chico excepcional. Lo (conocí/conocía)[2] por casualidad en el gimnasio de la universidad, un día en que yo no me (sentí/ sentía)[3] con ganas de participar en ninguna actividad. Aquel día el entrenador nos (pidió/pedía)[4] que practicáramos después de clase hasta poder echar unos diez balones consecutivos al cesto. (Tuvimos/Teníamos)[5] que practicar con un compañero a modo de competencia. Aunque yo (supe/sabía)[6] que no (fui/iba)[7] a tener con quien practicar, pues mis compañeros de clase (acostumbraron/acostumbraban)[8] trabajar después de clase, (volví/volvía)[9] al gimnasio por la tarde para practicar por mi cuenta. Sin embargo, no (estuve/estaba)[10] solo en la cancha (*court*). Debajo de la canasta (estuvo/estaba)[11] un chico a quien yo no (conocí/conocía)[12]. (Fue/Iba)[13] en silla de ruedas y, para mi asombro, (tiró/tiraba)[14] el balón con muchísima puntería y se (movió/movía)[15] por la cancha con su silla de ruedas con muchísima agilidad. (Empezamos/Empezábamos)[16] a hablar y me (dijo/decía)[17] que se (llamó/llamaba)[18] Luis y que siempre (vino/venía)[19] allí por las tardes porque no (quiso/quería)[20] interrumpir a los demás compañeros del equipo.

---

* Esta expresión se explica en detalle en el Capítulo 4, páginas 133–135.

Me (contó/contaba)[21] que le (encantó/encantaba)[22] el baloncesto, pero que no lo (dejaron/dejaban)[23] ser parte del equipo debido a su discapacidad. Su historia me (impactó/impactaba)[24] y me (pareció/parecía)[25] tremendamente injusta. Entonces (decidí/decidía)[26] hacer algo. (Hicimos/Hacíamos)[27] entrevistas de televisión para concienciar a la opinión pública sobre el caso de los discapacitados como Luis y (recogí/recogía)[28] firmas por todo el campus para pedir la plena integración de los discapacitados en las actividades estudiantiles de la universidad. Finalmente, a Luis se le (permitió/permitía)[29] integrarse como jugador en el equipo de la universidad y jugar en los partidos de la liga. ¡Ah! Luis está teniendo una temporada espectacular: en el último partido (encestó/encestaba)[30] 20 puntos.

2-15 IGUALDAD DE OPORTUNIDADES

Con un/a compañero/a preparen una lista de algunas dificultades que las personas discapacitadas tienen para lograr la plena integración e igualdad en la sociedad. Después diseñen un programa de igualdad de oportunidades para las personas con discapacidades en su comunidad. ¿Qué servicios propondrían para integrar en su comunidad (o en la sociedad en general) a personas con discapacidad motriz (de movimiento), visual, auditiva, cognitiva, etc.?

2-16 GABRIELA BRIMMER

Cada 3 de diciembre la Asamblea General de las Naciones Unidas celebra el Día Internacional de las Personas con Discapacidad. Entre los propósitos de esta celebración está el de dar a conocer las aportaciones a la sociedad de las personas con discapacidad. Sin duda, una de estas personas podría haber sido la mexicana Gabriela Brimmer. Lee el siguiente texto para aprender más sobre esta extraordinaria mujer. Al leer, rellena los espacios en blanco con la forma correcta del pretérito o imperfecto de los verbos entre paréntesis.

Entre los ejemplos de lucha por la igualdad y de tenacidad ejemplar para vencer dificultades y salir adelante en la vida, está el caso de Gabriela Brimmer, conocida por Gaby, quien al nacer contrajo parálisis cerebral, hecho que (marcar) _____[1] la ruta de su vida futura y la (preparar) _____[2] para luchar en un mundo que no aceptaba ni diversidad ni excepciones. Desde su cuerpo inmóvil (*paralyzed*) Gaby (aprender) _____[3] a escribir con un dedo del pie izquierdo que era la única parte de su cuerpo que (poder) _____[4] controlar.

Cuando a los ocho años Gaby (entrar) _____[5] en un centro de rehabilitación, una de las maestras que (tener) _____[6] se dio cuenta de las dotes (*talent*) que (poseer) _____[7] la niña para escribir y la (ayudar) _____[8] y (animar) _____[9] para que siguiera esa inclinación poética. Su madre ya había notado la sensibilidad conmovedora (*moving*) que tenía su hija y la fuerza que (nacer) _____[10] de lo profundo de su ser (*being*). Su padre y la nana Florencia, que (estar) _____[11] siempre a su lado, le habían abierto el camino para pasearse por el campo de la poesía que ella (redactar) _____[12] lentamente y con gran amor. Más tarde, estando en una escuela regular, (tener) _____[13] de profesor de lengua española a un poeta que (contribuir) _____[14] mucho a alentar su vocación de poeta, la cual (continuar) _____[15] creciendo y desarrollándose.

Gabriela Brimmer (escribir) _____[16], junto con la escritora Elena Poniatowska, *Gaby, una historia verdadera* que (servir) _____[17] para que la conocieran fuera de México. En ella Gaby se muestra como una persona que se esforzó y luchó para todo en la vida, pero especialmente para ser aceptada como igual a pesar de su discapacidad.

El intenso amor por su tierra natal *(birth place)* que Gaby (sentir) _____[18] está expresado fuertemente en el poema "América Latina". En este ella clama por esa tierra que ama y nos dice: "América Latina, me dueles desde el fondo de mi sangre, me hieres en lo hondo…"

Gabriela Brimmer (morir) _____[19] el 3 de enero de 2000. Esta criatura inigualable *(unequaled)* había nacido en México en 1947. El 10 de enero de 2000, pocos días después de su muerte, el presidente de México (anunciar) _____[20] la creación del Premio Nacional de Rehabilitación Física o Mental que llevaría el nombre de Gabriela Brimmer.

 2-17   ACCIÓN SOCIAL

¿Has participado alguna vez en una actividad a favor de la igualdad para algún grupo social? Escribe un párrafo describiendo el grupo en cuestión, qué hiciste, en qué consistió tu trabajo y los logros conseguidos. Después compártelo con la clase.

 2-18   CADENA DE ESCRITURA O EL ARTE DE ESCRIBIR EN COLABORACIÓN

Con dos compañeros/as escriban una historia original continuando una de las ideas que se dan a continuación. Túrnense para escribir cada uno una frase que de una manera lógica continúe la anterior. Deben tener por lo menos diez oraciones. Después compartan su escrito con los otros grupos de la clase.

TEMA 1: Uno de los ejemplos de discriminación encubierta es…

TEMA 2: Cuando me llamaron de la clínica comunitaria en la que soy voluntario/a, no sabía…

ARTÍCULO DEFINIDO

1. En español hay cuatro formas para el artículo definido *the*, más el artículo neutro *lo*. El artículo definido concuerda en género y número con el nombre o el adjetivo que funcione como sujeto o complemento.

   el magisterio   **la** afición   **lo** difícil
   los quehaceres   **las** precursoras

2. Se usa el artículo **el**, en vez de **la**, al usarse inmediatamente delante de los sustantivos femeninos que comienzan con **a** o **ha** acentuadas *(stressed)*.

   el agua fresca   **las** aguas frescas
   el hambre   **mucha** hambre

3. En español hay solo dos contracciones de preposición y artículo: **al** y **del**. A diferencia del inglés donde las contracciones son opcionales (*won't* o *will not*) en español nunca se dice **a el** o **de el** por **al** o **del**.

> a + el = **al**
> de + el = **del**

¡Cuidado! No se forma contracción con el pronombre **él**.

> Esta es la casa **de él**.
> Le mandé un mensaje **a él**.

4. El artículo definido se usa:

♦ Cuando el sustantivo es algo determinado.

> **El** artículo habla del derecho de todos al matrimonio.
> ¿Trajiste **el** dinero que te pedí?

♦ Cuando el sustantivo se refiere a algo en su totalidad, en un sentido abstracto, general y colectivo. En inglés no se usa el artículo en este tipo de construcción.

> **El** amor es ciego.
> **La** igualdad debe ser un derecho de todos.

♦ Con las partes del cuerpo y las prendas de vestir, especialmente con verbos reflexivos. En inglés se usan los adjetivos posesivos.

> Ella movió **la** cabeza (*her head.*)
> Me puse **el** abrigo.
> Tiene **los** ojos hinchados.
> Tiene (Lleva) **el** vestido roto.

♦ Con los días de la semana, excepto después del verbo **ser**, a menos que **ser** se use como equivalente de *to take place*. En este caso el artículo definido equivale a *on* en inglés.

> Hoy **es sábado**; siempre vamos al cine **los sábados** (*on Saturdays*), pero esta semana iremos **el domingo** (*on Sunday*) porque pensamos ir a la fiesta de cumpleaños de Rubén que va a **ser** (*will take place*) **el sábado**.

♦ Con las estaciones del año. Después de **en** se puede omitir el artículo definido.

> No me gusta **el** invierno.
> Ella siempre me visita **en (el)** otoño.

♦ Con **Sr.**, **Sra.**, **Srta.**, **Dr.**, **Dra.** y otros títulos, seguidos del nombre de la persona acerca de quien hablamos.

> El **Sr.** Jiménez enseña en la escuela superior.
> La **Sra.** Ramírez es la directora general de la empresa.
> Mañana tengo cita con la **Dra.** Milanés a las diez.

♦ Con las comidas del día; con las horas y con las fechas.

Tomo café en **el** desayuno.   Son **las** tres de la tarde.
¿Quién preparó **la** cena?   Hoy es **el** diez de enero.

♦ Con el infinitivo en función de sustantivo. Cuando el infinitivo es el sujeto de la oración el uso del artículo definido es opcional.

No me gusta **el ir** y **venir** de la gente.
El ejercer justicia no es fácil.
(El) Fumar daña gravemente la salud.

♦ Con cantidades o medidas como equivalente de *per* o *a* en inglés.

Las peras cuestan noventa centavos **la** libra.
Los huevos están a dos dólares **la** docena.

♦ Con los nombres de las calles, avenidas, montañas, ríos, mares y océanos y los puntos cardinales.

Fui de compras en **la** Quinta Avenida de Nueva York.
Los Andes están casi siempre cubiertos de nieve.
El Amazonas es el segundo río más largo del mundo después del Nilo.
El Caribe es un mar de aguas cálidas (*warm*).
El Pacífico baña las costas de Chile.
Van **al** Norte este verano.

♦ Con las palabras **escuela**, **colegio**, **iglesia**, **cárcel**, **guerra**, **trabajo** u otro sustantivo cuando van precedidos de una preposición. En inglés no se usa el artículo.

Hoy no vamos a **la** escuela.   *We're not going to school today.*
Lo pusieron en **la** cárcel.   *They put him in jail.*
Nos vimos en **la** iglesia.   *We saw each other in church.*

♦ Con las palabras que se refieren al cielo o al infierno. En inglés no se usa el artículo.

Según la tradición cristiana, los ángeles están en **el** cielo.
¿Cómo será **el** infierno?

♦ Con los nombres de los idiomas, excepto después de **hablar**, **de** o **en**. Si los idiomas van después de **aprender**, **estudiar**, **enseñar**, **escribir**, **leer** o **saber**, el uso del artículo es opcional.

No creo que **el** francés sea tan complicado.
Leo **(el)** alemán pero no lo hablo.

Pero si la preposición **de** quiere decir *from* (y no *of*) se usa el artículo, es decir, **del (de + el)**.

Esta traducción viene **del** francés.

◆ Si hay un adverbio después del verbo **hablar**.

Angelina habla **fluidamente el** italiano.

◆ Con los nombres de algunos países, aunque este uso no es obligatorio.

la Argentina	**la** China	**el** Perú
el Brasil	**el** Japón	**el** Ecuador
el Canadá	**la** India	**los** Estados Unidos

Yo vivo en (**los**) Estados Unidos y Margarita vive en (**la**) Argentina.

◆ Con el verbo **jugar**.

Juegan a **las** cartas.
Jugamos a **la** pelota.

5. No se usa el artículo definido:

◆ Con los sustantivos que expresan una cantidad indeterminada de una cosa.

No tengo dinero.
Compramos pan, vino y queso.

◆ Con los idiomas si van inmediatamente después del verbo **hablar** y de las preposiciones **de** y **en**. Recuerda que se usa el artículo si hay un adverbio después del verbo y si la preposición **de** quiere decir *from*.

Hablan portugués en el Brasil.
Tomo una clase **de español**.
La conferencia fue **en japonés**.
Angelina habla **fluidamente el italiano**.
Tradujo el párrafo **del inglés al francés**.

◆ Con los títulos **Sr.**, **Dr.**, **Srta.** y otros títulos si nos dirigimos a personas. Tampoco se usa el artículo con **don**, **doña**, **Santo**, **San**, **Santa**, **sor** y **fray**.

—**Dr.** Teixeira, acuda urgentemente a la sala de rehabilitación.
Ayer llamó **don** Pedro y habló con **doña** Berta.

◆ Con los números romanos que denotan el orden numérico de soberanos y pontífices.

Carlos V (Carlos Quinto)
Juan Pablo II (Juan Pablo Segundo)

◆ Con la mayoría de los países a no ser que vayan modificados.

México	Colombia
Rusia	Francia

Si el nombre geográfico va modificado por un adjetivo, se precisa usar el artículo.

> **El** México precolombino es fascinante.
> Encontré un artículo sobre **la** España medieval.

6. El artículo neutro **lo** se usa delante de un adjetivo o un participio para expresar una cualidad o una idea abstracta.

Lo grotesco me disgusta.	*The grotesque displeases me.*
Lo ocurrido no tiene importancia.	*What occurred is not important.*
Lo malo es que no puedo ir.	*The bad thing is that I can't go.*

NOTA: **Lo** + adjetivo o adverbio + **que** equivale en inglés a la expresión *how*.

Me sorprende **lo bueno que** es Pepe.	*I'm surprised how good Pepe is.*
No puedo creer **lo tarde que** es.	*I can't believe how late it is.*
Ella me dijo **lo divertida que** es esta clase.	*She told me how enjoyable this class is.*

 2-19   MI AMIGA CRISTINA

Rellena los espacios en blanco con el artículo definido, el artículo neutro **lo** o las contracciones **al** o **del**, según sea necesario. Usa el símbolo Ø si no se necesita el artículo.

Una de mis mejores amigas, Cristina, es de _____¹ México, aunque su familia es originaria _____² Perú. La conocí _____³ año pasado en la clase de _____⁴ sociología y desde entonces nos reunimos con frecuencia para tomar _____⁵ desayuno y comentar _____⁶ noticias del periódico. Conversamos en _____⁷ español porque así me ayuda a practicar _____⁸ pronunciación. Ella domina perfectamente _____⁹ inglés. Me sorprende _____¹⁰ bien que lo habla, pues no lleva mucho tiempo en _____¹¹ Estados Unidos. Según ella, _____¹² ser bilingüe siempre fue su meta. _____¹³ verano próximo piensa viajar a _____¹⁴ Ciudad de México para visitar a sus padres. Me ha invitado a que la acompañe y si consigo _____¹⁵ dinero necesario lo haré. Solo pienso en _____¹⁶ interesante y divertido que sería ese viaje. Además me interesan mucho _____¹⁷ historia y _____¹⁸ cultura y tengo muchos deseos de conocer _____¹⁹ México colonial. Después de leer acerca de _____²⁰ sor Juana Inés de la Cruz, quisiera visitar algunos conventos y catedrales e imaginar el ambiente en que vivió.

2-20   REFRANES

Somos iguales.

Con un/a compañero/a analicen los siguientes refranes e identifiquen los estereotipos sexuales contenidos en ellos. Después escriban un párrafo comentando cómo estos dichos perpetúan una visión injusta y anticuada de las mujeres.

1. Donde la mujer lleva los pantalones y el hombre el delantal, todo sale mal.

2. Virtuosa es la mujer sin conocimiento.

3. La mujer casada, en casa y con la pierna quebrada.

4. A la mujer ni todo el amor ni todo el dinero.

ARTÍCULO INDEFINIDO

1. Hay cuatro formas. El artículo indefinido concuerda con el nombre en género y número.

un árbol	**una** idea
unos caballos	**unas** amigas

Se usa el artículo **un**, en vez de **una**, con los sustantivos femeninos que comienzan con **a** o **ha** acentuadas.

un alma buena	**unas** almas buenas
un hacha (*ax*) nueva	**unas** hachas nuevas

2. El artículo indefinido se usa:

◆ Para indicar que el sustantivo es una cosa indeterminada o para expresar una cantidad imprecisa. Si **unos** o **unas** se usan con números, expresan la idea de *aproximadamente*.

Pásame **un** (*a*) lápiz.
Compré **unos** (*some*) discos viejos.
Había **unas** (*approximately*) cien personas en la recepción.

◆ Para señalar una cualidad o característica de la persona.

Mi hermano es **un** perezoso. (Su característica principal es ser perezoso.)

3. No se usa el artículo indefinido:

◆ Después de **ser** y **hacerse** con los sustantivos no modificados que expresan profesión, ocupación, nacionalidad, religión o afiliación política.

Fernando es abogado y su hermano es electricista.
Ellos son peruanos.
Patricia va a hacerse demócrata.

Pero cuando el sustantivo está modificado, se usa el artículo indefinido.

Mi hermana es **una** abogada experta.
Samuel es **un** verdadero artista.

◆ Con las palabras **cien** (*a hundred*), **mil** (*a thousand*), **otro** (*another*), **tal** (*such*) y ¡**qué**…! (*what a…!*) (En inglés se usa el artículo indefinido *a* en este tipo de construcción.)

> Tenemos **cien** libros.
> Necesito **mil** dólares.
> Mis padres compraron **otra** casa.
> No dije **tal** cosa.
> ¡**Qué** mujer!

◆ Después de **sin, con, tener, buscar, haber** cuando el artículo indefinido no se refiere a la cantidad o al concepto numérico de uno, *one*. En inglés se usa *a* o *an*.

Don Paco nunca sale **sin** corbata.	*Don Paco never goes out without a tie.*
Queremos una casa **con** piscina.	*We want a house with a pool.*
¿**Tienes** novio?	*Do you have a boyfriend?*
Busco trabajo.	*I'm looking for a job.*

4. El artículo indefinido se usa en los siguientes casos cuando el sustantivo va modificado.

> Tienes **un** hijo <u>muy simpático</u>.
> Busco **un** trabajo <u>que pague bien</u>.
> Queremos una casa con **una** <u>piscina grande</u>.

2-21 TRADUCCIÓN

¿Cómo se dice en español?

1. *What a memory! He says I owe him a thousand dollars!*
2. *Do you have a dog? I have a dog and two cats.*
3. *Alberto is looking for a job. But he wants a job that is close to his home.*
4. *Such a thing is not possible.*
5. *He wants to become a doctor, a good doctor.*

2-22 MINILECTURA. "CUENTO POLICIAL"

Lee el siguiente relato del escritor argentino Marco Denevi prestando atención al uso de los artículos. Después explica por qué se usan o no se usan los artículos definidos e indefinidos o las contracciones en los ejemplos indicados a continuación. Cita la regla gramatical que se aplica en cada caso.

Rumbo a la tienda donde trabajaba como vendedor, un joven pasaba todos los días por delante de una casa en cuyo balcón una mujer bellísima leía un libro. La mujer jamás le dedicó una mirada. Cierta vez el joven oyó en la tienda a dos clientes que hablaban de aquella mujer. Decían que vivía sola, que era muy rica y que guardaba grandes sumas de dinero en su casa, aparte de las joyas y de la platería. Una noche el joven, armado de ganzúa° y de una linterna sorda, se introdujo sigilosamente en la casa de la mujer. La mujer despertó, empezó a gritar y el joven se vio

picklock

en la penosa necesidad de matarla. Huyó sin haber podido robar ni un alfiler°, pero con el consuelo *pin*
de que la policía no descubriría al autor del crimen. A la mañana siguiente, al entrar en la tienda,
la policía lo detuvo. Azorado° por la increíble sagacidad policial, confesó todo. Después se en-   *Embarrassed*
teraría de que la mujer llevaba un diario íntimo en el que había escrito que el joven vendedor de
la tienda de la esquina, buen mozo y de ojos verdes, era su amante y que esa noche la visitaría.

© Denevi, Marco, *Cartas peligrosas y otros cuentos*. Obras Completas. Tomo 5, Buenos Aires,
Corregidor, 1999.

1. rumbo a <u>la</u> tienda donde trabajaba como Ø vendedor
2. armado de Ø ganzúa y de <u>una</u> linterna sorda
3. <u>la</u> mujer llevaba <u>un</u> diario íntimo
4. al autor <u>del</u> crimen

 2-23   COMPRENSIÓN Y ANÁLISIS DEL CUENTO

1. ¿Cómo se describe a la mujer en el cuento?
2. ¿Qué decían de la mujer los clientes de la tienda?
3. ¿Qué hizo el joven una noche?
4. ¿Cuál es la ironía del cuento? De alguna manera, ¿quién estaba en control?

VERBOS IMPERSONALES

1. En español todo verbo que expresa un fenómeno atmosférico es impersonal. En inglés
   estos verbos llevan el pronombre *it*. En español no llevan ningún pronombre, puesto que *it*,
   usado como sujeto, no tiene equivalencia en español.

llover	*to rain*	**nevar**	*to snow*
lloviznar	*to drizzle*	**relampaguear**	*to lighten*
diluviar	*to pour, rain heavily*	**tronar**	*to thunder*
escampar	*to stop raining*	**amanecer**	*to dawn; to wake up*
granizar	*to hail*	**anochecer**	*to grow dark at nightfall*

   Anuncian que **lloverá** mañana.
   Nevó toda la noche.
   El día **amaneció** muy nublado.
   Amanecí muy cansada.

   Los verbos **amanecer** y **anochecer** se usan a veces para expresar la idea de llegar a un lugar,
   o estar presente en un lugar, al empezar el día o al caer la noche.

   Salimos de Los Ángeles por la noche y **amanecimos** en Nueva York.

2. El verbo **hacer** se usa en forma impersonal para expresar condiciones atmosféricas.

   ¿Qué tiempo hace?
   Hace fresco/sol/viento.
   Ayer hizo mucho frío/calor.
   Hacía buen/mal tiempo.

3. Hay otros verbos que se usan en forma impersonal.

bastar	*to be enough*	**Basta** decir que es la persona más noble que existe.
precisar	*to be necessary*	**Precisa** salir temprano.
importar	*to be important*	**No importa** si llegan tarde.
parecer	*to appear, seem*	**Parece** que esta crisis afecta al mundo entero.
convenir	*to be advisable*	No **conviene** regañar mucho a los niños.

 2-24   EL PRONÓSTICO DEL TIEMPO

Completa las oraciones de forma original usando una expresión relacionada con los fenómenos atmosféricos.

Modelo: Anoche hubo una tormenta…   **Llovió y relampagueó toda la noche.**

1. El cielo está nublado…
2. Hay mucha nieve en las montañas…
3. No llevé el abrigo porque…
4. Fuimos a la playa porque…
5. No dormí bien anoche; por la mañana…

 2-25   NUESTRO VIAJE A LA CIUDAD DE MÉXICO

Completa este *e-mail* con la forma correcta de uno de los verbos que están en la lista, según el significado de la oración. Usa los verbos en infinitivo, presente, pretérito o imperfecto, según sea necesario. Algunos verbos pueden usarse más de una vez.

amanecer	anochecer	convenir	escampar	importar	parecer
precisar	relampaguear	tronar	hacer	llover	

¡Hola a todos! Les cuento los últimos detalles de nuestro viaje a la Ciudad de México. Como saben, vinimos aquí para asistir a la boda de nuestros amigos Pepe y Pedro. La boda fue hoy y resultó maravillosa. Ahora les cuento. Como _____[1] muy temprano en verano, decidimos salir a conocer la ciudad muy de mañana, pero _____[2] que estuviéramos en el Ayuntamiento al mediodía para asistir a la boda e _____[3] mucho que estuviéramos presentes pues éramos los testigos. Cuando salimos del hotel por la mañana _____[4] mucho sol y _____[5] que iba a _____[6] muy buen tiempo. Nos sentíamos muy contentos de que hiciera tan buen tiempo para la boda, pues ayer _____[7] tan mal tiempo que pensábamos que no íbamos a poder salir del hotel. Con decirles, que ayer por la tarde _____[8] a cántaros. _____[9] y _____[10] con tanta fuerza que se nos fue la electricidad. ¡Cenamos en el hotel a la luz de las velas! Pero finalmente _____[11] al _____[12] y pudimos dormir tranquilamente. Hoy, sin embargo, el tiempo fue espléndido y la boda fue muy emotiva; después, en la fiesta, bailamos hasta más no poder y nos acostamos de madrugada; por eso estamos hoy tan cansados. Bueno, salimos esta tarde de regreso a Los Ángeles pero _____[13] que descansemos antes de salir para el aeropuerto. Nada más. Les mandaré otro *e-mail* en cuanto lleguemos a casa.
Abrazos,
Susana

ESCRITURA

Antes de escribir, repasa las siguientes reglas sobre la acentuación y la ortografía.

REPASO DE ACENTUACIÓN

1. La primera y la tercera persona del pretérito llevan tilde en la última sílaba:

hablé   habló   vendí   vendió   escribí   escribió

NOTA: Recuerda que el pretérito de los verbos irregulares no lleva tilde.

tuve   tuvo   hice   hizo   traduje   tradujo   fui   fue   di   dio   vi   vio

2. Llevan tilde todas las formas del pretérito de los verbos **leer, oír, caer** y **reír** (menos **rio** y **rieron**)

leí   oímos   caíste   reíste   cayó

3. Todas las formas del imperfecto de los verbos terminados en **-er** e **-ir** llevan tilde, así como la primera persona plural de los verbos terminados en -**ar**.

comía   decíamos   traían   vendías   escuchábamos   hablábamos   comenzábamos

 2-26   PRÁCTICA

Pon la tilde en las palabras que la necesiten.

1. Estabamos cenando cuando de repente sono el telefono. Fui a ver quien era; pense que podia ser Antonio.

2. En efecto, era Antonio. Dijo que iba a demorarse porque habia parado a poner gasolina y que alli en la gasolinera empezo a tener problemas con el carro.

3. Me dio risa cuando me lo dijo porque es un auto nuevo y Antonio siempre se jacta *(brags)* de que a el nunca le ocurren estas cosas.

4. Naturalmente, el no se rio de la situacion. Tuvo que llamar al Club AAA. Lo oimos cuando llego a casa, pero era muy tarde y ya ni siquiera tenia ganas de comer. ¡Pobre Antonio!

ORTOGRAFÍA: b, v

1. Se escribe **b**:

◆ En las sílabas **bur**, **bus** y **b** seguida de **l** o **r**.
burla, buscar, hablar, brazo, libre

◆ En las combinaciones **rab, rib, rob, rub**.
rabia, arriba, robar (excepto **rival, Rivera**)

◆ En los prefijos **bi-, bis-, biz-**.
bisnieto (biznieto), bilingüe

◆ En los verbos terminados en **-bir** y **-buir**.
  recibir, escribir, contribuir, distribuir (excepto: **servir, hervir, vivir**)

◆ En las terminaciones del imperfecto de indicativo.
  íbamos, trabajaba, estudiaban, hablabas, pensábamos

◆ Después de **m**.
  rumbo, mambo, embajada, también, costumbre

◆ En los prefijos **abs-**, **sub-**, **biblio-**, **obs-**.
  abstinencia, submarino, bibliotecario, obstinación

◆ En los sufijos -**able**, -**ible**.
  comparable, responsable, discutible, preferible

◆ En las terminaciones -**bilidad**, -**bundo**.
  responsabilidad, moribundo (excepto **movilidad, civilidad**)

2. Se escribe **v**:

◆ Después de **b, d, n, le, di**.
  obvio, adverso, invierno, levantar, divino

◆ En el pretérito de indicativo y el imperfecto de subjuntivo de los verbos **tener, andar, estar**.
  tuvieron, anduvieron, estuve

◆ En las palabras que empiezan con **vice-, villa-**.
  viceversa, villanía, Villarreal (excepto: **bíceps, billar**)

◆ En las palabras que empiezan con **ave-, avi-, eva-, eve-, evi-, evo-**.
  avenida, avispa, evaporar, evento, evidente, evolucionar

◆ Las palabras que empiezan con **sal-, sel-, sil-, sol-, ser-**.
  salvavidas, selva, Silva, solvente, servidumbre (excepto: **silbar**)

3. Las siguientes palabras a menudo presentan dudas ortográficas.

tubo (*tube*) **tuvo** (*he/she had*)	**bello** (*beautiful*) **vello** (*hair, fuzz*)
botas (*boots*) **votas** (*you vote*)	**barón** (*baron*) **varón** (*male*)
haber (*to be/to have*) **a ver** (*let's see*)	**rebelar** (*to rebel*) **revelar** (*to reveal*)
bienes (*goods*) **vienes** (*you come*)	**sabia** (*wise*) **savia** (*sap*)

2-27 PRÁCTICA

Escoge la palabra correcta que está entre paréntesis.

1. La Madre Naturaleza es muy (savia/sabia).
2. La (savia/sabia) de muchas plantas tiene propiedades curativas.
3. Hay hombres que se depilan el (vello/bello) para lucir más (vellos/bellos).
4. Si (votas/botas) hoy, ponte las (botas/votas), pues está lloviendo.
5. Miguel (tuvo/tubo) mucha suerte con ese (tubo/tuvo). Le pudo (haber/a ver) caído en la cabeza.
6. Cuando los generales (revelaron/rebelaron) un plan de ataque suicida, algunos soldados se (rebelaron/revelaron).

 2-28 PRÁCTICA

¿Se escriben con **b** o **v**?

1. Las madres de los no ___ ios lle ___ aban ___ estidos muy ___ onitos y ___ ellos.
2. Es e ___ idente que el Sr. Sil ___ a es responsa ___ le de la quie ___ ra de la compañía.
3. Estu ___ imos esperando al candidato. ¿Por quién ___ as a ___ otar tú?
4. El tu ___ o que pasa por de ___ ajo de mi casa se ha roto.
5. Elena dio a luz el sá ___ ado. Creo que tu ___ o un ___ arón.
6. Como esta ___ a ne ___ ando, me puse las ___ otas para salir.
7. El ser ___ icio aquí es malo; es ob ___ io que no sa ___ en atender al pú ___ lico.
8. Reci ___ ieron una carta del go ___ ernador pidiendo los nombres de los responsa ___ les.

COMPOSICIÓN

 2-29 REDACCIÓN

Escoge uno de los siguientes temas para escribir una composición de por lo menos tres párrafos siguiendo las sugerencias que se dan a continuación.

TEMA 1: Como leíste en la lectura de este capítulo, sor Juana Inés de la Cruz fue una monja defensora del derecho de la mujer a estudiar y aprender. Sin embargo, un obispo de la época la regañó por su afán por el estudio y la calificó de vanidosa. Imagínate que pudieras, a pesar de la distancia cronológica, defender a sor Juana. Escribe una carta al obispo defendiendo el derecho de la mujer a estudiar y a "buscar belleza en el entendimiento y no entendimiento en la belleza", como dijo sor Juana.

TEMA 2: ¿Cómo era la vida para las mujeres en las décadas de 1960 y 1970 en materia de igualdad con el hombre? Investiga qué oportunidades tienen ahora las mujeres que antes no tenían. Para ello puedes entrevistar a mujeres de tu familia como tu abuela o tu madre y después escribe una composición explicando cómo ha cambiado la actitud social en cuanto a la igualdad sexual y cómo esto ha afectado a las mujeres de tu familia y a la mujer en general. En tu composición, explica cómo era la situación de la mujer hace 40–50 años y compárala con su situación en la sociedad actual. Asimismo analiza algunos logros que las mujeres consiguieron en los últimos

ClassicStock/Masterfile

50 años en materia de igualdad sexual, laboral y de oportunidades en la sociedad. Finaliza tu composición explicando qué logros todavía faltan por conseguir para llegar a la plena igualdad sexual en los diferentes campos.

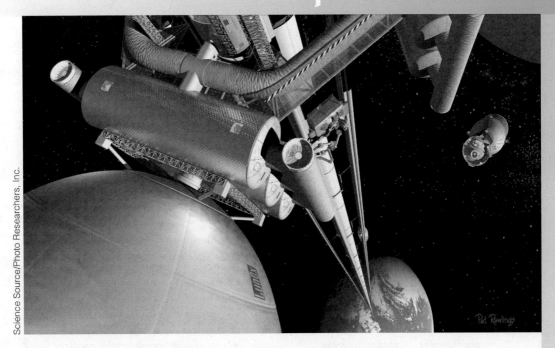

Science Source/Photo Researchers, Inc.

ADELANTOS TECNOLÓGICOS

Enfoque temático

◆ Vocabulario

◆ Lectura: "La tecnología que viene"

◆ Comprensión, análisis y expansión

Objetivos gramaticales

◆ Futuro y condicional: formas y usos

◆ Verbos que traducen *to be*: ***ser***, ***estar***, ***tener***, ***haber***, ***hacer***

◆ El gerundio o participio presente: formas

◆ Usos del gerundio

◆ Tiempos progresivos

◆ Usos del infinitivo

Práctica de escritura

◆ Repaso de acentuación

◆ Ortografía: **que**, **qui**, **cue**, **cui**, **k**

◆ Composición

PRELECTURA

 3-1   PREGUNTAS DE PRELECTURA

1. ¿Crees que la tecnología es una parte inseparable del ciudadano del siglo XXI? ¿Por qué?
2. ¿Qué tecnologías usas normalmente en tu vida diaria?
3. Con un/a compañero/a comparen cómo eran las comunicaciones interpersonales antes del *e-mail*, las redes sociales y los teléfonos celulares.
4. ¿Qué tecnologías nuevas crees que existirán en los próximos 60 años?

 3-2   VOCABULARIO

Antes de leer, familiarízate con las siguientes palabras y expresiones que aparecen en negrita en la lectura.

a medida que	según, de acuerdo con	capaz	hábil, competente
acertar (ie)	adivinar, deducir	cotidiano	común
agujero	abertura, vacío	desarrollo	crecimiento, aumento
alcanzar (c)	conseguir	disponible	a disposición de
añadir	incorporar, incrementar	dispositivo	aparato, utensilio
aprehender	captar, percibir	enmarañado	complicado, caótico
asustar	dar miedo	hacer falta	ser necesario
atónito	asombrado, sorprendido	inverosímil	increíble
atravesar (ie)	pasar, cruzar	perfilar	diseñar, elaborar
avanzado	adelantado, evolucionado	proponer	sugerir

 3-3   MEJORA TU VOCABULARIO

Escoge la palabra o expresión que mejor complete el sentido de la oración.

1. En el futuro la tecnología permitirá (alcanzar/aprehender) estados de bienestar difíciles de imaginar hoy.
2. Algunas tecnologías de hoy en día parecerían (atónitas/inverosímiles) hace solo unos años.
3. El ciudadano medio del siglo XXI usa la tecnología de forma (cotidiana/disponible).
4. Los seres humanos del mañana serán (capaces/actuales) de transferir pensamientos telepáticamente a una computadora.
5. El (agujero/desarrollo) de la tecnología en los últimos 50 años ha sido asombroso.
6. Las computadoras muy pronto tendrán (dispositivos/consensos) inteligentes de reconocimiento de los usuarios para ofrecer mayor seguridad.

7. Parece que esa compañía ya tiene casi (perfilado/asustado) un nuevo modelo de libro electrónico.

8. Con la imposición del Wi-Fi, ya no (hacen falta/aciertan) cables para conectar aparatos electrónicos entre sí.

9. Parece que van a (añadir/atravesar) todavía más aplicaciones al nuevo modelo de *iPad*.

10. La información (avanzada/enmarañada) que recibimos hoy en día a través de múltiples canales podrá ser pronto personalizada y transmitida según las especificaciones de cada individuo.

LECTURA

 ## LA TECNOLOGÍA QUE VIENE

Cada cierto tiempo, la compañía británica British Telecom (BT) publica una cronología prospectiva de previsibles **desarrollos** tecnológicos. Estas predicciones a menudo han sido utilizadas por empresas e individuos para imaginar el futuro y desarrollar las tecnologías necesarias para hacerlo realidad. Uno puede estar de acuerdo o en desacuerdo con las predicciones de los técnicos de BT. Si uno no está de acuerdo, ¿es porque la fecha **propuesta** de una tecnología determinada es demasiado pronta o demasiado tardía? ¿Es porque la idea es demasiado ridícula o le **asusta**? Solo **hace falta** mirar atrás 10, 20, 30, 40 o 50 años e imaginar cómo explicaríamos a nuestros **atónitos** interlocutores de entonces las cosas que hacemos hoy (y cómo las hacemos) de forma **cotidiana**. Muchas de las propuestas° tecnológicas hoy pueden parecer ciencia ficción, *proposals* pero como el gran científico Arthur C. Clarke dijo: "Cualquier tecnología suficientemente **avanzada** es indistinguible de la magia." *(tercera ley de Clarke) Perfiles del futuro, 1961.*

El informe de BT aclara que en toda lógica los escenarios que dibujan son meras posibilidades, así como las previsibles° implicaciones sociales de tales innovaciones. Para dibujar estos *foreseeable* escenarios han consultado a expertos de diversos campos de todo el mundo. Con ellos han **perfilado** un consenso respecto a qué tecnologías podrían emerger en los próximos años, en qué momento harán irrupción° en la sociedad y qué impacto social puede esperarse de ellas. El *break into* resultado son unas mil tecnologías emergentes clasificadas por especialidades y por el período de tiempo en el que supuestamente estarán **disponibles** para la sociedad.

Una de las predicciones es que en la próxima década se va a vivir una auténtica revolución en lo que respecta a° la comunicación interpersonal. Las redes sociales como *Facebook*, que *with respect to* contaba en 2012 con casi 900 millones de usuarios, los sistemas de comunicación instantánea como *Twitter*, con más de 250 millones de *tweets* diarios, y las plataformas de videos personales como *YouTube* con más de 4.000 millones de vídeos vistos cada día, se han convertido ya en una extensión de las relaciones personales del ciudadano del siglo XXI. Asimismo, los *smartphones* o teléfonos inteligentes, que seguirán evolucionando a nuevas generaciones con aplicaciones más personalizadas y sofisticadas, se impondrán en el campo de la telefonía móvil, convirtiéndose en **dispositivos** tan cotidianos como globales e imprescindibles°. Estos dispositivos integrarán aún *indispensable* mejor la telefonía móvil con la *web* y con las redes sociales con el fin de satisfacer la creciente necesidad de los usuarios de actualizar su perfil digital instantáneamente y desde cualquier lugar a través del teléfono móvil. De esta forma, el móvil se convertirá en una extensión de nosotros

favored

mismos y en un instrumento no solo de comunicación sino también de relación virtual entre los seres humanos a través de las redes sociales. La explosión de interrelación social **enmarañada** propiciada° por las redes sociales actuales, dejará paso a aplicaciones que favorecerán un mayor grado de personalización de contenidos y perfiles y ofrecerán al usuario más autenticidad, intimidad y privacidad que las redes sociales de hoy en día. Las redes sociales y la intercomunicación global instantánea también harán evolucionar la psicología humana y la conciencia de lo que somos **capaces**. Por medio de la *web* los humanos ya hemos transformado nuestro concepto histórico del tiempo, el espacio y las distancias geográficas, pero ahora **añadiremos** a la lista la resignación a aceptar el mundo en su estado actual. El control de la información se disipará aún más y se extenderá a los ciudadanos globales a través de filtraciones y de plataformas como *Wikipedia* y *WikiLeaks* propiciando un nuevo activismo ciudadano capaz de crear grupos autoorganizados de influencia local y global inimaginables hasta hace poco.

bring about
due to

En cuanto a la nanotecnología y biotecnología, se predice que dentro de 60 años veremos cómo estas tecnologías provocarán° impactos en nuestras vidas que hoy podríamos considerar como mágicos pero que serán normales para los hijos de nuestros hijos, debido a° que nuestra escala temporal actual solo puede **aprehender** una pequeña parte de lo que está en camino.

predict

Si comenzamos por examinar los escenarios tecnológicos más **inverosímiles**, lo que nos auguran° los expertos de BT es que en 2051 algunos países tendrán un equipo de fútbol formado íntegramente por robots, que para ese entonces habrá desaparecido completamente el **agujero** de la capa de ozono, que las comunicaciones telepáticas se habrán hecho corrientes° entre las personas y que la información contenida en un cerebro humano podrá desde esa fecha ser transferida a un soporte artificial (los cerebros artificiales existirán desde 2040).

commonplace

yogurts
DNA

Lo más probable, sin embargo, es que en 2046 se haya consolidado la energía nuclear de fusión, que en 2041 exista una pequeña ciudad en la Luna, que en 2036 tengamos el primer ascensor espacial, que en 2031 los robots sean ya más inteligentes que nosotros, que en 2026 haya combates de boxeo entre androides y que en 2021 los yogures° incorporen circuitos electrónicos de ADN° en sus bacterias. También se predice que para el 2016 los coches van a ser pilotados automáticamente y que en 2017 vamos a poder ya ir de vacaciones a un hotel en órbita.

Todo esto puede parecer una caricatura de los escenarios tecnológicos previsibles. Sin embargo, no es la primera vez que BT realiza este ejercicio: uno anterior realizado en los años noventa **alcanzó** un grado de exactitud de entre el 80% y el 90%. En cualquier caso, no debemos olvidar que el objetivo de estos ejercicios no es hacer una quiniela° para **acertar** o no respecto a lo que puede ocurrir. La finalidad principal de la prospectiva es diseñar escenarios de futuro posibles con la finalidad de que estas perspectivas razonables de evolución nos permitan adoptar las mejores decisiones en el presente. Hay que imaginar qué puede

make a bet

Imagen de un posible ascensor espacial

Victor Habbick Visions/Photo Researchers, Inc.

ocurrir en los próximos años para adaptar nuestra mentalidad, nuestra profesión o nuestra actividad empresarial a esas posibles evoluciones. Es la mejor manera de vivir el presente.

La prospectiva ofrecida por BT no es la única. En un horizonte aún más amplio podemos consultar los *Escenarios 2100* realizados por Thierry Gaudin. Se trata de una obra realizada el siglo pasado pero de gran envergadura°: *2100: Récit du prochain siècle.* Publicada en 1993, esta *relevance* obra conserva hoy toda su vigencia°. En ella Thierry Gaudin señala que el tránsito de una civili- *validity* zación industrial a otra cognitiva allá por el 2100 transformará profundamente las profesiones y las actividades sociales. Según él, dos grandes etapas caracterizarán este proceso: a una etapa de degradación social que estaríamos **atravesando** ahora, le seguiría un período de reacción social positiva basado en programas de educación masivos, rediseño de las ciudades y la reforestación. El siglo XXI terminaría, según estos escenarios, con el predominio° de los valores femeninos, *predominance* religiosos y de sensibilidad. Así pues, las trasformaciones sociales que nos traerán los próximos 100 años de la mano de la nanotecnología y la biotecnología nos pueden parecer inverosímiles hoy, pero serán algo cotidiano para los hijos de nuestros hijos. Desde antaño° el mundo ha evo- *in years past* lucionado **a medida que** cada generación aprendía de sus hijos, muchas veces de forma local. Pero ahora, ese conocimiento puede ser compartido instantáneamente a través de Internet y mejorado y ampliado de forma vertiginosa° por la sociedad global. Por eso, cualquier predicción *very rapidly* que se pueda hacer hoy solo puede cubrir una pequeña muestra de lo que viene.

 3-4   COMPRENSIÓN DEL TEXTO

1. Explica las razones que da el texto por las que uno puede no estar de acuerdo con las predicciones tecnológicas para el futuro.

2. Según los técnicos de BT, ¿sus predicciones son irrefutables o son solo conjeturas para el futuro?

3. Explica cómo serán las redes sociales del futuro y cómo permitirán crear grupos de influencia social.

4. Según las predicciones de BT, ¿para cuándo se espera que haya desaparecido completamente el agujero de la capa de ozono?

5. ¿Cuál es la finalidad principal de la prospectiva de BT sobre las tecnologías del futuro?

6. Según las predicciones de Thierry Gaudin, ¿con qué valores terminaría el siglo XXI?

 3-5   ANÁLISIS Y EXPANSIÓN

1. Elige dos de las tecnologías o avances que se mencionan en el texto que tú creas que tienen más posibilidades de hacerse realidad y otras dos que consideras inverosímiles. Compáralas con las de un/a compañero/a. Después expliquen sus razones para su elección.

2. Explica cómo han cambiado las relaciones interpersonales debido al uso masivo de los mensajes de texto y las redes sociales. ¿Crees que este cambio es beneficioso para la sociedad? Razona tu respuesta.

3. Según T. Gaudin, la sociedad de la última mitad del siglo XXI se caracterizará por su énfasis en la educación, el rediseño de las ciudades y la reforestación. Explica los motivos posibles para este cambio de valores y prioridades según tu punto de vista.

GRAMÁTICA

FUTURO Y CONDICIONAL: FORMAS Y USOS

Greguería de Ramón Gómez de la Serna

Me **gustaría** pertenecer a esa época del futuro en que la historia **tendrá** doscientos tomos, para ver cómo se la **aprenderán** los niños.

1. Verbos regulares.
   El futuro y el condicional se forman usando el infinitivo más las siguientes terminaciones:

INFINITIVO	FUTURO		CONDICIONAL	
comprar	comprar **é**	comprar **emos***	comprar **ía**	comprar **íamos**
	comprar **ás**	comprar **éis**	comprar **ías**	comprar **íais**
	comprar **á**	comprar **án**	comprar **ía**	comprar **ían**
vender	vender **é**	vender **emos**	vender **ía**	vender **íamos**
	vender **ás**	vender **éis**	vender **ías**	vender **íais**
	vender **á**	vender **án**	vender **ía**	vender **ían**
recibir	recibir **é**	recibir **emos**	recibir **ía**	recibir **íamos**
	recibir **ás**	recibir **éis**	recibir **ías**	recibir **íais**
	recibir **á**	recibir **án**	recibir **ía**	recibir **ían**

2. Verbos irregulares.
   Los siguientes verbos tienen la raíz irregular en el futuro y en el condicional. Las terminaciones regulares se añaden a estas raíces.

Infinitivo	Raíz	Futuro	Condicional
salir	**saldr-**	saldré	saldría
venir	**vendr-**	vendré	vendría
poner	**pondr-**	pondré	pondría
tener	**tendr-**	tendré	tendría
poder	**podr-**	podré	podría
valer	**valdr-**	valdré	valdría
haber	**habr-**	habré	habría
saber	**sabr-**	sabré	sabría
caber	**cabr-**	cabré	cabría
hacer	**har-**	haré	haría
decir	**dir-**	diré	diría
querer	**querr-**	querré	querría

* En el futuro la única forma que no lleva tilde es la forma **nosotros/as**. En el condicional todas las formas llevan tilde.

3. Usos del futuro. El futuro se usa:

◆ Para indicar que la acción, estado o condición va a ocurrir después del momento presente. En este sentido, equivale a la forma **ir a + infinitivo**.

Dentro de poco **habrá (va a haber)** nuevas tecnologías.
Shortly there will be new technologies.

El móvil **se convertirá (va a convertirse)** en una extensión de nosotros mismos.
The cell phone will become an extension of ourselves.

◆ Para expresar conjetura, probabilidad o duda de una acción, estado o condición, en el presente o en el futuro. Equivale a la construcción en inglés de *I wonder, I suppose* o *probably*. Al usar el tiempo futuro, no es necesario usar expresiones como "me pregunto" o "probablemente". Estas son necesarias, sin embargo, si se usan con el presente.

¿Qué hora **será**?	*I wonder what time it is. What time can it be?*
Serán las dos.	*It's probably two o'clock.*
Probablemente son las dos.	*It's probably two o'clock.*
¿Qué están haciendo los niños?	*What are the children doing?*
No sé. **Estarán jugando** con la Wii.	*I don't know. I suppose they're playing with the Wii.*
Me pregunto si **están** jugando con la Wii.	*I wonder if they're playing with the Wii.*

◆ Para expresar la probabilidad de una situación en cláusulas con **si**. En este caso el verbo de la cláusula principal se da en presente y expresa la condición, mientras que el verbo de la cláusula subordinada expresa el resultado con el verbo en futuro.

Condición → presente	Resultado → futuro
Si al jefe le gusta mi propuesta,	**me dará** un aumento de sueldo.
If the boss likes my proposal,	*he will give me a raise.*
Si alcanzo mis metas,	**me graduaré** en junio
If I reach my goals,	*I'll graduate in June.*

◆ Para indicar órdenes o mandatos. En este caso el mandato adquiere un tono más enfático.

Niños, les repito que no **saldrán** esta tarde.	*Children, I repeat you will not go out this afternoon.*
Escribirás la carta en seguida.	*You will write the letter at once.*

◆ En las frases principales de tiempo que se refieren al futuro con expresiones como **cuando, después (de) que, en cuanto, hasta que, tan pronto como.***

Compraré un libro electrónico **tan pronto como** salga el nuevo modelo.
I will buy an e-book as soon as the new model comes out.

Te **mandaré** un mensaje de texto **cuando** tenga más información.
I will send you a text message when I have more information.

---

* Ver Capítulo 7, conjunciones adverbiales que requieren el subjuntivo.

ALGO MÁS

a. Como hemos visto en el Capítulo 1, el futuro también puede expresarse con el presente de indicativo + una expresión de tiempo futuro:

Te **veo** mañana.   *I'll see you tomorrow.*

b. En la conversación es más común el uso de la construcción **ir a + infinitivo** para expresar el futuro, sobre todo cuando se refiere a planes ya hechos o cuando corresponde a la misma idea de **pensar + infinitivo** (*to plan to + infinitive*).

Esta tarde **voy a revisar** (pienso revisar) los enlaces que me mandaste.
This afternoon I'm going to check the links you sent me.

Ellos **van a comprar** (piensan comprar) un televisor de alta definición.
They're going to buy a high definition TV.

c. La expresión **deber de + infinitivo** también se usa para expresar probabilidad en el presente. Asimismo, pueden usarse expresiones como **probablemente, tal vez, me pregunto si**, etc. **+ verbo en presente**.

¿De quién es este *iPad*?   *Whose iPad is this?*
Debe de ser de Olga.   *It must be Olga's.*
Probablemente es de Olga.   *It's probably Olga's.*

d. A diferencia del inglés, el futuro NO puede expresarse con el presente progresivo. En estos casos se usa **ir a + infinitivo** o el futuro.

Vamos a reunirnos esta tarde. / **Nos reuniremos** esta tarde.
We're getting together this afternoon.

 3-6   PREDICCIONES DEL FUTURO

Cambia el infinitivo que está entre paréntesis al tiempo futuro.

1. En el futuro las tecnologías que (tener) _____ un mayor impacto (ser) _____ las relacionadas con el transporte. (Haber) _____ sistemas de carreteras automatizadas que (poder) _____ evitar accidentes y congestiones de tránsito.

2. Los paneles en 3D (reemplazar) _____ a los monitores tradicionales y las computadoras (ser) _____ más interactivas; estas (saber) _____ reconocer al sujeto por su apariencia, su voz y la escritura.

3. La televisión (hacer) _____ un papel más activo; nos (ofrecer) _____ la posibilidad de interactuar con los personajes.

 3-7   MÁS PREDICCIONES

Con un/a compañero/a hagan cinco predicciones para el futuro. Después compartan sus predicciones con los otros compañeros de la clase y determinen cuáles tienen más probabilidad de hacerse realidad. Usen el futuro para expresar sus predicciones. ¡Sean creativos!

3-8 ¿QUÉ PASÓ?

Observa el uso de la forma **será** en esta estrofa de la canción *¿Qué pasó?* del colombiano Juanes. ¿Dónde expresa futuro y dónde expresa conjetura? Explica tu razonamiento.

¿Por qué **será** que hay tanta guerra?
¿Por qué **será** que hay tanta pena?
¿Qué **será**? ¿Qué *será* del mundo hoy?

 3-9 ANÁLISIS Y PRÁCTICA

En tu opinión, ¿se puede considerar esta una canción de conciencia social? Razona tu respuesta. Con un/a compañero/a traten de dar respuesta a las preguntas de la canción. Usen el futuro para indicar que están haciendo conjeturas.

 3-10 ¿QUIÉN SERÁ?

Cambia estas preguntas del presente al futuro para expresar conjeturas sobre el chico que aparece en esta foto. Después contesta las preguntas usando tu imaginación. En tus respuestas usa también el futuro para hacer conjeturas. Después compara tus respuestas con las de tus compañeros.

¿Quién es este chico?
¿Está soltero?
¿Cuántos años tiene?
¿De dónde es?
¿Dónde está?
¿Qué está haciendo?
¿Cómo se siente?
¿Está esperando a alguien? ¿A quién?

© Francesco Ridolfi/iStockphoto

 3-11 MINILECTURA. "SEMÁFORO°"

Street Light

Al leer el siguiente texto, cambia los infinitivos que están entre paréntesis al tiempo futuro. A continuación, haz las actividades basadas en esta minilectura.

Esa chica de azul que espera ahí en frente en el semáforo, ¿quién (ser) _____¹?, ¿de dónde (venir) _____²?, ¿adónde (ir) _____³ con el bolso en bandolera°. Parece vulgar. No sé nada de ella, aunque en otras circunstancias pudo haber sido quizá la mujer de mi vida. Por la calle,

shoulder bag

is torn, interrupted

lover
sewer
sidewalk
bald
fur shop
wheels screeching
has lit the building
tops

curb

entre los dos, pasa un furgón de policía y el aire de la ciudad se rasga° con sirenas de ambulancia. La chica (ser) _____⁴ secretaria, enfermera, ama de casa, camarera o profesora. En el bolso (llevar) _____⁵ un lápiz de labios, un peine, pañuelos de papel, un bono de autobús, polvos para la nariz y una agenda con el teléfono de unos primos del pueblo, de algún amigo, de algún amante°. ¿Cuántos amores frustrados (haber) _____⁶ tenido? Los anuncios de bebidas se licuan en la chapa de los automóviles. Hay un rumor de motores. La alcantarilla° huele a flores negras. La joven me ve desde la otra acera° y también (estar) _____⁷ pensando algo de mí. (Creer) _____⁸ que soy agente de seguros, un tipo calvo° muy maduro, con esposa y tantos hijos o que tengo un negocio de peletería°, un llavero en el bolsillo, un ignorado carné de identidad, una úlcera de estómago y 2.500 pesetas en la cartera. Se oyen chirridos de caucho°, la tarde ya ha prendido las cornisas°. El semáforo aún está en rojo.

Si esa mujer y yo nos hubiéramos conocido en cierta ocasión, tal vez nos habríamos besado, amado, casado, odiado, gritado, reconciliado e incluso separado. Lleva un abrigo azul. Parece un poco frágil y vulgar. No sé nada de ella. Desde el otro bordillo° la chica también me observa. ¿Qué (estar) _____⁹ imaginando?

[…]

 3-12   TIEMPOS VERBALES

En el texto que acabas de leer el narrador usa el presente y el futuro. Escoge dos usos del presente y dos del futuro en el texto y explica con qué propósito usa cada uno de los dos tiempos en la narración (es decir, para indicar hechos, conjetura, probabilidad, etc.)

3-13   CONJETURAS

Como has aprendido, en español se puede indicar conjetura usando **me pregunto si**… **probablemente**, el **tiempo futuro**, etc. Cambia estas oraciones que aparecen en la minilectura "Semáforo" para indicar conjetura.

Modelo: La chica es enfermera. La chica **será** enfermera.
Me pregunto si la chica es enfermera.
La chica **probablemente (tal vez)** es enfermera.
La chica **debe de ser** enfermera.

1. En el bolso lleva un lápiz de labios.
2. Cree que soy agente de negocios.
3. ¿De dónde viene?
4. ¿Qué está imaginando?

3-14   IMAGINA EL FINAL

A esta lectura le falta el final. Trabaja con un/a compañero/a para terminar el cuento describiendo lo que tal vez el narrador imagina que la chica está imaginando acerca de él. Asimismo inventen un final posible para la historia. ¡Sean creativos!

4. Usos del condicional. El condicional se usa:

◆ Para expresar una idea o un hecho futuro en relación con un momento del pasado.

Marta me prometió que **iría** conmigo al Salón Internacional de Últimas Tecnologías.
Marta promised me that she would go with me to the Latest Technologies International Show.

Ella me aseguró que me fascinarían los últimos modelos.
She assured me that the new models would fascinate me.

◆ Para expresar lo que ocurriría si no fuera por otra circunstancia.

Volvería a la página principal, pero borré la dirección.
I would return to the home page, but I erased the address.

Un menú desplegable **sería** más funcional para entrar mis datos en esta página web, pero no lo hay.
A drop-down menu would be more functional to enter my information on this webpage, but there is none.

◆ En las oraciones condicionales con **si** (*if*) en combinación con el imperfecto de subjuntivo.*

Imperfecto de subjuntivo	Condicional
Si mi memoria USB **tuviera** más capacidad	**almacenaría** en ella todas mis fotos.
If my flash drive had more capacity	*I would store in it all of my photos.*

◆ Para expresar probabilidad, conjetura o duda de una acción, estado o condición en el pasado. Equivale al inglés *I wonder, I suppose, do you suppose?* En este caso el condicional se usa en lugar de **Probablemente +** pasado o **Me pregunto si**...

Probablemente eran las dos cuando él llegó.	*It was probably two o'clock when he arrived.*
Serían las dos cuando él llegó.	*It was probably two o'clock when he arrived.*
Me pregunto si Antonio ya descargó esta nueva aplicación.	*I wonder if Antonio downloaded this new application already.*
¿**Descargaría** ya Antonio esta nueva aplicación?	*Do you suppose Antonio downloaded this new application already?*

---

* Ver Capítulo 7, páginas 220–221

ALGO MÁS

a. En la correlación de tiempos, el presente se combina con el futuro y el pretérito o el imperfecto de indicativo se combina con el condicional. En este caso, el condicional indica futuro en relación a un momento pasado.

Presente → futuro	Pretérito o imperfecto → condicional
Dicen que el nuevo *smartphone* pronto **estará** disponible. *They say the new smartphone will soon be available.*	**Dijeron** que el nuevo *smartphone* pronto **estaría** disponible. *They said the new smartphone would soon be available.*
Sé que eso **parecerá** inverosímil. *I know that will seem improbable.*	**Sabía** que eso **parecería** inverosímil. *I knew that would seem improbable.*
Sé que la propuesta **tendrá** pocos adeptos. *I know that the proposal will have few supporters.*	**Sabía** que la propuesta **tendría** pocos adeptos. *I knew that the proposal would have few supporters.*

b. El condicional se usa con verbos como **desear**, **querer**, **gustar**, **poder**, **preferir** y **deber** para expresar una idea en una forma más cortés y delicada.

¿**Podrías** mostrarme cómo cortar y pegar?   *Could you show me how to cut and paste?*
Deberías duplicar todos los archivos.   *You ought to (should) back up all your files.*
Yo **preferiría** mandarte un mensaje instantáneo.   *I would prefer to send you an instant message.*

NOTA: El imperfecto de subjuntivo del verbo **querer** se usa para expresar un mayor grado de cortesía.

Quisiera hacerle una entrevista, si no es mucha molestia.
I would like to interview you, if it's not too much trouble.

 3-15   CON LA TECNOLOGÍA A VUELTAS

Explica lo que **harías** tú en las siguientes circunstancias.

1. Alguien te robó tu contraseña de *e-mail*.
2. Un amigo en *Facebook* escribe algo que te ofende.
3. Perdiste tu *iPhone* anoche en una fiesta y sospechas que alguien te lo robó.
4. Estás perdido en tu auto. Tu navegador (*GPS*) no funciona, pero tienes tu *smartphone* con varias aplicaciones.
5. Tus padres te regalaron *un iPad* pero no es el modelo que tú querías.

3-16 **¿ERES ADICTO/A A INTERNET?**

¿Podrías vivir sin tu teléfono celular o sin conexión a la red? Describe cómo sería tu vida sin las tecnologías que usas comúnmente y lo que harías para mantener tus relaciones sociales.

 3-17 **UNA CITA POR INTERNET**

Imagínate que tu amiga acaba de conocer a un chico en una red social en Internet y va a salir con él hoy por primera vez. ¿Qué consejos le darías para que la cita fuera un éxito? ¿Qué precauciones crees que debería tomar? Expresa tus consejos con el condicional de **deber** o **poder** u otros verbos para hacer tus recomendaciones más sutiles.

Modelo: Véanse en un sitio público.
Deberían verse en un sitio público.
Podrían verse en un sitio público.
Sería mejor **verse** en un sitio público.

1. Piensa en temas de conversación de antemano (*beforehand*).
2. Pregúntale por su familia, sus estudios y trabajo.
3. Vayan al cine o a una galería de arte.
4. Si van a cenar, ofrece pagar por tu cena.
5. Si tienes dudas, lleva a una amiga contigo.
6. (Añade tú otros consejos).

 3-18 **CONJETURAS**

Responde a las siguientes preguntas o comentarios usando el condicional para expresar conjeturas en el pasado sobre los hechos mencionados.

Modelo: Josefina no salió de su cuarto en toda la tarde. ¿Sabes por qué?
No sé. Estaría tomando el examen del curso que está haciendo *online*.

1. ¿Sabes por qué Elena le puso más memoria a su computadora?
2. ¿Por qué estuvieron cerrados los bancos el lunes?
3. Me pregunto por qué no tuvimos Internet anoche.
4. Los vecinos pusieron música hasta las 12 de la noche.
5. Juan cambió su teléfono inteligente. ¿Por qué?
6. ¿Sabes por qué había tanta gente en el centro comercial ayer?

VERBOS QUE TRADUCEN *TO BE: SER, ESTAR, TENER, HABER* Y *HACER*

En español hay varios verbos que traducen *to be*. Además de **ser** y **estar**, hay otros verbos que se usan en expresiones idiomáticas: **tener**, **haber** y **hacer**.

1. **Ser** se usa:

    ◆ Con la preposición **de** para expresar origen, posesión y material del cual está hecha una cosa.

    Esos inventos **son de** Japón, creo.
    Ese celular **es de** Ramiro.
    Su portátil **es de** titanio.

    ◆ Con adjetivos para expresar características o cualidades propias o intrínsecas de personas y cosas.

    El edificio **es** supermoderno, por eso me interesa tanto.
    La tecnología que usan **es** muy avanzada.

    ◆ Para expresar la idea de **tener lugar** o **acontecer un hecho**. Equivale en inglés a *to take place*.

    La presentación del nuevo sistema operativo **será** en el Salón Internacional de Tecnología el mes que viene.

    ◆ Para expresar la voz pasiva.*

    Los inventores del nuevo sistema de inteligencia artificial **fueron entrevistados** hace unos días.
    El novedoso sistema **fue descrito** minuciosamente en el periódico de ayer.

    ◆ Para identificación, cuando el predicado es un nombre, pronombre o un adjetivo usado como nombre.

    Los dos **son** ingenieros de telecomunicaciones.
    La que más talento tiene **es** ella.
    Julián **es** el más ingenioso de los dos.

    ◆ Para indicar la hora y otras expresiones de tiempo.

    ¿**Será** muy tarde ya? No lo creo. Apenas **son** las siete.
    Caramba, no recuerdo qué día **es** hoy.
    Hoy **es** el quince de marzo.

    ◆ Con expresiones impersonales.

    Hoy en día **es frecuente** tener una identidad virtual en las redes sociales.
    Es necesario mantenerse al día de los avances tecnológicos.

---

* Ver Capítulo 4, voz pasiva, página 130.

Es extraordinario ver cómo las sociedades modernas han abrazado las nuevas tecnologías.

2. **Estar** se usa:

    ◆ Para expresar lugar o posición de cosas o personas.

    La compañía de *software* donde trabaja Bernardo **está** en Silicon Valley. Ayer **estuvimos** allí y nos enseñó las instalaciones. También visitamos el Museo de la Tecnología que **está** en San José.

    ◆ Con adjetivos para expresar estados o condiciones transitorios de personas o cosas, y con participios pasados —usados como adjetivos— para expresar el resultado de una acción o describir un estado o una condición del sujeto.

Condición transitoria	Resultado de una acción*
Ana **está** enferma.	El hombre **está** muerto. Murió una hora después del accidente.
El café **está** frío.	La puerta **está** cerrada. Creo que la cerró Carlos.
Estoy muy incómoda.	A las 5 ya **estaba** despierta pues me desperté a las 4 y media.

Compara las siguientes descripciones para distinguir entre una característica o condición transitoria, o un cambio de lo normal con **estar**, y una característica intrínseca con el verbo **ser**.

Condición transitoria	Característica intrínseca
Roberto **está** muy callado porque está triste.	Roberto **es** un chico callado.
Ayer **estuve** muy nerviosa por los exámenes.	Yo no **soy** una persona nerviosa.
Ana **está** muy delgada porque **ha estado** enferma.	Ruth **es** alta y delgada.

    ◆ Con los gerundios (la forma verbal terminada en **-ndo**) para formar los tiempos progresivos.

    La compañía donde trabaja Amalia **está desarrollando** un nuevo navegador y ya **están tratando** de patentarlo.

    ◆ Con ciertos adjetivos que no se suelen usar con **ser**. Por ejemplo,

contento	**ocupado**
equivocado	**satisfecho**
enojado	**sorprendido**

    ◆ Con las siguientes frases idiomáticas:

estar a oscuras	*to be in the dark*
estar de acuerdo con	*to be in agreement*
estar de buen (mal) humor	*to be in a good (bad) mood*
estar de frente (espaldas)	*to be facing forward (back)*
estar de lado	*to be sideways*

---

* Ver Capítulo 4, usos del participio pasado, páginas 122–123.

estar de luto	to be in mourning
estar de moda	to be fashionable
estar de regreso (vuelta)	to be back
estar de rodillas (pie)	to be kneeling (standing)
estar de vacaciones (viaje)	to be on vacation (a trip)
estar en estado	to be pregnant
estar para / por	to be about to
estar por	to be in favor of

3. Observa en las siguientes oraciones la diferencia de significado que ocurre al usar el verbo **ser** o **estar**:

SER

La casa **es** bonita
The house is pretty.

Soy lista.
I am smart.

Joaquín **es** aburrido.
Joaquín is a boring person.

Esta fruta **es** dulce.
This (kind of) fruit is sweet.

Estas manzanas **son** verdes.
These apples are green (in color).

Lorenzo **es** malo.
Lorenzo is bad.

Su carro **es** nuevo, lo acaba de comprar.
His car is (brand) new; he just bought it.

Angélica **es** muy viva.
Angélica is very clever (witty).

ESTAR

La casa **está** bonita.
The house looks pretty.

Estoy lista.
I am ready.

Joaquín **está** aburrido.
Joaquín is bored.

Esta fruta **está** dulce.
This fruit tastes very sweet.

Estas manzanas **están** verdes.
These apples are green (not ripe).

Lorenzo **está** malo.
Lorenzo is sick.

Su carro **está** muy nuevo.
His car is like new (looks new).

Angélica **está** viva.
Angélica is alive.

4. Algunas de las siguientes expresiones se traducen al inglés con *to be* y otras con *to have*. Los sustantivos de estas expresiones se pueden modificar con **mucho/a** o **muchos/as**, que en inglés se traduce con *very*, o con **un poco de**, que en inglés se traduce como *a little*. Nótese que **tener años** no se puede modificar cuando indica un número concreto de años.

tener... años	to be . . . years old	tener hambre	to be hungry
tener calor	to be hot	tener lástima	to have pity
tener catarro	to have a cold	tener miedo	to be afraid
tener celos	to be jealous	tener prisa	to be in a hurry
tener cuidado	to be careful	tener razón	to be right
tener la culpa	to bear the blame	tener sed	to be thirsty
tener éxito	to be successful	tener sueño	to be sleepy
tener frío	to be cold	tener suerte	to be lucky
tener ganas de	to be in the mood	tener vergüenza	to be ashamed

5. El verbo **haber** como equivalente de **existir** o *to be*. Para expresar el concepto de **hay** *(there is, there are)* se usa la forma de la tercera persona del singular del verbo **haber** en el tiempo que se requiera. Nótese que no se usan las formas plurales y que estas formas de **haber** pueden ir seguidas del artículo indefinido, pero no del artículo definido.

hay	*(there is)*	**hay** un estudiante
	(there are)	**hay** treinta estudiantes
había	*(there was)*	**había** una persona
	(there were)	**había** mil personas
hubo	*(there was)*	**hubo** un accidente
	(there were)	**hubo** muchos accidentes
habrá	*(there will be)*	**habrá** un baile
		habrá varios bailes
habría	*(there would be)*	**habría** una fiesta
		habría más de diez fiestas
ha habido	*(there has been)*	**ha habido** una revolución
	(there have been)	**ha habido** muchas revoluciones
había habido	*(there had been)*	**había habido** un terremoto
		había habido varios terremotos

NOTA: En las oraciones que requieren el subjuntivo se sigue la misma regla de usar solo la forma de la tercera persona del singular.*

Tal vez **haya** una exhibición de tecnología el mes que viene; espero que **haya** muchas novedades, pues me apasiona la tecnología de última generación.

6. Como hemos visto en el Capítulo 2, el verbo **hacer** se usa en expresiones impersonales para hablar del tiempo. Estas expresiones con **hacer** se traducen al inglés con *to be*.

Hace mucho calor.	*It is very hot.*
Hace buen tiempo.	*The weather is nice.*

 3-19   PRÁCTICA

Escoge la forma correcta de **ser** o **estar** para completar las siguientes oraciones.

1. Algunas predicciones del futuro (son/están) utilizadas por empresas para desarrollar nuevas tecnologías. Muchas personas (están/son) de acuerdo en que estas predicciones (son/están) necesarias.

2. Muchas empresas (son/están) produciendo ya productos que hace poco (eran/estaban) considerados pura fantasía.

3. Sabemos que muy pronto (serán/estarán) disponibles los resultados de miles de tecnologías emergentes.

* Ver Capítulo 6, subjuntivo, página 187

4. Una de las predicciones (es/está) que dentro de 60 años lo que hoy (es/está) inverosímil para nosotros (será/estará) normal para los hijos de nuestros hijos.

5. Actualmente (somos/estamos) viendo los avances en el uso de robots que (son/están) más que meros asistentes en muchos campos, como el de la cirugía, pues ellos solos ya realizan intervenciones de forma más precisa que las manos de un cirujano.

 3-20   LA MÚSICA LATINOAMERICANA

Completa el siguiente texto con la forma correcta de **ser**, **estar** o **haber**. Usa el tiempo gramatical que sea necesario.

Hoy en día, gracias a la tecnología, _____[1] la posibilidad de escuchar cualquier tipo de música, de cualquier país, a cualquier hora. Solo _____[2] que oprimir un botoncito, ya sea de la tele, de la computadora o del celular. Yo _____[3] maravillado de las miles de canciones que uno puede descargar al instante. De hecho, _____[4] una infinidad de ritmos que todavía _____[5] por conocer.

A mí me encanta la música latinoamericana y siempre _____[6] dispuesto a conocer nuevos compositores y cantantes especialmente si la música _____[7] de origen popular. Como sabemos, la música latinoamericana, en gran parte, _____[8] basada en temas folclóricos o indígenas. _____[9] gran variedad en la música popular, según las regiones de los distintos países. En el Caribe, por ejemplo, la música _____[10] generalmente alegre; en la región de los Andes, la música indígena tiende a _____[11] lenta y triste. Asimismo _____[12] gran variedad entre los instrumentos musicales de cada región. Algunos instrumentos _____[13] traídos por los españoles en la época de la colonia; otros _____[14] heredados de las culturas precolombinas. Aún en la música clásica latinoamericana se encuentran temas populares. Tenemos, por ejemplo, la *Sinfonía India* de Carlos Chávez (1899-1978), famoso compositor y director de orquesta, reconocido internacionalmente, quien _____[15] el fundador de dos importantes orquestas: la Sinfónica de México y la Sinfónica Nacional. Visitó la Universidad de Harvard, donde dictó una serie de conferencias que _____[16] publicadas bajo el título de "Pensamiento musical". Yo _____[17] seguro de que si escuchas la *Sinfonía India*, te va a _____[18] muy conocida esta composición. Antes _____[19] difícil conseguir esta música, pero con la tecnología de hoy en día, la música latinoamericana, tanto la clásica como la moderna, _____[20] a solo un clic de distancia.

 3-21   ASOCIACIONES

Combina la expresión de la columna B que se relacione con la oración de la columna A.

A	B
1. _____ El médico le dijo que iba a tener gemelos.	a. Está de pie.
2. _____ Murió su esposa, por eso lleva una corbata negra.	b. Está de buen humor.
3. _____ Salió corriendo hacia la universidad.	c. Tiene mucho éxito.
4. _____ Se tomó dos limonadas.	d. Está de luto.
5. _____ Va a quitarse el abrigo.	e. Tiene suerte.
6. _____ Ella es la responsable.	f. Está en estado.
7. _____ Todo lo que hace le sale bien.	g. Tiene la culpa.
8. _____ No le gusta hablar en público.	h. Tiene razón.

CAPÍTULO 3 | 105

9. _____ No pudo encontrar asiento.
10. _____ Dice cosas que tienen mucho sentido.
11. _____ Es muy afortunado.
12. _____ Siempre hace bromas.
13. _____ Está muy enferma; se resfrió.
14. _____ No quiso darme la cara.
15. _____ Recibió lo que le corresponde.

i. Tiene mucha prisa.
j. Tiene mucha sed.
k. Tiene mucha vergüenza.
l. Tiene calor.
m. Tiene derecho.
n. Tiene catarro.
o. Está de espaldas.

3-22 MI PERFIL

Imagínate que acabas de empezar tu propia página en *Facebook* en español. Escribe lo que vas a decir de ti mismo/a en tu perfil: cómo eres, tus aficiones, tus intereses, cómo es la ciudad donde vives, cómo es la universidad donde estudias y otros detalles que serían de interés para tus amigos. En tu perfil usa los verbos **ser**, **estar**, **tener**, **haber** y **hacer**. Después compáralo con el perfil de un/a compañero/a.

3-23 *EL QUITASOL*

El quitasol, de Francisco de Goya y Lucientes (1777)

Uno de los beneficios de Internet es el poder tener acceso a obras de arte de los museos del mundo. Busca en Internet el cuadro *El quitasol*, uno de los cuadros más conocidos del pintor español Francisco de Goya (1746-1828), pintado en 1777, y estúdialo. ¿Cómo imaginas que son los dos jóvenes del retrato? ¿Qué relación puede haber entre ellos? ¿Dónde están y qué están haciendo? ¿Qué tiempo hace? ¿Qué te sorprende o intriga del cuadro? ¿Qué elementos en cuanto a la relación entre los chicos son iguales o diferentes a las relaciones amorosas de hoy en día? Ahora, escribe una descripción del cuadro incluyendo los elementos mencionados en el apartado anterior. Usa por lo menos una frase con cada uno de los verbos *ser*, *estar*, *hacer*, *tener* y *haber*. Después presenta tu narración al resto de la clase.

EL GERUNDIO O PARTICIPIO PRESENTE: FORMAS

El *gerundio* o *participio presente* corresponde al inglés *-ing*.

1. Verbos regulares.

    comprar compr **ando**   vender vend **iendo**   recibir recib **iendo**

2. Verbos con cambios ortográficos.
Los verbos de la segunda y tercera conjugación (**-er**, **-ir**) que tienen una vocal delante de la terminación del infinitivo cambian la **i** de **-iendo → y**.

    leer **leyendo**   creer **creyendo**
    caer **cayendo**   oír **oyendo**
    huir **huyendo**   traer **trayendo**
    ir **yendo**   disminuir **disminuyendo**

3. Verbos con cambios en la raíz.
Los verbos de la tercera conjugación que cambian la **e → i** u **o → u** en el pretérito, tienen el mismo cambio en el gerundio. Si la raíz termina en **ñ** como en **reñir** y **teñir**, la terminación cambia **-iendo → -endo**.

Infinitivo	Pretérito	Gerundio
sentir	sintió	**sintiendo**
mentir	mintió	**mintiendo**
servir	sirvió	**sirviendo**
pedir	pidió	**pidiendo**
repetir	repitió	**repitiendo**
seguir	siguió	**siguiendo**
reír	rió	**riendo**
reñir	riñó	**riñendo**
venir	vino	**viniendo**
decir	dijo	**diciendo**
dormir	durmió	**durmiendo**
morir	murió	**muriendo**

USOS DEL GERUNDIO

1. El gerundio se usa:

    ◆ Como adverbio para describir la acción de otro verbo, es decir, se describen dos acciones que ocurren al mismo tiempo.

    El chico atravesó la calle **corriendo**.   *The boy crossed the street running.*

Siempre descarga aplicaciones **pensando** que las va a usar.

He always downloads applications thinking he is going to use them.

El director terminó la reunión **perfilando** las características del nuevo sistema operativo.

The director finished the meeting making a profile of the new operative system.

Sin embargo, al igual que ocurre en inglés, después de los verbos **oír**, **ver**, **mirar** se puede usar el infinitivo o el gerundio, aunque es más usual el infinitivo.

Anoche las **oímos cantar/cantando**.

Last night we heard them sing (singing).

No la **vi bailar/bailando**.

I didn't see her dance (dancing).

◆ Como expresión aclaratoria que va subordinada a otro verbo.

Estudiando, aprenderás.

By studying, you will learn.

Conociendo a mi marido, no lo esperé.

Knowing my husband, I didn't wait for him.

Estando en San Francisco, decidimos visitar el Museo de la Tecnología en San José.

Being in San Francisco, we decided to visit the Technology Museum in San José.

◆ Como expresión descriptiva a manera de título de un cartel, cuadro o foto.

Empleados **fabricando** componentes electrónicos.

Employees manufacturing electronic components.

Jóvenes **haciendo** cola para comprar el nuevo *iPad*.

Young people lining up to buy the new iPad.

◆ Para formar los tiempos progresivos.

Estaban construyendo un nuevo modelo de computadora.

They were building a new computer model.

Siguen inventando más y más aplicaciones para los *smartphones*.

They keep inventing more and more applications for the smartphones.

2. A diferencia del inglés, NO se usa el gerundio:

◆ Cuando funciona en la frase como sustantivo. En estos casos se usa el infinitivo.

Ver es **creer**.	*Seeing is believing.*
Lo que más le gusta es **jugar** videojuegos.	*What she likes best is playing videogames.*

◆ Después de una preposición. En estos casos se usa el infinitivo.

Después de comer, me llamó al celular.	*After eating, she called me on the cell phone.*
Al añadir más aplicaciones al teléfono, ganas en funcionalidad.	*Upon adding more applications to your phone, you gain in functionality.*
Gracias **por dejarme** usar tu teléfono.	*Thank you for letting me use your phone.*

◆ Para traducir adjetivos que modifican a un sustantivo y que en inglés terminan en *-ing*.

un tema interesante	*an interesting topic*
la bella durmiente	*sleeping beauty*
un rostro sonriente	*a smiling face*
al día siguiente	*the following day*
una historia convincente	*a convincing story*

◆ Para traducir cláusulas adjetivales con **que** que en inglés requieren el uso del gerundio.

El científico **que habla** recibió varios premios por sus estudios en nanotecnología.
The scientist talking received several awards for his studies on nanotechnology.
La ingeniera **que trabaja** en ese proyecto es mexicana.
The engineer working in that project is Mexican.

 3-24   PRÁCTICA

Escribe el gerundio del verbo entre paréntesis.

1. (repetir) Sigo _____ los mismos ejercicios porque quiero memorizar los códigos.
2. (decir) Ellos están _____ la verdad. Algunos códigos son difíciles de memorizar.
3. (ver) Estamos _____ que no tendremos tiempo de terminar este trabajo.
4. (venir) _____ a casa, se me ocurrió una idea para una nueva aplicación.
5. (despedirse) Los Gómez se están _____ de los asistentes a la conferencia sobre nuevas tecnologías.
6. (actualizar) (dormir) Estuve _____ mi blog toda la noche y ahora me estoy _____.

 3-25   TRADUCCIÓN

¿Cómo se dice en español?

1. *We were listening to his explanation, but the details were not very convincing.*
2. *After writing so many e-mails you are probably very tired.*
3. *Thank you for helping me install the anti-virus program.*

4. *I'm thinking of writing a shorter version of the program.*

5. *The children really like playing with their Wii.*

TIEMPOS PROGRESIVOS

1. El verbo **estar** se usa con el gerundio para formar los *tiempos progresivos*. Estos tiempos, tanto en presente, pasado o futuro, indicativo o subjuntivo, indican acciones en progreso.

Estoy leyendo una revista de tecnología.	*I am reading a technology magazine.*
Estuvo estudiando toda la mañana.	*He was studying all morning long.*
Estaba bañándome cuando me llamaste.	*I was taking a bath when you called.*
¿Qué **estarán haciendo?**	*I wonder what they're doing.*
Han estado trabajando desde las ocho.	*They've been working since eight o'clock.*
Habíamos estado caminando toda la tarde.	*We had been walking all afternoon.*
Dudo que **estén practicando.**	*I doubt they're practicing.*
Dudaba que **estuvieran practicando.**	*I doubted they were practicing.*

◆ Los pronombres de complementos directos, indirectos o reflexivos pueden ir delante de **estar** o añadidos al gerundio. Como el pronombre anexo añade una sílaba más al gerundio, es necesario poner una tilde.

Lo estaba sirviendo.	Estaba sirviéndo**lo.**
Se están vistiendo.	Están vistiéndo**se.**
Te la estoy escribiendo.	Estoy escribiéndo**tela.**

◆ El gerundio de **estar**, **poder**, y **haber**, no se usa después de **estar** para formar el tiempo progresivo. En general, tampoco se usan los verbos **ir**, **venir** y **tener** en la forma progresiva a menos que se refieran a un hecho habitual o frecuente.

Mira, ahí **viene** Ignacio.	*Look, Ignacio is coming.*
En este momento él **va** hacia tu casa.	*At this moment he is going towards your house.*
Volvían a casa cuando los encontré.	*They were returning home when I met them.*

Pero: Hecho habitual o frecuente:

Pepe **(va) está yendo** a Harvard.	*Pepe is going to (attending) Harvard.*
Dijo que **(tenía) estaba teniendo** problemas en la clase de matemáticas.	*He said he was having problems in math class.*
Este mes **(vienen) están viniendo** con más frecuencia.	*This month they're coming more often.*

2. Los verbos **ir**, **andar**, **venir**, **seguir** y **continuar** + gerundio también se usan para expresar la idea de continuidad.

Las oportunidades para los jóvenes **van aumentando.**	*Opportunities for young people are (gradually) increasing.*
Fermín **anda buscando** trabajo.	*Fermín is (goes on) looking for work.*
Vengo diciendo eso desde hace tiempo.	*I've been saying that for some time.*
Ellos **siguen viviendo** en San Antonio.	*They are still (keep on) living in San Antonio.*
José **continúa coleccionando** sellos.	*Jose continues (keeps on) collecting stamps.*

3. El progresivo NO se usa para indicar estados o condiciones o para traducir expresiones descriptivas de posición.

Llevaba *jeans* y una camisa blanca.	*He was wearing jeans and a white shirt.*
¿Te falta algo?	*Are you missing anything?*
Está **sentada** a mi lado.	*She is sitting next to me.*
Están **acostados**.	*They are lying down.*
Estaba **parado** junto a la puerta.	*He was standing by the door.*

NOTA: Para referirse a una acción y no a una descripción, se usa el progresivo:

	Resultado de una acción	Acción en progreso
They were sleeping.	Estaban dormidos.	Estaban durmiendo.
He is hiding under the table.	Está escondido debajo de la mesa.	Está escondiéndose debajo de la mesa.

 3-26   DESCRIBIENDO EL INSTANTE

Busca en Internet o en una revista dos o tres fotos y dales un título descriptivo a cada una usando un gerundio. Después compártelas con la clase y decidan cuál es el título más creativo, gracioso u original. Por ejemplo:

© Chris Hart/iStockphoto

Televisor explotando

 3-27   ¿QUÉ ESTABAN HACIENDO?

Cuando llegaste a tu residencia ayer te encontraste con una actividad inusual. Escribe lo que cada persona estaba haciendo. Usa el pasado progresivo y los verbos **estar**, **seguir**, **andar** o **continuar**. Termina cada oración de una manera original.

Modelo: Mi amigo Paco leía un manual...
Paco estaba leyendo el manual de instrucciones en línea porque no entendía cómo funcionaban las nuevas aplicaciones de su *smartphone*.

1. Mi compañero/a de cuarto discutía por teléfono…

2. Mi amigo Javier añadía amigos a su *Facebook*…

3. Mi amiga Susana actualizaba su blog…

4. Un compañero de la residencia repartía invitaciones…

3-28   TRADUCCIÓN

¿Cómo se dice en español?

1. *Paco and I were running towards the bus when we heard Susana calling us.*
2. *"Look, she's coming towards us," said Paco.*
3. *We kept on running because it was getting late and Paco had an appointment.*
4. *Paco is looking for work; he keeps insisting that he will find one next week.*
5. *Looking through the ads online, he found an interesting offer. Being so smart, he will get an offer soon.*
6. *He couldn't find his phone because it was hiding in a pocket in his backpack.*

USOS DEL INFINITIVO

> ### Proverbios y Cantares VIII, Antonio Machado*
>
> En **preguntar** lo que sabes
> El tiempo no has de **perder**…
> Y a preguntas sin respuesta
> ¿Quién te podrá **responder**?

1. El infinitivo puede usarse directamente después de un verbo conjugado o después de un verbo seguido de preposición. Casi siempre el verbo y el infinitivo tienen el mismo sujeto.

   Prefieren salir esta tarde.
   Han ido a ver el partido de fútbol.
   Me alegré de terminar el trabajo.

   Cuando hay cambio de sujeto se reemplaza el infinitivo por una cláusula subordinada que tenga el verbo en subjuntivo.**

   (Ellos) Prefieren **que (tú) no los llames** esta tarde.

2. En español el infinitivo se usa como sustantivo y, por lo tanto, puede ser sujeto, predicado o complemento en una oración. Puede ir acompañado o no del artículo masculino **el**. En estos casos en inglés se usa el gerundio en vez del infinitivo.

(**El**) **salir** de compras contigo es un dolor de cabeza.	*Shopping with you is a headache.*
Ver es **creer**.	*Seeing is believing.*

3. A diferencia del inglés, no se usa el gerundio después de una preposición, sino siempre el infinitivo.

Para añadir aplicaciones a tu celular, primero hay que descargarlas.	*In order to add applications to your cell phone, first it's necessary to download them.*
Salieron **sin terminar** el trabajo.	*They left without finishing the work.*
Después de comer salimos a dar una vuelta.	*After eating, we went out for a walk.*

---

* (1875–1939)
** Ver Capítulo 6, página 185

4. El infinitivo se usa frecuentemente con sentido imperativo en carteles y prohibiciones.*

No **fumar**.	*No smoking.*
No **hablar** con el conductor.	*Do not speak to the driver.*
Entrar por la puerta lateral.	*Enter through the side door.*

 3-29   TRADUCCIÓN

¿Cómo se dice en español? Usa un infinitivo para traducir los siguientes carteles.

No running on sidewalk.
No parking on Tuesdays.
Speak in a low voice.
Cell phone use prohibited.

 3-30   MI VIAJE AL PERÚ

Lee este texto sobre la experiencia de una voluntaria en Perú. Después escoge la forma correcta de los verbos que se dan entre paréntesis (infinitivo o gerundio) según el contexto de la lectura.

No (tener/teniendo)[1] ningún proyecto importante durante el verano, decidí (ir/yendo)[2] de voluntaria con un grupo de médicos que ofrece servicios gratis en pueblos indígenas en Perú. Al (saber/sabiendo)[3] que me habían aceptado, me puse a (estudiar/estudiando)[4] para (mejorar/mejorando)[5] mi español. De esta manera podría ayudar (interpretar/interpretando)[6] para algunos médicos que no dominan el español. También tuve que (aprender/aprendiendo)[7] más sobre la situación en Perú. Empecé (escuchar/escuchando)[8] y (ver/viendo)[9] videos sobre voluntarios en *YouTube* que resultaron muy instructivos. Aunque mi español es bastante bueno, (conocer/conociendo)[10] mejor una cultura, uno puede comunicarse mejor. Para (seguir/siguiendo)[11] en contacto con mis amigos mientras estaba en Perú, decidí (llevarme/llevándome)[12] mi *Notebook*. (Tener/Teniendo)[13] mi portátil conmigo sabía que podría actualizar mi *Facebook* y (contarles/contándoles)[14] a mis amigos lo que estaba (hacer/haciendo)[15] allí. No sabía si iba a (tener/teniendo)[16] acceso a servicios de Wi-Fi, pero pensé que por si acaso debería (llevar/llevando)[17] un módem inalámbrico *(wireless)*. Por fortuna, en el pueblo donde estuve había servicio Wi-Fi, por lo que pude también (usar/usando)[18] mi celular. (Tener/Teniendo)[19] toda esta tecnología a mi disposición no solo pude (traducir/traduciendo)[20] en el pueblo, sino que también pude (ayudar/ayudando)[21] a otros médicos de otros pueblos por medio del celular. Y por medio de *Facebook* he conseguido (animar/animando)[22] a varios de mis amigos a (hacerse/haciéndose)[23] voluntarios el año que viene. (Ser/siendo)[24] adicta a (usar/usando)[25] tecnología resultó muy ventajoso para mí, para los médicos y para los indígenas a los que ayudamos. Mi experiencia como voluntaria fue inmensamente gratificante. Y me alegro de (haber/habiendo)[26] llevado toda esta tecnología conmigo.

---

* Ver Capítulo 7, modo imperativo, páginas 222–224.

ESCRITURA

Repasa las siguientes reglas sobre la acentuación y la ortografía.

REPASO DE ACENTUACIÓN

1. Todas las formas del futuro, menos la forma que corresponde a nosotros, llevan tilde.

> **habré   comprarán   dirás   venderemos   estudiaremos**

2. Todas las formas del condicional llevan tilde.

> **habría   comprarían   dirías   venderíamos   estudiaríamos**

 3-31   VIAJE AL ESPACIO

Pon la tilde en las palabras que la necesiten.

Me gustaria ser astronauta para volar en una nave espacial. Creo que el viaje a otros planetas seria una experiencia inolvidable. Desde la nave espacial podria ver nuestro planeta que seguramente parecera un puntito insignificante. ¿Que le pasara al ser humano al encontrarse en el espacio infinito? ¿Que experimentara al alejarse de la gravedad?

ORTOGRAFÍA: que, qui, cue, cui, k

1. El sonido fuerte de la **c** con las vocales **e**, **i** se escribe **que**, **qui**. La **u** no se pronuncia.
   banquete, orquesta, queso, pequeñito, quitar, esquiar, quinto

2. La **u** se pronuncia en las combinaciones **cue**, **cui**.
   cuenta, frecuente, acuerdo, cuidado, circuito, descuido

3. La **k** se emplea en palabras de procedencia extranjera aunque también se pueden escribir con **que** o **qui**. La Real Academia indica preferencias por el uso de una u otra variante, teniendo en cuenta el uso mayoritario de algunas formas.

Preferibles: **bikini, kimono, kayak, anorak, Pakistán, kibutz, paprika**

Preferibles: **quiosco, neoyorquino, queroseno**

 3-32   PRÁCTICA

¿Se escriben con **que**, **cue**, **qui** o **cui**?

ar_____ología	or_____sta	delin_____nte	_____nientos
chi_____ta	es_____na	fre_____te	_____dado
ra_____ta	e_____paje	lí_____do	cir_____to
e_____vocado	_____rido	cin_____nta	tran_____lo
ar_____tectura	a_____ducto	se_____ncia	_____stionario

COMPOSICIÓN

 3-33   REDACCIÓN

Escoge uno de los siguientes temas para escribir una composición de por lo menos tres párrafos, siguiendo las sugerencias que se dan a continuación.

TEMA 1: Escribe un informe sobre cómo la tecnología podría introducir cambios significativos en el campo de la política en el siglo XXI. En tu informe, analiza cómo las redes sociales están ayudando a crear grupos de activismo ciudadano e influencia política y cómo estos podrán tener un papel todavía más importante en la política local, nacional y global en el futuro. Da ejemplos concretos de estos grupos y examina los logros sociales y políticos que ya han conseguido y los que todavía pueden conseguir.

TEMA 2: En la lectura de este capítulo has leído acerca de las tecnologías que se predicen para los próximos 60 años. En tu opinión, ¿qué tecnología, aparato o dispositivo (*gadget*) falta todavía por inventar o te gustaría que existiera? Imagínate que tú has desarrollado el concepto para este aparato o tecnología y quieres venderlo a una compañía para que lo fabrique en serie. Escribe una composición a modo de carta a una compañía como Apple o Microsoft indicando de qué tecnología o aparato se trata, cómo funcionará, qué innovaciones tecnológicas tendrá y cómo facilitará la vida del ciudadano medio del siglo XXI.

Capítulo 4

© FSG / age fotostock / SuperStock

EL ARTE Y EL COMPROMISO SOCIAL

Enfoque temático

◆ Vocabulario

◆ Lectura: "El arte comprometido"

◆ Comprensión, análisis y expansión

Objetivos gramaticales

◆ El participio pasado: formas

◆ Usos del participio pasado

◆ Tiempos perfectos del modo indicativo

◆ Construcciones pasivas

◆ *Hace* + **tiempo** + *que*

◆ *Gustar* y otros verbos similares

Práctica de escritura

◆ Repaso de acentuación

◆ Ortografía: **h**

◆ Composición

PRELECTURA

 4-1   PREGUNTAS DE PRELECTURA

1. ¿Qué medio artístico (pintura, escultura, literatura, música, cine, etc.) prefieres y por qué?

2. ¿Crees que el arte puede tener otros propósitos además del meramente estético? ¿Qué otros objetivos crees que puede tener el arte?

3. Con un/a compañero/a piensen en algún libro, película, canción o cuadro que tenga como tema la denuncia social. Identifiquen de qué causa social se trata y cómo se expresa en esa obra.

4. ¿Cómo definirías el concepto de conciencia social en el arte? Trabaja con un/a compañero/a para definir este concepto.

 4-2   VOCABULARIO

Antes de leer, familiarízate con las siguientes palabras y expresiones que aparecen en negrita en la lectura.

albores	comienzos, amanecer	estirpe	linaje, descendencia
apoyar	endorsar, favorecer	gastado	roto, deteriorado
compartir	tener en común	grabar	hacer un disco
comprometido	con conciencia social o política	herir (ie) (i)	lastimar, hacer daño
corear	cantar a la vez	homenaje	honra, honores
destacarse	sobresalir, distinguirse	matanza	exterminio, matar a muchos
elogios	crítica positiva	oprimido	subyugado, dominado
entregar	dar, conceder	rodear	estar alrededor, circundar
etapa	período	salvaje	brutal, feroz

 4-3   MEJORA TU VOCABULARIO

Escoge la palabra o expresión que mejor complete el sentido de la oración.

1. En su (estirpe/etapa) más militante, Picasso pintó el *Guernica*, un cuadro que denuncia la crueldad de la guerra.

2. Este cuadro ilustra la (matanza/atrocidad) de civiles en el pueblo de Guernica durante la Guerra Civil española.

3. Muchos otros artistas están (destacados/comprometidos) con causas que ellos consideran justas.

4. La historia demuestra que muchos pueblos (oprimidos/gastados) acaban por rebelarse contra la injusticia.

5. Algunos artistas usan su obra para (apoyar/entregar) ideas políticas o sociales.

6. Las nuevas obras de esos artistas recibieron muchos (albores/elogios).

7. Los dos cantantes cantaron juntos y (compartieron/grabaron) el escenario (*stage*) durante más de dos horas.

8. Los cantantes hicieron un (patrimonio/homenaje) a los que luchaban por la libertad de su patria.

9. Durante el concierto, el público (coreó/hirió) sus canciones favoritas.

10. Al final del concierto, el público (manifestó/rodeó) a los cantantes para darles las gracias por incluir temas de denuncia social entre sus canciones.

LECTURA

 EL ARTE COMPROMETIDO

"[Hay personas] que luchan un día y son buenas. Hay otras que luchan un año y son mejores. Hay quienes luchan muchos años y son muy buenas. Pero hay las que luchan toda la vida: esas son las imprescindibles." Bertolt Brecht.

Desde los **albores** de la historia, el ser humano ha utilizado el arte no solo para mostrar el mundo que lo **rodea**, sino también para pronunciarse sobre él. Mediante la pintura, la literatura, la música, y, más recientemente, el cine, muchos autores han querido dejar claro que el mundo no es perfecto y por medio del arte han manifestado su inconformismo con el statu quo. Los ejemplos del uso del arte como denuncia social van, por citar algunos, desde el *Lazarillo de Tormes* en literatura, que critica la hipocresía de la sociedad española del siglo XVI, hasta películas como *También la lluvia*, candidata a los prestigiosos premios cinematográficos Goya 2011, que denuncia la opresión secular de los pueblos indígenas en Latinoamérica. Pero también hay ejemplos de arte **comprometido** en la pintura y la música latinoamericanas del siglo XX, como, por ejemplo, el arte inconformista de Oswaldo Guayasamín en Ecuador y la poesía cantada de León Gieco en Argentina.

Oswaldo Guayasamín

Oswaldo Guayasamín es uno de los mejores exponentes del expresionismo indigenista en Latinoamérica. Guayasamín usó su arte para dar a conocer la sociedad indígena **oprimida**, tema que había de aparecer siempre en sus obras. Nacido en Quito, Ecuador, en 1919 de padre indígena y madre mestiza, afirmó siempre su origen indio y se identificó por medio de su obra con la protesta y la denuncia social. Su obra refleja la miseria que sufre la mayor parte de la humanidad. Según él, [el siglo XX] "es el peor de los siglos que el hombre ha vivido sobre la Tierra, porque no cesa la **matanza** sin límites de personas".

La obra de Guayasamín puede dividirse en tres **etapas**. La primera corresponde a la colección "Huacayñán", que en quechua quiere decir "camino del llanto"°, donde resuenan las alegrías, el dolor y la tristeza de las tres grandes **estirpes** humanas del Ecuador: el mestizo, el indio y el negro, tres corrientes que han contribuido a la formación del hombre ecuatoriano; cada una ha

weeping path

to scratch, rip

fruitful
easel

main work

raise awareness

aportado su forma, su color, su fuerza y su verdad. La segunda etapa, "La Edad de la Ira", expone el horror de lo que es capaz el ser humano, las atrocidades de la guerra, por ejemplo, o las dictaduras o el capitalismo deshumanizador. Nos dice Guayasamín que su pintura es "para **herir**, para arañar° y golpear en el corazón de la gente. Para mostrar lo que el hombre hace en contra del hombre". En "La Edad de la Ternura", la tercera etapa, el tema principal pasa a ser la compasión y el amor. Es un período dedicado especialmente a su madre, en el cual **se destaca** la serie de madres y niños.

Guayasamín recibió numerosos **elogios** por su obra. Su producción fue muy fructífera° en cuadros de caballete°, esculturas, monumentos y murales. Tuvo exposiciones en las grandes capitales de las Américas, así como en Europa. Gran humanista, Guayasamín donó al patrimonio del Ecuador más de 250 óleos que se exhiben en el Museo Guayasamín en Quito. El pintor murió en 1999 sin haber terminado su obra cumbre° denominada *La Capilla del Hombre*, también en Quito, que habría de ser un **homenaje** a su pueblo y al ser humano en general. Sin embargo, su pintura ha servido para concienciar° a la sociedad sobre las atrocidades del hombre para con el hombre, la opresión política, el racismo, la pobreza, y la división de clases que todavía hoy son palpables en gran parte de Latinoamérica.

León Gieco

counter

—¿Me da esa guitarra, señor? —preguntó el chico de 8 años, a quien apenas se le veía detrás del mostrador°. El vendedor lo miró con aire severo y luego de contar moneda por moneda, le **entregó** el instrumento, sin saber que sobre esos zapatitos **gastados** iba León Gieco, el cantautor* argentino que años después compondría *Solo le pido a Dios*, quizá la canción denuncia en español más conocida del siglo XX, que ha sido traducida a casi todos los idiomas del mundo, incluidos el guaraní y el quechua, cantada ante el papa Juan Pablo II y hecha famosa en todo el mundo hispanohablante por diferentes cantantes.

small 12 string
guitar

Con su guitarra, su armónica o su charango°, Gieco pronto comenzó a escuchar a Los Beatles y los Rolling Stones a la vez que oía y repetía canciones folclóricas argentinas. A los 18 años tomó la difícil decisión de

* cantante-compositor, en general de música con mensaje de intención crítica

dejar su pueblito de Cañada Rosquín para irse a la gigante Buenos Aires, donde se relacionó con otros chicos como él aspirantes a músico. Allí conoce a un joven llamado Gustavo Santaolalla (ganador del premio Óscar por la mejor banda sonora° en 2006 por la película *Brokeback Moun-* *soundtrack* *tain* y en 2007 por *Babel*) y **graba** su primera canción, *Hombres de hierro*, donde entre otras cosas se insinúa su crítica política con los versos:

> *Hombres de hierro*   *Hombres de hierro*
> *que no escuchan la voz.*   *que no escuchan el llanto.*
> *Hombres de hierro*   *Gente que avanza se puede matar*
> *que no escuchan el dolor.*   *pero los pensamientos quedarán.*

Luego, impresionado por la **salvaje** caída de Salvador Allende en Chile y la matanza de artistas a mano de la dictadura del general Pinochet, entre los que se encuentra la desaparición del cantante activista Víctor Jara, Gieco comenzó a usar sus versos y canciones para concienciar a la gente, denunciar la injusticia social y tratar de mejorar las condiciones de vida de los más pobres. Comprometido con su tiempo y su país, durante la etapa de la dictadura argentina sus canciones fueron prohibidas y sacadas de todos los medios de comunicación como si nunca hubieran existido. Así, temas como *El que queda solo*, *El tema de los mosquitos* y en especial *La cultura es la sonrisa* fueron prohibidos, aunque sus letras fueron pasadas de voz en voz.

Negándose a abandonar el país a pesar del° peligro, León no solo estuvo comprometido *in spite of* con su tiempo sino también con la cultura y, por eso, en 1980 realizó un estudio de artistas olvidados que él resucitó en Buenos Aires. Colaborando con varios artistas, incluidos varios cantantes indígenas, publicó temas folclóricos argentinos que fueron **coreados** por jóvenes de todo el país y también en Alemania, Japón, Israel, entre otras naciones en las que hizo recitales. También **compartió** escenario con Mercedes Sosa, Charly García, Sting, Joan Manuel Serrat, Peter Gabriel, Silvio Rodríguez, Pablo Milanés, todos ellos cantantes conocidos por sus canciones en favor de los derechos humanos y la libertad, y hasta con la Orquesta Sinfónica de Bariloche en el Teatro Colón de Buenos Aires. Hoy es considerado el músico de más importancia en Argentina, ganador del Gardel de Oro en el 2005 (algo así como el Grammy argentino). Amigo de Sting, de Serrat, de las Madres de la Plaza de Mayo (madres de desaparecidos a manos de la dictadura), Gieco era enemigo del gobierno militar que gobernó en Argentina en las décadas de 1970 y 1980. Durante esos duros años de represión, escribió la canción *La historia esta*, obviamente también prohibida por la dictadura argentina, y canciones sobre la memoria, para que no volvieran a suceder las atrocidades contra el pueblo que él había presenciado.

> *Todo está escondido en la memoria,*   *a los pueblos que la aplastan*
> *refugio de la vida y de la historia.*   *y que no la dejan ser*
> *La memoria estalla hasta vencer*   *libre como el viento.*

León Gieco le cantó a la inmigración, a la marginalidad, al quinto centenario de la Conquista de las Américas y a la reivindicación de los pueblos originarios. Dio conciertos para los mineros, en fábricas ocupadas durante luchas gremiales° justas, en hospitales y en escuelas. Sin **apoyar** nunca a *labor struggles* ningún partido político, León Gieco es un ejemplo de artista solidario y comprometido con el pueblo que no dudó en usar su música para denunciar la injusticia social. Quizá el pensamiento de Gieco se pueda resumir en esta estrofa de su canción más conocida:

> *Solo le pido a Dios*
> *que el dolor no me sea indiferente,*
> *que la reseca muerte no me encuentre*
> *vacío y solo sin haber hecho lo suficiente.*

Cuando en 2004 el gobierno argentino transformó la temida ESMA (Escuela Superior de Mecánica de la Armada) de centro clandestino de tortura a Museo de la Memoria, las autoridades invitaron a Gieco a dar un minirecital para tal evento, quizá conscientes del papel que su música tuvo en el restablecimiento de la democracia, la libertad y los derechos humanos en Argentina y en toda América Latina.

 4-4   COMPRENSIÓN DEL TEXTO

1. Explica para qué ha servido el arte desde los albores de la historia.
2. Según el texto, ¿qué tienen en común obras tan diversas como *El Lazarillo de Tormes* y la película *También la lluvia*?
3. ¿Qué afirmó siempre Oswaldo Guayasamín en su obra?
4. Explica por qué llamaba Guayasamín al siglo XX "el peor siglo de la humanidad".
5. ¿Qué motivó a León Gieco a usar sus versos y canciones para concienciar a la gente?
6. ¿Por qué se dice en el texto que Gieco está también comprometido con la cultura argentina?
7. ¿Por qué invitaron las autoridades a Gieco a cantar en la inauguración del Museo de la Memoria en Buenos Aires?

 4-5   ANÁLISIS Y EXPANSIÓN

1. Explica cómo estos dos artistas usan su arte para luchar por los derechos humanos y la libertad.
2. En la etapa "La Edad de la Ira", Guayasamín expone las atrocidades de la guerra y el horror de lo que es capaz el ser humano. Busca en Internet ejemplos de otras obras de arte que persigan el mismo fin. Con un/a compañero/a analicen en qué se parecen a la obra de Guayasamín y en qué son diferentes.
3. En la canción *La historia esta*, León Gieco trata de mantener viva la memoria del pasado. Con un/a compañero/a decidan si es importante mantener viva la historia de los pueblos y por qué.
4. Uno de los versos de *Solo le pido a Dios* dice "Desahuciado° está el que tiene que marchar / A vivir una cultura diferente". ¿A qué crees que se refiere Gieco con estos versos? ¿Qué dificultades crees que enfrentan los que tienen que marcharse de su país para poder sobrevivir?
5. Vuelve a leer en el texto la estrofa de la canción de Gieco que empieza *Solo le pido a Dios*. ¿Cuál es tu interpretación de esta estrofa? ¿Crees que el ser humano se ha vuelto indiferente al dolor y al sufrimiento de los otros? ¿Crees que algún día habrás hecho tú lo suficiente para evitarlo? Razona tu respuesta.

dispossessed

GRAMÁTICA

EL PARTICIPIO PASADO: FORMAS

1. Los *participios pasados* de los verbos regulares se forman añadiendo las terminaciones **-ado** o **-ido** a la raíz del verbo.

    comprar   compr **ado**   vender   vend **ido**   recibir recib **ido**

2. Los participios pasados terminados en **-ido** llevan tilde sobre la **i** si esta va precedida de una vocal fuerte (**a, e, o**).

    caer **caído**   leer **leído**   oír **oído**   traer **traído**

3. Los participios pasados de los verbos terminados en **-uir** no llevan tilde.

    huir **huido**   destruir **destruido**   construir **construido**

4. Algunos verbos tienen participios pasados irregulares.

INFINITIVO	PARTICIPIO PASADO	INFINITIVO	PARTICIPIO PASADO
abrir	**abierto**	poner	**puesto**
cubrir	**cubierto**	resolver	**resuelto**
decir	**dicho**	romper	**roto**
escribir	**escrito**	satisfacer	**satisfecho**
hacer	**hecho**	ver	**visto**
morir	**muerto**	volver	**vuelto**

Los verbos derivados de estos verbos tienen las mismas irregularidades, por ejemplo:

componer	**compuesto**	descubrir	**descubierto**
describir	**descrito**	envolver	**envuelto**

5. Hay tres verbos que tienen dos participios, uno regular y otro irregular, que pueden utilizarse indistintamente en la formación de los tiempos compuestos o de la voz pasiva: **imprimir** (*to print*), **freír** (*to fry*) y **proveer** (*to provide*).

> ¿Cuántas litografías del *Guernica* **fueron impresas/fueron imprimidas** para dar en ese evento?
> Ya **hemos freído/hemos frito** el pollo y las papas.
> El Museo Guayasamín se **ha proveído/ha provisto** de un sistema de audio para visitas autoguiadas.

6. Algunos verbos tienen un participio regular para la formación de tiempos compuestos y construcciones pasivas y otro irregular que se usa como adjetivo para describir el estado o la condición de una persona o cosa.

Infinitivo	Participio verbal	Participio adjetival
bendecir	**bendecido**	**bendito**
confesar	**confesado**	**confeso**
confundir	**confundido**	**confuso**
despertar	**despertado**	**despierto**
freír	**freído/frito**	**frito**
imprimir	**impreso/imprimido**	**impreso**
maldecir	**maldecido**	**maldito**
prender	**prendido**	**preso**
soltar	**soltado**	**suelto**

Muchos artistas **han despertado** la conciencia social de los pueblos con su obra.
Many artists have awakened the people's social consciousness with their work.

Esa película le impactó tanto que ahora su conciencia social está **despierta**.
That movie impacted her so much that her social consciousness is awakened now.

Después de la dictadura, muchos responsables de crímenes políticos **fueron prendidos** y juzgados.
After the dictatorship, many responsible for political crimes were arrested and judged.

Ahora están **presos**.
Now they are in prison.

USOS DEL PARTICIPIO PASADO

El participio pasado se usa:

◆ Como adjetivo, por lo tanto concuerda en género y número con el nombre al que modifica.

Las canciones más **coreadas** del recital hacían referencia a la situación política del país.
Los pueblos **oprimidos** tarde o temprano acaban por rebelarse contra la injusticia de los gobernantes.

NOTA: Cuando se usa con *estar,* indica el resultado de una acción.

Estos zapatos ya **están** muy **gastados**. Tengo que comprarme un par nuevo.
Muchas pinturas de Guayasamín **están expuestas** en el Museo Guayasamín de Quito.

◆ Para formar construcciones pasivas. En este caso se usa precedido de una forma de *ser*.

La novela **fue escrita** por García Márquez, un escritor comprometido con su Colombia natal.
Esa canción **fue grabada** por un grupo musical de México para denunciar los problemas del país.

◆ Como sustantivo derivado de un verbo.

Muchos debaten cuál es **la** mejor **salida** de la crisis.
Los heridos en la manifestación de ayer protestaban por los cortes de presupuesto del gobierno.

◆ Con los diferentes tiempos del verbo **haber** para formar los tiempos perfectos. En este caso, el participio pasado es invariable y siempre termina en **-o**.

he llegado   había salido   habremos visto   haya dicho

4-6   LITERATURA CON CONCIENCIA SOCIAL

Completa el siguiente párrafo con el participio pasado de los verbos que están entre paréntesis. Presta atención al uso del participio. Recuerda que la forma adjetival concuerda en género y número con el sustantivo al que se refiere.

Muchos escritores han (reconocer) _____[1] el poder de la palabra (imprimir) _____[2]. En Latinoamérica, por ejemplo, un gran número de autores ha (usar) _____[3] sus (escribir) _____[4] para hacer denuncia social. (Resolver) _____[5] en sus ideales de combatir la injusticia contra el ser humano, estos autores han (describir) _____[6] con detalle las atrocidades de la guerra, los efectos de las dictaduras y la represión. Un tema (exponer) _____[7] con frecuencia en la literatura de conciencia latinoamericana es la injusticia hacia los pueblos indígenas, los cuales históricamente han (ser) _____[8] (explotar) _____[9] y (oprimir) _____[10] y cuyas reivindicaciones a menudo no han (ser) _____[11] (escuchar) _____[12] por los gobiernos y la sociedad en general. Por medio de sus obras, estos escritores no solo han (poner) _____[13] en evidencia las desigualdades sociales en Latinoamérica sino que también han (contribuir) _____[14] a concienciar a la opinión pública sobre ellas y han (despertar) _____[15] un interés palpable por mejorar las condiciones de vida de los indígenas. De hecho, en los últimos años en Latinoamérica se ha (ver) _____[16] una tendencia por ver (satisfacer) _____[17] las frecuentemente (ignorar) _____[18] reivindicaciones de los pueblos indígenas y por darles a estos el protagonismo que les fue (negar) _____[19] durante siglos.

4-7   PABLO PICASSO (1881-1973)

Según Picasso "la pintura no está para decorar una casa. Es una herramienta de ataque y defensa contra el enemigo." Busca en Internet obras de Picasso que reflejen este pensamiento del autor. Puedes investigar el *Guernica* (1937) (ver página 115) en el que denuncia la matanza de civiles durante la Guerra Civil española y otros cuadros por medio de los que Picasso censura la Guerra de Corea, la represión francesa en Argelia, la crisis de los misiles en Cuba y la guerra de Vietnam. Estudia las semejanzas y diferencias entre estos cuadros y lo que representan sus figuras. Finalmente escribe un párrafo resumiendo tu investigación y explicando cómo estos cuadros expresan el pensamiento del autor de que "el arte es una herramienta de ataque".

TIEMPOS PERFECTOS DEL MODO INDICATIVO

Los *tiempos perfectos* se forman con el verbo **haber** y el participio pasado del verbo conjugado. En general, su uso coincide con el uso en inglés, excepto que en español las dos partes del verbo siempre van juntas.

> Ya **han entregado** la petición con 10.000 firmas en el Ayuntamiento.
> *They have already handed in the petition with 10,000 signatures at City Hall.*

> Esa escritora siempre **ha sido** fiel a sus convicciones políticas.
> *That writer has always been faithful to her political views.*

> Ese otro artista nunca **había apoyado** causas sociales hasta ahora.
> *That other artist had never supported social causes until now.*

1. *Presente perfecto.* (Este tiempo también se conoce como *pretérito perfecto*.) Se forma usando el presente de **haber** + el participio pasado.

he	hemos	comprado
has	habéis	vendido
ha	han	recibido

El presente perfecto expresa una acción que ha terminado en el pasado inmediato, pero cuyos efectos se extienden en el presente. A menudo se usa con períodos de tiempo todavía no terminados (**hoy, esta mañana, este año**, etc.).

> **Hemos gastado** más de lo que pensábamos en esa campaña.
> *We have spent more than we thought on that campaign.*

> Esta semana **he visto** una película sobre los abusos contra los indígenas durante la época de la colonia.
> *This week I have seen a movie about the abuse against the indigenous people during the times of the colony.*

> Varios cantantes **han dado** conciertos benéficos en lo que va de año.
> *Several singers have given benefit concerts so far this year.*

NOTA: Al igual que ocurre en inglés, se usa el pretérito cuando la acción a la que nos referimos tuvo lugar en un punto concreto del pasado (**ayer, la semana pasada, anoche**, etc.).

> Anoche **vimos** un documental sobre la ideología en el arte postmoderno.
> El año pasado, cuando **estuve** en Madrid, **visité** el Museo Reina Sofía donde **pude** ver el *Guernica* de Picasso.

2. *Pluscuamperfecto.* Se forma usando el imperfecto de **haber** + el participio pasado.

había	habíamos	comprado
habías	habíais	vendido
había	habían	recibido

El pluscuamperfecto se usa:

◆ Para expresar una acción que ocurrió antes de otra acción pasada.

Cuando Picasso pintó el *Guernica*, los críticos ya **habían elogiado** sus obras anteriores.
When Picasso painted the Guernica, the critics had already praised his previous works.

La conferencia ya **había empezado** cuando yo llegué.
The conference had already started when I arrived.

◆ En estilo indirecto, cuando se informa sobre algo que alguien ha hecho o sobre algo que ocurrió previamente.

Paula me dijo que **había asistido** a un recital de Gieco en Argentina.
Paula told me that she had attended a recital by Gieco in Argentina.

Les avisé que **habías ido** a la exposición con Luisa.
I informed them that you had gone to the exhibition with Luisa.

3. *Pretérito anterior.* Se forma usando el pretérito de **haber** (**hube, hubiste, hubo, hubimos, hubisteis, hubieron**) + el participio pasado. Este tiempo se usa poco hoy en día, aunque todavía se puede encontrar en el lenguaje literario.

hube comprado   hubimos vendido   hubo recibido

Apenas hubo terminado la película, la directora contestó las preguntas del público.
No sooner had the film ended, the director answered the questions of the audience.

4. *Futuro perfecto.* Se forma usando el futuro de **haber** + el participio pasado.

habré	**habremos**	comprado
habrás	**habréis**	vendido
habrá	**habrán**	recibido

El futuro perfecto se usa:

◆ Para expresar una acción futura que ocurrirá antes de un punto futuro en el tiempo.

Antes de fin de año, **habré terminado** mi carrera.
I will have graduated before the end of the year.

Para las 5 ya **habremos llegado**.
By 5 we will have arrived already.

◆ Para expresar probabilidad, conjetura o duda sobre acciones que el hablante considera probablemente ya realizadas antes del momento presente. En este caso, equivale en inglés a las expresiones *probably, must, I wonder, I suppose* + *present perfect tense.*

Futuro perfecto	Present perfect
Ya **habrán salido**.	*They have probably (must have) gone out already.*
¿Qué le **habrá pasado** a Susana?	*I wonder what has happened to Susana. What do you suppose has happened to Susana?*

5. *Condicional perfecto.* Se forma usando el condicional de **haber** + el participio pasado.

habría	habríamos	} comprado
habrías	habríais	} vendido
habría	habrían	} recibido

El condicional perfecto se usa:

◆ Para expresar una acción hipotética pasada que no llegó a ocurrir.

Yo lo **habría acompañado** al concierto, pero no me invitó.	*I would have gone with him to the concert, but he didn't invite me.*
¿Qué **habrías hecho** en ese caso?	*What would you have done in that case?*

◆ Para expresar probabilidad, conjetura o duda sobre una acción pasada que el hablante considera probablemente realizada antes de otra acción en el pasado. En este caso equivale a la construcción en inglés de *probably, I wonder, I suppose + past perfect tense.*

Hecho pasado → condicional perfecto	Past perfect
Como no **estabas** en casa, **pensé** que te **habrías ido** a correr.	*Since you were not home, I thought that you had probably gone for a run.*
Anoche **llegaron** muy tarde. ¿Qué les **habría pasado**?	*They arrived very late last night. What do you suppose had happened to them?*

◆ En una cláusula con **si**, para expresar una condición hipotética contraria a la realidad en el pasado. Estas oraciones se forman con el pluscuamperfecto de subjuntivo en la cláusula subordinada con **si** y el condicional perfecto en la cláusula principal.*

Pluscuamperfecto de subjuntivo	Condicional perfecto
Si **hubiera venido**, *If he had come,*	lo **habría visto**. *I would have seen him.*
Si no **hubiera leído** la biografía de ese autor, *If I had not read that author's biography,*	no **habría entendido** el mensaje de su obra. *I would not have understood the message of his work.*

 4-8   MINILECTURA. "DENUNCIA SOCIAL EN OCHO MINUTOS"

Al leer el siguiente artículo, subraya los participios pasados prestando atención a la función gramatical que desempeñan en el texto. A continuación, haz las actividades que siguen sobre este texto.

Un cortometraje sobre la violencia de género producido en Torrevieja logra un premio en un festival internacional de Canadá.

---

* Ver Capítulo 7, cláusulas con *si*, páginas 220–221.

Ocho minutos le bastaron a Lidiana Rodríguez (Torrevieja 1971) para mostrar el miedo y la angustia que sufre una mujer maltratada, y así lo ha reconocido el Amnesty International Film Festival, que seleccionó y premió el cortometraje de la directora alicantina° en el certamen° celebrado el pasado noviembre en la ciudad de Vancouver (Canadá). Don Wright, miembro del comité organizador, aseguró que "desde el primer momento quedó claro que *Ana 27* es un ejemplo de que existen pequeñas grandes obras por descubrir encuadradas° dentro del cine de protesta y de denuncia".

from Alicante
competition

framed, included

Ana 27 es un cortometraje dramático que narra la historia de una mujer de 30 años embarazada de su primer hijo y que decide escapar del maltrato al que la somete° su pareja. Ana, la protagonista, se siente vulnerable, pero decide huir. La cinta la presenta como una mujer apocada° que, a pesar de todo, consigue reunir fuerzas para emprender° una huida de la que no tiene claras las consecuencias. "Mi intención con *Ana 27* es contar parte de la vida de una joven que ha sido maltratada y comienza a ser consciente de ello, para que, de algún modo, todas las personas que vean la película puedan ser capaces de identificar a una mujer sometida a maltrato sin necesidad de ver la agresión, deslindando° lo que aparentemente es introversión del terror y la angustia", explica Lidiana Rodríguez. La cineasta afirma que, además, pretende "mostrar las terribles consecuencias de no pedir ayuda a tiempo y, si es necesario, denunciar". Rodríguez destaca también que hay "muchas más mujeres víctimas de la violencia de género de las que muestran las estadísticas".

subjects

belittled / take on

separating

La encargada de dar vida al personaje de Ana es la actriz Silvia Mir, que encarnó el papel° de Carmen Barrero en *Las 13 rosas*, del director Emilio Martínez Lázaro. Además, ha trabajado con Isabel Coixet, Julio Medem y Juan Manuel Iborra. La actriz decidió embarcarse en este proyecto porque supone "todo un reto° interpretar a un personaje tan interesante y complejo como el de Ana". El resto del reparto *(cast)* está compuesto por actores de Torrevieja como Jaime Martínez, encargado de dar vida a Daniel, el maltratador de la historia.

played the role

challenge

Como directora, guionista y productora independiente, Rodríguez cree en "el poder del cine con conciencia social". "Veo necesario que los cineastas hagan su pequeña contribución para ayudar a la compresión de los derechos humanos, pues considero que el cine es un medio directo de fácil acceso y muy bien aceptado por la sociedad", sostiene.

El cortometraje se estrenó° en el certamen de Canadá y ha sido producido por Turmalina Films en colaboración con el Ayuntamiento de Torrevieja.

opened

4-9   PRÁCTICA

De los participios pasados que subrayaste en el texto anterior, indica cuáles son ejemplos de:

1. participios usados como adjetivos
2. participios que expresan el resultado de una acción
3. participios en función de sustantivos
4. participios en construcciones pasivas
5. participios usados para formar tiempos perfectos

4-10   ANÁLISIS Y EXPANSIÓN

1. El tema del cortometraje español *Ana 27* es la violencia de género. ¿Es este un problema exclusivamente español o existe este problema también en los EE. UU.?

2. La cineasta cree en el poder del cine con conciencia social. Con un/a compañero/a expliquen de qué manera(s) el cine puede ser un medio efectivo de denuncia social.

3. ¿A qué tipo de público crees que va dirigida esta película? Si este cortometraje se presentara en tu universidad o localidad, ¿irías a verlo? Explica por qué sí o por qué no.

4. Haz una lista de medidas que se deberían tomar para terminar con la violencia de género. Después preséntala a la clase. Entre todos decidan qué medidas serían más efectivas en su comunidad.

 4-11   LA MUJER EN EL CINE

Dos películas españolas, *Solas* y *Volver,* exploran las vidas de mujeres de distintas edades y sus relaciones con hombres autoritarios. Busca estas películas en Internet o en tu proveedor habitual de películas y mira una de ellas. Mientras ves la película, analiza las características de las protagonistas y cómo el director presenta a estas mujeres en el filme. Analiza también la relación de estas mujeres con los hombres de su entorno y cómo las protagonistas resuelven la situación en la que se ven envueltas. Finalmente escribe un párrafo describiendo la película y sus protagonistas. En tu párrafo, analiza también el mensaje de la obra y cómo esta puede servir para concienciar al espectador sobre el problema de la violencia machista.

 4-12   DE VISITA EN EL MUSEO

Lee este *e-mail* y escoge la forma de ***haber*** que se necesite según el contexto de cada oración.

¡Hola mamá! Sigo disfrutando de mi visita a Quito. Hoy (he/había)[1] visitado el Museo Guayasamín. ¡Qué pintor tan excepcional y qué mensaje tienen sus cuadros! He de confesar que cuando llegué al museo esta mañana todavía no (he/había)[2] leído nada sobre este pintor pero los primos de Quito me (han/habían)[3] recomendado que visitara el museo. Tenían razón. Los cuadros que vi me impresionaron. No sé quién (hubo/habrá)[4] seleccionado las obras, pero daban una completa visión de la ideología del pintor. Cuando terminé mi visita me di cuenta de que no llevaba mi tarjeta de crédito. Si no, (habría/había)[5] comprado varios libros sobre su obra. Al llegar a casa de la tía Alicia le pregunté si (había/ha)[6] visto mi tarjeta de crédito y me dijo que no. ¡Qué despistado soy! ¿No me la (habré/habría)[7] dejado en casa encima de la mesita de la entrada? ¿Puedes mirar y dejarme saber? Gracias y nos vemos la semana que viene cuando vuelva.

Besos,
Lucas

4-13   LA NOVELA

Completa el siguiente diálogo con el tiempo correcto de **haber** según el contexto de la oración.

Modelo: Pensé que ya habías escrito la carta.

ANA: ¿Compraste ya la novela *The Pearl* para la clase de inglés? El profesor nos la recomendó como una obra de conciencia social.

BEA: Sí, ya la compré, pero (yo) no _____¹ empezado a leerla todavía. ¿Y tú?

ANA: Yo ni siquiera la _____² comprado. Pero Olga y Rafael me _____³ dicho que es muy buena y tiene un mensaje que te hace reflexionar.

BEA: Estoy deseando leerla. ¿_____ ⁴ leído otras obras de Steinbeck?

ANA: No, pero Rafael me dijo que él también _____ ⁵ leído *The Grapes of Wrath* y que es una novela muy interesante y con un claro mensaje social.

BEA: Pues, creo que debemos empezar a leer *The Pearl* ya. Si empezamos a leerla este fin de semana, seguramente la _____⁶ terminado para cuando la presente el profesor en la clase la semana que viene y así podremos participar en el análisis.

ANA: Estupendo. Voy a comprarla ahora mismo.

4-14   LOS DESEOS

¿Qué deseos ya se te han cumplido y qué deseos te faltan por cumplir? Haz una lista de cinco cosas o deseos que ya has realizado o se te han cumplido en tu vida y cinco más que habrás hecho o cumplido para el año 2020.

Modelos: Ya he pasado un verano en México. Siempre había querido visitar el país de mis antepasados.
Para el año 2020 habré conseguido un buen empleo. Estaré trabajando de arquitecto, ya que me gusta mucho el diseño.

4-15   JUANES Y SHAKIRA, DOS CANTANTES COMPROMETIDOS

Dos cantantes colombianos de fama internacional han dedicado gran parte de su tiempo a causas filantrópicas y en este sentido su trabajo va más allá de las letras de sus canciones. Tanto Juanes, con su Fundación Mi Sangre, y Shakira con la Fundación Pies Descalzos, han mostrado su compromiso humanitario. Busca en Internet información acerca de Juanes o Shakira y haz una lista de cinco cosas que han conseguido a través de sus fundaciones y cinco cosas más que probablemente habrán conseguido dentro de diez años. Después comparte tu lista con la clase.

4-16   OBRAS COMPROMETIDAS

¿Has oído alguna canción de León Gieco? ¿Has visto alguna vez un cuadro de Guayasamín? Escucha en *YouTube* la canción *Solo le pido a Dios* de Gieco y analiza el significado de sus estrofas. Después busca en Internet fotos de la obra de Oswaldo Guayasamín y fíjate en la temática de su obra. ¿Qué temas tienen en común la canción de Gieco y la obra de Guayasamín? ¿Qué crees que han querido denunciar ambos autores con su arte? Finalmente, prepárate para hacer una presentación a la clase sobre lo que aprendiste de estos dos autores, los temas que se repiten en sus obras y lo que más te ha impresionado de la obra de ambos.

CONSTRUCCIONES PASIVAS

La *voz activa* y la *voz pasiva* son formas diferentes de construir una oración para informar sobre un evento. Generalmente, en la conversación usamos la voz activa para producir oraciones como la siguiente:

SUJETO   COMPLEMENTO DIRECTO

En una democracia, <u>el pueblo</u> **elige** <u>al presidente</u>.

En esta oración el pueblo, que realiza la acción de elegir, es el sujeto, y la persona (el presidente) que recibe la acción de ser elegido, es el complemento directo. La voz pasiva permite informar sobre el mismo evento pero desde un punto de vista diferente, es decir, dando más prominencia al que recibe la acción (el presidente) que al que la hace (el pueblo).

SUJETO   AGENTE

En una democracia, <u>el presidente</u> **es elegido** <u>por el pueblo</u>.

1. La *voz pasiva* se forma con el verbo **ser** + participio pasado, el cual concuerda en género y número con el sujeto. La persona o cosa que ejecuta la acción es el complemento agente, el cual normalmente va precedido de la preposición **por**. El complemento agente puede ser implícito, es decir, se entiende pero no se menciona.

   Miguel Ángel Asturias escribió la novela *Hombres de maíz*. (voz activa)
   La novela *Hombres de maíz* **fue escrita** por Miguel Ángel Asturias. (voz pasiva)

   La clase analizó la crítica social en la novela. (voz activa)
   La crítica social de la novela **fue analizada** por la clase. (voz pasiva)

   Muchos autores publicaron obras de contenido social en los años 60. (voz activa)
   Muchas obras de contenido social **fueron publicadas** en los años 60. (voz pasiva, agente implícito)

   Ser + participio pasado siempre implica una acción recibida por el sujeto. **Estar** + participio pasado describe un estado o condición del sujeto, así como el resultado de una acción.* En ambos casos se puede usar cualquier tiempo del verbo que sea necesario.

---

* Ver Capítulo 3, usos de **ser** y **estar**, páginas 100–102.

2. La voz pasiva (**ser** + participio pasado) se usa menos en español que en inglés, especialmente en la conversación. En español se observa más en el lenguaje periodístico donde frecuentemente se precisa enfatizar el resultado de una acción más que la persona que la realizó. Asimismo, esta construcción a veces aparece en traducciones literales de fuentes secundarias en inglés.

> Más de 8 millones de dólares **fueron recaudados** en el concierto para los damnificados del terremoto de Chile.
> *More than 8 million dollars were raised in the concert for the earthquake victims in Chile.*

3. En vez de la voz pasiva, en español es preferible usar la construcción pasiva *se* + verbo en la tercera persona del singular o del plural, que equivale a la voz pasiva con **ser** + participio pasado. En esta construcción, es común que el verbo preceda al sujeto y que el complemento agente sea implícito, es decir, que no se mencione. En inglés se expresa con *to be* + *past participle.*

> **Se publicará** la entrevista en todos los periódicos./La entrevista se **publicará** en todos los periódicos.
> (La entrevista **será publicada** en todos los periódicos.)
> *The interview will be published in all the newspapers.*

> **Se ha aumentado** el presupuesto para las escuelas./El presupuesto para las escuelas **se ha aumentado**.
> (El presupuesto para las escuelas **ha sido aumentado**.)
> *The school budget has been increased.*

4. A veces se emplea el verbo en la tercera persona del plural teniendo por sujeto implícito **las personas** en sentido general. Equivale a la construcción pasiva con **se**.

> En ese programa **analizan** la política social del gobierno.
> (En ese programa **se analiza** la política social del gobierno.)

> ¿**Elegirán** al presidente mañana?
> (¿**Se elegirá** al presidente mañana?)

 4-17   PRÁCTICA

Cambia las siguientes oraciones a la voz pasiva.

Modelo: Esa película ha denunciado la opresión de los indígenas.
La opresión de los indígenas <u>ha sido denunciada</u> por esa película.
La opresión de los indígenas <u>se ha denunciado</u> en esa película.

1. En su obra, Guayasamín reflejó la miseria que sufre la humanidad.

2. El pintor dedicó muchas obras a su madre.

3. Ese cantautor grabó su primera canción en 2007.

4. El artista realizó un estudio de artistas olvidados.

5. Los críticos elogiaron la trayectoria de ese autor.

4-18   ARMANDO VALLADARES

> En el siguiente párrafo, escoge la palabra o frase entre paréntesis que mejor complete el sentido de cada oración.

Armando Valladares (1937-), pintor, poeta y escritor cubano, (estuvo/fue)[1] preso veintidós años (de 1960 a 1982) por sus convicciones democráticas y creencias políticas contrarias a las ideas revolucionarias del régimen castrista en Cuba. Por mediación del presidente francés François Miterrand (estuvo/fue)[2] liberado en 1982. Parte de su poesía (estuvo/fue)[3] escrita en prisión y sacada en secreto fuera del país. (Fue publicada/Se publicó)[4] en dos libros, *El corazón con que vivo (1984)* y *El alma de un poeta* (1988). Sus memorias de prisión *Contra toda esperanza*, (fueron traducidas/se tradujeron)[5] al inglés en 2001 como *Against All Hope*, donde (se narran/son narradas)[6] sus vivencias como preso político en Cuba.

 4-19   LA MEJOR TINTA

> Lee este poema que Valladares escribió cuando estaba en prisión. ¿Quiénes son los que se lo "han quitado todo"? ¿Qué le han quitado y qué no le han podido quitar? ¿Por qué no quieren que escriba? En tu opinión, ¿qué sentimiento se expresa con más fuerza en el poema? (Tristeza, resignación, dolor, orgullo, esperanza, etc.) Finalmente escribe un párrafo analizando el poema. En tu escrito, menciona lo que más te impresionó del poema y explica por qué se llama *La mejor tinta*. Termina explicando por qué puede considerarse un poema de denuncia.

La mejor tinta

Me lo han quitado todo
las plumas
los lápices
la tinta
porque ellos no quieren
que yo escriba
y me han hundido
en esta celda de castigo
pero ni así ahogarán mi rebeldía.
Me lo han quitado todo
—bueno, casi todo—
porque me queda la sonrisa
el orgullo° de sentirme un hombre libre
y en el alma un jardín
de eternas florecitas.
Me lo han quitado todo
las plumas
los lápices

pride

pero me queda la tinta de la vida
—mi propia sangre—
y con ella escribo versos todavía.
Original escrito con mi sangre y una astillita de madera° en abril de 1981 en las celdas de castigo de la cárcel° del Combinado del Este°, en La Habana.

De *El alma de un poeta* (1988)

wooden chip
jail / name of
the prison

 4-20   INTERPRETACIÓN DEL DIBUJO

Con un/a compañero/a, estudien el dibujo de Armando Valladares y analícenlo. Usen las siguientes preguntas como guía. Después prepárense para comentar su interpretación del dibujo con la clase.

Courtesy Armando Valladares

Dibujo de Armando Valladares que aparece en el libro *El alma de un poeta*

1. Con sus propias palabras, expliquen el contraste que hay entre los dos objetos del dibujo: la rosa y el alambre de púas *(barbed wire)*. ¿Qué creen que simbolizan?
2. ¿Qué sentimientos les produce este dibujo?
3. ¿Qué creen que quiere decir el autor con este dibujo?

 4-21   CARICATURAS POLÍTICAS

Hay humoristas que usan sus viñetas para hacer un retrato de la sociedad y sus males por medio del humor. Busca en un periódico, en una revista o en Internet una viñeta o tira cómica que critique algún aspecto de la sociedad. Analiza esa viñeta. ¿Qué problemas se denuncian en ella? ¿Qué elementos humorísticos (dibujos, caricaturas, rasgos grotescos o exagerados, etc.) usa el autor o la autora para hacer crítica social? Después prepara una breve presentación a la clase explicando tu viñeta, sus elementos, la crítica que hace y cómo el autor o la autora usa el humor para hacer crítica social.

HACE + TIEMPO + *QUE*

Como se vio en el Capítulo 2, **hace** + *tiempo* + **que** puede usarse como una expresión de tiempo. El significado de la oración, sin embargo, puede variar dependiendo del tiempo verbal que se use.

Presente	tiempo	que	Presente o presente progresivo
Hace	una hora	que	espero/estoy esperando.

Imperfecto	tiempo	que	Imperfecto o imperfecto progresivo
Hacía	una hora	que	esperaba/estaba esperando.

Presente	tiempo	que	Pretérito
Hace	una hora	que	llegaron.

Futuro	tiempo	que	Pretérito
Mañana hará	tres años	que	se casaron.

1. **Hace** + *tiempo* + **que** + verbo en presente indica cuánto tiempo ha pasado desde que empezó una acción, la cual todavía continúa en el presente. En inglés esta idea se expresa con el presente perfecto o presente perfecto progresivo.

> **Hace dos años que estudia** el arte comprometido.
> *She has been studying politically committed art for two years.*
> ¿Cuánto **tiempo hace que enseña** en la universidad?
> *How long have you been teaching in college?*

Otra manera de expresar este concepto es mediante la construcción verbo en presente + **desde hace** + tiempo.

> ¿**Desde cuándo** viven **Uds.** en Nicaragua?
> *How long have you lived in Nicaragua?*
> Vivimos en Nicaragua **desde hace** tres meses.
> *We have been living in Nicaragua for three months.*

2. **Hacía** + *tiempo* + *que* + verbo en imperfecto indica el tiempo transcurrido previo a una acción que ocurría o que se describe en el pasado. En inglés se expresa esta idea con el pluscuamperfecto.

> **Hacía un año que** ellos **estaban** en Miami cuando compraron la casa.
> *They had been in Miami for one year when they bought the house.*

> ¿Cuánto tiempo **hacía que** ellos **se conocían**?
> *How long had they known each other?*

3. **Hace** + *tiempo* + *que* + verbo en pretérito indica el tiempo que pasó desde que terminó una acción. En inglés esta idea se expresa con *ago*. La frase con **hacer** puede ponerse al principio o al final de la oración. Si se pone al final no se usa **que**.

> **Hace dos años que vi** el *Guernica* de Picasso.
> *I saw Picasso's Guernica two years ago.*
> Vi el *Guernica* de Picasso **hace dos años**.

> **Hace seis meses que dejé** el trabajo del banco.
> *I left my job at the bank six months ago.*
> Dejé el trabajo del banco **hace seis meses**.

4. El verbo **hacer** se puede poner en pretérito o en futuro de acuerdo con la idea que se quiera comunicar. Observa los siguientes ejemplos:

Ayer **hizo** tres meses que llegué de Chile.   *I arrived from Chile three months ago yesterday.*
Mañana **hará** dos años que me casé.   *Tomorrow it will be two years since I got married.*

4-22 TRADUCCIÓN

¿Cómo se dice en español? Usa una expresión con **hacer** + *tiempo* + **que** para traducir las siguientes oraciones.

1. *I haven't seen a Spanish film in a long time.*
2. *The last time I saw a film with Javier Bardem was two years ago.*
3. *¿How long ago did he marry Penélope Cruz?*
4. *They had known each other for a long time.*
5. *They've been acting in films together for many years.*

4-23 PRÁCTICA

Expresa la misma idea que se da en las siguientes oraciones usando una expresión con **hace**.

Modelo: Son las once; empecé a estudiar a las 10:30 y todavía estoy estudiando.
<u>Hace media hora que estudio (estoy estudiando).</u>

1. El año pasado asistí a un concierto de León Gieco en Buenos Aires.
2. Llevaba más de tres años que no lo oía en vivo.
3. Llevo 20 minutos tratando de encontrar sus nuevas canciones en *iTunes*.
4. La última vez que compré una de sus canciones fue en febrero; ya estamos en noviembre.
5. ¿Desde cuándo conoces la música de Gieco?

GUSTAR Y OTROS VERBOS SIMILARES

El verbo **gustar**, al igual que otros verbos que pertenecen a la misma categoría, presenta una construcción especial.

1. Generalmente se construye con el pronombre de objeto indirecto (**me, te, le, nos, les***) seguido de la tercera persona del singular o del plural del verbo *gustar* en el tiempo que se requiera. Observa que el verbo *gustar* concuerda en número con el sujeto, es decir, lo que a uno le gusta, y no con el pronombre de objeto indirecto. Recuerda que *gustar* no se traduce literalmente al verbo *like*. Cuando en español decimos **Me gusta la casa**, la traducción literal en inglés es *The house is pleasing to me.*

Me gusta la música de Mercedes Sosa.
Nos gustan las películas que nos hacen pensar.
¿**Te gustó** la exposición?

---

* Ver Capítulo 8, complementos indirectos, páginas 240–242.

Me ha gustado mucho ese museo.
Le gustan las ciudades grandes.
Les gustaba ir a conciertos.

El pronombre de complemento indirecto puede ir acompañado en la misma frase por un complemento indirecto redundante (**a** + el nombre o pronombre preposicional) para clarificar o dar énfasis.

A mí me gustan los documentales sobre temas sociales.
¿**A ti** te gusta el arte abstracto?
A Ud. le gusta hablar en público, ¿verdad?
¿Le gustan **a José** las películas extranjeras?
A ella le gusta analizar el arte de vanguardia.
A los jóvenes les gusta estar informados por las redes sociales.

Si **gustar** va seguido de un verbo reflexivo, el pronombre reflexivo correspondiente se añade al infinitivo.

Me gusta levantarme temprano.
¿A ti **te gusta sentarte** delante o detrás en clase?
A mis padres **les gusta despedirse** con un beso.

2. Otros verbos que se construyen de la misma manera que *gustar* son:

aburrir	*to bore*	**molestar**	*to bother*
divertir	*to amuse*	**parecer**	*to seem*
doler	*to hurt, ache*	**preocupar**	*to worry*
encantar	*to like very much, "love"*	**quedar**	*to fit, to have left*
faltar	*to lack*	**sobrar**	*to have extra*
importar	*to matter*	**sorprender**	*to surprise*
interesar	*to interest*	**tocar**	*to be one's turn*

A mí **me encantó** ver la pintura de Guayasamín.
Me parece una obra de gran fuerza testimonial.
A mis primos de Quito **les ha sorprendido** que su obra no se conozca más en los EE. UU.
¡Qué bien que todavía **me queda** una semana más de vacaciones en Quito!
No te quejes. Tú ya estuviste de vacaciones, así que ahora **me toca** a mí descansar.

3. Observa las siguientes expresiones que se construyen como **gustar**.

dar igual	*to be the same*
hacer daño	*to harm, hurt*
hacer falta	*to need, lack*
caer bien (mal)	referente a personas: *to like (dislike)*
	referente a comidas: *to agree (disagree)*

¿Qué prefieres, ir al teatro o al cine? —**Me da igual**.
Le hizo daño lo que le dijiste anoche.
Nos hace falta un carro nuevo.
Me caen bien los nuevos vecinos.
¿**Te cayó mal** la cena ayer?

ALGO MÁS

a. Observa las siguientes construcciones con **gustar**:

¿**Te gusto**?	*Do you like me? (Am I pleasing to you?)*
Sí, claro que **me gustas**, querido.	*Yes, of course I like you, dear.*
¿**Gustas**?	*Would you like some? [when offering someone something]*
Si **gustas**, podemos cenar en casa.	*If you wish, we could eat at home.*

b. **Doler** solo se usa con las partes del cuerpo.

Me dolía la cabeza.	*I had a headache.*
¿**Te duelen** los pies?	*Do your feet hurt?*

c. Algunos verbos que se usan como **gustar** también pueden usarse como reflexivos o verbos transitivos.

Asusté a los niños con mi disfraz.	*I frightened (scared) the kids with my disguise.*
Los niños **se asustaron** mucho.	*The children got really scared.*
Pobre chico. **Se hizo daño** cuando se cayó.	*Poor guy. He hurt himself when he fell down.*
El otro chico no **le hizo daño**.	*The other guy did not hurt him.*

4-24   TRADUCCIÓN

¿Cómo se dice en español? Usa una expresión que se construya como **gustar** para traducir las siguientes oraciones.

1. *I love listening to that group's songs.*
2. *I believe that it is necessary (it's needed) to denounce poverty in the social media.*
3. *My legs hurt after yesterday's walk.*
4. *Whose turn is it to take out the garbage?*
5. *It seems to me that art should also denounce social injustices.*
6. *It seems that some young people have the attitude of "I don't care. It's all the same to me".*

 4-25   PRÁCTICA

Usa una de las siguientes expresiones para contestar las siguientes preguntas. Más de una respuesta es posible.

dar igual   caer bien   hacer falta   parecer   encantar

1. ¿Qué medio artístico te gusta más, la pintura o la escultura?
2. ¿Qué se necesita para concienciar a la gente sobre los problemas sociales que existen?

3. ¿Te gusta la música latina?

4. ¿Qué opinión tienes del ensayo (*essay*) que leímos en clase sobre el realismo mágico en la novela del siglo XX en Latinoamérica?

5. ¿Te gustan los artistas como Shakira que donan dinero para obras sociales?

 4-26   PRÁCTICA

Completa las siguientes oraciones con el pronombre y la forma correcta del verbo o expresión que está entre paréntesis. Usa el tiempo del verbo que sea necesario.

1. A mi hermano _____ (aburrir) la literatura, pero a mí _____ (encantar), especialmente si tiene mensaje.

2. Él prefiere los deportes. _____ (gustar) correr todos los días y a veces corre tanto que _____ (doler) las piernas.

3. Pero ayer no fue a correr porque parece que comió algo que _____ (hacer daño).

4. A mí _____ (interesar) el arte y los autores a los que _____ (preocupar) los temas sociales pues a mí _____ (parecer) que el buen arte ha de provocar.

ESCRITURA

Antes de escribir, repasa las siguientes reglas sobre la acentuación y la ortografía.

REPASO DE ACENTUACIÓN

1. Recuerda que se requiere la tilde sobre la vocal débil de un diptongo cuando la vocal débil lleva el acento tónico:

   baúl   antología   comería   río

2. Los participios pasados terminados en **-ido** llevan tilde sobre la **i** si esta va precedida de una vocal fuerte:

   leído   caído   oído   traído

3. Las formas del pretérito de estos verbos también llevan tilde sobre la vocal débil:

   caí caíste caímos   oí oíste oímos   reí reíste reímos

4. Los participios pasados de los verbos terminados en **-uir** no llevan acento escrito:

   distribuido   huido   construido   atribuido

4-27   PRÁCTICA

Pon la tilde en las palabras que la necesiten.

1. Raul ha leido que varias entidades han contribuido a una campaña para hacer más escuelas.
2. Oimos que el huracán habia destruido el puente que cruza el rio.
3. No me rei cuando supe que te caiste.
4. Habria traido mi *iPad* si hubiera sabido que lo necesitabas.
5. Lei que en esta antologia habian excluido a algunos autores latinoamericanos por sus ideas políticas.

ORTOGRAFÍA: h

La ortografía de las palabras con **h** presenta confusión pues la **h** no se pronuncia.

1. Estudia estas palabras que presentan dudas ortográficas:

a *(to; at)* **¡ah!** *(ah!)* **ha** *(has)*	**asta** *(flagpole)* **hasta** *(until)*
ojear *(to look at)* **hojear** *(to leaf through)*	**echo** *(I throw away)* **hecho** *(made, fact)*
ora *(he/she prays)* **hora** *(hour)*	**ola** *(wave)* **hola** *(hello)*
onda *(wave)* **honda** *(deep)*	**abría** *(opened)* **habría** *(would have)*
o *(or)* **¡oh!** *(oh!)*	**hay** *(there is, are)* **¡ay!** *(ouch!)*
e *(and)* **¡eh!** *(hey! huh!)*	**he** *(I have)*

2. Estudia esta lista de palabras que llevan **h** intercalada.

adhesivo	alcohol	coherente	inhábil
ahora	ahorcar	cacahuate	mohoso
ahogar	búho	exhibir	prohibir
ahorrar	cohete	exhalar	vehemencia
almohada	cohibir	exhausto	zanahoria

3. Ahora estudia esta lista de palabras que llevan **h** inicial.

honor	herir	habitante	humano
hombre	herramienta	honesto	hormiga
hambre	harina	herencia	historia
hacha	hermoso	hojas	horizontal

4. Se escriben sin **h** las siguientes palabras:

éxodo, exorcismo, exorbitante, exuberancia

5. Estudia las siguientes reglas. Se escriben con **h**:

- ♦ las palabras que empiezan con **hipo-, hidr-, hiper-**:
  hipótesis, hidráulico, hipertensión

- ♦ las palabras que empiezan con **hie-, hia-**:
  hielo, hierba *(grass)*, **hierro, hiato** *(hiatus)*

◆ las palabras que empiezan con el sonido **hue-, hui-**:
  huevos, hueso, huelga, huir, huido, huelo, huelen

◆ las palabras que empiezan con **hexa-, hepta, hect-**:
  hexágono, heptasílabo, hectárea

◆ las derivaciones de los verbos **haber** y **hacer**:
  habían, han, haciendo, hago, hiciste

◆ las interjecciones ¡**ah**! ¡**eh**! ¡**oh**!

 4-28   PRÁCTICA

¿Se escriben con **h** o sin **h**?

1. _____ ueso   6. _____ uérfano   11. pro _____ ibido   16. ex _____ ibición
2. _____ arina   7. _____ asta (*until*) 12. a _____ ora   17. _____ eredero
3. _____ ola (*wave*) 8. _____ echo (*made*)   13. _____ abitación   18. ex _____ uberancia
4. _____ asta (*flagpole*) 9. _____ ermoso   14. des _____ onrado 19. almo _____ ada
5. _____ uelga   10. _____ ojos   15. _____ ierba   20. _____ oloroso

 4-29   PRÁCTICA

Escoge la palabra correcta para completar las siguientes oraciones.

1. ¿(Asta/Hasta) qué (ora/hora) piensan quedarse en la fiesta?
2. Creo que ella ya le (a/ah/ha) devuelto el dinero que le pidió prestado (a/ha/ah) su hermana.
3. Debe leer con cuidado. No basta con (ojear/hojear) el texto si lo (a/ah/ha) de entender bien.
4. (Hola/Ola), muchachos. Recuerden que los espero junto al (asta/hasta) en el centro del campus.
5. Estaba nadando en el mar cuando de repente se aproximó una (hola/ola) enorme.

4-30   PRÁCTICA

Escribe una oración original con las siguientes palabras.

1. hecho
2. honda
3. habría
4. ay
5. ojear

COMPOSICIÓN

 ## 4-31   REDACCIÓN

Escribe una composición de por lo menos tres párrafos sobre uno de los siguientes temas, siguiendo las sugerencias que se dan a continuación.

TEMA 1: Como has leído en la lectura de este capítulo, la pobreza y la desigualdad todavía hoy están presentes en la sociedad. Sin embargo, también hay muchas personas que colaboran desinteresadamente para conseguir una sociedad más igual y justa. ¿Has participado tú en alguna actividad solo/a o con algún grupo para mejorar las condiciones de vida de otras personas? ¿Qué hiciste y en qué consistió tu contribución? ¿Cómo crees que tu contribución ha ayudado a mejorar las condiciones de vida o las oportunidades de las personas a quienes ayudaste? Si tú no has participado en ninguna actividad de este tipo, escribe sobre alguna otra persona que conozcas que sí haya estado involucrada (involved) en este tipo de actividades (por ejemplo Sean Penn y su labor humanitaria en Haití, el expresidente Clinton por medio de su fundación, Rigoberta Menchú, Angelina Jolie, Oprah, etc.)

TEMA 2. Busca en Internet fotos de la obra del escultor español Santiago Sierra titulada "NO". Concebida para provocar e incitar el pensamiento, este NO parece reivindicar el derecho del ciudadano a disentir. ¿Qué te sugiere esta escultura? ¿De qué disientes tú? Escribe una composición explicando lo que significa esta obra para ti. En tu redacción, incluye a qué dirías tú "no" y valora cómo estas ideas definen tu pensamiento social y a ti como persona. También explica cómo esta obra puede ser entendida como una obra de denuncia social y concienciación.

Santiago Sierra

© Jan Will/iStockphoto

LA NATURALEZA AMENAZADA

PRELECTURA

5-1   PREGUNTAS DE PRELECTURA

1. Con un/a compañero/a hagan una lista de los peligros ecológicos ya observables en la naturaleza hoy en día. Comparen su lista con las de otros compañeros de la clase.

2. Cita algunas fuentes de energía renovables que conozcas. ¿De qué manera crees que estas nuevas fuentes de energía pueden contribuir a la protección del medio ambiente?

3. En tus propias palabras explica por qué la defensa del medio ambiente es una tarea de todos los ciudadanos de la Tierra.

5-2   VOCABULARIO

Antes de leer, familiarízate con las siguientes palabras y expresiones que aparecen en negrita en la lectura.

a medida que	al mismo tiempo que	llevar a cabo	finalizar
agotamiento	debilitación, consumo total	meta	objetivo, propósito
amenazado	en peligro	por doquier	por todas partes
arriesgarse	atreverse, ponerse en peligro	primordialmente	fundamentalmente
brindar	otorgar, ofrecer	promover (ue)	iniciar, impulsar
deparar	presentar, dar	reto	desafío
desarrollo	progreso, aumento	salvaguardar	preservar, defender
ensanchar	ampliar, engrandecer	sabiduría	conocimiento
fortalecerse (zc)	reforzarse, rehacerse	venidero	futuro

5-3   MEJORA TU VOCABULARIO

Escoge la palabra o expresión que mejor complete el sentido de cada oración.

1. No pocos advierten hoy en día que la supervivencia del planeta Tierra está seriamente (agotada/amenazada).

2. No es posible saber a ciencia cierta lo que el futuro nos (deparará/ensanchará).

3. El encontrar y utilizar energías renovables es uno de los (retos/sufrimientos) de la sociedad del siglo XXI.

4. Para garantizar la existencia de las generaciones futuras es necesario (arriesgarse/salvaguardar) hoy el medio ambiente.

5. (El desarrollo/La meta) sostenible es el gran desafío de la sociedad del siglo XXI.

6. (A medida que/A corto plazo) el mundo avanza es necesario proteger el medio ambiente.

7. La tecnología ha de servir (legalmente/primordialmente) para mejorar las condiciones de vida en el planeta.

8. (La sabiduría/La pobreza) y la voluntad humanas nos permitirán encontrar formas de vida sostenibles para las generaciones futuras.

9. Es necesario (brindar/llevar a cabo) una reconsideración de la situación del planeta que habitamos.

10. Las generaciones (venideras/evolutivas) nos agradecerán lo que hoy hacemos por salvar el planeta Tierra.

LECTURA

La Carta de la Tierra es una declaración de principios auspiciada por las Naciones Unidas que tiene como fin el **promover** la búsqueda de formas de vida y **desarrollo** humano respetuosos con la naturaleza y sugerir principios éticos básicos para el siglo XXI. En este marco, el documento hace un llamamiento a la responsabilidad universal para **salvaguardar** el medio ambiente, impulsar la ecología y buscar nuevas formas de desarrollo para lograr un futuro sostenible. Lee la carta de la Tierra.

 CARTA DE LA TIERRA: Valores y principios para un futuro sostenible

PREÁMBULO

Estamos en un momento crítico de la historia de la Tierra, en el cual la humanidad debe elegir su futuro. **A medida que** el mundo se vuelve cada vez más interdependiente y frágil, el futuro **depara**, a la vez, grandes riesgos y grandes promesas. Para seguir adelante, debemos reconocer que en medio de la magnífica diversidad de culturas y formas de vida, somos una sola familia humana y una sola comunidad terrestre con un destino común. Debemos unirnos para crear una sociedad global sostenible fundada en el respeto hacia la naturaleza, los derechos humanos universales, la justicia económica y una cultura de paz. En torno a este fin, es imperativo que nosotros, los pueblos de la Tierra, declaremos nuestra responsabilidad unos hacia otros, hacia la gran comunidad de la vida y hacia las generaciones futuras.

La Tierra, nuestro hogar

La humanidad es parte de un vasto universo evolutivo. La Tierra, nuestro hogar, está viva con una comunidad singular de vida. Las fuerzas de la naturaleza promueven a que la existencia sea una aventura exigente e incierta, pero la Tierra ha **brindado** las condiciones esenciales para la evolución de la vida. La capacidad de recuperación de la comunidad de vida y el bienestar de la humanidad dependen de la preservación de una biosfera saludable, con todos sus sistemas ecológicos, una rica variedad de plantas y animales, tierras fértiles, aguas puras y aire limpio. El medio ambiente global, con sus recursos finitos, es una preocupación común para todos los pueblos. La protección de la vitalidad, la diversidad y la belleza de la Tierra es un deber sagrado.

La situación global

Los patrones dominantes de producción y consumo están causando devastación ambiental, **agotamiento** de recursos y una extinción masiva de especies. Las comunidades están siendo destruidas. Los beneficios del desarrollo no se comparten equitativamente y la brecha° entre ricos y pobres se está **ensanchando**. La injusticia, la pobreza, la ignorancia y los conflictos violentos se manifiestan **por doquier** y son la causa de grandes sufrimientos. Un aumento sin precedentes de la población humana ha sobrecargado los sistemas ecológicos y sociales. Los fundamentos de la seguridad global están siendo **amenazados**. Estas tendencias son peligrosas, pero no inevitables.

gap

Los retos venideros

La elección es nuestra: formar una sociedad global para cuidar la Tierra y cuidarnos unos a otros o **arriesgarnos** a la destrucción de nosotros mismos y de la diversidad de la vida. Se necesitan cambios fundamentales en nuestros valores, instituciones y forma de vida. Debemos darnos cuenta de que, una vez satisfechas las necesidades básicas, el desarrollo humano se refiere **primordialmente** a ser más, no a tener más. Poseemos el conocimiento y la tecnología necesarios para proveer a todos y para reducir nuestros impactos sobre el medio ambiente. El surgimiento de una sociedad civil global está creando nuevas oportunidades para construir un mundo democrático y humanitario. Nuestros **retos** ambientales, económicos, políticos, sociales y espirituales están interrelacionados y juntos podemos proponer y concretar soluciones comprensivas.

Responsabilidad universal

Para **llevar a cabo** estas aspiraciones, debemos tomar la decisión de vivir de acuerdo con un sentido de responsabilidad universal, identificándonos con toda la comunidad terrestre, al igual que con nuestras comunidades locales. Somos ciudadanos de diferentes naciones y de un solo mundo al mismo tiempo, en donde los ámbitos local y global, se encuentran estrechamente vinculados. Todos compartimos una responsabilidad hacia el bienestar presente y futuro de la familia humana y del mundo viviente en su amplitud. El espíritu de solidaridad humana y de afinidad con toda la vida **se fortalece** cuando vivimos con reverencia ante el misterio del ser, con gratitud por el regalo de la vida y con humildad con respecto al lugar que ocupa el ser humano en la naturaleza.

Necesitamos urgentemente una visión compartida sobre los valores básicos que brinden un fundamento ético para la comunidad mundial emergente. Por lo tanto, juntos y con una gran esperanza, afirmamos los siguientes principios interdependientes, para una forma de vida sostenible, como un fundamento común mediante el cual se deberá guiar y valorar la conducta de las personas, organizaciones, empresas, gobiernos e instituciones transnacionales.

PRINCIPIOS

I. Respeto y cuidado de la comunidad de la vida

1. Respetar la Tierra y la vida en toda su diversidad.
2. Cuidar la comunidad de la vida con entendimiento, compasión y amor.
3. Construir sociedades democráticas que sean justas, participativas, sostenibles y pacíficas.
4. Asegurar que los frutos y la belleza de la Tierra se preserven para las generaciones presentes y futuras.

II. Integridad de ecología

5. Proteger y restaurar la integridad de los sistemas ecológicos de la Tierra, con especial preo-cupación por la diversidad biológica y los procesos naturales que sustentan la vida.

6. Evitar dañar como el mejor método de protección ambiental y cuando el conocimiento sea limitado, proceder con precaución.

7. Adoptar patrones de producción, consumo y reproducción que salvaguarden las capaci-dades regenerativas de la Tierra, los derechos humanos y el bienestar comunitario.

8. Impulsar el estudio de la sostenibilidad ecológica y promover el intercambio abierto y la extensa aplicación del conocimiento adquirido.

III. Justicia social y económica

9. Erradicar la pobreza como un imperativo ético, social y ambiental.

10. Asegurar que las actividades e instituciones económicas, a todo nivel, promuevan el desa-rrollo humano de forma equitativa y sostenible.

11. Afirmar la igualdad y equidad de género como prerrequisitos para el desarrollo sostenible y asegurar el acceso universal a la educación, el cuidado de la salud y la oportunidad económica.

12. Defender el derecho de todos, sin discriminación, a un entorno natural y social que apoye la dignidad humana, la salud física y el bienestar espiritual, con especial atención a los dere-chos de los pueblos indígenas y las minorías.

IV. Democracia, no violencia y paz

13. Fortalecer las instituciones democráticas en todos los niveles y brindar transparencia y ren-dimiento de cuentas en la gobernabilidad, participación inclusiva en la toma de decisiones y acceso a la justicia.

14. Integrar en la educación formal y en el aprendizaje a lo largo de la vida, las habilidades, el conocimiento y los valores necesarios para un modo de vivir sostenible.

15. Tratar a todos los seres vivientes con respeto y consideración.

16. Promover una cultura de tolerancia, no violencia y paz.

EL CAMINO HACIA ADELANTE

Como nunca antes en la historia, el destino común nos hace un llamado a buscar un nuevo co-mienzo. Tal renovación es la promesa de estos principios de la Carta de la Tierra. Para cumplir esta promesa, debemos comprometernos a adoptar y promover los valores y objetivos en ella expuestos.

El proceso requerirá un cambio de mentalidad y de corazón; requiere también de un nuevo sentido de interdependencia global y responsabilidad universal. Debemos desarrollar y aplicar imaginativamente la visión de un modo de vida sostenible a nivel local, nacional, regional y global. Nuestra diversidad cultural es una herencia preciosa y las diferentes culturas encontrarán sus propias formas para concretar lo establecido. Debemos profundizar y ampliar el diálogo global que generó la Carta de la Tierra, puesto que tenemos mucho que aprender en la búsqueda colaboradora de la verdad y la **sabiduría**.

La vida a menudo conduce a tensiones entre valores importantes. Ello puede implicar deci-siones difíciles; sin embargo, se debe buscar la manera de armonizar la diversidad con la unidad; el ejercicio de la libertad con el bien común; los objetivos de corto plazo° con las **metas** a largo

short term

plazo. Todo individuo, familia, organización y comunidad tiene un papel vital que cumplir. Las artes, las ciencias, las religiones, las instituciones educativas, los medios de comunicación, las empresas, las organizaciones no gubernamentales y los gobiernos están llamados a ofrecer un liderazgo creativo. La alianza entre gobiernos, sociedad civil y empresas es esencial para la gobernabilidad efectiva.

Con el objeto de construir una comunidad global sostenible, las naciones del mundo deben renovar su compromiso con las Naciones Unidas, cumplir con sus obligaciones bajo los acuerdos internacionales existentes y apoyar la implementación de los principios de la Carta de la Tierra, por medio de un instrumento internacional legalmente vinculante° sobre medio ambiente y desarrollo. *linked*

Que el nuestro sea un tiempo que se recuerde por el despertar de una nueva reverencia ante la vida; por la firme resolución de alcanzar la sostenibilidad; por el aceleramiento° en la lucha por la justicia y la paz y por la alegre celebración de la vida. *acceleration*

 ## 5-4   COMPRENSIÓN DEL TEXTO

1. Explica por qué, según el documento, estamos ante un momento crítico de la historia de la Tierra.
2. ¿Con qué fines debe la humanidad unirse para afrontar los desafíos del siglo XXI?
3. Según el documento, ¿de qué depende la vida y el bienestar de la humanidad?
4. Menciona al menos tres aspectos preocupantes de la situación global de hoy en día.
5. ¿A qué debemos comprometernos para hacer posible la promesa contenida en la Carta de la Tierra?
6. Menciona algunos de los agentes sociales llamados a ofrecer un liderazgo creativo en la renovación propuesta en la Carta de la Tierra.
7. Los autores del documento esperan que nuestros tiempos sean recordados por ciertos valores. ¿De qué valores se trata?

 ## 5-5   ANÁLISIS Y EXPANSIÓN

1. Desde tu punto de vista, explica qué quiere decir que "el desarrollo humano se refiere primordialmente a ser más, no a tener más". ¿Qué cambios crees que habría que promover en el pensamiento global para lograr esta meta?
2. Explica de qué manera los principios básicos a los que hace referencia la Carta de la Tierra (respeto y cuidado de la comunidad de la vida; integridad de ecología; justicia social y económica; democracia, no violencia y paz) son interdependientes.
3. De las recomendaciones que propone el documento, con un/a compañero/a escojan cuatro que les parezcan más posibles para lograr un planeta más sostenible en un corto plazo. Razonen su elección y comparen su lista con las de otros compañeros de clase.
4. Según el documento "todo individuo, familia, organización y comunidad tiene un papel vital que cumplir". Explica de qué manera puedes contribuir tú a hacer realidad el llamado de la Carta de la Tierra.

GRAMÁTICA

PREPOSICIONES

La *preposición* se usa para enlazar dos palabras o grupos de palabras expresando una relación entre ellas.

> Un árbol **sin** hojas.
> Salimos **para** la capital.
> Difícil **de** comprender.

Además de las preposiciones propias que existen en español, hay frases preposicionales que equivalen o funcionan como preposiciones.

◈ PREPOSICIONES PROPIAS ◈

a	contra	entre	por
ante	de	hacia	según
bajo	desde	hasta	sin
con	en	para	sobre

> Hoy en día se aprecia una mayor preocupación **por** salvaguardar el medio ambiente.
> Muchos son los que piden nuevas formas **de** desarrollo respetuosas **con** la naturaleza.

◈ FRASES PREPOSICIONALES ◈

Estas frases generalmente tienen carácter adverbial, es decir, indican cómo, cuándo o dónde ocurre la acción.

acerca de	*about*	**encima de**	*on top of*
alrededor de	*around*	**frente a**	*in front of*
antes de	*before*	**fuera de**	*outside of*
cerca de	*near*	**junto a**	*near, close to*
delante de	*before*	**junto con**	*together with*
dentro de	*inside*	**lejos de**	*far from*
después de	*after*	**rumbo a**	*toward*
detrás de	*behind*		

> El conferenciante habló **acerca de** los sistemas ecológicos de la Tierra.
> **Después de** la conferencia contestó algunas preguntas.

USO DE LAS PREPOSICIONES

1. El uso de las preposiciones en español, lo mismo que en inglés, es bastante arbitrario. Algunas preposiciones en español pueden tener diferentes equivalencias en inglés. Por ejemplo:

a *at, by, on, to*
de *about, from, of, to*
en *at, in, into, on*

Salí **a** las cuatro.	*I went out at four.*
Lavé la blusa **a** mano.	*I washed the blouse by hand.*
Llegó **a** tiempo.	*He arrived on time.*
Fuimos **a** la playa.	*We went to the beach.*

2. Ciertos verbos que en inglés se usan seguidos de preposición, se expresan en español con solo el verbo.

agradecer	*to be thankful for*	**esperar**	*to wait for*
aprovechar	*to take advantage of*	**mirar**	*to look at*
buscar	*to look for*	**pedir**	*to ask for*
escuchar	*to listen to*		

Mientras **esperábamos** el autobús para ir al aeropuerto, **aproveché** el tiempo para escribir unas postales.

El presidente **agradeció** el interés de los jóvenes por investigar las energías renovables.

3. La preposición **a** se usa:

◆ Con verbos que expresan movimiento o dirección.

Fueron **al** banco.
¿Cuándo llegaste **a** la oficina?
La carta iba dirigida **a** la presidenta.

◆ Delante de los complementos directos, ya sean pronombres, nombres de personas o de cosas o animales personificados (la **a** personal).

No conozco **a nadie** que no haya oído del cambio climático.
En la reunión me presentaron **a algunos integrantes** del partido ecologista.
Extraño mucho **a mi ciudad**, Nueva York.
Tengo que pasear **al perro**.

NOTA: Se omite la **a** personal cuando a) el complemento directo no se refiere a una persona o animal determinado o b) después de **tener** cuando **tener** significa *to have* en el sentido de *own* o *possess*.

La compañía busca vendedores agresivos.
Necesito una buena masajista.

Tengo muchos sobrinos.
¿**Tienes** perro?

Pero se dice:
Tengo a mi marido en el hospital.
Tenemos a los niños en una escuela pública.

- ◆ Con el complemento indirecto.

  Le di la llave **a Luisa**.
  Les puse agua **a las flores**.
  ¿**A quién** no le interesa el calentamiento global?

- ◆ Para indicar la hora o tiempo en que ocurre una acción.

  La cena fue **a las ocho**.
  Los invitados se fueron **a la medianoche**.
  A las dos semanas, hubo otra fiesta.

- ◆ Para indicar distancia, velocidad o medida.

  Estamos **a cinco minutos** del aeropuerto.
  Conducía **a setenta millas** por hora.
  Las manzanas se venden **a noventa centavos** la libra.

- ◆ Para indicar el modo de hacer una cosa.

  En este mercado venden objetos hechos **a mano**.
  Me gusta cenar tarde, **a la española**.
  Hizo la tarea **a regañadientes** *(reluctantly)*.

- ◆ En oposición a **de** al indicar distancia, tiempo y como equivalente de **hasta** *(until, up to)*.

  Hay tres millas **de** mi casa **a** la tuya.
  Estaremos en mi casa **de** dos **a** tres de la tarde.
  El agua me llegaba **a (hasta)** la cintura.

- ◆ En algunas expresiones.

a menudo	*often*	**a pie**	*on foot*
a veces	*at times*	**al menos**	*at least*
a pesar de	*in spite of*	**a causa de**	*on account of*
a tontas y a locas	*haphazardly*	**a oscuras**	*in the dark*
a través de	*through*	**al principio**	*at first*

  A veces vamos al mercado **a pie**.
  Hoy no fuimos **a causa de** la lluvia.

4. **En** se usa como equivalente de *in, on, at*:

- ◆ Para indicar posición o lugar.

  Estoy **en la frontera** de Canadá.
  Dejé los papeles **en la oficina**.
  Me encontré a Rubén **en el café**.

- ◆ Para indicar tiempo y con ciertas expresiones que llevan las palabras **momento, instante, tiempo** o **época**.

  Estamos **en la canícula** *(dog days)*.

En aquel tiempo se pensaba que los recursos de la Tierra eran ilimitados.
En épocas pasadas no había una conciencia ecológica tan marcada.

- Para indicar medio o forma de transporte.

Viajaremos **en avión** hasta Guayaquil.
Después iremos **en barco** a las islas Galápagos.
Haremos una excursión por el parque nacional **en bicicleta**.

Pero decimos:
Montamos **a caballo** en el campo.
Fuimos **a pie** hasta llegar al acantilado *(cliff)*.

- Para indicar modo o manera en que se hace algo.

Me lo dijo **en broma**; nunca pensé que lo decía **en serio**.
Están transmitiendo el partido **en vivo**.

- Como equivalente de **por**.

¿**En** cuánto te salió el auto?
Lo compré **en** veinte mil dólares.

- En algunas expresiones.

en cuanto	*as soon as*	**en frente/enfrente de**	*in front of*
en lugar de/vez de	*instead of*	**en seguida/enseguida**	*at once*
en cambio	*however*	**en contra de**	*against*
en fin	*finally*	**en efecto**	*in fact*

En vez de bolsas de plástico vamos a usar bolsas reutilizables para ir al mercado.
Hay muy pocos países **en contra de** las energías renovables, aunque en principio sean más caras.

5. De se usa:*

- Para indicar posesión, origen, contenido, posición, descripción, material o materia de que se compone una cosa.

La casa **de Fermín** es hermosa.
El escritor Mario Vargas Llosa es **de Perú**.
¿Prefieres una taza **de té** o un vaso **de agua**?
No está **de lado**, sino **de frente**.
La chica **de ojos verdes** iba vestida **de negro**.
Compré unos artículos **de plata** en Bolivia.

- En las construcciones comparativas que en inglés requieren la preposición *in*:

El Salto Ángel es la cascada más alta **del** mundo.
El Parque Nacional El Yunque es uno de los sitios más interesantes **de** Puerto Rico.

---

* Ver Capítulo 3, páginas 101–102, frases con **estar** que llevan la preposición **de**.

◆ Para expresar una hora determinada del día.

Eran las ocho **de la noche**.
Salieron a las tres **de la mañana**.

◆ Para indicar el tiempo en que ocurre un hecho.

No me gusta conducir **de noche**.
Para llegar a tiempo tendremos que salir **de madrugada**.

◆ Para indicar el asunto o materia de que se trata (**acerca de** o **sobre**).

Cuando nos reunimos siempre hablamos **de** política.
Perdí mi libro **de** matemáticas.

◆ Para indicar la parte de una cosa.

Comí **de** lo que le sirvieron a Elvira.
¿Me das **de** tu vino?

◆ Con infinitivos.

Sus explicaciones son difíciles **de entender**.
Es hora **de salir**.

◆ Con sustantivos en función descriptiva.
(En español un sustantivo no modifica a otro sustantivo como en inglés.)

Los envases **de plástico** y las cajas **de cartón** no se tiran en la basura.
Las emisiones **de carbono** contaminan el medio ambiente.

◆ En algunas expresiones.

de acuerdo con	*according to*	de pie	*standing*
de hecho	*in fact*	de repente	*suddenly*
de manera/modo que	*so that*	de veras	*really*
de nuevo	*again*	de vez en cuando	*once in a while*

De veras, hace una hora que estamos **de pie**.
De repente empezó a llover.

6. Otras preposiciones:

◆ **Desde** (*from*) se usa para indicar principio; **hasta** (*until; to*) indica fin.
Desde y **hasta** se pueden sustituir por **de** y **a**.

Fuimos a pie **desde/de** mi casa **hasta/a** la escuela.
Estudia siempre **desde/de** las ocho **hasta/a** las once.

◆ **Hacia** (*toward*) indica la dirección de un movimiento o una aproximación del tiempo (*around*).

Debido al progresivo deshielo, los osos polares están buscando otros hábitats más **hacia** el norte.

La conciencia ecológica empezó a desarrollarse **hacia** finales de los años 60.
Todos tenemos una responsabilidad común **hacia** las generaciones futuras.

◆ **Según** (*according to*) equivale a **de acuerdo con**.

Según la Carta de la Tierra, estamos en un momento crítico de la historia de la
humanidad.
Debemos desarrollarnos **según** nos permitan los recursos actuales del planeta.

◆ **Sobre** (*about; on*) equivale a **acerca de** o **encima de**.

La conferencia **sobre** el deshielo de los polos fue muy informativa.
Puse una copia del discurso **sobre** el escritorio para que lo leas.

◆ **Tras** (*behind*) equivale a **detrás de** o **después de**.

Los corredores llegaron uno **tras** otro.
Tras la primavera, llega el verano.

◆ **Tras de** (*besides*) equivale a **además de**.

Mi carro híbrido, **tras de** ser económico, es muy cómodo.

5-6   PRÁCTICA

Analiza si se necesita o no la preposición **a** en las siguientes oraciones.
Después completa las oraciones con **a** o **Ø** según corresponda.

1. Tengo _____ un amigo que desde hace años cultiva _____ verduras en el jardín de su casa.
2. Prefiere _____ los productos orgánicos.
3. Pero su huerto se hizo demasiado grande y necesita _____ alguien que lo ayude con el trabajo.
4. Admiro mucho _____ mi amigo pues es muy responsable con la producción de productos estrictamente orgánicos.
5. La cosecha siempre es buena y siempre regala una porción _____ un banco de comestibles (*food bank*) que distribuye comida _____ los necesitados.

5-7   PRÁCTICA

Completa las oraciones con la preposición adecuada **(a, de, en)**.

1. Decidimos encontrarnos _____ el café _____ eso de las ocho _____ la noche.
2. ¿_____ quién es aquel *iPad*?
3. Puse a recargar el teléfono móvil _____ Rubén _____ el enchufe _____ la entrada.
4. Me gusta beber un poco _____ vino tinto _____ una copa alta antes _____ la cena.
5. Sus padres le regalaron una camiseta _____ los Lakers y una caja _____ bombones.

6. Cuando celebré mi quinceañera, iba vestida _____ blanco, y llevaba el pelo lleno _____ trenzas.

7. Angelina es la más liberal _____ su familia.

8. Mis vecinos _____ al lado son muy simpáticos.

 5-8   ¿A, DE O EN?

Traduce el siguiente diálogo prestando atención a la traducción de *at*.

—*Are we going to meet **at** the Community Center today?*

—*Yes, we're meeting **at** 2 p.m. because some members don't like to drive **at** night.*

—*I'm glad because the building is **(at)** only a short distance from my house and **at** that time I can either walk or go on my bike.*

—*I also ride my bike **at** times. It's one way to reduce CO2 emissions.*

© Thomas Dickson/iStockphoto

 5-9   EN LAS ISLAS GALÁPAGOS

Completa el párrafo usando una preposición o frase preposicional para traducir las palabras entre paréntesis.

(Among) _____[1] las excursiones que hicimos en nuestro viaje *(through)* _____[2] Ecuador, la que nos interesó más fue la visita *(to)* _____[3] las islas Galápagos. Fuimos *(by)* _____[4] avión *(from)* _____[5] Quito *(to)* _____[6] las islas. *(According to)* _____[7] la historia, estas islas fueron descubiertas por el español fray Tomás de Berlanga *(in)* _____[8] 1535. Las islas están situadas *(at)* _____[9] unos mil kilómetros *(of)* _____[10] distancia *(from the)* _____[11] continente. *(Because of)* _____[12] su extraordinaria vegetación y fauna, podríamos decir que las islas Galápagos forman uno de los paraísos naturales más bellos *(in the)* _____[13] mundo. Me interesó mucho la Estación de Investigación Charles Darwin, y *(upon)* _____[14] llegar a casa, decidí leer más *(about)* _____[15] este investigador británico.

 5-10   EL CONSUMO DE PAPEL

Escoge una de las siguientes frases preposicionales para completar el sentido de la oración. No todas son necesarias.

de acuerdo con   en contra de   fuera de
en lugar/vez de   junto a   frente a
a pesar de

_____¹ que vivimos en la era digital, se dice que seguimos consumiendo mucho papel. _____²
las estadísticas, el 10% de la población del mundo consume más del 50% del papel mundial.
_____³ esta situación muchas personas han optado por usar libros electrónicos _____⁴ libros de
papel. Sin embargo, también hay aquellos que están _____⁵ los libros electrónicos por ser una
nueva herramienta que en poco tiempo será desechable.

5-11   EL DÍA DEL AGUA

Completa este texto sobre el Día del Agua con las preposiciones de la
lista. Algunas preposiciones se pueden usar más de una vez.

de   según   en   sobre   por   entre   a

El Día Mundial del Agua se celebra el 22 de marzo _____¹ cada año _____² un acuerdo de la
asamblea general de las Naciones Unidas aprobado _____³ 1993. Cada año esta celebración re-
salta un aspecto específico del agua. _____⁴ los temas examinados en celebraciones anteriores,
se encuentran la problemática _____⁵ la industrialización y la escasez de agua, los efectos causa-
dos _____⁶ los desastres naturales _____⁷ los sistemas hídricos y el atraer la atención internacional
_____⁸ el impacto causado _____⁹ el rápido crecimiento de la población urbana. Esta celebración
persigue el concienciar _____¹⁰ la población mundial _____¹¹ cómo usar el agua _____¹² una
manera sensata y sostenible, pero cada gobierno puede celebrarla _____¹³ su propio criterio.

5-12   ALMORZANDO CON ARTURO

Completa con la preposición correcta la siguiente conversación telefóni-
ca entre dos amigos.

PABLO: ¿Arturo? Qué pasa, chaval. ¿Qué estás haciendo? Oye, estoy cerca _____¹ tu casa en
este momento. Baja y te invito a tomar una cerveza. Nos vemos frente _____² café
Versalles _____³ 10 minutos. ¿Vale?

ARTURO: ¡Bien, vale! _____⁴ hecho iba a hacer una pausa pues llevo _____⁵ las ocho _____⁶
la mañana sentado frente _____⁷ ordenador terminando un trabajo sobre las fuentes
de energía sostenibles _____⁸ mi clase _____⁹ ecología.

PABLO: _____¹⁰ mí me pasó lo mismo. Empecé a trabajar en mi proyecto final _____¹¹ las 9,
pero después _____¹² 5 horas tecleando, decidí salir _____¹³ casa _____¹⁴ dar una
vuelta y tomar algo. ¿Te parece que comamos juntos?

ARTURO: Sí. Oye, en vez _____¹⁵ comer por ahí, ¿por qué no comemos _____¹⁶ mi casa?

PABLO: ¿Qué tienes _____¹⁷ la nevera?

ARTURO: Creo que tengo huevos y camarones _____¹⁸ otro día. ¡Ya sé! Voy a preparar una
tortilla (*omelette*) _____¹⁹ camarones y puedo abrir una lata _____²⁰ sopa _____²¹
verduras para empezar.

PABLO: Vale. Me apunto. _____²² los tiempos que corren, quizá sea mejor comer _____²³
casa _____²⁴ lugar _____²⁵ gastar el dinero _____²⁶ restaurantes. Bueno, ¿bajas ya? Te
espero en el Versalles. Chao.

5-13   CELEBRANDO EL DÍA DEL AGUA

Busca en Internet más información sobre el Día del Agua y el tema celebrado en el presente año. Después, con un/a compañero/a, escriban oraciones sobre cómo podrían concienciar a los estudiantes, administradores y profesores de su universidad sobre la necesidad de conservar este recurso cada vez más escaso. En sus oraciones, asegúrense de usar las preposiciones que han aprendido en este capítulo.

Modelo: Podríamos pedir a la administración más información **sobre** cómo conservar agua. Se deben remplazar los inodoros actuales **por** otros de bajo consumo de agua.

 5-14   EL APARTAMENTO VERDE

Imagínate que tienes un apartamento ecológico para alquilar cerca del parque nacional Manuel Antonio en Costa Rica. Una persona está interesada en alquilarlo y te llama por teléfono para que le describas el apartamento, los muebles, la decoración y los sistemas verdes. Escribe una descripción del apartamento usando el vocabulario indicado abajo y por lo menos seis de las siguientes frases preposicionales. También explica por qué el apartamento es "verde". ¡Sé creativo/a!

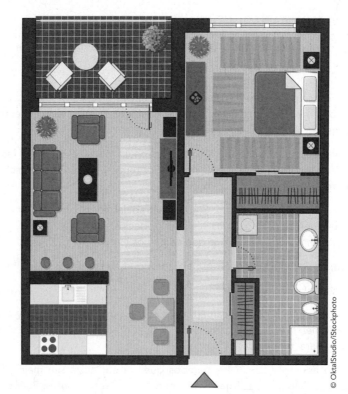

© OktalStudio/iStockphoto

Modelo: Tiene una habitación, un baño, salón y terraza. Hay un baño **al lado del** dormitorio principal…

detrás de	dentro de	al lado de
junto a	debajo de	enfrente de
encima de	sobre	entre
cerca de	delante de	a la derecha/izquierda de

1. cuadros	5. sofá	9. estante para libros
2. televisor	6. mesitas	10. paneles solares
3. alfombra	7. sillones	11. ventanas aislantes
4. plantas	8. lámpara de pie	12. sistema de reciclado de agua y desechos

5-15   UNA COMPOSICIÓN ARTÍSTICA

Observa este cuadro mexicano sobre la vida en el campo y después escribe un párrafo describiéndolo. En tu descripción usa preposiciones o frases preposicionales para indicar dónde se encuentran las siguientes personas y objetos: las mujeres, los hombres, las vacas, las casas, el arado (*plow*), las mesas, etc.

© Art Archive, The/SuperStock

Arte popular mexicano de estilo naïf pintado en madera (20th Century)

USOS DE *POR* Y *PARA*

1. Por explica el motivo o la causa de una acción. Se usa en los siguientes casos:

◆ Para introducir el agente de la voz pasiva.

Las Américas fueron descubiertas **por** Colón.
La novela *Cien años de soledad* fue escrita **por** el escritor colombiano Gabriel García Márquez.

◆ Para expresar duración de tiempo *(for, during)*.

Fui a Cuernavaca **por** tres semanas.
Todos los días nadamos **por** una hora.

NOTA: En algunas zonas no se usa la preposición en estos casos: Estuvo en Alicante tres meses.

◆ Con expresiones que indican tiempo en general o aproximado *(around)*.

Trabajo tanto **por** la mañana como **por** la tarde.
Piensan venir en diciembre, **por** Navidades más o menos.

Romance del prisionero (fragmento) "Anónimo"

Que **por** mayo era, **por** mayo,
cuando hace la calor…

◆ Para indicar razón, causa *(due to, because of)*.

Hace el trabajo tan bien **por** la experiencia que tiene.
Se cerró el aeropuerto **por** la niebla.

◆ Para indicar la persona o cosa por la que, o a/en favor de la que *(on behalf of, for the sake of)*, se hace algo.

Los soldados dieron su vida **por** la patria.
Todo lo hice **por** ti.

◆ Para indicar intercambio *(in exchange for)*.

Pagó $200 **por** la cámara digital.
Cambié la camisa **por** un cinturón.

Rima XXIII de G. A. Bécquer

Por una mirada, un mundo;
por una sonrisa, un cielo;
por un beso… yo no sé
que te diera **por** un beso.

◆ Para indicar sustitución (*instead of*).

Cuando Paco se enfermó, yo trabajé **por** él, no tú.
¿Qué otra soprano cantó **por** Renée Fleming en el recital del sábado?

◆ Para indicar la equivalencia en inglés de *per*.

El banco me concedió un préstamo al siete **por** ciento.
Dieron un juguete **por** niño.

◆ Para indicar medio o manera (*by*).

Te llamé **por** teléfono.
¿Mandaste el paquete **por** avión?

Pero se dice **ir en tren, en coche, en bicicleta, a pie, a caballo.**

◆ Para indicar **a través de** (*through, around*).

El barco va a cruzar **por** el Canal de Panamá.
Estuvo viajando **por** todo el país.

◆ Para expresar **en busca de** con verbos como **ir, venir, mandar, enviar** (*to fetch, to go for*).

Ha ido a la escuela **por** los niños y dijo que vendría en seguida.
Envió a Pedrito a casa de la vecina **por** una taza de leche.

◆ Para indicar concepto u opinión.

Pasa **por** rico.
Se le tiene **por** un gran hombre.

◆ Para expresar preferencia por algo o alguien (*in favor/support of*).

Voy a votar **por** el candidato que más defienda la ecología.
El presidente indicó que estaba **por** prohibir los gases CFC en los aerosoles.

◆ Con **estar** y **quedar** + infinitivo como equivalente de **sin** (*yet to do*).

El acuerdo sobre el calentamiento global **está por** firmarse.
Nos **queda** mucho **por** hacer antes de conseguir las firmas.

◆ Con **estar** como equivalente de **a punto de** (*about to*). Este uso es común en Latinoamérica para indicar que la acción se hará enseguida.

El tren **está por** salir.
Estuve por decirle que se callara la boca.

◆ Para la multiplicación de números (*times, by*).

Tres **por** cuatro son doce.
El tamaño de la mesa es de 5 pies **por** 3 pies y medio.

◆ En frases con adjetivos o adverbios + **que** (*no matter how…*).

Por mucho que me lo expliques, no me convencerás.
Por fácil que sea, no lo entenderá.

◆ Con exclamaciones y expresiones.

por ahora	*for the time being*	por lo general	*in general*
por casualidad	*by chance*	por lo menos	*at least*
por cierto	*in fact*	por otra parte	*on the other hand*
por consiguiente	*therefore, consequently*	por lo pronto	*for the moment*
por desgracia	*unfortunately*	por lo tanto	*consequently*
¡por Dios!	*for heaven's sake*	por lo visto	*apparently*
por ejemplo	*for example*	por poco	*almost*
por el estilo	*something like that*	por si acaso	*just in case*
por eso	*for that reason*	por suerte	*fortunately*
por favor	*please*	por supuesto	*of course*
por fin	*finally*	por todas partes	*everywhere*
¡por lo que más quieras!	*for goodness sake!*	por una vez	*once and for all*

2. **Para** expresar la finalidad o el fin de una cosa. Se usa en los siguientes casos:

◆ Para indicar término o destino de una dirección o movimiento (*for, to*).

Salgo **para** San Francisco el próximo sábado.
Nos mudamos **para** esta casa el año pasado.
Estos regalos son **para** ustedes.

◆ Para indicar propósito, objetivo o finalidad de una cosa o acción (*in order to*).

Apaga la luz **para** ahorrar energía.
Roberto estudia **para** (ser) abogado; yo, **para** arquitecta.
Llamó **para** saber de nosotros.

◆ Para indicar tiempo o plazo determinado (*for, by*). (No se usa para indicar duración de tiempo.)

La redacción es **para** mañana.
Terminará los estudios **para** el año que viene.

◆ Para expresar relación de una cosa con otra, comparándolas. Frecuentemente expresa una idea contraria a lo esperado.

Para ser tan tarde, hay mucha gente en la calle.
Se ve muy joven **para** su edad.

NOTA: Observa la diferencia:

Sabe mucho **para** *(considering)* su edad.
Sabe mucho **por** *(because of)* su edad.

◆ **Estar para** + infinitivo indica que un hecho o acción está **a punto de** ocurrir.

El tren **está para** salir. *The train is about to leave.*
Ella **estaba para** llamar al médico. *She was about to call the doctor.*

NOTA: En Latinoamérica con frecuencia se usa **estar por**.

El tren **está por** *(about to)* salir. (Ver página 160.)

5-16   PRÁCTICA

Combina las dos oraciones en una usando **por** o **para** según la sugerencia entre paréntesis.

Modelo: Todas las mañanas corro. La playa. (a través de)
Todas las mañanas corro por la playa.

1. Siempre reciclo. Ser mi obligación con el planeta. (razón)
2. Instalamos paneles solares. Reducir la generación de CO2. (finalidad)
3. Muchos bancos envían los estados de cuenta. Correo electrónico para ahorrar papel. (medio)
4. En algunos estados te devuelven 5 centavos. Cada envase que reciclas. (a cambio de)
5. Estudia. Sacar su maestría en Ecología. (finalidad)
6. Si no se pone freno al calentamiento global. Final del siglo no existirán muchas especies. (plazo determinado)
7. Luisito sabe mucho del cambio climático. Tener solo 8 años. (comparación)
8. Empezó a usar la bicicleta. Su compromiso con el medio ambiente. (razón)

5-17   PRÁCTICA

Completa las oraciones usando **por** o **para** en lugar de las preposiciones inglesas *for* o *by*.

1. *(by)* Las copias que pediste estarán listas _____ mañana.
2. *(by)* Envié las cartas _____ mensajero.
3. *(by)* Por favor, termine este trabajo _____ las diez.

4. *(by)* El error fue descubierto _____ el empleado.

5. *(for)* Juan fue al mercado _____ limones.

6. *(for)* _____ un atleta es muy importante el mantener una dieta equilibrada.

7. *(for)* Pienso votar _____ el candidato más comprometido con el medio ambiente.

8. *(for)* El niño está muy alto _____ su edad.

9. *(for)* Ese trabajo es muy importante _____ mí.

10. *(for)* No he visto a mis tíos _____ mucho tiempo.

5-18   PRÁCTICA

Entre las siguientes expresiones que llevan **por**, selecciona la que mejor complete el sentido de la oración.

por Dios	por suerte	por supuesto
por desgracia	por fin	por lo menos
por favor	por eso	

1. Pedro nunca saluda, pero hoy, _____, dijo "buenos días".

2. ¿Vas al concierto mañana? —No, _____ tengo que trabajar.

3. Se me paró el auto en la autopista, pero _____ un policía vino a ayudarme.

4. Niño, ¡ _____! ¡Baja el volumen de la *Wii!*

5. Después de mucho intentarlo, _____ consiguió sacar la licencia de conducir.

6. ¿Tienes que pagar los impuestos? — _____.

7. _____, ¿me permite pasar?

8. Se me estropeó el GPS. _____ no pude encontrar su casa.

5-19   LA ALTERNATIVA DEL ECOTURISMO

Rellena los espacios con **por** o **para**.

_____[1] ecoturismo se entiende una forma alternativa de turismo que produce un impacto mínimo sobre el medioambiente y que persigue que el viajero sienta un aprecio _____[2] el entorno y la cultura que visita. Uno de los rasgos esenciales del ecoturismo es el desarrollo sostenible, o sea, lo que busca es que la actividad turística sirva _____[3] contribuir de manera decidida a la conservación de la naturaleza o de la comunidad que se visita. _____[4] lo tanto, _____[5] los ecoturistas es importante explotar las posibilidades de ocio que sean compatibles con el medio ambiente; es decir, actividades donde prevalezca la naturaleza _____[6] encima de los intereses económicos. En general, estos viajeros están interesados en visitar parques nacionales y naturales _____[7] la observación de la flora y fauna de dichos sitios. Asimismo _____[8] este grupo de turistas es menos importante tener los lujos y diversiones que suelen atraer al turista convencional. Lo que más les interesa es disfrutar de la naturaleza respetándola y conocer la cultura y la gastronomía de las comunidades que visitan.

VERBOS QUE SE USAN CON LA PREPOSICIÓN A SEGUIDA DE UN INFINITIVO Y LOS QUE SE USAN SIN ELLA

1. Verbo + **a** + infinitivo.

acertar a	*to manage to*	**enseñar a**	*to teach to*
acostumbrarse a	*to get used to*	**invitar a**	*to invite to*
aprender a	*to learn to*	**ir a**	*to go to*
apresurarse a	*to hasten or rush to*	**llegar a**	*to get to (the extreme of)*
asomarse a	*to lean out to*	**negarse a**	*to refuse*
aspirar a	*to aspire to*	**obligar a**	*to force to*
atreverse a	*to dare to*	**ofrecerse a**	*to volunteer to*
ayudar a	*to help to*	**oponerse a**	*to oppose*
comenzar a	*to begin to*	**pararse a**	*to stop to*
convidar a	*to invite to*	**ponerse a**	*to begin to*
decidirse a	*to decide to*	**prepararse a**	*to get ready to*
dedicarse a	*to devote oneself to*	**principiar a**	*to begin to*
detenerse a	*to stop to*	**resignarse a**	*to resign oneself to*
dirigirse a	*to go to;*	**salir a**	*to go or come out to*
	to address, speak to	**sentarse a**	*to sit down to*
disponerse a	*to be about or ready to*	**venir a**	*to come to*
echar(se) a	*to begin to*	**volver a**	*to… again*

Cuando llegamos de la caminata, Juanjo **se ofreció a preparar** algo de comer para todo el grupo; entró en la cocina y se **puso a** preparar una paella estupenda.

En cuanto oyó el grito, Marlena **se asomó a** la ventana y **se apresuró a ayudar a** la pobre anciana que se había caído.

NOTA: Hay otros verbos a los que nunca les sigue un infinitivo y que requieren la preposición **a** cuando van delante de un sustantivo.

asistir a	**jugar a**	**oler a**	**parecerse a**

Ayer **asistimos al** concierto de Shakira.
Normalmente **juegan al** tenis en la cancha *(court)* del club.
La casa **huele a** jazmín.
Beatriz **se parece a** su madre.

2. Verbo + infinitivo. Hay otros verbos que no admiten la preposición **a** delante del infinitivo.

aceptar	**gustar**	**poder**
aconsejar	**hacer**	**preferir**
deber	**intentar**	**prohibir**
decidir	**necesitar**	**prometer**
dejar	**odiar**	**querer**
desear	**oír**	**rehusar**
detestar	**olvidar**	**saber**
elegir	**ordenar**	**soler**
esperar	**pensar**	**ver**
evitar	**permitir**	

Amelia **solía dar** largos paseos sola pues le **gustaba meditar** mientras caminaba. Sus padres no le **permiten salir** de noche pero lo **dejan jugar** con los videojuegos hasta la madrugada.

 ### 5-20   EL TRANSPORTE PÚBLICO

Completa el párrafo con la preposición **a**, si es necesario. Usa el símbolo Ø si no se necesita la preposición.

Autobús eléctrico en Vigo, España

© James Brunker/Alamy

Debido al coste de la gasolina y a mi interés en el medio ambiente, he decidido _____[1] empezar _____[2] ir a la universidad en transporte público, que al ser eléctrico no contamina. Al principio detestaba _____[3] tener que salir de casa temprano y esperar en la parada del autobús, pero ahora ya me he acostumbrado _____[4] levantarme unos minutos antes para llegar a tiempo. Además, así ayudo _____[5] reducir el tráfico y las emisiones de CO_2. También he aprendido _____[6] aprovechar el tiempo de mi viaje para preparar mi día. En el trayecto me dedico _____[7] leer las notas de clase del día anterior y después me pongo _____[8] hacer la tarea. A veces intento _____[9] hacer las actividades de clase en la página web del texto con mi *smartphone*, pero, claro, prefiero _____[10] actualizar mi página de *Facebook*. De todas formas, evito _____[11] pasar mucho tiempo perdido en las redes sociales pues necesito _____[12] terminar la tarea antes de llegar. Después de las clases me apresuro _____[13] tomar el autobús de vuelta a casa. Normalmente me siento en la parte de atrás y vuelvo _____[14] mirar mis mensajes en el teléfono. Pero a veces dejo el teléfono apagado y me siento _____[15] meditar y admirar el paisaje hasta llegar a mi parada.

5-21   EL CUMPLEAÑOS DE JULIA

Completa el párrafo con la preposición **a**, si es necesario.

¡Hola a todos! El sábado que viene vamos _____¹ celebrar el cumpleaños de Julia y hemos decidido _____² darle una fiesta sorpresa en casa de Carmen. Pensamos _____³ invitar a varios de sus amigos y Daniel se ha ofrecido _____⁴ hacer de disyóquey. Espero que puedan _____⁵ venir todos pues queremos _____⁶ sorprenderla a lo grande. Para la cena me niego _____⁷ servir una comida formal. Es verano y es mejor dedicarse _____⁸ bailar y charlar más que _____⁹ estar metida en la cocina, así que he decidido _____¹⁰ tener un menú a base de entremeses y cosas ligeras. Eso sí, como no puede _____¹¹ haber un cumpleaños sin tarta, mi hermana me va _____¹² ayudar _____¹³ hacer un pastel de chocolate pues no me atrevo _____¹⁴ hacerlo yo sola. Les aconsejo _____¹⁵ llegar no más tarde de las 5. Espero que puedan _____¹⁶ venir todos. ¡Hasta el sábado!

VERBOS QUE VAN SEGUIDOS DE PREPOSICIONES

1. Verbo + **de**.

acabar de	*to finish*	**encargarse de**	*to take charge of*
acabar de + inf.	*to have just…*	**enterarse de**	*to find out*
acordarse de	*to remember*	**excusarse de**	*to decline;*
alegrarse de	*to be happy about*		*excuse oneself*
arrepentirse de	*to regret*	**lamentarse de**	*to lament*
burlarse de	*to laugh at*	**olvidarse de**	*to forget*
cansarse de	*to get tired of*	**pensar de**	*to think about*
cesar de	*to stop; to cease*	**quejarse de**	*to complain*
dejar de	*to stop; to cease*	**reírse de**	*to laugh at*
depender de	*to depend on*	**salir de**	*to get out of; leave from*
despedirse de	*to say goodbye to*	**terminar de**	*to finish*
enamorarse de	*to fall in love with*	**tratar de**	*to try to*

Nos alegramos de que la gente recicle la basura como cosa habitual.
Cuando **se enteraron de** la contaminación del río, pidieron ayuda para limpiarlo.
El gobierno dijo que **se encargaría de** informar a los ciudadanos sobre la calidad del aire.

2. Verbo + **en**.

confiar en	*to trust*	**fijarse en**	*to notice*
consentir en	*to consent; agree to*	**influir en**	*to bear upon*
consistir en	*to consist of*	**insistir en**	*to insist on*
convenir en	*to agree to*	**pensar en**	*to think about*
convertirse en	*to turn into*	**persistir en**	*to persist in*
creer en	*to believe*	**quedar en**	*to agree to*
empeñarse en	*to be bent on*	**tardar en**	*to delay in*
entrar en	*to enter*		

NOTA: Observa la diferencia:

¿Qué **piensas de** ese candidato?   *What do you think (opinion) of that candidate?*
Pienso mucho **en** mi novia.   *I think a lot about my girlfriend.*

El impacto medioambiental **influyó** mucho **en** la decisión del presidente.
Es extraño que Arturo **tarde** tanto **en** llegar. **Quedó en** venir tan pronto como terminase en la oficina.

3. Verbo + **con**.

acabar con	*to put an end to*	**dar con**	*to find*
amenazar con	*to threaten with*	**encontrarse con**	*to meet, come across*
casarse con	*to get married to*	**enojarse con**	*to get angry with*
conformarse con	*to be satisfied with*	**quedarse con**	*to keep*
contar con	*to count on*	**soñar con**	*to dream of*
cumplir con	*to fulfill one's obligations*	**tropezar con**	*to bump into*

Al salir del cuarto **tropecé con** la mesa y se cayó el florero.
Él siempre **cuenta con** la ayuda de sus buenos amigos.
Después de mucho caminar al fin **dio con** la calle que estaba buscando.

4. Verbo + **por**.

apurarse por	*to get anxious about*	**molestarse por**	*to bother about*
decidirse por	*to decide on*	**preocuparse por**	*to worry about*
disculparse por	*to apologize for*	**tomar por**	*to take for*
jurar por	*to swear by*		

Debo **disculparme por** no llegar a tiempo.
Gasta tanto dinero que todos lo **toman por** rico.
Me preocupo por el futuro del planeta.

5-22   LA CONTAMINACIÓN DE PRODUCTOS TRANSGÉNICOS

Decide si para llenar los espacios se necesita **a, en, de** o **con**. Si no se necesita ninguna preposición escribe el símbolo **Ø**.

1. La filosofía medioambiental nos enseña también _____ pensar _____ formas de cultivo sostenibles.
2. Por ejemplo, se acaba _____ publicar un artículo que habla de los efectos de la contaminación genética de los cultivos tradicionales de maíz en México.
3. El uso de semillas manipuladas genéticamente permite _____ cosechar maíz más grande más de una vez al año, pero no necesariamente más nutritivo.
4. Este uso amenaza _____ contaminar las variedades locales, poniendo en peligro la seguridad alimentaria de los indígenas pues todavía se tardará _____ saber las consecuencias del uso incontrolado de transgénicos.
5. Por lo tanto, el uso generalizado de transgénicos a la larga puede _____ llegar _____ acabar _____ otros cultivos tradicionales y ser nocivo para las personas que los cultivan y consumen.

5-23 LA FIESTA

Completa las oraciones con la preposición **a**, **de**, **con** o **en**, según sea necesario.

Cuenta mi padre que cuando era estudiante un amigo se empeñó _____¹ que le acompañara a una fiesta. No quería ir, pues estaba terminando _____² escribir un trabajo para su clase. Además, tenía problemas con la chica con quien salía y estaba pensando _____³ acabar _____⁴ su relación esa misma noche. Pero su amigo insistió _____⁵ que fuera con él. Fue, aunque de mala gana. Parece que en cuanto entró _____⁶ la fiesta, se encontró _____⁷ que todo el mundo lo estaba pasando fenomenal. Él, sin embargo, se dirigió _____⁸ una esquina y se sentó _____⁹ beber una cerveza un poco de mal humor. De repente, sus ojos se fijaron _____¹⁰ una chica que bailaba y reía en un grupo. En cuanto dejó _____¹¹ bailar, mi padre se apresuró _____¹² hablar con ella. Hablaron durante más de dos horas y al final, mi padre se ofreció _____¹³ acompañarla a su casa. Al llegar conversaron un rato, quedaron _____¹⁴ verse al día siguiente y se dijeron "buenas noches" en el portal de su casa. Al despedirse _____¹⁵ ella, mi padre se atrevió _____¹⁶ besarla. Y así empezaron su relación. Ni que decir tiene, mi padre se olvidó _____¹⁷ su antigua novia, se enamoró locamente _____¹⁸ esa chica y al cabo de un año se casó… _____¹⁹ la que sería mi madre. Nunca se arrepintió _____²⁰ haber ido a aquella fiesta.

5-24 UNA REUNIÓN IMPORTANTE

Decide qué preposición se necesita para rellenar los espacios en blanco en el siguiente diálogo. Si no se necesita ninguna preposición, usa el símbolo Ø.

A. Hola, Patricia. ¿Qué cuentas?

B. Nada especial. Solo que esta tarde voy _____¹ encontrarme _____² la Dra. Gómez porque necesito _____³ hablar con ella para que me escriba una carta de recomendación.

A. Ah. Creo que suele _____⁴ tener horas de oficina a las 2, ¿verdad?

B. Sí, siempre está muy ocupada, pero ayer quedamos _____⁵ encontrarnos en su oficina a las dos y cuarto.

A. ¿Quieres _____⁶ comer conmigo antes?

B. No, lo siento. Tengo que terminar _____⁷ escribir mi *currículum* antes de reunirme con ella. Y no debo _____⁸ tardar _____⁹ llegar a la reunión porque ella tiene otra reunión justo después.

A. ¿Y por qué la Dra. Gómez?

B. Es que ella me ha influido mucho _____¹⁰ mi decisión de hacer la carrera de Ecología. Me encanta _____¹¹ participar en su clase de Desarrollo Sostenible. Bueno, tengo que seguir pensado _____¹² qué actividades de voluntaria debo _____¹³ poner en mi *currículum vitae*.

A. Bien, te dejo pues. Siéntate _____[14] trabajar ahora y llámame después de tu reunión y te invito _____[15] tomar algo. Por cierto, ¿sabes _____[16] quién me tropecé hoy en la biblioteca?

B. No.

A. Pilar. Después te cuento.

B. Estupendo. ¡Chao!

CONJUNCIONES

Las *conjunciones* unen palabras u oraciones. Según la función que cumplen al relacionar los componentes de una oración, las conjunciones pueden ser coordinantes o subordinantes.

1. Conjunciones *coordinantes*. Unen palabras u oraciones (cláusulas independientes) de la misma categoría.

CONJUNCIONES COORDINANTES

y/e	sino
o/u	sino que
pero/mas	sin embargo
ni	no obstante
excepto	

<table>
<tr><td>sujetos</td><td></td><td></td></tr>
<tr><td>Roberto e Inés fueron a las montañas</td><td>pero</td><td>no pudieron esquiar.</td></tr>
<tr><td>cláusula independiente</td><td></td><td>cláusula independiente</td></tr>
</table>

<table>
<tr><td></td><td>complementos directos</td><td></td></tr>
<tr><td>Se encontraron a Luis y a su prima</td><td>y</td><td>todos se divirtieron mucho.</td></tr>
<tr><td>cláusula independiente</td><td></td><td>cláusula independiente</td></tr>
</table>

<table>
<tr><td>verbos</td><td></td><td>verbos con c. dir.</td></tr>
<tr><td>Entró y se sentó</td><td>mas</td><td>no quiso verla ni escucharla.</td></tr>
<tr><td>cláusula independiente</td><td></td><td>cláusula independiente</td></tr>
</table>

NOTA: Para evitar la cacofonía, la **y** se convierte en **e** cuando la palabra siguiente empieza con **i** o **hi**, y la **o** se convierte en **u** delante de una palabra que empieza con **o** u **ho**: aplicada **e** inteligente; padres **e** hijos; siete **u** ocho; flores **u** hojas.

2. Conjunciones *subordinantes*. Introducen cláusulas dependientes o subordinadas a las cláusulas principales, independientes. Estas cláusulas subordinadas pueden tener el verbo en indicativo o subjuntivo, como se verá en los capítulos 6 y 7.

 CONJUNCIONES SUBORDINANTES

aunque	con tal que	hasta que	para que
así que	cuando	mientras que	puesto que
antes de que	después de que	porque	tan pronto como

Te lo vuelvo a explicar
cláusula independiente

para que me entiendas.
cláusula subordinada

Aunque me lo explicó,
cláusula subordinada

no lo entendí.
cláusula independiente

 5-25 PRÁCTICA

En las oraciones que siguen, subraya las cláusulas independientes con una línea y las cláusulas dependientes con dos líneas.

1. Tengo que cambiar las bombillas pero voy a esperar hasta que pueda comprar unas de bajo consumo.
2. Tan pronto como pueda voy a llamar al plomero para que arregle el grifo que está goteando.
3. Esther dejó las luces encendidas y además se le olvidó desconectar la computadora.
4. Antes de que compres un producto verde, asegúrate de que tenga la etiqueta *(label)* ecológica.
5. Cuando usas el transporte público, ayudas a proteger el medio ambiente.

 5-26 PRÁCTICA

Escribe oraciones originales continuando la idea.

1. Mi familia quiere construir una casa solar pero…
2. Debemos evitar la deforestación de las selvas puesto que…
3. El agua es un recurso muy valioso y…
4. El consumo desmesurado está causando el agotamiento de recursos pero…
5. Debemos proteger los arrecifes de coral o…

USOS DE *PERO, SINO* Y *SINO QUE*

Las conjunciones **pero** y **sino** equivalen a la conjunción *but* del inglés.

1. **Pero** introduce una aclaración de la primera parte de la oración. Tiene el sentido de **sin embargo** (*nevertheless*). Puede sustituirse por **mas**, aunque **mas** no es tan común.

    Le dijeron que no saliera, **pero** no hizo caso.
    Le escribiré, **pero** estoy segura de que no contestará.

2. **Sino** se usa cuando se hace una declaración negativa y a continuación se expresa una idea opuesta o contraria.

    No leí el libro, **sino** la crítica.
    No fui al cine, **sino** al teatro.
    No quería comer, **sino** dormir.

3. **Sino que** se usa cuando la idea negativa opuesta tiene un verbo conjugado y un sujeto.

    No leí el libro, **sino que** vi la película.
    No le han regalado el videojuego, **sino que** se lo ha comprado él.

 5-27   PRÁCTICA

Rellena los espacios en blanco con **pero, sino** o **sino que** para completar las siguientes oraciones.

1. Salí tarde _____ pude hacer todo lo que tenía que hacer.
2. Le mandé un mensaje de texto _____ no me contestó.
3. No me llamó _____ vino a verme.
4. No he comprado manzanas _____ naranjas.
5. No iba caminando _____ venía corriendo.
6. No necesita una chaqueta _____ un abrigo.
7. Quiero salir temprano _____ no sé si podré.
8. Su hija no es rubia como él _____ morena como su madre.
9. Le dije que cerrara la puerta _____ se le olvidó.
10. De postre no quiero helado _____ tarta.

 5-28   TURISMO SOSTENIBLE EN COSTA RICA

Rellena los espacios en blanco con **pero, sino** o **sino que** para completar las siguientes oraciones sobre el turismo sostenible en Costa Rica.

1. Muchos países están interesados en su desarrollo social y económico _____ eso no impide que estén también comprometidos con el cuidado del medio ambiente.
2. Este es el caso de Costa Rica, un país centroamericano que no solo invierte una gran parte de su presupuesto en educación y bienestar social, _____ ha dedicado el 25% de su territorio a parques naturales.

3. Hasta 1989 la principal exportación era el café _____ ahora la principal fuente de ingresos es el turismo.

4. Costa Rica ha sabido integrar el desarrollo turístico, _____ protegiendo la naturaleza al mismo tiempo.

5. El turismo en muchos casos no ha deteriorado el medio ambiente, _____ ha potenciado su conservación.

6. El Gobierno, pues, no busca el crecimiento descontrolado de la actividad turística, _____ más bien la integración de la actividad turística con estrictas pautas de protección de la naturaleza.

ESCRITURA

Antes de escribir, repasa las siguientes reglas sobre la acentuación y la ortografía.

REPASO DE ACENTUACIÓN

1. La mayoría de las palabras que terminan en **vocal, n** o **s** tienen la sílaba más fuerte en la penúltima sílaba:

     gran **de** za   **vuel** ven   **li** bros

2. Las palabras que terminan en **consonante**, excepto **n** o **s**, tienen la sílaba fuerte en la última sílaba:

     u ni ver si **dad**   co **lor**   a **zul**

3. Cuando la pronunciación de la palabra no sigue las reglas anteriores, se escribe un acento (tilde) sobre la sílaba fuerte:

     Mar **tí** nez   a le **mán**   **dí** me lo   **mú** si ca

 5-29   PRÁCTICA

Pon la tilde en las palabras que la necesiten.

salon	cuestion	libertador	cocinero	canal
maximo	ayuntamiento	pagina	virgenes	generosidad
ejercito	vejez	imaginativo	sicologo	magico
personaje	tragico	faciles	automovil	volumen

ORTOGRAFÍA: g, j

1. Se escriben con **g**:

- ◆ Los verbos terminados en **-ger** y **-gir** y sus derivados, excepto cuando la terminación lleva **-a, -o**:

    proteger, escoger, dirigir, proteja, escojo, dirijo. Excepto: **tejer** *(to weave)*, **crujir** *(to creak)*.

- ◆ Las terminaciones **-gía, -gia, -gio, -gión**:

    ecología, magia, privilegio, religión. Excepto: **bujía** *(spark plug)*, **lejía** *(bleach)*.

- ◆ La sílaba **-gen**:

    origen, margen, gente, urgente, generoso, imagen. Excepto: **comején** *(termite)*.

2. Se escriben con **j**:

- ◆ La terminación **-jero, -jera**:

    viajero, pasajera, consejera, mensajero, agujero. Excepto: **ligero** *(slight)*.

- ◆ La terminación **-aje**:

    aprendizaje, mestizaje, personaje, homenaje, salvaje

- ◆ Los sonidos **ja, jo, ju**:

    jarro, enojar, reflejo, dejo, joya, justicia, jugo

- ◆ El sonido **je** cuando se deriva de un verbo terminado en **-jar**:

    se queje, empuje, maneje, festeje, me enoje

- ◆ La terminación del pretérito y del imperfecto de subjuntivo de verbos terminados en **-decir** y **-ducir**:

    dijeron, produjiste, tradujéramos, redujeran

NOTA: Las sílabas **ge, gi, je, ji** se pronuncian igual: **gelatina, gimnasio, jefe, cajita**. Para escribir correctamente es necesario usar un diccionario cuando no se esté seguro de la ortografía.

5-30   PRÁCTICA

Escribe el pretérito de los siguientes verbos según el sujeto que se da entre paréntesis.

1. escoger (ellos) _____
2. dirigir (**Uds.**) _____
3. sugerir (ella) _____
4. empujar (yo) _____
5. manejar (tú) _____
6. escoger (Elvira) _____
7. traducir (yo) _____
8. exigir (el) _____
9. decir (ellos) _____
10. festejar (nosotros) _____
11. tejer (ella) _____
12. proteger (Ramón) _____

5-31   PRÁCTICA

¿Se escriben con **g** o **j**?

1. Es ló__ico que Andrés, siendo ecolo__ista, tenga interés en los programas de recicla__e.

2. Estas imá__enes muestran la tra__edia de los efectos producidos por __ente irresponsable.

3. Tengo el privile__io de traba__ar para una a__encia que diri__e excursiones a para__es naturales todavía en estado vir__en.

4. Los via__eros habían esco__ido un sitio prote__ido y un poco ale__ado de la ciudad para poder gozar de la naturaleza.

5. Para conservar ener__ía en mi casa, nosotros redu__imos el uso de aparatos eléctricos.

COMPOSICIÓN

5-32   REDACCIÓN

Escoge uno de los siguientes temas para escribir una composición de por lo menos tres párrafos, siguiendo las sugerencias que se dan a continuación.

TEMA 1: Imagínate que formas parte del comité ejecutivo de las Naciones Unidas para el desarrollo sostenible. Basándote en los principios incluidos en la Carta de la Tierra (respeto a la comunidad de la vida, ecología, justicia social, y democracia), redacta un plan vinculante para llevarlos a cabo. En tu plan da ejemplos concretos e indica lo que los estados miembros deben hacer para proteger el planeta y lograr la plena justicia social, la paz y los valores democráticos.

TEMA 2: Imagínate que eres el/la portavoz de un grupo ecologista de una ciudad turística que está muy preocupado por el deterioro medioambiental de la zona causado por el turismo de masas. Hoy tu grupo va a presentar a las autoridades un plan para desarrollar una iniciativa local de ecoturismo. Escribe un planteamiento en favor del ecoturismo en tu comunidad. En tu escrito puedes detallar el deterioro medioambiental presente y la necesidad de crear formas de turismo alternativo para proteger el entorno. Razona también cómo esta iniciativa usaría fuentes de energía verdes, impulsaría el reciclaje y reduciría la huella de carbono por visitante al mismo tiempo que aseguraría los puestos de trabajo de los trabajadores de la industria turística en la comunidad.

Capítulo 6

© A. Ramey/PhotoEdit

FLUJOS SOCIALES

Enfoque temático

- Vocabulario
- Lectura: "Corridos mexicanos de migración"
- Comprensión, análisis y expansión

Objetivos gramaticales

- Palabras indefinidas afirmativas y negativas
- Modo indicativo y modo subjuntivo
- Presente de subjuntivo: formas
- Usos del subjuntivo: verbos que expresan voluntad, emoción o duda

- Frases y expresiones impersonales que requieren el subjuntivo
- El subjuntivo con antecedentes indefinidos o inexistentes

Práctica de escritura

- Repaso de acentuación
- Ortografía: **gue**, **gui**, **güe**, **güi**
- Composición

PRELECTURA

6-1   PREGUNTAS DE PRELECTURA

1. ¿Cuál es el origen de tu familia? ¿Sabes cuándo llegaron tus antepasados a los EE. UU.?

2. En la comunidad o área donde vives, ¿hay inmigrantes? ¿De qué país o región proviene la mayoría de ellos?

3. Con un/a compañero/a escriban los diferentes tipos de música latina que conozcan. ¿Saben si alguno de ellos se distingue por exponer la realidad de los inmigrantes?

4. ¿Conoces a algún personaje de origen latino que sea famoso/a o que haya contribuido notablemente a la sociedad estadounidense? Explica por qué es famoso/a y menciona algunas de las contribuciones que ha hecho.

6-2   FAMILIARÍZATE CON EL VOCABULARIO

Antes de leer, trata de deducir según el contexto que se da en cada oración el significado de estas palabras que aparecen en negrita en la lectura. Después escoge la opción que mejor las defina.

___1. El **flujo** de personas que emigran a otros países en busca de trabajo ha incrementado en los últimos años.
   a. corriente   b. sospecha

___2. Muchos corridos relatan las **vivencias** de los inmigrantes.
   a. discurso   b. experiencia

___3. La mayoría de los inmigrantes están motivados por su **anhelo** de mejorar sus condiciones de vida.
   a. aspecto   b. deseo

___4. La investigadora **recopiló** las historias orales de docenas de inmigrantes.
   a. ejercer   b. reunir

___5. ¡Niños! ¡No **brinquen** encima de las camas, que las van a romper!
   a. saltar   b. atender

___6. Ayer pusimos un **alambre** para delimitar nuestro jardín.
   a. camino   b. hilo metálico

___7. En la fiesta todos bailaron al **compás** de los corridos mexicanos.
   a. régimen   b. ritmo

___8. La **pujante** economía de algunos países atrae a inmigrantes que buscan trabajo.
   a. potente   b. aceptable

___9. Algunos inmigrantes solo **pretenden** poder mantener a sus familias en sus países de origen.
   a. desconocer   b. intentar

___10. Muchos inmigrantes cualificados hoy en día **desempeñan** importantes trabajos en educación, sanidad y finanzas, así como en otros campos.

    a. realizar   b. desear

___11. Algunos países europeos les **brindan** a los inmigrantes no solo trabajo, sino seguro médico gratuito y seguro de desempleo.

    a. recriminar   b. ofrecer

___12. Aunque muchos consideran a los inmigrantes parte integrante de la sociedad, otros todavía los ven con **recelo**.

    a. admiración   b. desconfianza

___13. En los últimos años se ha observado la **asunción** del término *latino* por la sociedad norteamericana para referirse a la población de habla hispana.

    a. aceptación   b. renuncia

___14. Muchos cubanoamericanos que emigraron de Cuba por razones políticas están hoy **radicados** en Miami.

    a. establecido   b. resumido

___15. A menudo los inmigrantes de primera generación no buscan **borrar** su cultura de origen sino adaptarla al país de residencia.

    a. delimitar   b. eliminar

___16. El término *chicano* empezó a usarse en los años 70 con **matices** más bien políticos y de reivindicación.

    a. sugerencia   b. connotación

___17. Muchos latinos hoy en día están **vinculados** al mundo de los negocios y la política.

    a. relacionado   b. indiferente

___18. La comida, la música e incluso la imagen latina están hoy estrechamente **ligadas** al consumo popular.

    a. despedido   b. asociado

LECTURA

◆ CORRIDOS MEXICANOS DE MIGRACIÓN

Aunque el fenómeno de la inmigración en sí no es nuevo, una de las particularidades más distintivas de los **flujos** migratorios actuales es el eco social que estos movimientos de personas tienen tanto en la sociedad receptora de los migrantes como en la de origen. La inmigración a menudo se examina en los medios de comunicación y en el discurso político, pero desde hace unos años las **vivencias** de los migrantes y su **anhelo** por mejorar sus condiciones de vida también están siendo examinadas, aunque desde el punto de vista del migrante, a través de la lírica popular en forma de *corridos*.

María Luisa de la Garza: Cortesía/Punta y Coma

El corrido es un género lírico-musical popular mexicano en el que por más de 150 años se han recogido los avatares° de la sociedad mexicana. Desde hace un tiempo, y como reflejo de la realidad que viven muchos mexicanos, es frecuente encontrar en los corridos el tema de la emigración a Estados Unidos. La emigración en el corrido ha sido recientemente estudiada por la investigadora mexicana María Luisa de la Garza, quien **recopiló** y analizó más de 500 corridos en su libro *Ni aquí ni allá: el emigrante en los corridos y en otras canciones populares*.

ups and downs

Yo soy uno de los ilegales, de esos que andan **brincando** *el* **alambre**, *cruzando canales para progresar (…). Yo conozco muy bien la pobreza, no ambiciono poder ni riqueza, tan solo yo quiero mi vida cambiar.*

Estos son algunos de los más de cien versos recogidos en el libro de María Luisa de la Garza, quien, al **compás** de los corridos mexicanos, reflexiona en esta entrevista sobre la inmigración mexicana y el papel de los latinos como **pujante** segmento social, económico y político en Estados Unidos.

¿Qué son los corridos mexicanos?

Bueno, no es fácil definirlos porque hay una gran variedad de corridos, sobre todo en lo que a su forma musical se refiere, a su acompañamiento, según las regiones del país de las que hablemos, pero yo diría que lo principal que define a un corrido es su pretensión de verdad. Se trata, debo decir, de unas canciones que son narrativas. Cuentan sucesos, cuentan historias que **pretenden** ser verdad, que desde la perspectiva del autor cuentan una verdad histórica.

 Corrido del inmigrante

México, mi patria,
donde nací mexicano,
dame la bendición
de tu poderosa mano.

Voy a Estados Unidos
para ganarme la vida;
adiós, mi tierra querida,
te llevo en mi corazón.

No me condenen
por dejar así mi tierra;
la culpa es de la pobreza
y de la necesidad.

Adiós, lindo
Guanajuato,
estado en que yo nací,
voy a Estados Unidos,
lejos, muy lejos de ti.

Los corridos podríamos decir que tienen tres funciones. Por un lado denuncian, entonces ahí tenemos corridos de un corte° más social: los corridos de la revolución sobre los personajes más célebres de aquel movimiento social de principios del siglo XX en México. Hay corridos, entonces, de denuncia. De denuncia de las injusticias sociales, de denuncia de los abusos de poder, de los abusos del gobierno o de algún personaje con poder en la región.

cut, style

Otra función relevante de los corridos es que son un trabajo discursivo de legitimación. Esto quiere decir que hay personajes que en la sociedad son, digamos, problemáticos, pero una parte de la sociedad siente simpatía por ellos. Entonces se hacen corridos para legitimar a esos personajes. En una sociedad tan desigual como la mexicana, normalmente los héroes de la clase baja, pues son mal vistos por la clase alta, pero bien valorados por la clase baja; y la clase baja, precisamente, es la que recurre a este género para honrar, recordar…

Y la última es…, pues es la función de dar testimonio. En este caso el autor no busca que el corrido opine o que critique algún acontecimiento injusto, ni tampoco busca transformar positivamente la imagen o la representación social de alguien, sino simplemente dar testimonio de algo que ocurre: un accidente, por ejemplo.

En los corridos se habla de la figura de los *mojados**. ¿Qué son los mojados y cómo aparecen en los corridos?

Mojado es el nombre que reciben los migrantes que cruzan a Estados Unidos, porque en parte de la frontera hay un río, el río Bravo o el río Grande, según se mire del Sur o del Norte, y es necesario que los migrantes lo crucen a nado. Entonces, pues, claro, son mojados porque llegan mojados al otro lado.

¿Y qué busca el mexicano que emigra a Estados Unidos y cómo se refleja esto en los corridos?

Buscan unas perspectivas mejores de vida, buscan básicamente salarios mejores. Desgraciadamente se gana muy poco y hay una diferencia muy grande entre…, digamos, los que **desempeñan** los puestos bajos y los altos. No tiene ni lógica, ni sentido, y muchas veces piensa uno que no tiene ni moral. La gente de los puestos bajos gana verdaderamente poco; y en Estados Unidos, aunque ganan menos que los trabajadores legales no es infrecuente que una hora en Estados Unidos valga lo que [vale] todo [un] día en México. Entonces, buscan dinero para que algún día puedan hacer sus sueños realidad. Sus sueños, que no son grandes sueños, por otro lado, son los sueños de tener una vida más digna, de poder alcanzar los objetos de consumo que quieren, de tener una casa pues más o menos como desean. Entonces, eso buscan; buscan poder **brindar** educación a los hijos, y normalmente piensan volver a México, aunque esto no sea siempre posible porque los hijos son una razón: nacen del otro lado, empiezan a estudiar allá y luego ya no quieren volver.

¿Cuál es la razón de que le haya puesto al libro el título que le ha puesto: *Ni aquí ni allá*?

Es el título de una canción, una canción bastante conocida del grupo Los Tigres del Norte, quizá [el] más conocido que toca la temática de la emigración. *Ni aquí ni allá* es, pues, el título de esa canción, y habla de que el que se va deja de pertenecer al lugar del que venía, acaba siendo un extraño para el lugar que dejó, y también es un extraño para el lugar al que llega. Yo he encontrado en los corridos que el emigrante es visto con **recelo**. Aprenden a hablar de otra manera, dicen cositas en inglés, y claro, entre la gente, pues, de su pueblo, de su ciudad, ya son mirados como… "este que se agringó" (hacerse gringo, estadounidense), dicen. Como que hubiera dejado de ser un auténtico mexicano, un mexicano 100%. Por otro lado, en Estados Unidos, tampoco son muy bien recibidos.

---

*El término *mojado*, en vez del más apropiado *indocumentado*, aparece a menudo en los corridos y es el utilizado por la autora en esta entrevista.

Hemos hablado antes de los mojados. Hay otra denominación para referirse a los mexicanos que viven en Estados Unidos: el chicano.

Chicano es la forma como se denominó, y todavía se denomina, a los mexicanos ya nacidos allá. Pero el término tiene un **matiz** político. Con la palabra *chicano* va la reivindicación de un grupo que está mal visto y que dice que vale tanto como los demás. Y ahí está todo el movimiento, lo que se llamó *el movimiento chicano* en los años sesenta. Pues ahí, en ese movimiento social aparece el corrido, digamos, en el marco de esta lucha de los chicanos por tener mejores salarios, trabajos iguales que los anglosajones, porque ellos ya eran nacionales.

Cada vez estamos oyendo más hablar de hispanos y latinos. ¿Este cambio en las denominaciones y en los términos está reflejando un cambio en la situación de las minorías latinas en Estados Unidos?

Bueno, reflejan varios cambios. *Hispano* es la denominación que hace ya mucho tiempo se utiliza para el conjunto de personas que provienen de Latinoamérica en Estados Unidos. El cambio verdaderamente importante se da en la **asunción** de la gente del término *latino*. El término *latino* pretende cohesionar° a toda esa comunidad de habla hispana, pero a diferencia de la palabra *chicano* no tiene ese matiz de lucha política, sino de nicho comercial, de nicho del mercado.

    unite

    La palabra *latino* surge desde las industrias culturales para homogeneizar un mercado al que hay que venderle y que se espera que compre. Ahí tenemos las figuras latinas por excelencia, pues, que son los cantantes **radicado**s en Miami. Y en principio, se diría que afirman lo nacional, pero en realidad adaptan los sonidos, **borrando** un poco los **matices** locales y los adecuan° a los parámetros de la industria cultural latinoamericana o latina, porque empiezan recuperando música latinoamericana y acaban construyendo la latina. ¿Eso qué quiere decir? Pues que le quitan lo que los **vincula** con lo local, y en cambio, lo transforman en algo, digamos, digerible° para muchísimos más consumidores.

    adapt

    palatable

    ¿Esto significa que tienen otro papel los latinos? Claro que sí. Son dueños de medios; de importantísimos medios de comunicación, de televisión, discográficas…, en fin. ¿Quiere decir con eso que hay más justicia social? Pues, ahí ya no estoy tan segura. ¿O que los latinos ricos ven con ojos de, digamos, de respeto y de igualdad a los latinos pobres? Pues ahí tampoco lo creo.

    Estos grupos son poderosos y tienen influencia política. La política del chicano era la política del de abajo y la política de los latinos, en el sentido de estas grandes corporaciones, es la política de los de arriba. Es innegable° que influyen, son muy importantes, y ahora son tomados muy en cuenta por los políticos anglosajones. Hoy se busca que el latino consuma y por ello se potencian las formas de identidad **ligadas** al consumo. Y entonces, estas personas que eran, digamos, los mojados de antes, los hijos de los mojados, pues ya son latinos, tienen una situación socioeconómica mucho mejor.

    undeniable

    El mojado es una persona pobre, que vive circunstancias muy difíciles. La ilegalidad es una condición muy, muy difícil para la gente. Vivir en la clandestinidad genera muchas tensiones, muchas angustias. Una vez que ya se han instalado, la angustia pasa; y también hace falta pensar de sí en términos más positivos.

6-3   COMPRENSIÓN DEL TEXTO

1. Explica qué son los corridos.
2. Según la autora, María Luisa de la Garza, ¿qué cualidad principal define a los corridos?
3. Resume las tres funciones más importantes del corrido.
4. ¿Qué clase de hechos denuncian los corridos? Da tres ejemplos.
5. Según la autora, ¿qué buscan los inmigrantes en Estados Unidos?
6. ¿Quiénes son los chicanos?
7. Según la autora, ¿cuál es la diferencia entre los términos *hispano* y *latino*? ¿Cuáles son las implicaciones de cada término?
8. Explica por qué los políticos y los mercados están prestando más atención a los latinos hoy en día.

 6-4   ANÁLISIS Y EXPANSIÓN

1. ¿Por qué dice María Luisa de la Garza que la desigualdad de salarios entre los que desempeñan los puestos más altos y los más bajos "no tiene moral"? Razona tu respuesta.
2. ¿Por qué le vale la pena a un inmigrante aceptar trabajos que le paguen menos que a un trabajador legal?
3. Explica por qué el inmigrante es a menudo visto con recelo tanto en su país de origen como en el país receptor.
4. La autora parece hacer una comparación implícita entre la música de los cantantes latinos de Miami y los corridos. ¿En qué son similares y en qué se diferencian los corridos de la música latina que se oye en EE. UU.?
5. Explica cómo se han integrado los latinos en la sociedad estadounidense.

GRAMÁTICA

PALABRAS INDEFINIDAS AFIRMATIVAS Y NEGATIVAS

	AFIRMATIVO	NEGATIVO
personas	alguien	nadie
cosas	algo	nada
cosas y personas	alguno(-os, -a, -as), algún	ninguno(-a)*, ningún
tiempo	siempre	jamás, nunca
conjunciones	o (…o)	ni (…ni)
adverbios	también	tampoco

*__Ningunos__ y __ningunas__ se usan solo cuando modifican sustantivos que normalmente van en plural: gafas (*eyeglasses*), cosquillas (*tickling*), celos (*jealousy*), vacaciones (*vacation*).

Nadie sabe exactamente cuántos inmigrantes hay en este país.
Algo que aparece a menudo en los corridos es la figura del migrante.
Al llegar, muchos inmigrantes no saben **nada** de la cultura del país receptor.
Ninguno de los trabajadores conocía bien sus derechos.
Siempre ayuda a otros, pero **nunca** deja que **nadie** lo ayude a él.

1. A diferencia del inglés, en español es muy común el uso del negativo doble. Los negativos indefinidos pueden emplearse antes o después del verbo. Si la frase empieza con **no** delante del verbo, los otros negativos se ponen después del verbo.

> **Nadie** me llamó, así que **nada** sé de lo ocurrido.
> **No** me llamó **nadie** así que **no** sé **nada** de lo ocurrido.

2. Cuando la palabra indefinida afirmativa o negativa se refiere a una persona y funciona como complemento directo, se usa la **a** personal.

> Jaime nunca le dice nada **a nadie**.
> Llamaron **a alguien**, pero no sabemos a quién.
> No vimos **a ninguno** de tus compañeros.

3. Cuando **nada** se usa como intensificador, se traduce como *not at all*.

> Esos colores no me gustan **nada**.   *I don't like those colors at all.*
> Esta silla no es **nada** cómoda.   *This chair is not comfortable at all.*

4. **Alguno** y **ninguno**, cuando se usan como adjetivos, pierden la **-o** final cuando van delante de un sustantivo masculino. Recuerda que normalmente **ninguno** no se usa en plural.

> Marisa, tenemos que reunirnos **algún** día para hablar del proyecto.
> **Ningún** trabajador recibió un aumento este año.

5. En frases negativas, **alguno(-a)** equivale a **ninguno(-a)** cuando va después de un sustantivo.

> **No** he recibido noticia **alguna** de ellos.   (No he recibido **ninguna** noticia de ellos.)

6. **Alguna vez** y **algún día**, al usarse en preguntas, equivalen al inglés *ever*.

> ¿Has estado **alguna vez** en México?   *Have you ever been to Mexico?*
> ¿Crees que irás **algún día**?   *Do you think you'll ever go?*
> **Nunca** he estado, pero **algún día** iré.   *I've never been, but I'll go someday.*

7. **Ni** *(neither; nor)* conecta elementos dándoles un sentido negativo. **Ni** se repite delante de cada palabra de una lista aunque el primer **ni** es opcional.

> No quiero salir **ni** ver a nadie.
> No sé que le pasó a Felipe. **Ni** me llamó **ni** me mandó un mensaje de texto.
> No vinieron (**ni**) Susana, **ni** Alfonso, **ni** Ana María **ni** Rebeca.

8. **Ni siquiera**, y algunas veces **ni**, equivalen al inglés *not even*.

> Julia **ni siquiera** me miró.   *Julia did not even look at me.*
> No quiere **ni** hablar conmigo.   *She doesn't even want to talk to me.*

9. **También** (*too; also*) afirma la igualdad o relación de una cosa con otra previamente mencionada. **Tampoco** (*neither; either*) se emplea en las oraciones negativas.

> ¿Tú viviste en Nueva York? Yo **también**.
> No tuve tiempo de ir al correo. **Tampoco** pude ir al mercado.
> A Elena no le gusta el sushi. —A mí **tampoco**.

10. Cuando **jamás** se usa en expresiones superlativas, equivale al inglés *ever*.

> Es la mejor novela que **jamás** he leído.   *It is the best novel I have ever read.*

11. Algunas expresiones comunes hacen uso de frases negativas.

más que nunca	*more than ever*	**nunca más**	*never again*
más que nada	*more than anything*	**sin** + infinitivo + **nada**	*without + pres. part. + anything*
mejor que nadie	*better than anyone*	**todavía no**	*not yet*
nunca jamás	*never ever*	**ya no**	*no more; no longer*

> Este año he trabajado **más que nunca**.
> Le gusta jugar al fútbol **más que nada**.
> Conozco a Arturo **mejor que nadie**.
> **Nunca jamás** le volveré a dirigir la palabra.
> **Nunca más** le dejaré mi carro.
> Me pasé la semana de vacaciones **sin hacer nada**.
> ¿Ya pusiste el alambre para proteger las plantas? —**Todavía no**.
> Marisa **ya no** trabaja aquí.

 6-5   KAVI Y NADIRA

Kavi y Nadira son ingenieros de la India que trabajan en una compañía de software en Silicon Valley. Ambos son muy diferentes en su forma de actuar. Kavi es más espontáneo y Nadira es más concienzuda. Da una oración negativa para indicar el contraste entre la forma de ser y de actuar de los dos.

Modelo: Nadira siempre se prepara para las entrevistas de trabajo.
Kavi nunca se prepara para las entrevistas. Le gusta ser espontáneo.
(Kavi no se prepara nunca para las entrevistas.)

1. Nadira siempre hace una lista en la agenda de su *smartphone* con lo que tiene que hacer.

2. Nadira también hace videoconferencias con su oficina cada mañana.

3. Kavi algunas veces deja algo de trabajo para el próximo día.

4. Generalmente va a comer con algún amigo.

5. Nadira prepara todo la noche anterior.

6-6   PRÁCTICA

Un/a compañero/a muy curioso/a te hace una serie de preguntas el primer día de clase. Contesta sus preguntas usando la doble negación.

Modelo: ¿Has tomado alguna clase de matemáticas ya?
No, no he tomado ninguna clase de matemáticas todavía.

1. ¿Tú siempre te levantas temprano?
2. ¿Comiste algo por la mañana?
3. ¿Viniste a clase en autobús o caminando?
4. ¿Escribes *e-mails* alguna vez?
5. ¿Crees que alguien de la clase sea de otro país?

 6-7   PRÁCTICA

Completa las siguientes oraciones con el equivalente en español de la palabra negativa que se indica en inglés entre paréntesis.

1. *(more than anything)* _____, lo que muchos padres anhelan es una buena educación para sus hijos.
2. *(neither)* Luis no tiene la licencia de conducir. _____ tiene el pasaporte todavía.
3. *(not even)* Cuando le dijeron que mentía _____ pretendió negarlo.
4. *(ever)* ¿Has estado _____ en Patagonia?
5. *(any)* No me gusta _____ vestido en esta tienda.
6. *(some)* _____ de mis amigos han viajado fuera del país.
7. *(no longer)* _____ quiero ser abogada. Quiero ser empresaria.
8. *(never again)* _____ volveré a este restaurante.
9. *(anyone)* No llamé a _____ cuando estuve en San Francisco.
10. *(no one)* _____ es perfecto.

 6-8   LA COMPRA

Iris le pidió a Teresa, su compañera de cuarto, que fuera al mercado para comprar algunas cosas que necesitan. Completa el diálogo entre ellas dos con los negativos necesarios.

IRIS: Teresa, mujer, no trajiste _____[1] de las cosas que te pedí.

TERESA: ¿En serio? ¿Qué cosas faltan?

IRIS: Mira, no trajiste _____[2] el aceite de oliva _____[3] el ajo en polvo y _____[4] trajiste las chuletas de cerdo. No sé qué vamos a comer hoy. Eres la persona más distraída que _____[5] he visto.

TERESA: Por esa razón _____[6] debes _____[7] mandarme al mercado. La próxima vez vas tú.

6-9   MINILECTURA. "YO CONDUZCO ESTE AUTOBÚS"

Completa este texto con las palabras indefinidas y negativas de la lista y después contesta las preguntas sobre él. Fíjate que algunas palabras se pueden usar más de una vez.

nadie   también   ni   algún   algunos   jamás

competitive exams

Medianoche. Silencio. Luces apagadas. Solo la pantalla de la computadora ilumina a un hombre que lee nombres en las listas de aprobados en las oposiciones° a conductor de la Empresa Municipal de Transportes de Madrid (EMT). Y de pronto lo ve. En el puesto quince está el suyo "Manuel Valderrama López". Se pone de pie de un salto y grita: "¡¡¡Buena!!!". Manuel es peruano, de Trujillo, y acaba de enterarse que ha conseguido una de las 150 plazas de conductor de autobuses urbanos de Madrid entre más de 1.700 aspirantes. Trabajar para el ayuntamiento supone un sueldo fijo cada mes, seguro médico y vacaciones.

to work hard to make it happen
crowded / concrete mixers

Usted estará pensando "¿a quién hay que matar para un puesto así?" Aún a _____[1], pero sí hay que "currárselo" mucho°. Las oposiciones para trabajos públicos como el de Manuel son concurridísimas° y hay mucha competencia. Pero la experiencia en conducción profesional (camiones, hormigoneras°, interprovinciales*) vale mucho a la hora de las prácticas, especialmente cuando se trata de conducir un autobús por las estrechas calles del centro de Madrid.

La nacionalidad extranjera no es un problema. Manuel ingresó a la EMT cuando aún _____[2] había solicitado la nacionalidad española. Una vez dentro hay tabla rasa: "_____[3] es inmigrante. Todos somos conductores".

steering wheel

interrupts

Manuel no es el único latinoamericano en la EMT; 36 ciudadanos de _____[4] país de América Latina recorren Madrid de punta a punta al volante° de sus autobuses. ¿Qué dicen los viajeros cuando el conductor los saluda en 'peruano' o en 'colombiano'? "La mayoría se lo toma muy bien", ataja° la pregunta Manuel, "incluso hay compatriotas latinos que me felicitan y me preguntan cómo hice para ingresar y que ellos _____[5] querrían hacerlo". La sonrisa desaparece un segundo: "_____[6] hay _____[7] que... no vale casi la pena decirlo, pero te dicen cosas, como que 'nos quitáis el trabajo' y que esto y lo otro, extranjeros tal...** pero nada, son minoría", le quita hierro al asunto de la discriminación.

"Antes eso le pasaba a las mujeres", recuerda una trabajadora de la EMT, "había gente que _____[8] había visto una conductora y les decían que iban a esperar al siguiente autobús, que con una mujer al volante no viajaban, pero los tiempos cambian y seguirán cambiando. Esta sociedad es cada vez más plural".

Lo es: entre los latinoamericanos de la EMT hay _____[9] tres chicas. Una ecuatoriana, una salvadoreña y una uruguaya podrían ser sus conductoras _____[10] día en el próximo viaje que haga en autobús en Madrid.

---

*Autobuses que hacen trayectos entre provincias.
**Se usan los puntos suspensivos para evitar repetir un insulto contra los extranjeros.

6-10 PREGUNTAS DE COMPRENSIÓN

1. ¿De dónde es Manuel?
2. ¿Qué hay que hacer para conseguir un puesto de conductor de autobuses en Madrid?
3. ¿Es necesario tener la nacionalidad española para ser conductor de la EMT?
4. ¿Cuántos conductores latinoamericanos hay en la EMT?
5. ¿Están todos los viajeros de acuerdo con que haya extranjeros trabajando en la EMT? ¿Qué le dicen a Manuel algunos viajeros que no están de acuerdo?
6. ¿Por qué dice el artículo que la sociedad española "...es cada vez más plural"?
7. ¿Qué se puede encontrar uno la próxima vez que tome un autobús en Madrid?

MODO INDICATIVO Y MODO SUBJUNTIVO

1. El *modo indicativo* se usa para informar sobre un hecho o estado que el hablante considera real o definido ya sea en el presente, el pasado o el futuro. El modo indicativo presenta la realidad como cierta y de forma objetiva. El indicativo puede usarse en las cláusulas principales o en las cláusulas subordinadas.

2. El *modo subjuntivo*, en cambio, expresa la realidad de una forma más subjetiva, es decir, presenta la realidad como deseable, posible, incierta, dudosa, hipotética o en relación a emociones. El subjuntivo normalmente se usa en oraciones impersonales y en la cláusula subordinada de una oración compuesta. En este caso, la cláusula principal, normalmente en indicativo, suele incluir verbos que indican voluntad, deseo, duda, emoción o se relacionan con hechos indefinidos o hipotéticos.

Cláusula principal		Cláusula subordinada
Ellos saben	que	**el problema radica en las desigualdades sociales.**

(Se sabe de seguro la causa del problema.)

Espero	que	**encuentren dónde radica el problema.**

(Existe la esperanza de que encuentren la causa del problema, pero no hay seguridad.)

3. Normalmente el sujeto de la cláusula principal es diferente al sujeto de la cláusula subordinada de subjuntivo. Si no hay cambio de sujeto, se usa el infinitivo.

(Ella) **quiere** que (tú) **hagas** una recopilación de corridos de la Revolución.
(Ella) **quiere hacer** una recopilación de corridos de la Revolución.

4. El *modo subjuntivo* tiene dos tiempos simples: presente e imperfecto; y dos tiempos compuestos: presente perfecto (pretérito perfecto) y pluscuamperfecto. El modo subjuntivo se usa más en español que en inglés.

Tiempos simples	Tiempos compuestos
compre	haya visto
llegara (llegase)	hubiera dicho

PRESENTE DE SUBJUNTIVO: FORMAS

1. Formas regulares. Para formar el *presente de subjuntivo* se omite la **o** final de la primera persona del presente de indicativo (**yo**) y se añaden las siguientes terminaciones:

	COMPRAR	VENDER	RECIBIR
Presente de indicativo:	compr **o**	vend **o**	recib **o**
Presente de subjuntivo:	compr **e**	vend **a**	recib **a**
	compr **es**	vend **as**	recib **as**
	compr **e**	vend **a**	recib **a**
	compr **emos**	vend **amos**	recib **amos**
	compr **éis**	vend **áis**	recib **áis**
	compr **en**	vend **an**	recib **an**

Me sorprende que no **enseñen** alemán en esta universidad.
Es importante que los niños **aprendan** otro idioma además del inglés.
Mis padres quieren que **asista** a clase para mejorar mi español.

2. Verbos con cambios ortográficos. Los verbos irregulares en el presente de indicativo normalmente se escriben del mismo modo en todas las formas del subjuntivo.*

INFINITIVO	PRESENTE DE INDICATIVO	PRESENTE DE SUBJUNTIVO
hacer (g)	**hago**	**haga, -as, -a, -amos, -áis, -an**
salir (g)	**salgo**	**salga**, etc.
ofrecer (zc)	**ofrezco**	**ofrezca**
traducir (zc)	**traduzco**	**traduzca**
proteger (j)	**protejo**	**proteja**
dirigir (j)	**dirijo**	**dirija**
huir (y)	**huyo**	**huya**
construir (y)	**construyo**	**construya**
repetir (i)	**repito**	**repita**
seguir (i)	**sigo**	**siga**
convencer (z)	**convenzo**	**convenza**
caber (quep-)	**quepo**	**quepa**

---

*Ver Capítulo 1, páginas 31–32

Ejemplos completos:

Decir		**Escoger**		**Pedir**	
diga	digamos	escoja	escojamos	pida	pidamos
digas	digáis	escojas	escojáis	pidas	pidáis
diga	digan	escoja	escojan	pida	pidan

3. Otros verbos con cambios ortográficos. Los verbos que terminan en **-car, -gar** y **-zar** cambian la **c → qu, g → gu** y la **z → c** en todas las formas del presente de subjuntivo.

> Buscar: **busque, busques, busque, busquemos, busquéis, busquen**
> Pagar: **pague, pagues, pague, paguemos, paguéis, paguen**
> Cruzar: **cruce, cruces, cruce, crucemos, crucéis, crucen**

4. Verbos con cambios en la raíz. Los verbos que terminan en **-ar** y **-er** que cambian la **e → ie** y la **o → ue** en el presente de indicativo mantienen los mismos cambios en el presente de subjuntivo, es decir, llevan este cambio en las formas **yo, tú, él/ella/Ud.** y **ellos/ellas/Uds.** pero no en **nosotros/as, vosotros/as.**

Cerrar		**Contar**		**Volver**	
cierre	cerremos	**cuente**	contemos	**vuelva**	volvamos
cierres	cerréis	**cuentes**	contéis	**vuelvas**	volváis
cierre	**cierren**	**cuente**	**cuenten**	**vuelva**	**vuelvan**

Otros verbos que pertenecen a esta categoría:

> **pensar, apretar, recordar, mostrar, entender, devolver**

5. Ciertos verbos terminados en **-ir** sufren otro cambio que no ocurre en el presente de indicativo. En el presente de subjuntivo cambian la **e → i** y la **o → u** en las formas **nosotros** y **vosotros.**

Sentir		**Dormir**	
sienta	**sintamos**	duerma	**durmamos**
sientas	**sintáis**	duermas	**durmáis**
sienta	sientan	duerma	duerman

Otros verbos que pertenecen a esta categoría son:

> **mentir, preferir, divertirse, morir**

6. Verbos irregulares. Los siguientes verbos son irregulares en el subjuntivo. Observa la acentuación en algunos de estos verbos.

> Dar: **dé, des, dé, demos, deis, den**
> Estar: **esté, estés, esté, estemos, estéis, estén**
> Haber: **haya, hayas, haya, hayamos, hayáis, hayan**

Ir: **vaya, vayas, vaya, vayamos, vayáis, vayan**
Saber: **sepa, sepas, sepa, sepamos, sepáis, sepan**
Ser: **sea, seas, sea, seamos, seáis, sean**

 6-11   PRÁCTICA

Completa las oraciones, según el modelo, usando el **presente de subjuntivo** de los verbos entre paréntesis.

Modelo: Pedimos que el estado _____. (dar más becas de estudio)
Pedimos que el estado **dé más becas de estudio.**

Espero que mis hijos _____.
1. (terminar la escuela secundaria)
2. (ir a la universidad)
3. (graduarse con honores)

Dudo que ellos _____.
4. (trabajar en el campo de la enseñanza)
5. (escoger trabajar en oficios mal remunerados)
6. (buscar trabajo en otro estado)

Es importante que nosotros los latinos _____.
7. (tener consciencia de la importancia de la educación para progresar)
8. (insistir en que nuestros hijos e hijas se eduquen)
9. (vincular el progreso con la educación)

Me alegro de que _____.
10. (haber muchos programas para ayudar a los chicos a prosperar en sus estudios)
11. (muchos estudiantes pedir becas)
12. (ellos/seguir sus estudios a pesar de las dificultades económicas)

USOS DEL SUBJUNTIVO: VERBOS QUE EXPRESAN VOLUNTAD, EMOCIÓN O DUDA

1. Verbos que expresan voluntad o emoción. Cuando en una oración compuesta la cláusula principal contiene un verbo que expresa voluntad (recomendación, sugerencia, mandato, etc.) o emoción y los sujetos de la cláusula principal y la subordinada son diferentes, generalmente se usa el verbo en subjuntivo en la cláusula subordinada. Recuerda que las dos cláusulas normalmente van unidas por la conjunción "que". Si el sujeto es el mismo, se usa el infinitivo.

Espero que **desempeñen** bien su trabajo.
Espero **desempeñar** bien mi trabajo.

Verbos de voluntad:

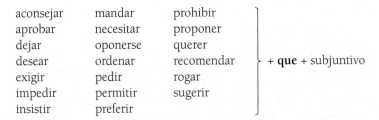

aconsejar	mandar	prohibir	
aprobar	necesitar	proponer	
dejar	oponerse	querer	
desear	ordenar	recomendar	+ **que** + subjuntivo
exigir	pedir	rogar	
impedir	permitir	sugerir	
insistir	preferir		

Verbos de emoción:

alegrarse de	lamentar	sorprender	
esperar	molestar	temer	+ **que** + subjuntivo
encantar	preocupar	tener miedo	
gustar	sentir		

La abuela siempre les **pide** a sus nietos que no **brinquen** en el sofá.
Grandma always asks her grandchildren not to jump on the sofa.

No **quiero** que nadie **sepa** nada de este asunto.
I don't want anyone to know about this matter.

A mi madre le **molesta** que **pasemos** demasiado tiempo en las redes sociales.
It bothers my mother that we spend too much time on the social networks.

NOTA: Observa que a menudo las frases de voluntad que en español requieren el subjuntivo se traducen al inglés con el infinitivo.

2. Cuando los verbos **decir** o **escribir** aparecen en una cláusula principal expresando un mandato indirecto, se usa el verbo en subjuntivo en la cláusula subordinada.

Ana te dice que **vengas**.	*Ana tells you to come.*
Me escribe que le **envíe** el dinero.	*She's writing me to send her the money.*

Sin embargo, cuando estos verbos aparecen en una cláusula principal para dar alguna información, se usa el verbo en indicativo en la cláusula subordinada.

Ana dice que ellos **vienen**.	*Ana says they are coming.*
Me escribe que le **envía** el dinero.	*She writes me that she is sending him the money.*

3. Cuando en una oración compuesta la cláusula principal contiene un verbo que expresa duda, incertidumbre, incredulidad o negación, y los sujetos de la cláusula principal y subordinada son diferentes, generalmente se usa el verbo en subjuntivo en la cláusula subordinada.

Verbos que expresan duda, incredulidad o negación:

dudar	
no creer	
no pensar	+ **que** + subjuntivo
no estar seguro de	
negar	

Juan **duda** que Marlena **salga** con él el sábado.
No creo que el término *chicano* **tenga** un matiz político hoy en día.

◆ Cuando el verbo de la frase principal expresa certidumbre en vez de duda, se usa el indicativo en la cláusula subordinada.

Subjuntivo	Indicativo
No creo que **sea** buena idea llamar ahora.	**Creo** que **es** buena idea llamar ahora.
Dudo que **llueva** esta tarde.	**No dudo** que **llueve (lloverá)** esta tarde.

◆ **No creer** y **creer** admiten tanto el subjuntivo como el indicativo especialmente al usarse en oraciones interrogativas y dependen de cuánta certidumbre/incertidumbre quiera expresar el hablante.

Más incertidumbre	Más certidumbre
¿No crees que **tenga** 21 años todavía?	¿No crees que ya **tiene** 21 años?
¿Crees que **vengan** hoy?	¿Crees que **vienen** hoy?

◆ **No dudar** puede usarse en indicativo o subjuntivo en oraciones interrogativas o de afirmación, según la certidumbre/incertidumbre que se quiera expresar. Sin embargo, lo habitual es usar el subjuntivo tanto para **dudar** como para **no dudar** ya que lo opuesto de dudar no es **no dudar**, sino **estar seguro**.

Incertidumbre	Certidumbre
¿No dudas que **estén** enfermos?	¿No dudas que **están** enfermos?
No dudo que **sean** inteligentes.	No dudo que **son** inteligentes.

6-12   PRÁCTICA

Imagina que estás pensando ir a estudiar a un país de habla hispana para mejorar tu español. Varias personas te dan consejos sobre cómo planear la experiencia. Sé creativo/a y escribe estos consejos, según el modelo, usando el presente de subjuntivo.

Modelo: Mi hermano me recomienda que... _elija una ciudad grande._

1. Mi profesora de español me sugiere que...
2. Mi consejero me recomienda que...
3. Mi padre me pide que...
4. Mi madre me aconseja que...
5. Mi hermana quiere que...

Patio de las Escuelas Menores, Universidad de Salamanca, España

Jose Manual Agudo Cuesta/Getty Images, Inc.

6-13   PRÁCTICA

Imagínate que en tu clase de Ciencias Políticas vas a participar en un debate sobre la situación de los inmigrantes. Usando las frases que siguen, continúa las oraciones para expresar tus opiniones. Usa los verbos en el presente de indicativo o subjuntivo según corresponda.

Modelo: Creo que la pobreza…
Creo que la pobreza es uno de los problemas más serios que tiene el país.
Espero que los países…
Espero que los países colaboren para erradicar la pobreza.

1. Dudo que el gobierno….

2. No dudo que los inmigrantes…

3. Me sorprende que las organizaciones humanitarias…

4. Lamento que los indocumentados…

5. Pienso que las economías pujantes…

6. No creo que…

7. Estoy seguro/a de que…

8. Propongo que…

 6-14   NI DE AQUÍ NI DE ALLÁ

Completa este texto con la forma correcta del presente de indicativo, presente de subjuntivo o infinitivo según corresponda.

Muchos emigrantes emigran con la intención de residir para siempre en el país de destino, pero muchos otros emigrantes prefieren (retornar) _____[1] a su país de origen después de unos años. Este es el caso de mi familia. Aunque yo llegué a España con 5 años y me siento más español que ecuatoriano, mis padres quieren que (nosotros-volver) _____[2] a Ecuador el año que viene. Ni qué decir tiene, mi abuela en Guayaquil está encantada de que mis padres (querer) _____[3] volver a su patria, y yo entiendo que mis padres (desear) _____[4] jubilarse en su país de origen pero yo temo no (integrarse) _____[5] bien en una sociedad y cultura que en realidad son desconocidas para mí. Mis padres me dicen que no (preocuparse) _____[6] y que Guayaquil me va a encantar, pero yo no estoy tan seguro. Cuando hablo con mis primos de allá, siempre se alegran de (hablar) _____[7] conmigo pero se ríen cuando uso palabras como *mis colegas* para referirme a mis amigos o *el curro* para hablar del trabajo de mi padre. También se sorprenden de que en España se (dar) _____[8] dos besos al saludar a la gente en vez de uno como se (hacer) _____[9] en Ecuador y de que se (decir) _____[10] *venga* al despedirse. Mi padre me aconseja que (ir) _____[11] a Ecuador de vacaciones y que (pasar) _____[12] el verano con mis primos para aprender sobre la cultura y la forma de hablar ecuatoriana. Es posible que lo (hacer) _____[13], pues mis padres están seguros de que se (volver) _____[14] dentro de un año y dudan que (yo-poder) _____[15] quedarme en España solo. No creo que mi caso (ser) _____[16] muy diferente al de otros hijos de inmigrantes criados en un país diferente. Creo que (yo-ser) _____[17] un producto de la sociedad global y de los flujos sociales del siglo XXI y aunque me gusta (sentirse) _____[18] multicultural no me gusta que ni en mi país de origen ni en mi país de residencia me (ellos-considerar) _____[19] verdaderamente de allí.

FRASES Y EXPRESIONES IMPERSONALES QUE REQUIEREN EL SUBJUNTIVO

1. Las expresiones impersonales que expresan incertidumbre, duda, probabilidad, necesidad, emoción o voluntad, sean afirmativas o negativas, requieren siempre el subjuntivo en la cláusula subordinada.

es (im)posible	es aconsejable	es malo	
es probable	es raro	es urgente	
es importante	es una suerte	es difícil	
es dudoso	es sorprendente	es extraño	
es una lástima	es curioso	es una pena	
es natural	es conveniente	más vale	+ **que** + subjuntivo
es necesario	es triste		
es mejor	es preciso		
bastar	importar		
convenir	precisar		
quiera Dios	ojalá*		

Es frecuente **que** los corridos **narren** las vivencias de los inmigrantes.
Es importante **que** los padres les **brinden** una buena educación a sus hijos.
Conviene que consigas la visa cuanto antes.
Basta que la **llame**, para que me diga que está ocupada.

2. Cuando se usan en negativo, las siguientes expresiones impersonales que expresan duda o incertidumbre requieren el subjuntivo. Cuando se usan en afirmativo, requieren el indicativo puesto que expresan certidumbre.

(no) es cierto	(no) es verdad
(no) es seguro	(no) es evidente
(no) es claro	(no) es obvio

Indicativo (certidumbre)	Subjuntivo (incertidumbre)
Es cierto que Ana **trabaja** mucho.	**No es cierto** que Ana **trabaje** mucho.
Es seguro que él **es** de Perú.	**No es seguro** que él **sea** de Perú.
Es verdad que le **gusta** gastar mucho.	**No es verdad** que le **guste** gastar mucho.

---

*__Que__ puede eliminarse de la expresión **ojalá que**, especialmente cuando no se expresa el sujeto: Ojalá me concedan el permiso de residencia.

6-15   EN EL CENTRO DE ACOGIDA

Imagínate que eres voluntario/a en un centro de acogida de inmigrantes en Argentina. Responde a los problemas que te presentan estas personas usando frases en presente de subjuntivo o indicativo.

Sr. López, de Venezuela: Necesito un permiso de trabajo.

TÚ: Lamento que…
     Le recomiendo que…

Asami, de Japón: No tengo seguro médico.

TÚ: Siento que…
     Te aconsejo que…

Maira, de Guatemala: Necesito un patrocinador (*sponsor*) para mi permiso de residencia.

TÚ: Creo que…
     Te sugiero que…

Sra. Grigorian, de Armenia: No sé español bien.

TÚ: Conviene que…
     Le recomiendo que…

Ilanit, de Israel: No tengo un *currículum vitae* actualizado.

TÚ: Es preciso que…
     Te aconsejo que…

Sra. Lutsky, de Ucrania: Me gustaría convalidar mi título universitario.

TÚ: Es verdad que…
     No dudo que…

Julio, de México: Quiero proseguir mis estudios de medicina en este país.

TÚ: Creo que…
     Te sugiero que…

Voluntaria en un centro de acogida de inmigrantes

 6-16   POLÍTICAS ENCONTRADAS

Dos candidatos presidenciales, con opiniones contrapuestas, exponen su visión del tema de la inmigración en un debate político. Escribe las respuestas del candidato Cabal para rebatir las afirmaciones del candidato Pollino. Usa frases impersonales en indicativo y subjuntivo.

Modelo: CANDIDATO POLLINO: Es obvio que el número de inmigrantes en este país es muy elevado.
CANDIDATO CABAL: No es verdad que haya más inmigrantes que en el pasado.

1. CANDIDATO POLLINO: Es evidente que los emigrantes no tienen buenas cualificaciones.
CANDIDATO CABAL:

2. CANDIDATO POLLINO: Es probable que muchos inmigrantes no paguen impuestos.
CANDIDATO CABAL:

3. CANDIDATO POLLINO: No es cierto que los inmigrantes contribuyan a la sociedad.

   CANDIDATO CABAL:

4. CANDIDATO POLLINO: Es seguro que muchos inmigrantes no aprenden inglés.

   CANDIDATO CABAL:

5. CANDIDATO POLLINO: No es bueno que los inmigrantes conserven su lengua nativa.

   CANDIDATO CABAL:

6. CANDIDATO POLLINO: Es urgente que se limite la entrada de nuevos inmigrantes.

   CANDIDATO CABAL:

 6-17   LOS TIGRES DEL NORTE

Al grupo musical Los Tigres del Norte se le ha llamado "la voz de los migrantes" por exponer a través de sus canciones y corridos los problemas a los que se enfrentan los inmigrantes latinos que llegan a EE. UU. Busca información en Internet acerca de este grupo y analiza alguno de sus corridos o canciones que expresen los sentimientos de esos inmigrantes. Después comparte tu investigación y análisis con la clase.

Grupo musical mexicano Los Tigres del Norte

Edgar Negrete-clasos.com/Zuma Press

EL SUBJUNTIVO CON ANTECEDENTES INDEFINIDOS O INEXISTENTES

El subjuntivo se usa en una cláusula subordinada cuando esta se refiere a un antecedente indefinido o inexistente. Si el antecedente es una persona o cosa definida, se usa el indicativo.

 ANTECEDENTE INDEFINIDO O INEXISTENTE:

Subjuntivo

<u>Se necesitan</u> empleados **que** hablen español.

<u>Buscamos</u> un trabajo que **pague** bien.

ANTECEDENTE DEFINIDO:

Indicativo

Consiguieron a <u>un empleado</u> que **habla** varios idiomas.

Encontramos <u>uno</u> que paga bien y ofrece beneficios.

No hay <u>nadie</u> que **tenga** tanta paciencia como tú.

¿Conoces a <u>alguien</u> que **trabaje** en otro país?

Hay <u>algunas personas</u> que **tienen** mucha paciencia.

Conozco a <u>alguien</u> que **trabaja** en otro país.

6-18   ¿INDICATIVO O SUBJUNTIVO?

Escoge la forma correcta del verbo entre paréntesis.

1. En el nuevo centro de orientación de inmigrantes buscan personas que (pueden/puedan) hablar tres idiomas como mínimo.

2. Hay muchas personas que (están/estén) dispuestas a trabajar, pero no saben otros idiomas.

3. La semana pasada contrataron a una chica que se (encarga/encargue) de actualizar su sitio web.

4. Sin embargo, todavía no han encontrado a nadie que (sabe/sepa) diseñar programas de teleformación para inmigrantes por Internet.

5. Voy a recomendarles a uno de mis amigos que (es/sea) muy creativo en cuestiones de diseño de programas educativos.

6. Creo que todavía no han conseguido a nadie que (tiene/tenga) experiencia en dar apoyo psicológico a los inmigrantes que lo necesiten.

7. Pero ya tienen a alguien que les (organiza/organice) los cursos de ESL.

8. De seguro que van a necesitar a alguien que les (traduce/traduzca) los folletos informativos a varios idiomas.

9. Mirta tiene un compañero que (colabora/colabore) con traducciones. Podríamos preguntarle.

6-19   ESTUDIAR EN EL EXTRANJERO

Imagínate que quieres ir a ampliar tus estudios en una universidad del extranjero. Haz una lista de cinco requisitos que esa universidad debe cumplir para que la consideres como tu primera opción.

Modelos: Busco un departamento que…

Busco un departamento que se especialice en estudios de microbiología molecular.

1. Debe estar en una universidad que…

2. Quiero trabajar con un profesor que…

3. Busco un laboratorio que…

4. Prefiero un ambiente de trabajo que…

5. Me interesa conseguir un título que…

6-20   TRADUCCIÓN

¿Cómo se dice en español?

1. *He needs someone to give him a hand with the packages.*
2. *I'm afraid they may be lost.*
3. *Marcos wants to go dancing this weekend.*
4. *He wants us to go with him.*
5. *It bothers me that some people do not acknowledge the contributions of immigrants.*
6. *I have a friend who is an immigration attorney.*
7. *I demand that you give me an explanation for your behavior.*
8. *I can't believe that you don't know where Guadalajara is!*

 6-21   MINIDIÁLOGOS

Completa los siguientes minidiálogos usando la forma verbal que se necesite. Después léelos con un/a compañero/a.

Diálogo 1

—¿Vas a (ir) _____[1] a visitar a tus padres en Honduras este verano?

—No, no creo que (poder) _____[2] ir este año.

—Espero que no (ser) _____[3] por el costo del billete.

—No es eso. Es que (querer) _____[4] terminar mi tesis antes del semestre de otoño y necesito el verano para escribirla.

Diálogo 2

—Me dijeron que tienes un hermano que (ser) _____[1] futbolista y (vivir) _____[2] en Italia. ¿Es cierto?

—Sí, es cierto que mi hermano Leo (ser) _____[3] futbolista, pero no creo que (vivir) _____[4] en Italia mucho más porque lo acaba de contratar el Barcelona.

—¿El Barça nada menos? No hay nadie que no (conocer) _____[5] la fama de ese equipo.

—Sí. Es increíble que Leo (ir) _____[6] a jugar en el mejor equipo de Europa.

Diálogo 3

—Ojalá que me (ellos-conceder) _____[1] permiso en el trabajo para ir a Buenos Aires a la boda de mi primo Kevin.

—Hombre, espero que el jefe (entender) _____[2] la situación y te (dejar) _____[3] ir.

—Me encantaría (poder) _____[4] ser el padrino. Kevin y Marcela, su prometida argentina, se conocieron cuando estudiaban en la Universidad de Columbia.

—Diles de mi parte que les deseo que (ellos-tener) _____[5] una boda fantástica y que (ser) _____[6] muy felices.

6-22   LA MIGRACIÓN

Se dice que "una imagen vale más que mil palabras". Teniendo en cuenta esta cita, explica de qué manera(s) esta fotografía puede representar metafóricamente la migración de personas a través de algunas fronteras. ¿Cómo interpretas tú los pies descalzos sobre vías del ferrocarril? ¿Qué historia pueden encerrar esos pies? ¿Adónde crees que se dirigen? ¿Cómo crees que se siente la persona en la foto? ¿Qué sentimientos te provoca a ti? Escribe un párrafo con tu análisis y después compártelo con la clase.

ROLEX DELA PENA/EPA/NewCom

ESCRITURA

Antes de escribir, repasa las siguientes reglas sobre la acentuación y la ortografía.

REPASO DE ACENTUACIÓN

1. Recuerda que la tilde distingue el significado y el tiempo de algunos verbos.

pague (presente de subjuntivo)	Necesito un trabajo que **pague** bien.
pagué (pretérito)	**Pagué** la cuenta en cuanto recibí la factura.
conteste (presente de subjuntivo)	Es importante que **conteste** su carta.
contesté (pretérito)	Le **contesté** a Mario tan pronto pude.
de (preposición)	Salieron **de** su país hace cuatro años.
dé (presente de subjuntivo)	Me pide que le **dé** empleo.
este (adjetivo demostrativo)	**Este** mes viene la familia de mi sobrino.
esté (presente de subjuntivo)	No es necesario que yo **esté** presente, ¿verdad?

6-23   PRÁCTICA

Escoge la palabra correcta.

1. Quiere que (apagué, apague) las luces al salir de la habitación.
2. Ayer por la tarde (hablé, hable) con mi consejero acerca de mis notas.
3. Me recomienda que (llegué, llegue) temprano a la entrevista.
4. Me pide que le (dé, de) una carta (dé, de) recomendación.
5. La semana pasada (trabajé, trabaje) más de cuarenta horas.

ORTOGRAFÍA: gue, gui, güe, güi

1. El sonido suave de la **g** con las vocales **e**, **i** se escribe **gue**, **gui**. La **u** no se pronuncia:

   guerra, **juguete**, **pague**, **juguemos**, **Guillermo**, **águila**

2. La **u** se pronuncia cuando lleva diéresis (dos puntitos): **güe**, **güi**:
   vergüenza, **bilingüe**, **lingüista**, **antigüedad**

 6-24   PRÁCTICA

¿Se escriben con **gue**, **gui**, **güe**, **güi**?

se___mos	pa___n	ci___ña	ver___nza	bilin___smo	pin___no
lle___mos	ju___mos	consi___n	á___la	___rrillero	lin___sta
len___ta	a___ta	ro___ mos	___rrero	___tarra	perse___r

COMPOSICIÓN

6-25   REDACCIÓN

Escoge uno de los siguientes temas para escribir una composición de por lo menos tres párrafos, siguiendo las sugerencias que se dan a continuación.

TEMA 1: Como has leído en la lectura de este capítulo, muchas personas se ven obligadas a trasladarse a otro país buscando mejorar sus condiciones de vida. ¿Hay alguien en tu familia que sea de otro país o conoces a alguien de tu comunidad que haya venido a trabajar o a estudiar a los EE. UU.? Entrevístalo/la sobre los motivos por los que dejó su país y sobre sus experiencias en EE. UU. Con la información que obtengas de la entrevista escribe una composición sobre esta persona describiendo su vida en su país de origen, los motivos por los que decidió venir, cuánto tiempo lleva en este país, qué echa de menos de su país y cómo mantiene sus tradiciones y costumbres. Pregúntale también cómo ha cambiado su vida, las experiencias más notables que ha tenido en los EE. UU. y si piensa regresar algún día a su país de origen.

TEMA 2: Imagínate que un amigo de *Facebook* de un país hispano está pensando venir a trabajar a EE. UU. y te escribe un *e-mail* para pedirte información sobre las oportunidades que este país le puede ofrecer. Escribe una composición a modo de carta o *e-mail* aconsejándolo sobre los trabajos que puede encontrar en tu comunidad, el salario que puede esperar y los documentos que necesitaría para residir y trabajar aquí. En tu *e-mail* recomiéndale razonadamente una zona en tu ciudad para vivir, un centro o universidad para aprender inglés bien, y qué organizaciones pueden ayudarlo. Adviértele también de los problemas que puede encontrar aquí y lo que necesitaría (un carro, conocimiento de las costumbres y la cultura, etc.) para poder progresar en los EE. UU.

Capítulo 7

© Michele Burgess/Alamy Limited

EL VOLUNTARIADO Y LA SOLIDARIDAD

Enfoque temático

- Vocabulario
- Lectura: "Solidaridad en vacaciones"
- Lectura: "De viva voz: testimonio de una voluntaria"
- Comprensión, análisis y expansión

Objetivos gramaticales

- Conjunciones adverbiales que requieren el subjuntivo
- Otros casos que requieren el subjuntivo

- Imperfecto de subjuntivo
- Presente perfecto de subjuntivo
- Pluscuamperfecto de subjuntivo
- Secuencia de tiempos
- Cláusulas con **si** (*if*)
- Modo imperativo

Práctica de escritura

- Repaso de acentuación
- Ortografía: **ll, y, -ío, -ía, -illo, -illa**
- Composición

PRELECTURA

 7-1   PREGUNTAS DE PRELECTURA

1. ¿Has pensado alguna vez en hacerte voluntario/a? Explica las razones para tu respuesta.
2. ¿En qué campos crees que se necesitan más voluntarios en tu comunidad? ¿Y en el mundo?
3. ¿Qué tipo de cualidades crees que debe tener un/a voluntario/a?
4. Explica de qué manera crees que se podrían combinar el ocio con el voluntariado.

 7-2   VOCABULARIO

Antes de leer, familiarízate con las siguientes palabras y expresiones que aparecen en negrita en la lectura.

aliciente	incentivo	innato	natural, singular
alojamiento	vivienda	lujo	riqueza, suntuosidad
aportar	contribuir	orfanato	asilo de niños sin padres
apuntarse	inscribirse	regentar	administrar, dirigir
barriada	barrio pobre	repartir	dar a cada uno, distribuir
calzar (c)	poner zapatos	retrasar	hacer más lento, demorar
compromiso	darse a una causa	subsanar	remediar, compensar
conjuntar	combinar con armonía	taller	estudio, formación
conmover (ue)	emocionar	tópico	idea trivial o repetida
entonar	cantar	trasladarse	viajar, mudarse
integrarse	incorporarse	vacío	sin nada dentro

 7-3   MEJORA TU VOCABULARIO

Escoge la palabra o expresión que mejor complete el sentido de la oración.

1. Algunas ONG (organizaciones no gubernamentales) se esfuerzan por mejorar las condiciones de vida en (las barriadas/los alojamientos) más pobres de muchas ciudades.
2. Las ONG a menudo recogen a niños de la calle y los llevan a (orfanatos/talleres) donde se les proporciona refugio y se les educa.
3. Aunque hay países latinoamericanos considerablemente ricos, la idea de que toda Latinoamérica es pobre es un (aliciente/tópico) muy extendido entre los países del Norte.
4. Para ser voluntario, el candidato ha de (trasladarse/apuntarse) a una ONG y realizar un curso de formación.
5. La misión de los voluntarios es ayudar a (subsanar/retrasar) las condiciones de vida de la población con la que trabajan.

6. La misión de los voluntarios no es solo el (repartir/regentar) ayuda, sino instruir a la población para que esta pueda mejorar sus propias condiciones de vida.

7. Las ONG normalmente proporcionan una habitación a los voluntarios, aunque no deben esperar que esta contenga muchos (compromisos/lujos).

8. Los voluntarios a veces (entonan/aportan) pequeñas contribuciones económicas a la causa por la que trabajan.

9. La generosidad de los habitantes del pueblo (conmovió/conjuntó) a los voluntarios.

10. Los voluntarios que colaboran con las ONG tienen un (vacío/innato) deseo de conocer y mejorar el mundo.

11. Cuando llegaron al pueblo vieron que muchos niños (aportaban/calzaban) solo zapatitos hechos por ellos mismos.

12. Las voluntarias (conjuntaron/se trasladaron) a una comunidad en las montañas.

LECTURA

 SOLIDARIDAD EN VACACIONES

El **compromiso** no está reñido con la diversión. Por eso, cada vez más personas se interesan por viajes que combinan el voluntariado en países en desarrollo con tiempo libre para hacer turismo y aprender español.

"Recuerdo con mucho cariño a aquella niña con su colección de pulseritas. Me dijo que me quería regalar una y eligió la amarilla porque **conjuntaba** con mi ropa. Se me partió el corazón..."

La escena la vivió en Lima y en primera persona Silvia Alemany, auditora de 28 años. Hasta El Callao, uno de los barrios más pobres de la capital peruana, **se trasladó** desde su Valencia natal para ejercer de voluntaria durante un mes en la ONG Coprodeli, que lleva trabajando en el país latinoamericano más de 20 años. "Será un **tópico**, pero las maletas volvieron **vacías** de ropa, porque la dejé toda allí, pero llenas de recuerdos". Este verano, dos años después de aquella experiencia tan especial, la piensa repetir. Esta vez en Honduras, otro de los muchos destinos repartidos por el mundo donde diferentes asociaciones sin ánimo de lucro° organizan las llamadas "vacaciones solidarias", una mezcla de turismo y compromiso social que cada vez tiene más seguidores.   *non-profit*

Si el país elegido es, además, de habla hispana, la oportunidad de practicar español, en el caso de los voluntarios provenientes de países donde el español no es la primera lengua, se convierte en un **aliciente** más. Por eso América Latina encabeza la lista de peticiones, ya que los cooperantes hablan el idioma de Cervantes las 24 horas del día, ya sea dentro del voluntariado o en su tiempo libre en alguna de las muchas academias existentes en estos países. El objetivo siempre es conocer e intentar mejorar la realidad social de los sectores más desafortunados: mujeres, niños, ancianos, desempleados... También existen programas relacionados con el medioambiente en los que se trabaja con animales o con ecosistemas en peligro.

En cualquier caso, las actividades incluyen desde pintar la fachada° de un edificio en ruinas de La Habana hasta jugar al fútbol con los chavales° de un barrio de Buenos Aires; dar **talleres**   *façade*   *boys* sobre violencia de género a las mujeres de una comunidad indígena de Guatemala o ayudar a la conservación de las tortugas marinas en Uruguay. Cada voluntario elige según sus preferencias, su tiempo e, incluso, su profesión. Silvia Alemany dedicó un mes a tres acciones diferentes: apoyar a los niños de un colegio en las tareas extraescolares, construir viviendas prefabricadas para los habitantes de una **barriada** a las afueras de Lima y colaborar en un centro de salud con labores de todo tipo: corte de cabello, entrega de ropa, toma de tensión, charlas educativas...

La duración de los programas suele ser entre dos y cuatro semanas, aunque algunos se extienden de dos meses a un año. Respecto a los gastos, los cooperantes pagan su billete de avión al destino mientras que la comida y el **alojamiento** dependen de la asociación. A veces los cooperantes deben **aportar** una cantidad simbólica destinada al proyecto. Por eso, suelen dormir en las casas de las propias familias o en algún centro de la organización. Eso sí, que nadie espere **lujos.** Aquí no los van a encontrar.

De hecho, Ellen Wilson, de Connecticut (Estados Unidos), compartió las cabañas de hojas de palma con los habitantes de Ostional, un bello pueblo de Costa Rica a orillas del océano Pacífico. Contactó con su programa de voluntariado y no se lo pensó dos veces antes de partir. ¿Su objetivo? Ayudar a la conservación de las tortugas marinas y, de paso, mejorar su español. Consiguió ambas cosas junto a su hijo pequeño, que la acompañó en la aven-

nest tura: "Por la noche vigilábamos en la playa para recoger los huevos de un nido° y llevarlos a un lugar seguro", recuerda. En su tiempo libre se dedicaron a recorrer el país y a disfrutar de su espectacular naturaleza.

Es la otra cara de los viajes solidarios. Y es que la ONG siempre deja tiempo libre para hacer turismo por el país o **apuntarse** a clases de español, de forma que los visitantes puedan combinar solidaridad con diversión y cultura. "Al viajar de esta manera, se aprende, se enseña y, lo más importante, se comparte", asegura Ana Eseverri, directora de la asociación AIPC Pandora que organiza, desde 2002, proyectos de turismo responsable en Guatemala, Perú, Ecuador y cinco países africanos. Las vacaciones duran 21 días y más del 60% de los participantes repite. "Buscan el contacto directo con las poblaciones que visitan, el intercambio cultural y, en definitiva, experimentar y conocer una realidad diferente", continúa la experta.

Para participar en las vacaciones, los cooperantes asisten a un curso de preparación previo en el que se acercan a la realidad de los países del Sur que después visitarán. Es lo que hizo Antonio Santos, periodista de 30 años, en la selva de Guatemala. Esta es la anécdota que quiere resaltar: "Un compañero se trasladó desde España con una bolsa gigante de zapatitos de su hijo para **repartir** entre los pequeños, que siempre iban descalzos. ¡Con los zapatos de un solo niño **calzamos** a una comunidad indígena entera! Increíble".

◆ DE VIVA VOZ: TESTIMONIO DE UNA VOLUNTARIA

"Señorita, señorita, ¿podemos cantarla *again*?" "*Of course*", les contestó la señorita. Y así se oyó de nuevo a un coro de vocecitas en un salón de clase en el poblado de San Andrés en Guatemala **entonar**, por cuarta vez consecutiva, *Itsy Bitsy Spider* en un más que aceptable inglés y mejor melodía.

Elaine Anderson, la *señorita*, está en San Andrés desde hace seis meses como voluntaria. Su trabajo consiste en enseñar inglés a niños en un **orfanato** que **regenta** una ONG que realiza trabajos humanitarios y educativos en varios países de Latinoamérica. Las ONG no dependen de los gobiernos sino de entidades privadas que se esfuerzan desinteresadamente por mejorar las condiciones de vida de personas necesitadas. Otras ONG se enfocan en el cuidado y la conservación del medio ambiente y la naturaleza, ya sea por la acción directa o estableciendo programas educativos en la comunidad donde se realiza el proyecto. La acción de estas organizaciones a veces es más efectiva pues su acción se desarrolla por medio del trabajo de voluntarios o cooperantes directamente con las personas que reciben ayuda sin intermediarios burocráticos. En todo caso, las ONG buscan gente de todas las edades que tengan creatividad, entusiasmo y un **innato** deseo de conocer y mejorar el mundo.

Cuando Elaine terminó su licenciatura en inglés en EE. UU., decidió tomarse un año para viajar y conocer el mundo antes de **integrarse** al mercado de trabajo. "Siempre había querido ser voluntaria y además deseaba tener experiencias que me enseñaran cómo es la vida más allá de la realidad que conocía. Al terminar mis estudios me puse a buscar en Internet oportunidades de voluntariado en América Latina. Mandé mi solicitud y en varias semanas estaba sentada en el avión en camino a Guatemala".

Cuando llegó a San Andrés no tenía muchas expectativas, pero pronto se dio cuenta de que la precariedad de medios tendría que **subsanarla** con creatividad e imaginación. "Fue necesario que agudizara° el ingenio para trabajar con los pocos medios que tenía a mi alcance". *sharpen* Elaine decidió enseñar a los niños a través de un medio común, la música, y por supuesto, los juegos, "ya que quería que los niños se divirtieran al mismo tiempo que aprendían". Como maestra de idiomas del orfanato, su trabajo consistía en enseñar inglés. Sin embargo, algunos de sus alumnos estaban tan **retrasados** que fue necesario que Elaine les proporcionara ayuda extra con la lectura, la escritura y hasta con matemáticas. "Así que además de enseñarles canciones y juegos en inglés, yo, una norteamericana con solo el español que había aprendido en la universidad, ¡empecé a ayudarlos a leer y escribir en su propio idioma!"

Una de las satisfacciones más grandes de su experiencia en Guatemala ha sido ver cómo la gente del propio pueblo donde está el orfanato a menudo les agradece a ella y a los otros profesores también voluntarios el que hubieran venido desde tan lejos a trabajar con los niños. "Su agradecimiento y humildad me **conmueven**".

El voluntariado nace del altruismo, de un compromiso solidario para mejorar la vida y las condiciones de los otros sin recibir remuneración alguna por ello. Como tantos otros voluntarios, Elaine dona desinteresadamente su tiempo, recursos y trabajo a los niños con los que trabaja, pero de ellos recibe satisfacción, aprendizaje, experiencia, vivencias y relaciones que nunca habría tenido si no se hubiera subido ese día al avión con destino a Guatemala.

7-4 COMPRENSIÓN DEL TEXTO

1. Explica qué son las vacaciones solidarias.

2. ¿A qué países o áreas se dirige principalmente el turismo solidario?

3. ¿Qué otra ventaja tiene este tipo de turismo para los voluntarios que provienen de países de habla no hispana?

4. Menciona varios ejemplos de las actividades que los voluntarios pueden realizar durante sus vacaciones.

5. ¿Qué es lo que buscan los participantes en este tipo de turismo?

6. ¿Qué es necesario que hagan los cooperantes antes de iniciar sus vacaciones solidarias?

7. Explica por qué Elaine Anderson quería ser voluntaria.

7-5   ANÁLISIS Y EXPANSIÓN

1. Explica por qué la labor de las ONG puede ser más efectiva que los programas gubernamentales.
2. Busca en el texto un ejemplo de cómo los voluntarios deben usar su ingenio para realizar su labor.
3. ¿Cuál es la paradoja inherente en el caso de Elaine Anderson con relación a su labor docente con los niños del orfanato?
4. Explica de qué manera(s) la experiencia solidaria puede enriquecer al voluntario.

GRAMÁTICA

CONJUNCIONES ADVERBIALES QUE REQUIEREN EL SUBJUNTIVO

El subjuntivo se usa en las cláusulas subordinadas introducidas por ciertas conjunciones adverbiales.

1. Las siguientes conjunciones que denotan tiempo, propósito o condición siempre requieren el subjuntivo.

antes (de) que*	*before*	**con tal (de) que***	*provided that*	
a fin de que	*so that*	**en caso de que**	*in case*	+ **subjuntivo**
a menos que	*unless*	**para que**	*so that*	
para que	*so that*	**sin que**	*without*	

> **Antes de que te vayas como cooperante**, debes asegurarte de que te ofrecen alojamiento.
> Parece que voy a ir de voluntaria a Perú **a menos que la ONG me mande a Bolivia**.
> Muchos voluntarios donan su tiempo y esfuerzo **sin que nadie les reconozca su altruismo**.

2. Las siguientes conjunciones adverbiales de tiempo o modo requieren el subjuntivo en la cláusula subordinada cuando esta se refiere a una acción que no ha ocurrido todavía.

cuando	*when*	**tan pronto como**	*as soon as*
en cuanto	*as soon as*	**hasta que**	*until*
luego que	*as soon as*	**de modo que**	*so that*
de manera que	*so that*	**así que**	*as soon as*
después (de) que*	*after*	**siempre que**	*provided that*
mientras que	*while*		

> Me comunicaré con el director del proyecto **tan pronto como llegue a Nicaragua**.
> Por favor, habla **de manera que todos te entiendan**.
> Los voluntarios repartirán las donaciones **así que les lleguen las instrucciones**.

---

* La preposición **de** puede eliminarse en las expresiones **antes (de) que**, **con tal (de) que** y **después (de) que**.

Pero si la oración se refiere a una acción que ocurre habitualmente o que ya ocurrió, se usa el indicativo.

> **Cuando** les **ofrecen** alojamiento con los habitantes del pueblo, generalmente lo <u>aceptan</u>.
> Los chicos <u>empiezan</u> a jugar **en cuanto salen** de clase.
> <u>Se inscribió</u> en el programa **tan pronto como supo** que iba a trabajar con ecosistemas en peligro.

3. Los adverbios que denotan posibilidad como **quizás** o **quizá**, **tal vez**, **probablemente**, **posiblemente**, **acaso** y **aunque** se pueden usar con el subjuntivo o el indicativo dependiendo del grado de duda o certidumbre que quiera comunicar el hablante. El uso del subjuntivo indica incertidumbre o poca seguridad. El indicativo, en cambio, expresa certidumbre o más posibilidades de que se realice la acción.

Inseguridad o posibilidad	Seguridad o cierta certidumbre
Subjuntivo	*Indicativo*
Quizá **salgamos** esta noche.	**Regresarán** mañana, quizás.
Tal vez **hayan ido** al banco.	Tal vez **has trabajado** demasiado.
Probablemente **estén** de vacaciones.	Probablemente **se fueron** ya.
Acaso **consiga** su teléfono hoy.	¿Acaso **soy** yo el guardián de mi hermano?
Aunque me **escojan**, no aceptaré.	Aunque me **escogieron**, no acepté.

NOTA: En el caso de **quizás**, **tal vez**, **acaso**, **probablemente** y **posiblemente** siempre se usa el indicativo cuando el adverbio aparece después del verbo.

> **Volverán** en avión, quizás.
> **Han ido** al banco, tal vez para liquidar la cuenta.

7-6   ENTRETENIENDO A LOS NIÑOS

Imagínate que eres voluntario/a en un hospital para niños y que tu tarea es entretenerlos para que pasen el tiempo con menos dificultad. Haz una lista de 5 cosas que puedes llevarles o actividades que puedes hacer con ellos. Usa las siguientes conjunciones en tus respuestas para explicar tus razones para hacer cada cosa: **para que**, **en caso de que**, **antes de que**, **con tal que**, **sin que**, **de manera que**.

Modelos: Llevaré mi *iPad* **para que** se entretengan con juegos interactivos.
Haremos manualidades **en caso de que** llueva y no podamos jugar afuera.

7-7   COLABORANDO CON HÁBITAT PARA LA HUMANIDAD

Con un/a compañero/a de clase completen el siguiente diálogo usando el infinitivo, el presente de indicativo, el presente de subjuntivo o el pretérito del verbo entre paréntesis, según sea necesario. En algunos casos varias opciones son posibles.

RICARDO: ¿Crees que Hábitat para la Humanidad (cancelar) _____[1] el proyecto de hoy? Parece que va a llover.

MANUEL: No creo que lo (ellos-cancelar) _____[2] solo por un poco de lluvia. En todo caso, aunque (hacer) _____[3] mal tiempo, yo voy a presentarme tal y como me habían pedido. Si quieres echarnos una mano, te puedo llamar tan pronto como (llegar) _____[4] al sitio y te digo hasta qué hora (nosotros-ir) _____[5] a estar allí para que (tú-poder) _____[6] venir después del trabajo.

Voluntarios de Hábitat para la Humanidad

JIM YOUNG/Reuters/Landov LLC

RICARDO: De acuerdo. Está claro que te (tomar) _____[7] muy en serio tu trabajo como voluntario.

MANUEL: Pues sí. Para mí es importante (ayudar) _____[8] a los que lo necesitan. Además, queremos terminar la casa antes de que (llegar) _____[9] el invierno. Nuestro objetivo es que la familia (mudarse) _____[10] este mes. Y tú, ¿por qué dejaste de hacer voluntariado con Hábitat?

RICARDO: Ya sabes. Después de que (empezar) _____[11] a trabajar seis días a la semana no me quedó tiempo. Pero hoy puedo salir un poco antes para (ayudar) _____[12] con su proyecto. No quiero que (ustedes-pensar) _____[13] que ya no soy solidario.

MANUEL: Bueno, te agradecemos que nos (echar) _____[14] una mano. Entonces te llamo en cuanto (saber) _____[15] hasta qué hora estaremos trabajando para que (tú-venir) _____[16].

RICARDO: De acuerdo. Hasta luego.

7-8   OPINIONES

Imagínate que pasaste un año trabajando de voluntario/a en un pueblecito de Latinoamérica. Completa las siguientes oraciones para dar tus opiniones acerca de situaciones que observaste allí mientras colaborabas con una ONG.

1. La pobreza seguirá aumentando a menos que…
2. La economía mejoró tan pronto como…
3. Construirán otra escuela antes de que…
4. Abrirán un nuevo parque cuando…
5. No hay programas de reciclaje aunque…

OTROS CASOS QUE REQUIEREN EL SUBJUNTIVO

1. Las cláusulas subordinadas que tienen frases con **por** + adjetivo o adverbio + **que** (*no matter how…*) se usan con el verbo en subjuntivo cuando expresan una idea que se refiere al presente o al futuro.

Por mucho que busquen, a esta hora no van a encontrar alojamiento.
Siempre mantienen su dignidad **por humildes que sean**.
Por tópico que parezca, lo que muchos voluntarios buscan es ayudar a mejorar el mundo.

Pero si se expresa una idea que se refiere al pasado, no se requiere el verbo en subjuntivo.

Por mucho que me lo explicó, no entendí lo que quería.
Por muy decididos que se mostraron, no los aceptaron como voluntarios porque no eran mayores de edad.

2. Las expresiones indefinidas **quienquiera** (*whoever*), **cuandoquiera** (*whenever*), **dondequiera** (*wherever*), **como** (*like, as*), **comoquiera** (*however*), **cualquier(-a)** (*whoever, whatever*) requieren el subjuntivo cuando la cláusula subordinada en la que están expresa una idea que se refiere al futuro.

A **dondequiera** que **vayas** en Latinoamérica encontrarás cooperantes.
Mi intención es irme de voluntario **comoquiera** que **sea**.
Vamos a hacerlo **como** más te **guste**.
Quienquiera que **se apunte** de voluntario tendrá una experiencia inolvidable.
Vendrán a visitarnos **cuandoquiera** que tú **digas**.
Cualquier libro que **leas** sobre el voluntariado será informativo.

En las cláusulas subordinadas con **dondequiera** y **como**, cuando se expresa una idea que se refiere al presente o al pasado, se usa el indicativo.

Dondequiera que **trabajamos** ayudamos a subsanar un problema de la comunidad.
A **dondequiera** que **íbamos** éramos bien recibidos.
Como dices, la labor de los voluntarios está infravalorada (*undervalued*).
Siempre llevaba a cabo los proyectos **como** le **indicaban**.

3. La forma reduplicativa se usa frecuentemente para expresar *whatever, however, whoever, whichever, whether...or.*

Sea como sea (*However it may be*) empezaremos el programa de ayuda el lunes.
Digan lo que digan (*Whatever they say*) la ayuda de las ONG es innegable.
No abras la puerta, **sea quien sea** (*whoever it is*).
Estén o no estén (*Whether or not they are in attendance*) la reunión empezará a las 6.

4. Hay algunas expresiones que siempre se usan en subjuntivo.

Que yo sepa	*As far as I know*
¡Venga!	*Come on!*
¡Vaya!	*Well! What (a)...! Oh Dear! (expresses disappointment)*
¡Como tú digas!	*Whatever! (expresses indifference)*

Que yo sepa, Julia nunca hizo voluntariado.	*As far as I know, Julia was never a volunteer.*
¡Venga! Date prisa.	*Come on! Hurry up.*
¡Vaya! Perdieron otra vez.	*Well! They lost again.*
¡Vaya tontería!	*What nonsense!*

7-9   TRADUCCIÓN

¿Cómo se dice en español?

1. *As far as I know, they went to the market.*
2. *Wherever she went she met interesting people.*
3. *We will finish by March however it may be.*
4. *No matter how much you insist, I won't let you go.*
5. *Please help with a donation however you can.*
6. *Whatever he says, I don't believe him.*
7. *Whomever I asked told me that volunteering is a very positive experience.*
8. *Oh Dear! I can't find my keys.*
9. *Whenever you are ready to volunteer, contact your local NGO.*
10. *Come on, Jorge, change your plans so that you can come with us.*

7-10   PRÁCTICA

Rellena los espacios en blanco con la forma correcta del verbo entre paréntesis. Usa el presente de indicativo o de subjuntivo, según sea necesario.

1. (ser) Por difícil que _____, me gustaría trabajar con niños de educación especial.
2. (parecer) Por increíble que _____, conseguí que todos los niños aprendieran a leer.
3. (ser) El supervisor me dijo: "Roberto, haz que las familias de los niños ayuden comoquiera que _____".
4. (ir) A dondequiera que _____ siempre nos reciben con mucho cariño.
5. (estar) Dondequiera que (tú) _____ de voluntario, trata siempre de integrarte en la comunidad.
6. (intentar) Por mucho que (tú) lo _____ no podrás convencerme de que hoy en día hay menos solidaridad que en el pasado.
7. (ver) Quienquiera que _____ lo avanzados que están los niños, se da cuenta del importante trabajo de los voluntarios.
8. (trabajar) Dondequiera que _____ como voluntario, tendrás experiencias apasionantes.

IMPERFECTO DE SUBJUNTIVO

1. El *imperfecto de subjuntivo* tiene dos formas: una con **-ra** y otra con **-se** que son intercambiables. En general, se usa más la forma que termina en **-ra**. Este tiempo se forma añadiendo las siguientes terminaciones a la raíz del verbo. Observa el uso de la tilde en la primera persona del plural.

COMPRAR

compr	**ara**	compr	**ase**
compr	**aras**	compr	**ases**
compr	**ara**	compr	**ase**
compr	**áramos**	compr	**ásemos**
compr	**arais**	compr	**aseis**
compr	**aran**	compr	**asen**

VENDER

vend	**iera**	vend	**iese**
vend	**ieras**	vend	**ieses**
vend	**iera**	vend	**iese**
vend	**iéramos**	vend	**iésemos**
vend	**ierais**	vend	**ieseis**
vend	**ieran**	vend	**iesen**

RECIBIR

recib	**iera**	recib	**iese**
recib	**ieras**	recib	**ieses**
recib	**iera**	recib	**iese**
recib	**iéramos**	recib	**iésemos**
recib	**ierais**	recib	**ieseis**
recib	**ieran**	recib	**iesen**

2. Los verbos que tienen pretéritos irregulares forman el imperfecto de subjuntivo a partir de la forma de la tercera persona del plural (**Uds.**, **ellos**, **ellas**). Se quita la terminación **-ron** y se añaden las terminaciones **-ra**, **-ras**, **-ra**, **-ramos**, **-ran**.

INFINITIVO	PRETÉRITO	RAÍZ	IMPERFECTO DE SUBJUNTIVO
decir (Uds., ellos, ellas)	**dijeron**	**dije-**	**dijera, dijeras, dijera, etc.**
producir	**produjeron**	**produje-**	**produjera**
traer	**trajeron**	**traje-**	**trajera**
poner	**pusieron**	**pusie-**	**pusiera**
saber	**supieron**	**supie-**	**supiera**
hacer	**hicieron**	**hicie-**	**hiciera**
haber	**hubieron**	**hubie-**	**hubiera**
querer	**quisieron**	**quisie-**	**quisiera**
tener	**tuvieron**	**tuvie-**	**tuviera**
estar	**estuvieron**	**estuvie-**	**estuviera**
andar	**anduvieron**	**anduvie-**	**anduviera**
caber	**cupieron**	**cupie-**	**cupiera**
ir, ser	**fueron**	**fue-**	**fuera**
dar	**dieron**	**die-**	**diera**
leer	**leyeron**	**leye-**	**leyera**
caer	**cayeron**	**caye-**	**cayera**
oír	**oyeron**	**oye-**	**oyera**
huir	**huyeron**	**huye-**	**huyera**

construir	construyeron	construye-	construyera
sentir	sintieron	sintie-	sintiera
pedir	pidieron	pidie-	pidiera
preferir	prefirieron	prefirie-	prefiriera
dormir	durmieron	durmie-	durmiera
morir	murieron	murie-	muriera

3. El imperfecto de subjuntivo se usa en la cláusula subordinada:

◆ Cuando el verbo de la cláusula principal va en pasado (pretérito o imperfecto) y requiere el uso del subjuntivo. En este caso el imperfecto de subjuntivo se refiere a un hecho simultáneo o posterior al hecho de la cláusula principal.

Me <u>sorprendió</u> que algunos niños **estuvieran** tan atrasados en sus tareas escolares. (simultáneo)
Al principio <u>temía</u> que los niños no me **comprendieran**. (simultáneo)
<u>Fue</u> necesario que me **enviaran** más materiales para poderles enseñar música. (posterior)
Los niños siempre me <u>pedían</u> que les **enseñara** canciones en inglés. (posterior)

◆ Para indicar una acción posterior a la indicada en la cláusula principal cuyo verbo puede ir en condicional, pluscuamperfecto o condicional perfecto.

Nos <u>gustaría</u> (ahora) que te **quedaras** unos meses más de voluntaria. (posteriormente)
Nos <u>habían pedido</u> (previamente) que no les **dijéramos** (posteriormente) a los niños que nos íbamos este sábado.
<u>Habría preferido</u> (previamente) que me **preguntaras** (posteriormente) antes de hacerlo. Ahora ya está hecho.

◆ Cuando la cláusula subordinada se refiere a un hecho que ocurrió antes de la acción que se expresa en presente en la cláusula principal.

<u>Siento</u> mucho (ahora) que no **pudieras** asistir a la reunión (ayer).
<u>Me sorprende</u> (ahora) que todos **llegaran** (anoche) a la hora indicada.
<u>Me alegro</u> (ahora) de que la organización **se enfocara** (el año pasado) en la mejora de la asistencia sanitaria en la comunidad.
<u>Es increíble</u> (ahora) que **no consiguieran** (ayer) el apoyo de todos los asistentes.

4. Algunos verbos (**querer, deber, poder**) se usan en imperfecto de subjuntivo para expresar un mayor grado de cortesía.* En este caso solo se pueden usar las formas terminadas en **-ra**, **-ras**, etc., no las formas que terminan en **-se**, **-ses**, etc.

Quisiera un cinturón que conjunte bien con estos zapatos.
Debieras descansar esta tarde.
¿**Pudiera** pedirte que me llevaras al aeropuerto?

---

* Estos verbos también se pueden usar en condicional para expresar cortesía. Ver Capítulo 3.

7-11 MINILECTURA. "EL COMERCIO JUSTO"

Completa el siguiente párrafo con el imperfecto de subjuntivo del verbo entre paréntesis.

Desde hace unos años en las tiendas de los principales barrios de Buenos Aires, Madrid o Lima han ido apareciendo cada vez más productos con la etiqueta del comercio justo. El comercio justo es el comercio que garantiza que los trabajadores que han elaborado un producto determinado han recibido un salario justo por su trabajo. De la misma forma, estas tiendas rechazan productos que (poder) _____¹ haber sido elaborados por niños. Antes de empezar a trabajar en una tienda solidaria en el barrio bonaerense de Palermo,

Chocolate con el sello del comercio justo

Manuela, la gerente, no sabía que (haber) _____² en el mercado tantos productos sin garantías. "Al principio me sorprendió que muchos productos que consumimos diariamente como el café, chocolate o artículos de ropa no (tener) _____³ garantías de producción". Fue necesario que una ONG nacional (hacer) _____⁴ un documental sobre las condiciones laborales en las que se producen muchos productos y que lo (poner) _____⁵ en televisión para que los consumidores (empezar) _____⁶ a interesarse por el comercio justo. "Algunos incluso me decían que ellos pagarían un poco más con tal de que los productos (tener) _____⁷ garantías de comercio justo". Después de emitir el reportaje por televisión, muchos clientes empezaron a pedir que los comerciantes (investigar) _____⁸ la procedencia y las condiciones de producción de los productos que vendían. Al principio los comerciantes no conocían a nadie que los (ayudar) _____⁹ y dudaban poder resolver el problema por sí mismos. Pero pronto la ONG Justo Comercio se ofreció para que los comerciantes le (dejar) _____¹⁰ investigar si en la elaboración de los productos que vendían se explotaba a los trabajadores o se empleaba a niños. Esta ONG pidió a los comerciantes locales que le (dar) _____¹¹ la lista de los productos que vendían y la ONG se encargó de averiguar las condiciones en las que se producían. "Cuando me devolvieron la lista", dice Manuela "me pidieron que (cambiar) _____¹² a varios proveedores pues la ONG había verificado que no empleaban prácticas solidarias con sus trabajadores. De verdad que me quedé horrorizada de tener en mis estantes productos de origen dudoso. Ahora conozco a mis proveedores y exijo que los productos que vendo tengan el sello del comercio justo". Algunos productos con el sello de comercio justo son un poco más caros, pero esto se debe a que los trabajadores que los produjeron recibieron un salario justo. A Manuela le gustaría que un día no (hacer) _____¹³ falta estas etiquetas del comercio justo porque eso significaría que los productos que se venden en los mercados se elaboran de una forma justa.

7-12 COMPRENSIÓN Y EXPANSIÓN

1. Explica qué es el comercio justo.

2. ¿Qué motivó a los clientes a preguntar sobre las condiciones en las que se producían varios productos?

3. ¿Qué le pidió que cambiara la ONG a Manuela? ¿Por qué?

4. ¿Qué exige ahora Manuela?

5. Imagínate que tuvieras que elegir entre un producto con el sello del comercio justo y otro similar más barato pero sin el sello. ¿Cuál elegirías? Razona tu respuesta.

7-13   ENTREVISTA

Busca en tu comunidad tiendas que vendan productos con etiquetas del comercio justo. Entrevista a los encargados sobre las razones que les llevaron a vender estos productos en sus tiendas y cuál ha sido la reacción de los consumidores hacia ellos. Después haz una presentación a la clase sobre lo que averiguaste.

7-14   VOLUNTARIA EN EL ALTIPLANO

Completa las oraciones, según el modelo, usando el verbo en el presente o imperfecto de subjuntivo en la cláusula subordinada.

Modelo: Carolina se traslada a vivir a Bolivia...
Me alegro de que Carolina... **se traslade a vivir a Bolivia.**

1. Carolina solicitó trabajar en una comunidad del Altiplano.
   Me sorprendió que Carolina...

2. Trabajará en un centro de salud.
   La ONG prefiere...

3. Ella habla tres idiomas.
   La ONG busca voluntarios que...

4. Hizo un curso de primeros auxilios.
   La directora del centro de salud le pidió que...

5. Ya compró el billete para La Paz. Tanta es la ilusión que tienen por ir.
   No me sorprende que ya...

7-15   LA FAMA Y LA SOLIDARIDAD

Rellena los espacios con la forma correcta del infinitivo, el presente de indicativo o subjuntivo, el imperfecto de indicativo o subjuntivo, o el pretérito, según el sentido de cada oración.

La famosa cantante colombiana Shakira (ser) _____[1] bien conocida en el mundo de la música latina por sus éxitos musicales. Aunque Shakira (llegar) _____[2] a ser famosa con sus discos, siempre le molestaba que no (poder) _____[3] contribuir a mejorar las condiciones de los niños de su ciudad natal, Barranquilla. Shakira quería que su fama y fortuna (favorecer) _____[4] también a los menos afortunados. Es por ello que en 1997 (crear) _____[5] la Fundación Pies Descalzos, que (dedicarse) _____[6] a escolarizar y alimentar a niños de la calle. Para Shakira es importante que los niños (tener) _____[7] acceso a la educación y por eso (crear) _____[8] varias escuelas. La Fundación Pies Descalzos está convencida de que los niños menos favorecidos (poder) _____[9] terminar su educación con tal de que se les (proporcionar) _____[10] apoyo en los primeros años de su formación.

La cantante colombiana Shakira, fundadora de la Fundación Pies Descalzos

profits

En 2005 Shakira (conseguir) _____[11] que (firmarse) _____[12] acuerdos con instituciones estatales para (desarrollar) _____[13] los programas de la fundación. Además, en varias ocasiones Shakira donó la recaudación° de sus conciertos para que se (empezar) _____[14] la construcción de nuevas escuelas. Aunque ella (ser) _____[15] el motor de la fundación, Shakira siempre humildemente agradece a sus fans que la (seguir) _____[16] apoyando para (hacer) _____[17] realidad su sueño. Este apoyo ha hecho que hoy (ser) _____[18] posible para la Fundación Pies Descalzos (escolarizar) _____[19] a más de 5.000 niños y alimentar a más de 40.000 personas solo en Colombia.

Es probable que la labor humanitaria de Shakira (ser) _____[20] uno de los ejemplos más sobresalientes en el mundo hispano de cómo la fama y la fortuna no (estar) _____[21] reñidas° con la solidaridad. A dondequiera que (ir) _____,[22] Shakira es recibida no solo como una gran artista, sino como un ejemplo de altruismo y solidaridad.

in conflict

PRESENTE PERFECTO DE SUBJUNTIVO

1. El *presente perfecto de subjuntivo (pretérito perfecto de subjuntivo)* se forma con el presente de subjuntivo del verbo **haber** + el participio pasado del verbo que se conjuga.

haya	
hayas	
haya	comprado
hayamos	vendido
hayáis	recibido
hayan	

2. El presente perfecto de subjuntivo se usa en la cláusula subordinada:

◆ Cuando la cláusula principal va en presente, futuro o imperativo y requiere el uso del subjuntivo, para expresar un hecho anterior al que se expresa en la cláusula principal.

No conozco a nadie que **haya sido** educador en un centro de discapacitados.
No empezarán hasta que les **hayan llegado** las instrucciones.
No compres el billete a Bolivia a menos que **hayas recibido** la carta de aceptación como voluntaria.

◆ Cuando la cláusula principal va en presente perfecto o futuro perfecto de subjuntivo. En estos casos el presente perfecto también se refiere a un hecho anterior al que se expresa en la cláusula principal.

No hemos contratado a nadie que no **haya tenido** por lo menos dos años de experiencia.
Habrán empezado antes de que les **hayan advertido** de las consecuencias.

NOTA: Cuando el verbo de la cláusula principal va en presente, se pueden usar tanto el imperfecto de subjuntivo como el presente perfecto de subjuntivo para referirse a un hecho anterior al que se indica en la cláusula principal.

Siento que no **pudieras** asistir a la reunión.	*I'm sorry that you could not attend the meeting.*
Siento que no **hayas podido** asistir a la reunión.	*I'm sorry that you have not been able to attend the meeting.*

7-16   VOLUNTARIOS EN LIMA

Rellena los espacios en blanco en este diálogo con el presente perfecto de subjuntivo.

ANTONIO: Mira. He recibido un mensaje de texto de Javier. Parece que él y Rodrigo están en Perú y van a trabajar de monitores con los niños de la calle en Lima.

SUSANA: ¡Vaya! Bueno, no me sorprende que Rodrigo y Javier (irse) _____[1] a Perú de voluntarios, pues habían hablado de ello antes. Lo que me sorprende es que no le (decir) _____[2] nada a nadie antes de irse.

ANTONIO: Sí. Y es extraño que no (despedirse) _____[3] de nadie.

SUSANA: Sí, es verdad. Además es necesario que todos los voluntarios (hacer) _____[4] un curso de formación de varias semanas antes de partir. Es raro que nadie los (ver) _____[5] en el curso.

ANTONIO: A menos que lo (realizar) _____[6] en otra universidad o con su iglesia.

SUSANA: Sí, es posible que (apuntarse) _____[7] con otro grupo.

ANTONIO: En todo caso, me alegro de que (ellos/llegar) _____[8] bien y de que la ONG con la que colaboran los (acoger) _____[9] bien allí.

SUSANA: Sí. Yo también me alegro por ellos. Creo que van a hacer una labor fantástica en cuanto (familiarizarse) _____[10] con la zona y los problemas de los niños allí.

7-17   SOLICITANDO UNAS VACACIONES SOLIDARIAS

Elisa quiere participar en unas vacaciones solidarias en Costa Rica colaborando con una ONG en el campo de la ecología. Completa las oraciones con el presente perfecto de indicativo o el presente perfecto de subjuntivo del verbo entre paréntesis, según el contenido de la oración, para saber lo que Elisa ha hecho ya para solicitar el puesto y las experiencias que ha tenido como voluntaria.

1. (ir/participar) Elisa _____ de vacaciones convencionales muchas veces antes, pero nunca _____ en vacaciones solidarias.

2. (tener) Para que la acepten es importante que ella _____ experiencia previa como voluntaria.

3. (participar) Con tal de que _____ previamente en al menos un proyecto de ecología será suficiente para que la acepten.

4. (enviar/pedir) Elisa ya _____ la solicitud y _____ que le escriban varias cartas de recomendación por si las necesita.

5. (recibir/tomar) Parece que la ONG _____ su solicitud, pero todavía no _____ una decisión.

6. (revisar) Hoy Elisa los llamó y le dijeron que tan pronto como _____ todas las solicitudes le darán una contestación.

7. (colaborar) Es muy posible que la acepten pues ella _____ antes en muchos proyectos ecológicos y tiene mucha experiencia para el puesto.

PLUSCUAMPERFECTO DE SUBJUNTIVO

1. El *pluscuamperfecto de subjuntivo* se forma con el imperfecto de subjuntivo del verbo **haber** + el participio pasado del verbo que se conjuga.

hubiera	(hubiese)	
hubieras	(hubieses)	
hubiera	(hubiese)	comprado
hubiéramos	(hubiésemos)	vendido
hubierais	(hubieseis)	recibido
hubieran	(hubiesen)	

2. El pluscuamperfecto de subjuntivo se usa en la cláusula subordinada:

◆ Cuando la cláusula principal va en pasado (pretérito, imperfecto o pluscuamperfecto) y requiere el uso del subjuntivo, para referirse a un hecho que sucedió antes que el hecho o acción indicado en la cláusula principal.

pasado	*pasado antes del pasado (pluscuamperfecto)*
Me <u>molestó</u>	que no me **hubieran invitado** a la fiesta.

A nadie le <u>sorprendió</u> que Luis y Carlos **se hubieran apuntado** como voluntarios.

<u>Buscaban</u> a alguien que **hubiera tenido** experiencia con programas de educación para adultos.

Ellos <u>habían trabajado</u> ya de voluntarios antes de que la ONG les **hubiera contactado** para ir a Guatemala.

◆ Cuando la cláusula principal va en condicional o condicional perfecto y requiere el subjuntivo, para referirse a un hecho que sucedió antes que el hecho o acción indicado en la cláusula principal.

Me <u>gustaría</u> que me **hubieran consultado** antes de irse a Guatemala.

Me <u>habría molestado</u> que no **se hubieran despedido** antes de marcharse.

◆ Cuando el verbo de la cláusula principal va en presente, para referirse a otro hecho previo a otro hecho anterior indicado en la cláusula subordinada.

presente	*pasado antes del pasado (pluscuamperfecto)*	*pasado*
<u>Es</u> una pena	que Marta no **hubiera terminado** la universidad	antes de irse de voluntaria.

Me <u>sorprende</u> que la ONG no le **hubiera comunicado** su destino en Ecuador <u>antes de llegar al país</u>.

<u>Dudo</u> mucho que nadie se **hubiera opuesto** a la misión de la ONG <u>antes de escuchar completamente su propuesta</u>.

 7-18   PRÁCTICA

Rellena los espacios en blanco con el pluscuamperfecto de subjuntivo del verbo entre paréntesis.

1. Sentí mucho que no (tú-asistir) _____ a la reunión del jueves pasado sobre posibilidades de voluntariado en la comunidad.

2. Los organizadores no estaban seguros de que todos (recibir) _____ la invitación por correo electrónico.

3. De todas formas, la asociación de estudiantes del campus estaba contenta de que tantos estudiantes (venir) _____ a la reunión.

4. Era necesario que todos (rellenar) _____ previamente un cuestionario electrónico sobre las tareas que les gustaría hacer de voluntarios.

5. Buscaban especialmente a estudiantes que (participar) _____ anteriormente en tareas de voluntariado en la comunidad.

6. Yo no recibí la invitación, pero aunque (querer) _____, no habría podido ir porque tuve que trabajar esa noche.

7. Muchos dijeron que ojalá les (ellos-informar) _____ sobre la reunión con más anticipación.

7-19   TRADUCCIÓN

¿Cómo se dice en español? Observa que en algunos casos necesitarás el presente perfecto de subjuntivo y en otros el pluscuamperfecto de subjuntivo.

1. *I'm sorry they haven't called in such a long time.*
2. *They were looking for someone who had supported their cause.*
3. *I doubt he has told her about his decision.*
4. *It surprises me that you haven't traveled to Latin America.*
5. *He always doubted that I had completed the requirements for my major.*
6. *If only I had known it!*

SECUENCIA DE TIEMPOS

1. Según se muestra en el recuadro siguiente, el tiempo del verbo de la cláusula principal sirve de guía para seleccionar el tiempo de subjuntivo que se debe usar en la cláusula subordinada.

Observa la relación temporal de las acciones subordinas con las principales.

 CLÁUSULA PRINCIPAL: **CLÁUSULA SUBORDINADA:**

Verbo en indicativo   *Verbo en subjuntivo*

Presente
Presente perfecto   Presente (para acciones simultáneas o posteriores)
Futuro   o
Futuro perfecto   Presente perfecto (para acciones posteriores)
Imperativo

Dudo   que me **ofrezcan** un aumento de sueldo.
Les he dicho   que **devuelvan** los materiales a la oficina.
Será necesario   que el comité **se reúna.**
Se habrán ido   antes de que tú **llegues.**
Pídeles a los niños   que **se sienten** en frente.

Espero   que **hayan podido** llegar a tiempo al aeropuerto.
Me ha molestado   que no **hayan contado** con mi opinión.
Será necesario   que **hayan terminado** el curso de formación para mayo.
¿Habrán salido   sin que yo los **haya visto?**
Tráeme cualquier folleto   que te **haya interesado.**

Pretérito
Imperfecto   Imperfecto (para acciones simultáneas o posteriores)
Condicional   o
Pluscuamperfecto   Pluscuamperfecto (para acciones anteriores)
Condicional perfecto

Salió	sin que yo la **viera**.
Esperábamos	que los niños **se divirtieran** con los juegos.
Querría	que me **explicara** el trabajo con más detalles.
Me había dicho	que no lo **esperáramos** antes de las diez.
Me habría gustado	que les **enseñaran** algunas canciones.
Me pareció mal	que no **hubieran llamado** antes de venir.
Buscaban a alguien	que **hubiera estado** en Costa Rica.
Me gustaría	que me lo **hubieran** dicho a mí antes.
Todavía no había encontrado nada	que le **hubiera satisfecho**.
Me habría gustado conocerla	antes de que se **hubiera marchado**.

NOTA: El recuadro muestra las secuencias más comunes. Sin embargo, pueden encontrarse otras combinaciones dependiendo del significado del verbo y la lógica de la secuencia temporal.

2. Las frases con la expresión **ojalá** pueden expresar una idea referente al presente, al futuro o al pasado. Cuando **ojalá** se usa en una oración que tiene el verbo en el presente o en el imperfecto de subjuntivo, la idea expresada se refiere al presente o al futuro. Observa que el uso del presente indica que la acción es más probable. El uso del imperfecto presenta la acción como menos probable.

Ojalá que Raquel **llame**.   *I hope Raquel calls.*
Ojalá que Raquel **llamara**.   *I wish Raquel would call.*

Cuando **ojalá** se usa en una oración que tiene el verbo en el presente perfecto o en el pluscuamperfecto de subjuntivo, la idea expresada se refiere al pasado.

Ojalá que ellos **hayan llegado** ya.   *I hope (that) they already arrived.*
Ojalá que me **hubieran llamado**.   *I wish (that) they had called me.*

3. Las expresiones que llevan la palabra **quién** requieren el imperfecto de subjuntivo para expresar un deseo en presente o futuro, y el pluscuamperfecto de subjuntivo para expresar un deseo en pasado. En estos casos **quién** se traduce por *if only*.

¡**Quién tuviera** tu entusiasmo e imaginación!
¡**Quién pudiera** repetir esa experiencia de voluntariado!
¡**Quién hubiera podido** tener la apasionante vida que él tuvo!

 7-20   PRÁCTICA

Escribe oraciones originales que contengan estos verbos que estudiaste en el vocabulario de la lectura (pág. 200) en los tiempos indicados:

aporte	se trasladara	hayan integrado	hubiera repartido
entonaban	conmovieron	calzaba	te apuntes

Modelo: aporte   Necesitamos que cada uno **aporte** ideas originales.

7-21   PRÁCTICA

Termina estas oraciones de una forma lógica y creativa. En tus respuestas incluye cláusulas con el infinitivo o con el tiempo que corresponda en indicativo o subjuntivo. Más de una opción es posible en varias oraciones.

1. Te voy a prestar mi diccionario con tal que…
2. Me dijo que no saldría de casa hasta que…
3. Ya ha llegado el técnico que…
4. Ella no pensaba…
5. Aunque me lo hubieran jurado…
6. Le pidió dinero a Marcela para…
7. ¡Quién…
8. Parece que ya han encontrado a alguien que…
9. Me sorprendió que…
10. Le molesta que…

 7-22   PRÁCTICA

Haz un comentario sobre las siguientes declaraciones usando la expresión **Quién** + imperfecto de subjuntivo o pluscuamperfecto de subjuntivo.

Modelos: Mis vecinos hacen un viaje en crucero cada año.
¡Quién tuviera el tiempo y el dinero para viajar como ellos!

El año pasado estuvieron de viaje por las islas Galápagos.
¡Quién hubiera podido acompañarlos!

1. Eduardo sabe dibujar caricaturas comiquísimas.
2. El verano pasado mis amigos me invitaron a que los acompañara a Hawái, pero no pude ir.
3. Maira toca el piano como una profesional.
4. Cuando estuvieron en Nueva York, Sergio y Tere asistieron a un concierto en Carnegie Hall.
5. Maite habla cinco idiomas.

 7-23   TRADUCCIÓN

¿Cómo se dice en español?

1. *I wish you had been there to ask the questions.*
2. *Talk to them so that they may understand the situation.*

3. *I asked them to sing a little softer.*
4. *If only I had danced like that!*
5. *They left before the movie had finished.*
6. *They are still looking for a person to help them get signatures for the petition.*
7. *When you come, don't forget to stop at the supermarket and get something for dinner.*
8. *I won't call them unless they apologize first.*

CLÁUSULAS CON *SI (IF)*

Hay dos tipos de oraciones condicionales: aquellas que expresan un hecho posible o realizable y aquellas que expresan condiciones improbables o irrealizables.

1. En el primer tipo la condición posible se expresa en la cláusula subordinada introducida por **si**, mientras que el resultado se expresa en la oración principal. En la cláusula con **si** el verbo va en presente, pretérito, imperfecto de indicativo o presente perfecto. En la cláusula principal el verbo puede ir en indicativo (presente, pretérito, imperfecto, presente perfecto o futuro) o en imperativo.

Condición posible:	Resultado:
Indicativo	*Indicativo o imperativo*
Si **quieres**,	te **presto** mi computadora.
Si **tengo** dinero,	**iré** de vacaciones.
Si Mirta **mandó** el email,	yo no lo **recibí**.
Si él **caminaba** tanto,	**era** porque **quería** hacer ejercicio.
Si Elena **llama**,	**dile** que salí.
Si la carta **ha llegado**,	yo no la **he visto**.

2. En el segundo tipo de oración se presentan situaciones hipotéticas. La cláusula con **si** introduce condiciones poco probables o contrarias a la realidad. Estas condiciones pueden referirse a una condición improbable en el presente o en el futuro, o a una condición no realizada en el pasado:

   ◆ Si la condición se refiere al presente o al futuro, el verbo va en imperfecto de subjuntivo. En este caso se usa el condicional en la cláusula principal.

Condición poco probable o contraria a la realidad en el presente:	Resultado:
Imperfecto de subjuntivo	*Condicional*
Si **tuviera** tiempo,	**iría** al gimnasio todos los días.
Si **pudiera**,	te **ayudaría** con mucho gusto.

   ◆ Si la condición se refiere a una acción o hecho pasados, el verbo va en pluscuamperfecto de subjuntivo y el verbo de la cláusula principal va en condicional simple, condicional perfecto o pluscuamperfecto de subjuntivo.

Condición poco probable o contraria a la realidad en el pasado:	**Resultado:**
Pluscuamperfecto de subjuntivo	*Condicional, condicional perfecto o pluscuamperfecto de subjuntivo*
Si me **hubieras avisado** antes	ya **estaría** lista.
Si **hubieran empezado** cuando se lo dije,	ya **habrían (hubieran) terminado** el proyecto.
Si **hubieras mandado** tu solicitud a tiempo,	te **habríamos (hubiéramos) considerado** para el puesto.

3. Se puede invertir el orden de las cláusulas.

> Iré en avión si consigo el billete.
> Estaría ya en casa si no me hubiera demorado por el tráfico.

4. La expresión **como si** (*as if*) requiere el subjuntivo, ya sea imperfecto de subjuntivo o pluscuamperfecto de subjuntivo.

> Siempre habla como si sus ideas **fueran** las mejores.
> Trabaja con los niños como si **hubiera estudiado** pedagogía.
> A pesar del incidente, siguieron con la reunión como si no **hubiera pasado** nada.

 7-24   SITUACIONES

Di lo que haces/harías/hubieras hecho tú en las siguientes situaciones:

1. Si te dieran una beca para estudiar en un país de habla hispana.
2. Si te hubieran dicho que la clase de hoy se había cancelado.
3. Si el/la cajero/a del supermercado te diera más cambio del debido.
4. Si tu compañero/a de cuarto te pide que le dejes dinero.
5. Si tu novio/a (o tu mejor amigo/a) se hubiera olvidado de felicitarte por tu cumpleaños.
6. Si oyeras a alguien hacer un comentario racista u homofóbico en la universidad o en tu trabajo.
7. Si por causa del tráfico ves que llegas tarde a una cita.
8. Si un/una desconocido/a te dijera que eres muy atractivo/a.

 7-25   EN EL AEROPUERTO

Imagínate que tu avión se demora varias horas en el aeropuerto. Para matar el tiempo te dedicas a observar a la gente en la sala de embarque y a actualizar tu estatus de *Facebook* con lo que hacen los demás pasajeros a tu alrededor. Usa tu imaginación para describir las acciones de los otros pasajeros y la expresión **como si** en todos tus mensajes.

Modelo: Una ejecutiva habla por teléfono como si estuviera tratando de encontrar otro vuelo.

1. Un señor gesticula como si…
2. Una pareja de novios… como si…

3. Una chica mira su *smartphone* como si…

4. Toda la gente… como si…

5. Un niño grita como si…

6. Yo… como si…

Denkou Images/Getty Images, Inc.

 7-26   ¿CÓMO HABRÍA SIDO TU VIDA?

Escribe un párrafo describiendo qué cosas habrías hecho y que cosas no habrías podido hacer si hubieras nacido en otro país. Menciona al menos tres experiencias u oportunidades que has tenido en tu vida que no habrías tenido si hubieras nacido en el extranjero y viceversa.

MODO IMPERATIVO

1. El *modo imperativo* se usa para dar órdenes o instrucciones tanto en afirmativo como en negativo. Los imperativos pueden ser formales (**Ud.** y **Uds.**) o informales (**tú** y **vosotros/as**). También hay formas para **nosotros/as** y **él, ella, ellos/as**.

NOTA: **El** uso de **Ud., Uds., tú,** o **vosotros** después del imperativo no es necesario. El pronombre se puede usar, sin embargo, para dar énfasis. El uso del imperativo formal con personas a las que normalmente se trata de **Ud./Uds.** añade un mayor grado de cortesía, equivalente a *please.*

Resuma sus experiencias como voluntario.

Summarize your experiences as a volunteer.

Resuma Ud. sus experiencias como voluntario.

Summarize your experiences as a volunteer, please.

2. Imperativos formales. Para formar los imperativos de **Ud.** y **Uds.**, tanto para la forma afirmativa como para la negativa, se usan las formas **Ud.** y **Uds.** del subjuntivo.

Lleve (Ud.) a los niños al parque.
No salgan (Uds.) del parque en ningún momento.
Vayan (Uds.) en autobús.

3. Imperativos informales. Los imperativos informales incluyen formas para **tú** y **vosotros**:

◆ Imperativos de **tú**. La forma afirmativa de los imperativos de **tú** es igual a la forma de la tercera persona singular del presente de indicativo. La forma negativa corresponde a la forma **tú** del presente de subjuntivo.

	Comprar	**Vender**	**Recibir**
3ª per. sing. presente de indicativo	compra	vende	recibe
Imperativo de tú: Afirmativo Negativo	compra no compres	vende no vendas	recibe no recibas

Envía tu solicitud hoy mismo; **no** la **envíes** por correo sino por *e-mail*.

Enrique, **corrige** el texto antes de mandarlo; **no corrijas** las frases en rojo.

Si vas de voluntario a Jamaica, **conduce** por la izquierda; **no conduzcas** por la derecha.

Explica claramente por qué quieres ser voluntario. No **expliques** lo que no te pregunten.

◆ Imperativos de **vosotros/as**. Se forman sustituyendo la **-r** del infinitivo por una **-d**. Para las formas negativas, se usa la forma **vosotros** del presente de subjuntivo.

Afirmativo	Negativo
ir → id	no vayáis
entrar → entrad	no entréis
salir → salid	no salgáis

NOTA: Los imperativos de **vosotros** se usan en España y en ciertos países de Hispanoamérica. En este libro usaremos la forma de **Uds.** como el plural de **tú.**

◆ Los siguientes verbos tienen formas irregulares para el imperativo afirmativo de **tú**. Para las formas negativas se usa la forma **tú** del presente de subjuntivo.

Infinitivo	Imperativo afirmativo	Imperativo negativo
salir	sal (tú)	no salgas (tú)
venir	ven	no vengas
poner	pon	no pongas
tener	ten	no tengas
decir	di	no digas
hacer	haz	no hagas
ir	ve	no vayas
ser	sé	no seas

Ve al supermercado ahora; **no vayas** tarde.

No tengas miedo. **Ten** confianza en ti mismo.

4. El imperativo de nosotros. Equivale a la forma inglesa *let's*. Sin embargo, muchos hablantes, especialmente en el afirmativo, prefieren usar la forma **vamos a** + infinitivo.

Cantemos/Vamos a cantar esa canción.	*Let's sing that song**.
No **pidamos** tantas cosas.	*Let's not ask for so many things.*

El verbo **ir** tiene dos formas: Para el imperativo afirmativo se usa **vamos**; para el negativo se usa **vayamos.**

Vamos ya, que llegamos tarde.	*Let's go now, we're late.*
Leamos las instrucciones, no **vayamos** a equivocarnos.	*Let's read the instructions, lest we get it wrong.*

---

* Recuerda que **vamos a** + infinitivo también se usa para el futuro: *We're going to sing that song.* El contexto te ayudará a determinar el significado.

5. Imperativos indirectos. Los imperativos indirectos usan **Que** + la tercera persona del subjuntivo para expresar *let him/her/them* en una orden indirecta.

Que lo **haga** Pepe.	*Let (Have) Pepe do it.*
Que hablen ellos.	*Let (Have) them speak.*
Que descansen (Uds.) bien.	*May you rest well.*

6. Formas impersonales. Con frecuencia se usa la forma correspondiente al imperativo de **Ud.** con el pronombre **se** añadido para dar instrucciones impersonales.

Ábrase con cuidado.	*Open with care.*
Manténgase frío.	*Keep cold.*
Compárese con el anterior.	*Compare with the preceding.*

POSICIÓN DE LOS PRONOMBRES CON LOS IMPERATIVOS

1. Los pronombres reflexivos, así como los pronombres de complementos directos e indirectos, se añaden al imperativo afirmativo. Con las formas negativas, estos pronombres se colocan antes del imperativo. Recuerda que al añadir los pronombres a la forma afirmativa es necesario poner la tilde para mantener la pronunciación del verbo.

Pase Ud. y **siéntese.**	No **se siente** en esa silla.
Levántate temprano.	No **te levantes** tarde.
Tráiganlos esta tarde.	No **los traigan** ahora.
Dámelo, por favor.	No **me lo des.**

NOTA: No es necesario poner la tilde en los imperativos afirmativos que tienen una sola sílaba cuando se añade un solo pronombre.

Deme un poco de agua.
Ponte el suéter.
Hazlo ahora mismo.

2. Los imperativos afirmativos de **nosotros** de los verbos reflexivos pierden la **s** final de la terminación verbal al añadir el pronombre reflexivo. Estos traducen la forma *let's* del inglés. Sin embargo, es más común el mandato afirmativo usando **Vamos a** + infinitivo.

lavemos + nos = **lavémonos** o **Vamos a lavarnos.**	**No nos lavemos.**
sentemos + nos = **sentémonos** o **Vamos a sentarnos.**	**No nos sentemos.**

3. Los verbos reflexivos en la forma correspondiente a **vosotros** pierden la **d** final de la terminación verbal al formar los imperativos afirmativos.

lavad + os = **lavaos**   no os lavéis

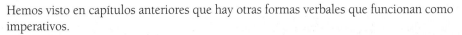

ALGO MÁS

Hemos visto en capítulos anteriores que hay otras formas verbales que funcionan como imperativos.

a. El presente de indicativo es una forma más cortés como hemos visto en el Capítulo 1. Pero recuerda que también puede indicar un mandato abrupto dependiendo del tono con que se habla.

¿**Nos trae** la cuenta, por favor?   *Would you bring us the check, please?*
¡**Tú te callas**!   *You be quiet!*

b. El futuro sugiere más insistencia o un tono más enfático.

Esta noche no **saldrás**.   *You will not go out tonight.*
Le pedirás perdón en cuanto llegue.   *You will apologize as son as he arrives.*

c. El infinitivo se usa frecuentemente con sentido imperativo en carteles y anuncios.

No **fumar**.   *No smoking.*
Entrar por la puerta lateral.   *Enter through the side door.*

d. La preposición **a** + el infinitivo es una forma abreviada de **vamos a** + **inf.** y es muy común en la conversación. Equivale a la expresión *let's* en inglés o a un imperativo de **Ud.** o **Uds.**

Bueno, señores, **a comer**.   *Well, gentlemen, let's eat. (Eat)*
Niños, **a dormir**.   *Children, go to sleep.*
¡**A escuchar**!   *Listen! (Let's listen)*
A ver cuánto cuesta.   *(Let's) See how much it costs.*

e. Es común en la conversación la expresión **Que** + el presente de subjuntivo para sustituir el imperativo.

Que se diviertan.   *(May you) Have a good time.*
Que duermas bien.   *Sleep well.*
Que pases un buen fin de semana.   *Have a nice week-end.*

 7-27   PROCESO PARA COLABORAR CON UNA ONG

Rellena los espacios con la forma correcta del imperativo de **tú** de los verbos indicados:

Modelo: (contactar) <u>Contacta</u> con una ONG.

1. (decidir) _____ en qué campo quieres colaborar.

2. (investigar) _____ las ONG de tu área o del país donde quieras trabajar.

3. (hacer) _____ un *currículum vitae* indicando tu preparación y cualificaciones.

4. (ponerse) _____ en contacto con ellos.

5. (concertar) _____ una entrevista.

6. (no ser) _____ impaciente.

7. (no ponerse) _____ nervioso/a en la entrevista.

8. (explicarles) _____ por qué quieres ser voluntario/a.

9. (esperar) _____ hasta que te avisen.

10. (no hacer) _____ preparativos para el viaje hasta que sepas con seguridad que la ONG te ha aceptado.

 7-28   EL CIBERVOLUNTARIADO

Transforma las siguientes oraciones en mandatos directos según el modelo. Usa la forma correspondiente del imperativo.

Modelo: Puedes seguirnos en *Twitter* o *Facebook* para informarte acerca de nuestras actividades.
Síguenos en Twitter o Facebook...

1. Te pedimos que te hagas cibervoluntario y que apoyes a nuestra organización.

2. Debemos ayudar a las personas mayores a que aprendan a usar el correo electrónico.

3. Uds. deben utilizar la tecnología para comunicarse con otros voluntarios.

4. Ojalá que enseñes a los desempleados a componer su *currículum vitae*.

5. Espero que nos ayudes a formar cibervoluntarios y que no te olvides de enviarnos tu propuesta.

6. Debemos aprovechar las nuevas tecnologías y ser conscientes de cómo funcionan las redes sociales.

7. Si Uds. ya son cibervoluntarios, deben actualizar su perfil en *Facebook* e indicar que apoyan el cibervoluntariado.

 7-29   USO RESPONSABLE DE LAS REDES SOCIALES

Imagínate que trabajas de voluntario/a explicándoles a un grupo de adolescentes cómo usar las redes sociales de una forma segura y responsable. Trabaja con un/a compañero/a de clase y escriban cinco mandatos que les darían usando los imperativos afirmativos y negativos.

Modelo: Comuníquense solo con personas que conocen.
No publiquen fotos comprometedoras en su perfil.

7-30   LOS REFRANES

Un/a voluntario/a puede aprender mucho de la cultura hispana a través de los refranes populares. Con un/a compañero/a de clase expliquen en sus propias palabras lo que creen que quieren decir estos refranes. Después imaginen una situación en la que los usarían en una conversación y escenifíquenla para la clase.

Haz el bien sin mirar a quien.
No dejes camino viejo por camino nuevo.
Persevera y triunfarás.
Dime con quién andas y te diré quién eres.
No dejes para mañana lo que puedas hacer hoy.

 7-31   TRADUCCIÓN

¿Cómo se dice en español? Escribe las siguientes oraciones en español usando las dos formas de expresar *let's*.

1. Let's talk to them about our organization.
2. Let's print posters to disseminate our goals.
3. Let's distribute buttons with our slogan.
4. Let's publish news and images related to volunteering.
5. Let's not go to the meeting yet. Let's sit down to rest a while.

 7-32   PRÁCTICA

Transforma las siguientes frases en imperativos impersonales.

Modelo: Poner en hielo. **Póngase en hielo.**

1. Manejar con cuidado.
2. Servir bien frío.
3. Escribir en letra de molde.
4. Lavar a mano.

ESCRITURA

Antes de escribir, repasa las siguientes reglas sobre la acentuación y la ortografía.

REPASO DE ACENTUACIÓN

1. Recuerda que la tilde distingue el significado y tiempo de algunos verbos.

Comprará (futuro)	Roberto les comprará material escolar a los niños del orfanato.
Comprara (imperfecto de subjuntivo)	Nadie le pidió a Roberto que comprara material escolar para los niños del orfanato, pero lo hizo de todas maneras.
Compro (presente)	Siempre compro productos de comercio justo para evitar la explotación en los países del Sur.
Compró (pretérito)	Roberto compró ese café porque tenía la etiqueta del comercio justo.
Saque (imperativo)	El supervisor de la residencia de ancianos me dijo: "Saque a pasear a los ancianos cuando haga buen tiempo".
Saque (presente de subjuntivo)	Don Mariano siempre me pide que le saque a pasear con doña Rosa.
Saqué (pretérito)	Ayer saqué a pasear a don Mariano y a doña Rosa porque hacía muy buen tiempo.

2. Recuerda que los imperativos afirmativos requieren tilde al añadirles pronombres reflexivos o pronombres de complementos directos e indirectos:

siéntese   levántate   acordémonos   póngalo

3. No se escribe la tilde cuando se le añade una sola forma pronominal a imperativos de una sílaba.

ponte   deme   hazlo   dinos

 7-33   PRÁCTICA

Escoge la palabra correcta.

1. Los Sres. Hinojosa querían que sus hijos (estudiarán/estudiaran) en una universidad estatal.

2. Por favor, (lleve/llevé) estos documentos a mi oficina.

3. El médico dijo que era necesario que Ud. (tomará/tomara) estas píldoras.

4. Yo nunca la (llamo/llamó) después de las nueve.

5. Roberto (trabajo/trabajó) casi diez horas ayer y ahora me pide que yo (trabaje/trabajé) lo mismo.

6. Era necesario que yo (practicará/practicara) un poco más, pero creo que aunque (practique/practiqué) mañana, no podré jugar bien.

7-34   PRÁCTICA

Pon la tilde en los imperativos que la necesiten.

1. Hijito, ponte la piyama y acuestate; ya son más de las nueve.
2. Señores, quitense la corbata. Esta no es una reunión formal.
3. Petra, al salir cierra la puerta de la calle; cierrala con llave y ponla debajo del felpudo (*mat*).
4. Oiga, sientese que va a empezar la película.
5. Quedense un rato más; divirtamonos oyendo los chistes de Paco.

ORTOGRAFÍA: ll, y, -ío, -ía, -illo, -illa

1. Se escriben con **ll**:

♦ las palabras terminadas en **-alla, -alle, -ello, -ella**:
pantalla, calle, camello, paella (excepto: **Pompeyo, plebeyo**)

♦ las terminaciones del diminutivo **-illa, -illo**:
chiquilla, panecillo

NOTA: No confundas las terminaciones **-ía, -ío** con **-illa, -illo**. Usa el diccionario si no estás seguro/a.

mía (*mine*)   **milla** (*mile*)
comías (*you ate*)   **comillas** (*quotation marks*)
sombría (*gloomy*)   **sombrilla** (*beach umbrella*)

2. Se escriben con **y**:

♦ el pretérito, el imperfecto de subjuntivo y el gerundio de verbos como **caer, creer, leer, oír**:
cayó, creyera, leyendo, oyeron.

♦ el presente de indicativo y subjuntivo, el pretérito, el imperfecto de subjuntivo, el gerundio de verbos cuyo infinitivo termina **-uir**:
atribuir, atribuyo, huir, huyó, contribuir, contribuyendo

♦ el presente de subjuntivo de los verbos **haber, ir**:
haya, hayamos, vaya, vayan

 7-35   PRÁCTICA

¿Se escriben con **y, ll, -ía, -ío, -illa, -illo**?

le____eron   comi____as   hu____endo   va____amos
ca____e   va____e   pasi____o   tra____endo
ha____ar (*to find*)   o____eron   mi____a (*mile*)   panta____a
re____enar   came____o   ra____a (*stripe*) sombr____ (*somber*)
ensa____o   ha____amos (*have*) m____s (*mine*)   amar____ (*yellow*)

COMPOSICIÓN

 7-36   REDACCIÓN

Escoge uno de los siguientes temas para escribir una composición de por lo menos tres párrafos, siguiendo las sugerencias que se dan a continuación.

TEMA 1: Las lecturas de este capítulo se refieren a ejemplos de voluntariado en países del Sur. Sin embargo, hay muchos voluntarios en las comunidades donde vivimos que altruistamente donan su tiempo, energía y tesón para ayudar a personas necesitadas. ¿Eres tú uno de ellos? Escribe una composición describiendo una experiencia en la que participas o participaste como voluntario/a. En tu composición explica en qué ámbito (sanidad, educación, servicios sociales, etc.) fuiste voluntario/a, en qué consistió tu trabajo, y a quién benefició tu labor altruista. Explica también qué te motivó a hacerte voluntario/a, qué aprendiste de la experiencia y qué satisfacciones te produjo tu labor. Si no has sido nunca voluntario/a, entrevista a una persona en tu comunidad que sea o haya sido voluntaria y escribe una composición sobre su labor siguiendo las indicaciones arriba indicadas.

TEMA 2: Busca en Internet algunas ONG que trabajen en Latinoamérica en áreas como la enseñanza, la ayuda humanitaria, la mejora de las condiciones sociales y económicas, la salud, la ecología, etc. Elige una cuya labor te interese más y escribe una carta como si estuvieras solicitando una posición de voluntario/a. En tu carta explica por qué te atrae la labor que esa ONG realiza y qué contribuciones aportarías si te aceptaran como voluntario. En tu carta puedes detallar tus cualidades, experiencia, ideas de cooperación y cómo tu conocimiento del español te ayudaría a realizar mejor tu labor como cooperante. (Si finalmente les mandas la carta o no, es tu decisión).

Juanina Pérez Arias/ Punto y Coma

LAS CREENCIAS

PRELECTURA

 8-1   PREGUNTAS DE PRELECTURA

1. ¿Cuál es la religión que normalmente se asocia con el mundo hispano?
2. ¿Qué otras religiones o creencias piensas que pueden existir en Latinoamérica?
3. Con un/a compañero/a hagan una lista de las razones por las que ustedes creen que el ser humano siente la necesidad de creer en una religión.
4. ¿Crees que la religión y la violencia son conceptos incompatibles? Explica tus razones.

 8-2   FAMILIARÍZATE CON EL VOCABULARIO

Antes de leer, trata de deducir según el contexto que se da en cada oración el significado de estas palabras que aparecen en negrita en la lectura. Después escoge la opción que mejor las defina.

___1. Con el paso del tiempo un gran número de religiones se **han afincado** en Latinoamérica.
   a. entretenerse   b. establecerse

___2. A pesar de la colonización, los españoles no consiguieron **arrancar** totalmente las creencias autóctonas de muchos pueblos indígenas.
   a. extraer   b. enterarse

___3. A nuestro pastor le gusta **codearse** con gente que da mucho dinero a la iglesia.
   a. ocultarse   b. relacionarse

___4. La imposición de las creencias de los conquistadores produjo **desasosiego** entre los indígenas.
   a. desesperación   b. intranquilidad, nerviosismo

___5. La falta de libertad religiosa **desencadenó** una ola de protestas.
   a. originar   b. regalar

___6. A causa de la crisis, los **donativos** a los bancos de comida son cada vez más necesarios.
   a. practicante   b. donación, regalo

___7. La **fe** católica ha perdido seguidores en algunos países.
   a. creencia, dogma   b. alianza

___8. Algunos grupos religiosos se organizan en estructuras **jerárquicas**.
   a. igualitarias   b. con diferentes niveles de poder

___9. Hay muchas religiones en Latinoamérica. **No obstante**, la católica sigue siendo la más numerosa.
   a. por lo general   b. sin embargo

___10. En mi casa es costumbre **prender** velas para celebrar el Sabbat.
   a. encender   b. cortar

___11. Algunas religiones practicadas en Latinoamérica tienen sus **raíces** en África.

    a. extensión   b. origen

___12. La policía cargó contra los **revoltosos** que protestaban por la visita del controvertido líder religioso.

    a. agitador, manifestante   b. representante

___13. La historia está llena de casos de personas que **sufrieron** persecución por defender sus creencias religiosas.

    a. compartir   b. soportar, padecer

___14. En ciertas culturas es normal **tapar** los espejos cuando se está de luto.

    a. cubrir   b. adornar

___15. Se dice que los cristianos han de ser **testigos** de Jesucristo.

    a. santo   b. persona que da testimonio o prueba

___16. El panorama religioso latinoamericano es más **variopinto** de lo que muchos creen.

    a. diverso   b. secreto

LECTURA

◆ ¿EN QUÉ CREEN LOS LATINOAMERICANOS?

Catolicismo, cristianismo, protestantismo, judaísmo y ocultismo son los grupos principales que dominan el panorama religioso de América Latina, un continente que no para de creer ni de **sufrir** por más que se le **prendan** velas a los santos.

    Este es el caso de Janina Pérez Arias, de madre baptista, padre católico, con un tío santero y otro, Bernardino, **testigo** de Jehová. Cuando este último murió, por primera vez hubo en la familia un conflicto entre esas religiones; la discusión estuvo basada en **tapar** o no al santo que se encontraba en la sala donde reposaba el cuerpo de Bernardino rodeado de flores y sin enterarse de nada. Una tontería tal vez ante los ojos del lector, pero no para los creyentes. La madre, la baptista, fue la mediadora, y al final se llegó a un acuerdo. El santo —un inmenso crucifijo con Jesús sangrando— se taparía cuando hubiera en la sala una mayoría de testigos de Jehová. Solamente así el "descanse en paz" le llegaría a Bernardino, y la familia volvería a ser la de antes: un pacífico mosaico de creencias.

    Durante siglos el catolicismo apostólico romano dominó, en todos los sentidos, en tierras latinoamericanas con alianzas políticas o con reformadores como los "**revoltosos**" de la Teología de la Liberación. Sin embargo, en las últimas décadas, la Iglesia dirigida por Benedicto XVI ha perdido cada vez más adeptos. Religiones antiguas de origen africano e indígena, corrientes cristianas evangélicas junto con el ateísmo y el agnosticismo, forman parte de un **variopinto** abanico de creencias y convicciones relacionadas con la religión. ¿En qué creen pues los latinoamericanos? ¿A quién o a qué le regalan su **fe**?

Babalaos exportados

Santa Bárbara bendita
Para ti surge mi lira
Y con emoción se inspira
Ante tu imagen bonita...

Así se inicia la canción *Que viva Changó*, popularizada por Celia Cruz a ritmo de salsa a finales de los años cuarenta. A Santa Bárbara se le pide de todo y se dice que todo lo da. Está presente en el altar de los santeros, **codeándose** con las siete potencias u orichas principales de esta religión, que tiene sus **raíces** en la creencia yoruba procedente de Nigeria.

Cuando los esclavos africanos llegaron al nuevo continente, se les obligó a adorar a los santos católicos, y por eso los orichas tienen su "equivalente" cristiano: Elegguá es el Santo Niño de Atocha, Yemayá es Nuestra Señora de Regla, Oshún está representada por la Virgen de la Caridad del Cobre, Obatalá por la de Las Mercedes, Orula es San Francisco de Asís, Ogún es San Pedro y Changó es Santa Bárbara. La santería tiene una organización **jerárquica** en la que se puede identificar a los babalaos (sacerdotes superiores) seguidos de los santeros (sacerdotes). Actualmente, esta religión (que ha tenido un desarrollo importante en Cuba) se ha extendido a toda Latinoamérica, destacando en su práctica países como Estados Unidos, México, República Dominicana, Puerto Rico, Colombia y Venezuela, entre otros.

from Caracas

Ante el avance de este culto en tierras venezolanas, algunos representantes de la Iglesia católica manifiestan su preocupación. Muestra de ello es la carta abierta a un diario caraqueño° del clérigo Otto Ossa Aristizábal: "Las sectas están utilizando lo que yo llamaría la teología de la prosperidad; cuanto más das, más recibes y por ahí viene la explotación a los adeptos a estos movimientos pseudoreligiosos. Abramos los ojos porque, al menos, el 15% de los católicos se han ido de nuestras filas°".

ranks

De la otra parte, el babalao Rubén Matos en un amplio reportaje sobre la santería, aparecido en un respetable periódico de ese país, asegura, sin embargo, que "es una religión sana, no hay que tenerle miedo sino entenderla y respetarla. Hay más gente con fe y de todas las profesiones, y todos no podemos estar locos". Cierto es que se han observado cambios en la forma de profesarla, y los ritos que antes se practicaban en cierta intimidad, ahora son más abiertos al público en general. **No obstante**, es muy difícil determinar el número exacto de adeptos en toda Latinoamérica, ya que muchas personas aún se avergüenzan de ser reconocidas como practicantes.

¿Y cómo influiría en nuestra percepción de la religión en Latinoamérica el hecho de que en el patio de comidas del centro comercial Mercado de Abasto de Buenos Aires hay un McDonald's Kosher, que es el único en el mundo fuera de Israel? El judaísmo, cuya comunidad más numerosa en Latinoamérica se encuentra en Argentina, es otra de las religiones que componen el variado panorama religioso de América Latina.

¿Cuánto vale un milagro?

"¡Oh Señor, **arranca** los demonios!", se escucha de boca de un pastor con acento portugués que predica en uno de los 50 templos que hay en el Estado de México. La imagen es borrosa y pertenece a un reportaje que TV Azteca realizó sobre la Iglesia Universal del Templo de Dios, conocida como Pare de Sufrir. Entre fe ciega, por una parte, y polémicas, por otra, y encontrando sus mejores escenarios en grandes cines y teatros de considerables dimensiones, esta congregación se ha extendido por toda América Latina. Los grupos pentecostales y evangélicos, que gozan de un significativo número de seguidores en todo el continente, aumentan su número de simpatizantes, que en su mayoría provienen de las clases sociales media y baja. Las críticas **desencadenadas** desde todas partes, sin embargo, no cesan.

tithe
to chase away

Para nadie es un secreto que la Iglesia Universal del Templo de Dios se ha **afincado** en diferentes países bajo nombres distintos, que posee una plataforma comunicativa en forma de programas de radio y televisión transmitidos en toda Latinoamérica, y que cuenta con grandes ingresos: "El diezmo° es la primera cosa que usted debe separar para Dios...", dice la imagen velada que además pide como **donativo** el billete más grande que se tenga "para ahuyentar° a la mala suerte".

Como se recordará, el llamado diezmo es una tradición católica que consiste en donar el 10% del salario a la Iglesia. Esta congregación también percibe significativos beneficios mediante la venta de amuletos, supuestamente traídos de Israel, como aguas del Jordán, aceites del Monte de los Olivos, arenas del Mar Muerto, piedras y tierra de la tumba de Cristo, etc. Todos ellos son parte importante en el ejercicio de esta creencia.

Se crea o no se crea, sea una secta o no, basta un breve paseo por los principales portales de Pare de Sufrir para darse cuenta de los diferentes testimonios de personas que han encontrado una ayuda para sus problemas, sin importar el dinero que haya costado.

Se puede pensar que los latinoamericanos le regalan su fe al mejor postor°, a aquella creencia o religión que calme de forma más efectiva el diario **desasosiego**. ¿Esperanzas? Ah, de eso siempre habrá. *bidder*

Santos delincuentes

Llámesele religión o búsqueda de la verdad, a lo largo y ancho de Latinoamérica y el Caribe, se puede identificar una cantidad considerable de iglesias, congregaciones y cultos aislados. Entre estos últimos llama la atención en México la devoción hacia la Santa Muerte, la cual tiene sus raíces en la civilización azteca. Aunque el objeto de veneración sea el mismo de antaño, salvando ciertas diferencias, claro, lo que ha cambiado es el entorno social. Hasta hace unos pocos años los principales fieles de la Santa Muerte eran narcotraficantes, criminales, contrabandistas y otros grupos que viven al margen de la ley y de la sociedad. No obstante, con el tiempo, policías y militares se han vuelto también devotos incondicionales. No es pues de extrañar que la Santa Muerte comparta altar con el Santo de los Narcos, quien en vida se llamó Jesús Malverde, con el revolucionario Pancho Villa y hasta con la mismísima Virgen de Guadalupe.

En esta misma onda° se puede mencionar la Corte Malandra, la cual está compuesta por Ismael, Isabelita, Tomasito, Jhonny y Elizabeth, todos ellos de pasado criminal y asesinados a punta de balas o navajas en las calles caraqueñas durante los años setenta. Diez años después de "pasar a mejor vida", empezaron a ser venerados por sus iguales y por otros no tan semejantes. Parece ser que para ser considerado santo no es necesario haber sido bueno en vida. Aunque cuenta la leyenda que Ismael —el más idolatrado de la llamada Corte Calé— era una especie de Robin Hood moderno que jamás mató a nadie. *wavelength, manner*

La simplificación, pues, de imaginar un continente con una sola lengua y una sola religión, es claramente pura fantasía.

8-3 COMPRENSIÓN DEL TEXTO

1. ¿Cuáles son las creencias principales que se pueden hallar hoy en Latinoamérica?
2. Explica cuál fue el conflicto en casa de Janina Pérez Arias al velar *(to hold a wake for)* a su tío Bernardino. ¿A qué se debió este conflicto y cómo se resolvió?
3. ¿Cuál fue la religión predominante en Latinoamérica durante siglos? ¿Sigue predominando hoy en día?
4. ¿En qué país está más afincada la santería y a qué otros países se ha extendido?
5. ¿Qué país latinoamericano tiene la mayor población judía?
6. Explica qué es el diezmo.
7. ¿Cómo se llama la creencia que venera a la Muerte? ¿Cuáles son sus raíces y quiénes son sus más devotos creyentes hoy?

8-4   ANÁLISIS Y EXPANSIÓN

1. Algunas creencias como la santería tienen su origen en religiones de África. Con un/a compañero/a razonen quiénes y cómo trajeron estas religiones a las Américas.

2. El clérigo Otto Ossa Aristizábal denuncia que ciertas sectas practican la "teología de la prosperidad". Explica a qué se refiere con esta denuncia.

3. Explica a qué se puede deber el progresivo avance de otras religiones y creencias en Latinoamérica en detrimento de la Iglesia católica.

4. La autora observa que ciertas congregaciones requieren grandes donativos de sus fieles. En tu opinión, ¿son estas donaciones un acto de fe, un negocio lucrativo o ambos? Razona tu respuesta.

5. Explica cómo ha cambiado el culto a la Santa Muerte en México.

GRAMÁTICA

PRONOMBRES

El *pronombre* es la parte de la oración que se usa para sustituir al nombre. Su clasificación depende de su función dentro de la oración. Además de los pronombres personales, hay *pronombres demostrativos, pronombres posesivos* y *pronombres relativos*, que se estudiarán en el próximo capítulo.

 PRONOMBRES

SUJETO	COMPLEMENTO DIRECTO	COMPLEMENTO INDIRECTO	REFLEXIVO	PREPOSICIONAL
yo	me	me	me	mí
tú	te	te	te	ti
Ud.	lo (le)*, la	le (se)	se	Ud.
él	lo (le)*	le (se)	se	él
ella	la	le (se)	se	ella
nosotros/as	nos	nos	nos	nosotros/as
vosotros/as	os	os	os	vosotros/as
Uds.	los, las	les (se)	se	Uds.
ellos	los	les (se)	se	ellos
ellas	las	les (se)	se	ellas
ello (neutro)	lo (neutro)	ello (neutro)		

*Le, como complemento directo, se puede usar en lugar de lo para las personas del sexo masculino. A este uso se le llama "leísmo."

Yo escucho al predicador. Yo lo/le escucho.   A usted lo/le vi en el templo.

PRONOMBRES SUJETO

1. El pronombre sujeto no es obligatorio en español y normalmente se omite en los casos en los que no hay ambigüedad, puesto que la terminación del verbo indica la persona y el número.

> No **puedo** ir.   **Hablas** mucho.   **Salimos** tarde.

2. El pronombre **usted** (**Ud.** o **Vd.**) es la forma respetuosa para dirigirse a la persona con quien se habla. Aunque puede omitirse, con frecuencia se usa para reforzar la cortesía, o en casos de ambigüedad, para evitar confusión.

> Pase **usted** y siéntese.
> **Ustedes** tienen razón.

3. Los pronombres sujeto de tercera persona solo pueden referirse a personas, no a cosas. El pronombre inglés *it* y su plural *they,* usados como sujeto, no se traducen al español.

> **Es** una creencia esotérica.   *It's an esoteric belief.*
> **Son** creencias esotéricas.   *They are esoteric beliefs.*

4. El pronombre neutro **ello** se usa con poca frecuencia como sujeto. Se refiere a una idea o situación mencionada previamente. Hoy en día se usa más **esto** o **eso** en lugar de **ello**.

> Algunas religiones están perdiendo adeptos. **Ello** (**Eso**) se debe en parte a los cambios sociales de hoy en día.
> *Some religions are losing followers. It (That) is due in part to today's social changes.*

5. Se usa el pronombre sujeto en los siguientes casos:

♦ Para poner énfasis en el sujeto.

> **Yo** soy musulmán.   **Tú** se lo dijiste.

♦ Con las formas verbales, cuando hay ambigüedad, para evitar confusión.

> **Yo**
> **Ud.**
> **Él** ⎫ asistía a la iglesia todos los domingos.
> **Ella**

♦ Cuando hay dos o más acciones y dos o más sujetos diferentes.

> **Ella** sigue la fe católica, pero **yo** no.
> **Usted** es agnóstico, **Rubén** cree en la Divina Providencia y **yo** no creo en nada.

♦ Después de **ser**, como complemento pronominal.

> Los supersticiosos son **ustedes**.
> La revoltosa es **ella**.

6. A diferencia del inglés, en español se usan los pronombres sujeto en lugar de las formas preposicionales después de **menos**, **excepto**, **según**, **incluso**, **como** y **entre**.

menos él	*except him*
excepto ellas	*except them*
según ellos	*according to them*
incluso Uds.	*including you*
como tú	*like you*
entre tú y yo	*between you and me*

Todos dieron un donativo, **menos él**.
No puede haber secretos **entre tú y yo**.

PRONOMBRES PREPOSICIONALES

1. Los pronombres usados después de una preposición pueden referirse a personas o a cosas y son idénticos a los pronombres sujeto con la excepción de **mí** y **ti**. **Mí** *(me)* lleva tilde para diferenciarlo del adjetivo **mi** *(my)*.

El reloj es para **mí**.
Tengo muchas esperanzas en **ti**.
Ignacio desea hablar con **ella**.
Marcela está sentada detrás de **nosotros**.
Él sufrió mucho por **Uds**.
¿Te gusta el libro? Quédate con **él**.

NOTA: Recuerda que después de **como**, **entre**, **excepto**, **menos**, **según** e **incluso** se usan los pronombres personales. No ocurre lo mismo en inglés.

Entre tú y **yo** nunca hay problema.	*Between you and me there is never a problem.*
Todos saludaron al pastor **menos yo**.	*Everyone greeted the pastor except me.*

2. La preposición **con** seguida de la primera y segunda persona singular toma estas formas: **conmigo**, **contigo**.

A ella no le gusta codearse **conmigo**.   ¿Pero no salió **contigo**?

3. Cuando el pronombre preposicional se refiere a un sujeto de tercera persona (singular o plural) y ambos se refieren a la misma persona, se usa la forma **sí**.

Él solo vive para **sí**.	*He lives only for himself.*
Ellos quieren todo **para sí**.	*They want everything for themselves.*

NOTA: **con** + **sí** = consigo

Él siempre lleva un amuleto **consigo**.   *He always takes an amulet with him.*

4. Es frecuente el uso de **mismo** (**-a, -os, -as**) después de los pronombres preposicionales.

Yo trabajo para **mí mismo**.	*I work for myself.*
Ella tiene mucha seguridad en **sí misma**.	*She has a lot of confidence in herself.*
Ellos ahorran el dinero para **sí mismos**.	*They save the money for themselves.*

Mismo (**-a, -os, -as**) se usa también después de los pronombres personales y después de un nombre.

Yo misma escribí la carta.	*I myself wrote the letter.*
Pedro mismo hizo el trabajo.	*Pedro himself did the work.*

8-5   EN EL BAR MITZVAH DE MI HERMANO

Completa las siguientes oraciones con un pronombre que haga referencia al nombre o pronombre entre paréntesis.

Modelo: (tú) ¿Te invitaron a **ti**?

1. (yo) Rubén se sentó con _____ en el bar mitzvah de mi hermano Eli.

2. (Alfonso e Isaac) ¿Quién estaba sentado detrás de _____?

3. (tú) No sé, pero Sara estaba detrás de _____.

4. (él) Eli, que por lo visto tiene mucha confianza en _____ mismo, leyó porciones del Torah en un hebreo perfecto.

5. (Alfonso y Rubén) Después yo bailé con _____, aunque no me caen muy bien.

6. (ella) Mi madre le regaló a Eli una pluma de oro pero no compró nada para _____ misma.

7. (yo-Uds.) Para _____ fue un día memorable. ¿Y cómo fue para _____?

© Nancy Louie/Stockphoto

8-6   TRADUCCIÓN

¿Cómo se dice en español?

1. *Everyone in my family reads the horoscope except me.*

2. *Are you superstitious? I'm not.*

3. *This book is fascinating. It talks about people's belief in miracles.*

4. *She plans to talk about "Santería" but he will also discuss "curanderismo".*

5. *Everyone wants to participate in the discussion. That is not going to be possible.*

PRONOMBRES EN FUNCIÓN DE COMPLEMENTO DIRECTO*

1. Los pronombres de complemento directo **lo**, **la**, **los** y **las** se usan para evitar repetir un complemento directo mencionado anteriormente con el que concuerdan en género y número. Cuando se usa como complemento directo, el pronombre inglés *it* o *them* se traduce en español por **lo/s** o **la/s**.

Jorge tapó <u>el espejo</u>.	**Lo** tapó con un manto negro.
Pidieron más <u>donativos</u>.	**Los** necesitan para el banco de comida.
¿Llamaste <u>a tu hermana</u>?	Sí, **la** llamé por la mañana.

2. El pronombre neutro **lo** se refiere a una idea o concepto expresado anteriormente.

¿Terminará la celebración antes de las 12?	—No, no **lo** creo.
¿Está Ud. loco?	—Seguramente **lo** estoy.
Ellos son testigos de Jehová, ¿no?	—Sí, **lo** son.

3. Cuando no está claro a quien se refiere el complemento directo, es posible aclararlo con una frase preposicional, aunque esta se usa en pocos casos.

Lo admiro } (a Ud.) (a él).   **La** comprendo } (a Ud.) (a ella).

Los vi } (a Uds.) (a ellos).   **Las** esperé } (a Uds.) (a ellas).

Aunque no es muy frecuente, el complemento directo puede usarse delante del verbo. Cuando precede al verbo, el pronombre de complemento es obligatorio.

comp. dir.
<u>A Ofelia</u> **la** conocí en mi viaje a Jerusalén.
<u>El amuleto</u> **lo** compré en una tienda de recuerdos.
<u>La arena del Mar Muerto</u> **la** traje cuando fui a Israel.

PRONOMBRES EN FUNCIÓN DE COMPLEMENTO INDIRECTO

Los pronombres de complemento indirecto son idénticos a los pronombres de complemento directo, excepto en la tercera persona del singular y del plural (**le** y **les**).

1. El complemento indirecto se usa:

◆ Para indicar la persona a quién o para quién va dirigida la acción. También puede referirse a cosas.

Le pedí un favor a la Pachamama.	*I asked Pachamama for a favor.*
Ya **le** puse el sello al sobre.	*I already put the stamp on it (the envelope).*

---

* En el Capítulo preliminar, página 20, aparece la definición de los complementos directos e indirectos. Es aconsejable repasar otra vez estas explicaciones.

◆ Con el verbo **gustar** y otros verbos semejantes: **encantar**, **faltar**, **parecer**, etc.

Nos gusta el arte religioso de El Greco.	*We like El Greco's religious art.*
¿Qué **te pareció** la homilía de hoy?	*What did you think of today's homily?*

◆ Con expresiones impersonales.

Le es difícil contestar estas preguntas.	*It is difficult for him/her to answer these questions.*
Me es necesario salir enseguida.	*It is necessary for me to leave at once.*

2. Para enfatizar o aclarar a quién se refiere el pronombre de complemento indirecto es muy común el uso del pronombre de complemento indirecto y una frase preposicional con **a** + nombre o pronombre preposicional. El pronombre de complemento indirecto es siempre obligatorio.

> **Le** di una limosna **a un pobre**.
> **Les** entregué los donativos **a ellos**.
> ¿**A ti te** entregó las llaves?

POSICIÓN DE LOS PRONOMBRES DE COMPLEMENTO DIRECTO E INDIRECTO

1. Cuando se trata de un solo pronombre, este se coloca:

◆ Delante de los verbos conjugados.

> **Lo** pondré en mi agenda.
> Marta **les** ha pedido un favor.

◆ Añadidos a los infinitivos o gerundios.

> Para abrir**la** necesitamos la llave de esa gaveta *(drawer)*.
> Leyéndo**lo**, me di cuenta del contenido metafísico del artículo.

Cuando se trata de una frase verbal, los pronombres se pueden colocar antes de esta o añadirse al infinitivo o gerundio.

Nos <u>va a explicar</u> las instrucciones.	<u>Va a explicar</u>**nos** las instrucciones.
Lo <u>está haciendo</u>.	<u>Está haciéndo</u>**lo**.
Las <u>desea escuchar</u>.	<u>Desea escuchar</u>**las**.

◆ Añadidos a los imperativos afirmativos. Sin embargo, se colocan antes de los imperativos negativos.

díga**me**	no **me** diga
haz**lo**	no **lo** hagas
ábran**las**	no **las** abran
de**le**	no **le** dé
den**nos**	no **nos** den

2. Cuando se trata de dos pronombres, el orden es siempre indirecto primero y directo después ya vayan los pronombres colocados antes del verbo o añadidos al gerundio o infinitivo en una frase verbal. Se sigue el mismo orden también con los imperativos afirmativos.

Recuerda que al añadir los pronombres a un infinitivo, gerundio o imperativo afirmativo, se aumenta el número de sílabas, por lo que es necesario usar la tilde.

Te la voy a preparar.	Voy a **preparártela.**
Ellos **nos lo están explicando.**	Están **explicándonoslo.**
No **me los muestre.**	**Muéstremelos.**

Se usa el pronombre **se** para reemplazar **le**, **les** delante de **lo**, **la**, **los**, **las** y así evitar la repetición del sonido **l**.

Ernestina le dio un consejo a <u>su amiga</u>.

Ernestina <u>le dio un consejo</u>.

Ernestina <u>se lo</u> dio.

<u>Les</u> prestaré mi <u>Biblia</u> a Uds.

<u>Se la</u> prestaré a Uds.

Ella <u>les</u> ha explicado <u>sus creencias</u>.

Ella <u>se las</u> ha explicado.

 8-7   MINILECTURA

Ana María Matute (1926–) es una escritora española cuyos cuentos y novelas tratan con delicada sensibilidad el mundo de los niños. En *Los niños tontos* (1994), una colección de relatos brevísimos, la autora presenta a niños llenos de inocencia en conflicto con la fea realidad del mundo adulto. Busca en Internet "El niño que era amigo del demonio" de la misma colección. Al leer este relato, anota los casos de leísmo, es decir, el uso del pronombre **le** o **les** en vez de **lo** o **los** para el complemento directo. Después contesta las preguntas de la siguiente actividad.

 8-8   PREGUNTAS DE COMPRENSIÓN

1. ¿Qué cosas había oído el niño acerca del demonio?
2. El niño compara al demonio con el pueblo judío. Explica las razones para esta comparación.
3. ¿Por qué siente compasión por el demonio?
4. ¿Por qué crees que le decía "Guapo, hermoso amigo mío", al demonio? ¿Qué buscaba con esto?
5. ¿Cómo se compara la actitud de la madre con la del niño?
6. La madre llama "tonto" al niño. ¿Lo es? Explica la lógica detrás de las acciones del niño.

8-9 DIÁLOGO

Rellena los espacios en blanco con **le, les, lo, la, los**. Añade la tilde cuando sea necesario.

TOÑI: Me costó creer_____[1] a Ramón cuando me dijo que se iba a hacer budista.

PACO: ¿Ramón budista? ¡Si es un donjuán!

TOÑI: Dice que está estudiando filosofía oriental y que esto _____[2] ha cambiado su vida.

PACO: Tal vez _____[3] ha pensado y ha decidido sentar la cabeza.

TOÑI: Sí. ¡Ya era hora de que _____[4] sentara! Dice que se reúne varias veces a la semana con unos monjes budistas. _____[5] conoció por medio de Ana, que también se hizo budista.

PACO: Yo _____[6] diría a esos monjes que tuvieran cuidado con él.

TOÑI: No digas eso. Yo puedo imaginarme_____[7] cambiando su vida y convirtiéndose en un buen budista. Habrá que esperar a ver.

8-10 EL CAMINO DE SANTIAGO

Juan le escribe un *e-mail* a su amigo Alberto contándole sobre sus planes de hacer el Camino de Santiago, una peregrinación de casi 800 km por el norte de España hasta la catedral de Santiago de Compostela. Rellena los espacios con el pronombre de complemento directo o indirecto que se necesite. Añade la tilde cuando sea necesario.

Modelo: Voy a caminar 800 km. **Los** voy a caminar en 30 días.

Hola, Alberto. ¿Sabes que salgo para España mañana? ¡Por fin voy a realizar mi sueño de hacer el Camino de Santiago! _____[1] he querido hacer desde que vi la película *The Way*. Parece que peregrinos de todas las nacionalidades y religiones han estado haciendo_____[2] desde hace más de mil años. Antes la gente caminaba los casi 800 km por motivos religiosos, pero hoy los peregrinos _____[3] caminan por muy diversas razones, como encontrarse a sí mismos, por desafío personal o por impregnarse de cultura. Al principio mis padres no _____[4] querían dejar ir, pero yo _____[5] dije que tendría cuidado y que _____[6] llamaría cada dos o tres días. Al final _____[7] convencí y _____[8] dieron permiso. Ayer _____[9] pedí a mi prima Mariel, que hizo el camino el año pasado, la guía que utilizó. Ya casi _____[10] leí por completo y es muy informativa.

La vieira, símbolo del Camino de Santiago

© Cro Magnon/Alamy Limited

El camino empieza en los Pirineos y termina en Santiago de Compostela, donde según la tradición, está enterrado el apóstol Santiago. Parece que por todo el camino hay unos símbolos en forma de estrella que _____[11] indican por dónde has de ir. También hay albergues para pasar la noche. _____¹² puedes buscar previamente en Internet para planear dónde vas a dormir. Mi prima _____¹³ dijo que a lo largo del camino hay docenas de pequeñas iglesias y catedrales románicas. Sé que _____¹⁴ van a encantar y _____¹⁵ quiero visitar según _____¹⁶ vaya encontrando pues _____¹⁷ fascina el arte románico. Mi madre _____¹⁸ ha regalado una pequeña concha de vieira° de plata que es el símbolo de los peregrinos a Santiago. _____¹⁹ voy a llevar colgada al cuello durante todo el camino. Cuando llegue a Santiago creo que _____²⁰ voy a comprar algo de azabache° pues es típico de allí y sé que a ella _____²¹ encanta la orfebrería°. Oye, ¿por qué no vienes a visitar_____²² cuando llegue a Santiago? Podríamos conocer la ciudad y después volver juntos. ¿Te animas? Escribe_____²³ cuando recibas este *e-mail* y di _____²⁴ si te apuntas.

Un abrazo,

Juan

scallop

jet
silversmithing

8-11   PREGUNTAS DE COMPRENSIÓN

1. ¿Cuántos kilómetros tiene de largo el Camino de Santiago?
2. Explica los motivos por los que los peregrinos hacen el camino hoy.
3. ¿Son solo los católicos los que hacen esta peregrinación?
4. ¿Cuál es el símbolo de los peregrinos a Santiago?
5. Busca información en Internet sobre el Camino de Santiago. Prepárate para hacer una presentación a la clase sobre la historia del camino, las diferentes rutas a seguir y el arte que se encuentra a lo largo del camino.

8-12   LA BUENA SUERTE Y LA MALA SUERTE

Con un/a compañero/a de clase hagan una lista de objetos o actividades que según las creencias populares traen buena o mala suerte. Expliquen en qué consisten estas creencias y cómo o por qué pueden atraer la buena o la mala suerte. Si ustedes tienen un amuleto, tráiganlo a la clase; expliquen lo que es y por qué les trae suerte.

Modelo: la herradura: Símbolo de buena suerte. Muchas personas ponen una a la entrada de la casa.

PRONOMBRES REFLEXIVOS

Los pronombres reflexivos (**me, te, se, nos, os, se**) se usan en las construcciones reflexivas, como hemos visto en el Capítulo 1. **Nos** y **se** se usan también en acciones recíprocas.

1. Posición de los pronombres reflexivos. Se siguen las mismas reglas que con los pronombres de complemento directo e indirecto. Se colocan:

   ◆ Delante de un verbo conjugado o imperativo negativo:

   Nos levantamos al empezar la misa.
   ¡No **te duermas** durante el sermón!

◆ Añadidos a un imperativo afirmativo:

¡Pónganse de pie!

◆ Delante de una frase verbal o añadidos al infinitivo o gerundio de esta:

Se estaban arrodillando cuando entré.	**Estaban arrodillándose** cuando entré.
Me quiero asegurar de que mañana es festivo.	**Quiero asegurarme** de que mañana es festivo.

En los imperativos con **nosotros** se omite la **-s** final de la forma verbal al añadirle el pronombre reflexivo **nos**. (Esta construcción equivale al inglés *let's . . .*)

Sentémonos. (*Let's sit down.*)	**No nos sentemos.**
Vistámonos. (*Let's get dressed.*)	**No nos vistamos.**

NOTA: El imperativo para **irse** es: **Vámonos. No nos vayamos.**

2. El pronombre reflexivo siempre precede al pronombre de complemento directo.

Luis se pone la bufanda.	**Se la** pone cuando hace mucho frío.
No me probé los zapatos.	No **me los** probé porque sabía que me quedaban bien.

 8-13   PRÁCTICA

Transforma estas frases a imperativos de nosotros o expresiones con **vamos a** + infinitivo, según corresponda, para indicar lo que estas personas tienen que hacer. Recuerda el uso de los pronombres con los imperativos.

1. Vamos a llevarlos.   _____

2. _____   Apurémonos.

3. Vamos a prestársela.   _____

4. _____   Digámoselo.

5. Vamos a sentarnos.   _____

8-14　EL DÍA DE LOS MUERTOS

D. Normark/PhotoLink/Getty Images, Inc.

Altar del Día de los Muertos

El Día de los Muertos se celebra en México el 2 de noviembre. Es un día alegre que se celebra en los cementerios o en las casas particulares para conmemorar a los difuntos a quienes se les preparan suntuosos altares con comida, calaveritas de azúcar, flores, amuletos y otras ofrendas que representan los objetos favoritos del difunto. En este texto, un estudiante habla de cómo está preparando un altar del Día de los Muertos como proyecto cultural para su clase de español. Rellena los espacios con los pronombres de complemento directo y/o el complemento indirecto que se necesiten. En algunos casos tendrás que añadir dos pronombres al infinitivo o gerundio. Usa la tilde cuando sea necesario.

Tengo que hacer un altar del Día de los Muertos para mi clase de español. Mi vecina, que es de México, está ayudando_____[1] pues yo no sé bien cómo hacerlo. Para empezar, me dijo que buscara una calavera para el altar. He estado buscando_____[2] pero no encuentro ninguna que me guste. Creo que voy a tener que comprar_____[3] en el mercado mexicano que está cerca de la casa de mi tío. Me dijo también que le colocara unas figuritas representando la vida del difunto, pero todavía no sé qué figuras poner_____[4] al altar. Voy a tener que comprar_____[5] también cuando vaya al mercado mexicano. También me dijo que las flores son muy importantes. Creo que voy a poner_____[6] crisantemos que se usan mucho en estas fechas. Me dijo que no me olvidara de echar_____[7] agua. Voy a echar_____[8] en cuanto los ponga en el jarrón. ¡Ah! Y también me dijo que nada de caramelos o chocolate sino pan de muerto, que es típico mexicano. Creo que voy a colocar_____[9] al lado de la calavera. Finalmente me dijo que le pusiera unas velas. Voy a prender_____[10] al final, cuando esté ya todo listo. ¡Vaya proyecto! Espero que me salga bien y que me den una buena nota.

8-15　PRÁCTICA

Escribe oraciones con imperativos afirmativos o negativos o con frases verbales con infinitivos o gerundios usando los verbos entre paréntesis. Cambia tanto los complementos directos como los indirectos a pronombres. Usa tu imaginación para terminar las oraciones de una forma original y recuerda el uso de la tilde cuando añadas los pronombres al imperativo, infinitivo o gerundio.

Modelo: (nosotros / no / entregar / mercancía / a ellos)
No se la entreguemos a menos que nos paguen.
No vamos a entregársela a menos que nos paguen.

1. (nosotros / ponerse / guantes)

2. (tú-buscar / llaves / por mí)

3. (ustedes / no dar / a mí / datos)

4. (usted / decir / a nosotros / verdad)

5. (tú / no mandar / tu queja / jefe)

8-16 EL ARTE RELIGIOSO

El pintor Doménikos Theotokópoulus, El Greco (1541–1614), se distinguió por realizar obras de temas religiosos durante el Siglo de Oro español. Busca en Internet información sobre la biografía, estilo y cuadros más importantes de este pintor, especialmente *El entierro del conde de Orgaz*. Después haz una presentación a la clase sobre este autor y su estilo. En tu presentación explica qué representa *El entierro del conde de Orgaz*, quiénes son los personajes retratados y cómo El Greco combina en este cuadro lo divino y lo humano.

© Superstock / Superstock

El entierro del conde de Orgaz, El Greco (1541–1614)

EL DATIVO DE INTERÉS

Dativo de interés es el término genérico que se usa para referirse a pronombres que aportan matices expresivos particulares al verbo. Estos pronombres se pueden suprimir de la oración sin afectar el sentido de esta. Cuando se usan, su función es aportar un sentido de "interés" o inclusión porque designan a la persona que se ve afectada por la acción del verbo.

Aprendí el vocabulario en un día.   **Me aprendí** todo el vocabulario en un día.
No llore, por favor.   No **me llore**, por favor.

1. En construcciones con el dativo se puede usar el pronombre reflexivo, el cual concuerda con la persona y número del verbo, para matizar (*give nuance*) el sentido de este, por ejemplo, para añadir énfasis o exagerar. En este caso el sentido de la frase no es reflexivo.

Nos comimos todo el pastel.
Te has dejado las llaves dentro del auto.
Se construyeron una casa junto a la playa.

2. También se puede usar el complemento indirecto para referirse a la persona que se ve afectada, ya sea esta quien habla u otra persona. En este caso el complemento indirecto no se refiere al sujeto y por esta razón no concuerda con el verbo.

> No **me** comí ni un bocadito.
> ¿**Nos** cantas una canción?
> No **les** toques sus cosas.
> **Me** ensuciaste la alfombra.

3. El pronombre de complemento indirecto puede ocurrir con un reflexivo o con otro complemento indirecto.

> No **te me** sientes aquí.
> **Se nos** hizo tarde.
> **Te les** escapaste a tiempo.
> No **me les** toques esos papeles.
> **Cómprameles** un helado a los niños.

EL *SE* ACCIDENTAL

1. Cuando se quiere expresar algo que ocurre involuntariamente o por casualidad, se usa **se** + pronombre de complemento indirecto + el verbo en la tercera persona del singular o del plural, de acuerdo con el sujeto.

Singular	Plural
Se me quitó el dolor de cabeza.	**Se te ocurrieron** algunas ideas.
Se le cayó el plato.	**Se me perdieron** las llaves.
Se les quedó el teléfono en casa.	**Se nos olvidaron** los guantes.

2. El complemento indirecto indica la persona afectada por la acción del verbo. En inglés esto frecuentemente se expresa por medio del posesivo (para indicar la persona) + objeto al que nos referimos.

> Se **nos** descompuso el carro.   *Our car broke down. (The car broke down on us.)*
> Se **le** rompieron los lentes.   *Her/His eyeglasses broke. (She broke her eyeglasses.)*

 8-17   TRADUCCIÓN

Escribe en español las siguientes oraciones usando el dativo de interés.

Modelo: *He drank (up) two glasses of lemonade.* **Se bebió** dos vasos de limonada.

1. *She read the whole novel in one night.*
2. *Virginia knows all her friends' phone numbers by heart (memory).*
3. *I'm sorry. It got late on me without my realizing it.*
4. *Look what you've done. You stained my shirt.*

8-18   EL *SE* ACCIDENTAL

Escribe una oración usando el *se* accidental para expresar la misma idea. En tus oraciones usa el verbo entre paréntesis y los pronombres que corresponden según la forma del verbo.

Modelo: Olvidé llamar a Ernesto. (olvidar) **Se me olvidó** llamar a Ernesto.

1. Dejaste caer las imágenes que traías. (caer)
2. Olvidamos las velas para el altar. (olvidar)
3. No pensé en llamarte. (ocurrir)
4. Dejaron los libros en casa. (quedar)
5. Olvidó dar la limosna en la iglesia. (olvidar)
6. Perdimos la solicitud. (perder)

8-19   PRÁCTICA DE LECTURA

Ángeles Mastretta (1949–), periodista y novelista mexicana, presenta en sus obras a mujeres poderosas que rompen con las convenciones sociales. Busca en Internet "Tía Eloísa", una breve selección de *Mujeres de ojos grandes,* un libro de relatos cortos publicado en 1990. Lee este relato con atención y busca en él ejemplos de los siguientes usos de pronombres:

1. dativo de interés
2. pronombres indirectos
3. pronombres directos
4. el *se* accidental

8-20   COMPRENSIÓN E INTERPRETACIÓN

Contesta las siguientes preguntas basadas en el relato "Tía Eloísa".

1. ¿Cuál era la actitud de la Tía Eloísa hacia la religión?
2. Explica por qué le fue difícil a la tía Eloísa encontrar un marido que estuviera de acuerdo con ella.
3. ¿Qué nos quiere decir la narradora al explicarnos que los hijos crecieron sanos, hermosos y valientes?
3. ¿Qué razones mencionó la hija para convencer a la tía Eloísa de lo bella que era la fe de la Iglesia anglicana? ¿Cuál fue la reacción de la madre ante la sugerencia de la hija?
4. ¿A qué religión crees que la tía Eloísa se refiere cuando habla de la "verdadera religión"?
5. ¿Cómo interpretas el cuento? Compara tu interpretación del cuento con la de los otros compañeros de la clase.

CONSTRUCCIONES IMPERSONALES: EL *SE* PASIVO Y EL *SE* IMPERSONAL

La partícula **se** se usa en construcciones impersonales, es decir, aquellas que carecen de un sujeto específico. Hay dos tipos de oraciones que se forman con **se**:

1. Oraciones con el **se** pasivo (también conocido como el pasivo reflejo). Hemos visto en el Capítulo 4 que la voz pasiva (**ser** + el participio pasado) se usa menos que en inglés. En español es preferible la construcción impersonal **se** + el verbo en tercera persona singular o plural. En esta construcción, que solo admite el uso de verbos transitivos, no se menciona la persona o cosa que ejecuta la acción; el complemento directo se convierte en el sujeto gramatical de la oración y por esta razón concuerda con el verbo.

> Publicaron la noticia en el periódico. (voz activa)
> La noticia fue publicada en el periódico. (voz pasiva)
> La noticia **se publicó** / **Se publicó** la noticia en el periódico. (**se** pasivo)
> Las noticias **se publicaron** / **Se publicaron** las noticias en el periódico. (**se** pasivo)

La construcción pasiva con **se** puede indicar mediante un complemento indirecto para quien o a quien va dirigida la acción. En este caso la partícula **se** siempre precede al pronombre de complemento indirecto.

> Le prenden velas a los santos.   **Se le** prenden velas a los santos.
> A Santa Bárbara le piden de todo.   A Santa Bárbara **se le** pide de todo.
> Nos obligaron a salir temprano.   **Se nos** obligó a salir temprano.

2. Oraciones con el **se** impersonal. El **se** impersonal se usa en las construcciones en las que el énfasis recae en la acción en sí y no en quien la hace. Estas oraciones con el **se** impersonal, sin embargo, suelen darse con verbos copulativos o intransitivos, siempre en singular. Pueden usarse con verbos transitivos solo cuando el complemento directo se refiere a una persona determinada y va precedido de la **a** personal. El sujeto implícito es **uno**, **la gente**, **las personas**, etc.

> (copulativo) No se hace eso si   *That is not done if one is a believer.*
>   **se es** creyente.
> (intransitivo) ¿Cómo **se sale** de aquí?   *How does one/do you get out of here?*
> (transitivo) **Se** busca a las personas   *They're looking for the most active persons.*
>   más activas.

Observa las siguientes comparaciones:

(1) **Se entrevistaron** varios candidatos. **Se entrevistaron** hace una semana.
Several candidates were interviewed. They were interviewed a week ago.

(2) **Se entrevistó** a los dos candidatos con mejores cualificaciones. **Se les entrevistó** la semana pasada.
They interviewed the two candidates with the best qualifications. They interviewed them last week.

(3) **Se entrevistó** a tres candidatas también. **Se les entrevistó** también.
Three candidates were interviewed as well. They were also interviewed.

NOTA: En el primer ejemplo (1) el sujeto pasivo es **candidatos**. El pronombre correspondiente sería **ellos**, que generalmente se omite. En las oraciones con el *se* impersonal (2), se usa el pronombre de complemento indirecto en vez del complemento directo especialmente si es masculino. (3) En el caso de un complemento femenino, el uso habitual es igualmente el complemento indirecto.

3. El uso de las construcciones impersonales es muy común en anuncios e instrucciones.

Se solicitan intérpretes.	*Interpreters wanted.*
Se ofrece trabajo.	*Help wanted.*
Se prohíbe fumar.	*No smoking.*

Primero se hierve el agua.	*First (you) boil the water.*
Luego se vierte en la taza con la bolsita de té.	*Then (you) pour it into the cup with the tea bag.*
Se espera tres minutos y el té está listo.	*(You) Wait three minutes and the tea is ready.*

8-21   PRÁCTICA

Contesta las siguientes preguntas de una manera original usando una construcción impersonal según el modelo.

Modelo: ¿Qué van a decirle al director?
Según entiendo, no se le dirá nada.

1. ¿Qué comenta la gente del nuevo jefe?
2. ¿Qué necesita uno para hacer un altar del Día de los Muertos?
3. ¿Qué le regala la gente a los niños en Halloween?
4. ¿Qué exigen de mí?
5. ¿Qué nos dijeron sobre La Llorona?

8-22   MINILECTURA. "CULTO A LA PACHAMAMA EN BOLIVIA"

Lee la siguiente lectura y después contesta las preguntas que siguen.

Cada año, en el mes de agosto, se celebran en las cumbres andinas de Bolivia, Perú y Ecuador los rituales a la Pachamama, la Madre Tierra. Según la cosmovisión de los habitantes andinos, la Pachamama pide ofrendas para saciar su sed y hambre al despertar después del estío°. A cambio de estas ofrendas los habitantes reciben favores que prometen abundancia y fertilidad.

    Los ritos a la Pachamama empiezan al despertar el alba. En altares de piedra perfectamente colocados se queman objetos como dulces, nueces, flores, hierbas aromáticas e incienso. Los elementos representan tanto a la familia y la salud como al trabajo y los negocios. Un sacerdote aimara llamado yatiri ofrece oraciones mientras arroja alcohol para avivar las llamas. Los devotos ahí reunidos rezan a las distintas deidades, incluyendo al Dios cristiano, esperando que se cumplan sus deseos. Se cree que si las cenizas quedan blancas los deseos se cumplirán. Muchos de los que participan mastican coca, que es para los indígenas una hoja casi mística.

summer

Agosto es el mes dedicado a la Pachamama. Las celebraciones empiezan el primero de agosto y duran todo el mes. Se cree que durante esta temporada los espíritus emergen para posesionarse del territorio andino. Esta tradición, que se asocia con el calendario agrícola andino, se ha practicado por siglos en los países indomestizos. Al llegar los españoles, los incas mezclaron sus creencias con las nociones cristianas, logrando que sus ritos y tradiciones sobrevivieran. Aunque se consideraba hereje, hoy en día el culto a la Pachamama se está extendiendo aun entre las clases medias de los países con fuertes tradiciones indígenas.

 8-23   PREGUNTAS DE COMPRENSIÓN

1. Explica quién o qué es la Pachamama y por qué se le hacen ofrendas.
2. ¿Cómo se sabe que los deseos se cumplirán?
3. ¿Por qué se hacen las ofrendas en agosto?
4. Explica lo que ocurre durante los rituales.
5. ¿Cómo se explica que las creencias paganas sobrevivan hasta hoy en día?

 8-24   PRÁCTICA

Escribe oraciones usando el **se** impersonal para describir los rituales a la Pachamama en Bolivia.

Modelo: Hacer ofrendas. **Se hacen** ofrendas al amanecer.

1. Rezar en voz baja.
2. Quemar ofrendas.
3. Pedir favores.
4. Alzar altares.
5. Masticar coca.

 8-25   PRÁCTICA

Rellena los espacios en blanco con el pronombre necesario.

1. Para que se quemen las ofrendas se _____ arroja alcohol a las llamas.
2. La gente espera que se _____ cumplan los deseos.
3. ¿Dices que a ti no se _____ permitió sacar fotografías del yatiri?
4. Esperábamos buenos augurios, pero no se _____ concedieron.
5. Si yo participo en los ritos, ¿crees que se _____ concedan favores como a los creyentes bolivianos?

8-26   CRISTIANOS, ÁRABES Y JUDÍOS

La convivencia de tres grupos religiosos en la España medieval —los cristianos, los árabes y los judíos— produjo un notable florecimiento cultural cuya huella todavía hoy se puede apreciar, entre otros ámbitos, en la arquitectura de la época. Busca en Internet información acerca de edificios religiosos de estas tres culturas en este período. Escoge uno y haz una breve descripción de su valor histórico y artístico. Puedes escoger, entre otros, la Sinagoga de Santa María la Blanca, la Mezquita de Córdoba o las catedrales de Burgos o León. Comparte tu información con el resto de la clase.

Dos músicos, árabe y cristiano, tocando el laúd. Miniatura de las 'Cantigas' de Alfonso X el Sabio (1221–1284)

RESUMEN DE LOS DIFERENTES USOS DE *SE*

La partícula **se** se usa:

◆ Como pronombre reflexivo de tercera persona y también para expresar acciones recíprocas.

Luis **se despertó** tarde.   Ellos **se quieren** mucho.
Se arrepintió de sus acciones.   Esteban y Alicia **se tienen** mucho respeto.

◆ En construcciones pasivas.

La casa **se vendió** en medio millón de dólares; **se le vendió** a un ejecutivo la semana pasada.
La cena **se sirvió** a las siete. **Se nos sirvió** con mucha elegancia.

◆ Como complemento indirecto en lugar de **le** o **les** delante de **lo**, **la**, **los** y **las**.

> No quise **decírselo** a Manolo.
> Las pulseras **se las** presté a mi amiga Adela.

◆ Delante de los pronombres de complemento indirecto para expresar algo que ocurre involuntariamente o por casualidad.

> A mi hermana **se le** olvidó tu dirección.
> **Se nos** fue la electricidad durante la tormenta.

◆ En las construcciones de tipo impersonal.

> **Se prohíbe** usar el teléfono celular.
> En mi país **se hablan** varios idiomas.

 8-27   EL EKEKO

Completa el siguiente diálogo con los pronombres que se necesiten. Se recomienda leer el diálogo antes de empezar a rellenar los espacios en blanco.

Figura representando al Ekeko

LUIS: ¡Qué interesante es esta figura! Desde que _____¹ conozco veo que siempre _____² tienes en tu cuarto.

RAÚL: Sí, esta figurita _____³ tengo desde que era pequeño. Siempre está con_____⁴. Representa al Ekeko, el dios aimara de la abundancia. _____⁵ _____⁶ regaló mi abuelo cuando _____⁷ era niño, según _____⁸ para que _____⁹ cuide y _____¹⁰ dé abundancia.

LUIS: ¿Y cómo _____¹¹ hace?

RAÚL: Tienes que pedir_____¹² tres deseos y dar_____¹³ un cigarro para que no _____¹⁴ enoje contigo. Y dicen que después _____¹⁵ _____¹⁶ cumplen los deseos que _____¹⁷ pediste.

LUIS: ¿Y _____¹⁸ crees en eso?

RAÚL: Claro que _____¹⁹ creo. Además, _____²⁰ tengo mucho cariño. De hecho, esta figurita pienso dejár_____²¹ a mi hija, para que en un futuro _____²² _____²³ regale luego a mi nieta. Oye, mira la hora. _____²⁴ _____²⁵ está haciendo tarde para ir a la Fiesta de las Alasitas en donde se veneran tanto la Virgen como el Ekeko.

LUIS: Sí, vámo_____²⁶. No quiero llegar tarde. ¡Quiero aprender más de esta tradición boliviana!

ESCRITURA

Antes de escribir, repasa las siguientes reglas sobre la acentuación y la ortografía.

REPASO DE ACENTUACIÓN

1. Llevan tilde ciertas palabras que se pronuncian de la misma manera para distinguir el significado y uso gramatical.*

mi *my*	**mí** *me*	**el** *the*	**él** *he, him*	**te** *you, yourself*	**té** *tea*
si *if*	**sí** *him/herself*	**tu** *your*	**tú** *you*	**de** *of, from*	**dé** *give*
sí *yes*					

NOTA: En general las palabras monosilábicas no llevan acento cuando no hay confusión de significado: **fui, fue, vi, vio, di, dio**

2. Se requiere la tilde al añadir pronombres a infinitivos, gerundios o imperativos afirmativos.

    llevársela comprármelo estudiándola escribiéndoselas quítelo acuéstate

NOTA: En el caso de infinitivos no se necesita la tilde cuando se añade un solo pronombre: **llevarla, comprarme.** Recuerda que los mandatos de una sílaba tampoco llevan acento: **ponla, hazlo.**

8-28 PRÁCTICA

Pon la tilde en las palabras subrayadas que la necesiten.

1. Alicia habló con <u>el</u> director. Como <u>te</u> dije, <u>el</u> <u>fue</u> a su despacho poco antes <u>de</u> las tres.

2. <u>Si</u> <u>tu</u> quieres que yo les <u>de</u> <u>el</u> recibo, <u>se</u> lo puedo dar <u>esta</u> tarde.

3. Ayer por la tarde <u>vi</u> al primo de Elena. <u>Fui</u> con <u>el</u> al café donde tomamos <u>te</u>.

4. Pedro habla de <u>si</u> mismo como <u>si</u> fuera <u>el</u> más importante.

5. Estaba <u>escribiendote</u> una notita para <u>decirte</u> que <u>vi</u> a Josefina ayer.

6. Por favor, <u>traeme</u> aquella toalla y <u>ponla</u> a <u>mi</u> lado.

---

* Ver Capítulo Preliminar, página 8.

ORTOGRAFÍA: DIFERENCIAS ENTRE EL ESPAÑOL Y EL INGLÉS

Como hemos visto, un cognado es una palabra que tiene el mismo origen en inglés y en español.
A veces la ortografía es idéntica, a veces, es parecida. Estudia los siguientes cambios ortográficos:

Inglés	Español
ph *photography*	**f** fotografía
ch *orchestra, technology*	**qu** orquesta, **c** tecnología
sc *school*	**esc** escuela
sp *spy*	**esp** espía
st *student*	**est** estudiante
mm *immigrant*	**nm** inmigrante
mm *committee*	**m** comité
ss *professor*	**s** profesor
ff *difficult*	**f** difícil
ll *stellar*	**l** estelar
th *theme*	**t** tema
cc *occur*	**c** ocurrir

 8-29   PRÁCTICA

Escribe el equivalente en español de las siguientes palabras. Si no estás
seguro/a de la ortografía, consulta el diccionario.

1. telephone _____
2. pharmacy _____
3. stamp _____
4. scandal _____
5. panther _____
6. collaborate _____
7. statue _____
8. passion _____
9. efficient _____
10. thesis _____
11. commission _____
12. orchid _____
13. stupid _____
14. different _____
15. confessor _____
16. immature _____
17. occasion _____
18. architecture _____
19. scholastic _____
20. immediately _____

COMPOSICIÓN

 8-30   REDACCIÓN

Escoge uno de los siguientes temas para escribir una composición de
por lo menos tres párrafos, siguiendo las sugerencias que se dan a
continuación.

TEMA 1: ¿Cuáles son tus creencias religiosas o espirituales? Escribe una redacción razonando la importancia de tener convicciones religiosas. En tu composición explica cómo tu religión integra en su doctrina los valores humanos de tolerancia, compasión, amor, justicia, paz, cuidado de los pobres y conservación ambiental. Explica también de qué manera la religión te ayuda a afrontar los problemas diarios y satisface tus necesidades espirituales.

Si no eres religioso/a, describe cuáles son tus convicciones vitales y los principios éticos que rigen tu vida. En tu composición explica cómo integras en tu sistema de valores los ideales humanos de tolerancia, compasión, amor, justicia, paz, cuidado de los pobres y conservación ambiental.

TEMA 2: En el mundo actual parece lejano un posible entendimiento entre las tres religiones monoteístas, cristianismo, judaísmo e islamismo. Pero esto no siempre fue así. Investiga en Internet sobre la convivencia cotidiana y religiosa de cristianos, judíos y musulmanes durante la Edad Media en ciudades como Toledo o Córdoba. Puedes también investigar el legado arquitectónico y cultural de estas religiones y cómo instituciones comunes como la Escuela de Traductores de Toledo ayudaron a fomentar la convivencia pacífica y el entendimiento entre estas tres culturas. Después escribe una redacción describiendo lo que averiguaste sobre la convivencia de cristianos, judíos y árabes en la España medieval. En tu composición da ejemplos específicos de esta convivencia y del enriquecimiento mutuo de estas tres religiones. Termina tu composición explicando, según tu punto de vista, lo que podríamos aprender de este período para lograr una convivencia pacífica entre las tres religiones hoy en día.

Capítulo 9

El comediante Bill Santiago

LA LENGUA Y SU USO

Enfoque temático
- Vocabulario
- Lectura: "*Espanglish* o *spanglish*, producto de una nueva realidad"
- Comprensión, análisis y expansión

Objetivos gramaticales
- Adjetivos y pronombres posesivos
- Adjetivos y pronombres demostrativos

- Pronombres relativos
- Sustantivos
- Diminutivos y aumentativos

Práctica de escritura
- Repaso de acentuación
- Ortografía: **sc**
- Composición

PRELECTURA

 9-1   PREGUNTAS DE PRELECTURA

1. Los hablantes a menudo modifican su forma de hablar según las circunstancias y su propósito. ¿En qué contextos o con qué personas cambias tú tu forma de hablar?

2. Con un/a compañero/a piensen en palabras del español que se usen habitualmente en inglés (por ejemplo, *I have nothing left, nada; Adiós amigos!*). ¿Por qué creen que se usan estas palabras y no sus voces correspondientes en inglés?

3. ¿Conoces alguna palabra o expresión en *spanglish*? Explica lo que significa.

4. ¿Por qué crees que los hablantes hispanos combinan el inglés y el español cuando hablan español?

 9-2   VOCABULARIO

Antes de leer, familiarízate con las siguientes palabras y expresiones que aparecen en negrita en la lectura.

acogida	recibimiento, recepción	gesto	acto, postura
afín	similar, cercano	hacer caso omiso	no hacer caso, ignorar
apuntar	indicar, señalar	innegable	evidente, incuestionable
atestiguar	dar testimonio, confirmar	intercalar	insertar, incluir
barajar	considerar	mezclarse	combinarse, unirse
capaz	apto, competente	no obstante	sin embargo, a pesar de lo dicho
cátedra	materia de estudio universitario	país natal	país de nacimiento
conjunto	combinación, colección	procedente	nacido en, originario de
convivir	relacionarse, coexistir	rechazo	repudio, censura
desprestigiar	desacreditar, denigrar	regirse (i, i)	gobernarse, guiarse
esbozar	trazar, delinear	vagón	carruaje del tren
fracaso	fallo, pérdida, frustración		

 9-3   MEJORA TU VOCABULARIO

Escoge la palabra o expresión que mejor complete el sentido de la oración.

1. Según algunos estudiosos, los intentos de normalizar el *spanglish* están destinados al (fracaso/vagón) pues el *spanglish* es un uso espontáneo y creativo de la lengua.

2. Muchos hablantes hispanos en EE. UU. (intercalan/esbozan) palabras y expresiones inglesas al hablar español.

3. Es (innegable/afín) que el *spanglish* es una realidad en el habla de muchos hispanos en EE. UU.

4. En un momento se (rigieron/barajaron) varias denominaciones para referirse al fenómeno hoy conocido como *spanglish*.

5. La mayoría de las personas que hablan en *spanglish* son o provienen de familias (capaces/procedentes) de países de Latinoamérica.

6. En mi barrio (rechazan/conviven) personas que hablan varias lenguas y la mayoría usan alguna palabra del inglés cuando hablan su idioma.

7. Algunos puristas acusan a los que usan el *spanglish* de (desprestigiar/atestiguar) la lengua de Cervantes.

8. El novelista Junot Díaz (hizo caso omiso/se encargó) de las normas del español y escribió su novela tal y como hablan muchos dominicanos en Nueva York.

9. Los críticos dieron una calurosa (cátedra/acogida) a la novela del profesor Díaz.

10. El conferenciante usó el *spanglish* en su conferencia, (conjunto/gesto) que fue aplaudido por algunos y censurado por otros.

LECTURA

◆ *ESPANGLISH* O *SPANGLISH*, PRODUCTO DE UNA NUEVA REALIDAD

Casi todos los lingüistas están de acuerdo: no es una lengua. Es libre, no tiene normas, es espontáneo, oral y, para muchos, una seña de identidad. El *espanglish* es una manera de expresarse, es un hecho, una realidad lingüística en la que mujeres y hombres de origen hispano nacidos en Estados Unidos y bilingües por derecho, se sienten cómodos.

"Se trata de una serie de prácticas comunicativas, de maneras de hablar que son legítimas, e incluso consideradas correctas y apropiadas en determinados contextos. Efectivamente, mucha gente cree que el *espanglish* es consecuencia de un conocimiento defectuoso de la lengua, y eso en algunos casos es cierto. Pero, en líneas generales, caracterizar de esa manera el *espanglish* sería distorsionar la realidad" (José del Valle).

"Yo lo llamo *spanglish,* a mí no me preocupa ese término; pero sí, hay otra gente que lo usa para **desprestigiar** y hablar mal de los hablantes y de la forma de **intercalar** los idiomas. Pero, la verdad es que no es ninguna jeringonza°, no es nada nuevo, todos los grupos bilingües lo han hecho…, y por eso hay gente que dice que prefieren el término 'el español popular de los Estados Unidos'. Lo que sí se sabe es que, el que lo hace, honra las leyes de la gramática del español a la vez que honra las leyes de la gramática del inglés, y solamente los bilingües saben donde pueden unir un **vagón** de uno de los idiomas con los vagones del otro idioma" (Ana Celia Zentella).

Tanto José del Valle como Ana Celia Zentella son filólogos° y profesores en universidades de Nueva York (The City University of New York) y San Diego (University of California, San Diego) respectivamente. Él es español y lleva ya 20 años en Estados Unidos; ella es hija de latinoamericanos, aunque nació y se crió en Nueva York. Los dos **conviven** con ambas lenguas. Español e inglés **se mezclan** de manera natural e inconsciente en su día a día. Son testigos de la fusión y, además, participan del fenómeno lingüístico.

gibberish

language scholars

Oralidad y espontaneidad

El *espanglish* se habla y algunos empiezan a escribirlo, y ante frases como "cierra la *window*, que me estoy frizando" no podemos evitar **esbozar** una sonrisa; sobre todo, los hispanohablantes que no vivimos esa realidad. Pero la verdad es que no debería sonarnos tan raro. Cualquiera que haya vivido fuera de su **país natal** y haya experimentado una inmersión en otra realidad lingüística será **capaz** de entender el fenómeno. Todos los grupos de inmigrantes en cualquier parte del mundo adoptan palabras de la lengua del país de **acogida** y las introducen en su vocabulario, aun cuando en su propio idioma haya una palabra con el mismo significado.

Steev Hise

Latinoamericanos y españoles, desde Nueva York hasta California pasando por Florida, conviven con dos sonidos, con dos idiomas: el oficial y el exportado por los inmigrantes **procedentes** de América Latina. Hoy hay más de 50 millones de latinos, pero se calcula que en 2050 habrá más de 132 millones, según las proyecciones del censo de los Estados Unidos.

El *espanglish* es un fenómeno sociolingüístico que se escucha por todas partes y que **atestigua** que la realidad social de Estados Unidos está cambiando. El fenómeno es más natural de lo que parece; es más fresco, espontáneo y, para algunos, un hecho necesario. Lo que ocurre en Estados Unidos, según la profesora Ana Celia Zentella, es que los latinos tienen una creatividad fuera de lo común. "Todo inmigrante inmediatamente al llegar aprende unas palabras en inglés y empieza a adaptarse al léxico del inglés, pero no hacen esa alternancia creativa, que es la que nos distingue a nosotros, en la cual nos sentimos más cómodos. Yo, al hablar con usted ahora, me siento cómoda pero no soy Ana Celia completa. La Ana Celia completa habla inglés a veces, español a veces…, pero con la gente con quien más comparto, más **afines**, hablo los dos".

El *espanglish* no es exactamente la fusión del español y el inglés, sino un español salpicado° de palabras y expresiones inglesas. En un principio se creyó que era una mezcla al 50%, fruto de una realidad bilingüe, y se **barajó**, entre otros, el término "ingañol". Hoy es conocido como *espanglish* o *spanglish,* y nadie niega que es una forma de hablar español.

    splashed

De la calle a las aulas

El escenario del *espanglish*, de momento, es la calle, son los barrios de Los Ángeles, Nueva York o Miami, aunque esos no son los únicos lugares donde se habla. Aprovechando que el español está de moda, que lo latino es *cool* y que, además, vende, alguien ya se ha querido llevar el fenómeno a las aulas, e incluso se rumorea° que ha creado una "**cátedra** de *espanglish*". Es el caso de Ilan Stavans, que, además, ha traducido al *spanglish* el primer capítulo del *Quijote*. Como en el mundo académico este tipo de actitudes suelen ser mal recibidas, esta postura ha sido acogida por la mayoría de los filólogos como una extravagancia que lo único que hace es crear enemigos a una manera de hablar que es tan **innegable** como el propio hecho.

    it is rumored

José del Valle afirma: "Desde mi punto de vista, su esfuerzo por proyectar la legitimidad del *espanglish* es tan histriónico que provoca una reacción de **rechazo.** Gente que estaría favorablemente predispuesta (lo) rechaza inmediatamente al escucharlo". Pero el profesor va más allá y afirma que si intentásemos que el *espanglish* siguiese ciertas reglas, estaríamos incurriendo en una clara contradicción. "En mi opinión, los intentos por crear una norma del *espanglish,* por normativizar el *espanglish*, son esfuerzos que están abocados° al **fracaso** y que, en cualquier caso, desvirtuarían° la naturaleza del *espanglish*, porque lo característico del *espanglish* es la absoluta espontaneidad.

*destined / would
deform*

Querer escribir un diccionario de *espanglish*, querer escribir una gramática del *espanglish* sería intentar transformarlo en una lengua, y no es una lengua, es un **conjunto** de prácticas comunicativas. Me atrevería incluso a decir que es un **gesto** reaccionario". Fuera de la calle y al otro lado del charco°,* el panorama es bastante distinto.

pond

Hay quienes se llevan las manos a la cabeza y quienes no prestan demasiada atención y **hacen caso omiso** de la trascendencia del fenómeno en la lengua de Cervantes. La Real Academia de la Lengua Española lo tiene claro. "Yo creo que la Academia pasa totalmente de esto. Lo considera un fenómeno menor, sin ninguna importancia o con poca importancia, y además que es un fenómeno variable, muy variable, y que va pasando. El *espanglish* no representa ningún peligro para el español, en absoluto", afirma Humberto López Morales, Secretario General de la Asociación de Academias de la Lengua Española desde 1994. **No obstante**, el hispanista reconoce que el fenómeno es mucho más complejo de lo que se creía en un principio. Pero, aún así, el término *spanglish* ni siquiera figura en el diccionario de la Real Academia Española.**

Como **apunta** Humberto López Morales, lo cierto es que "al no ser un idioma, pues es evidente que no tiene ni gramática ni tiene un vocabulario fijo, etcétera. Y, consecuentemente, tampoco tiene criterios de corrección idiomática. Nadie puede decir 'este señor habla un *espanglish* ejemplar' o 'su *espanglish* es terrible'. No puede hacer ningún juicio de valor porque no hay criterios de corrección". Pero no por el hecho de no ser una lengua o no presentar ningún peligro para el castellano debemos dejar de prestarle la atención que se merece.

El autor de *The Brief Wondrous Life of Oscar Wao*, Premio Pulitzer de Literatura de 2008, se llama Junot Díaz y es de origen dominicano. "Oscar Wao viene de pronunciar Oscar Wilde a la española, de ahí que sea un canto al *spanglish* desde el título de la obra, y que mi título juegue con esa referencia: es como si se hubiera premiado el *spanglish*", afirma Junot. De la novela, la revista *Newsweek* escribió: "Oscar Wao nos revela a un novelista comprometido con la cultura, por arriba y por abajo, con su lenguaje políglota".

Señas de identidad

"Los jóvenes son los que más acostumbran [a usar el *espanglish*] si son bilingües. Intercalar los dos idiomas es una forma de identificarse y de conocerse mejor con otros que comparten la experiencia de haber nacido o haberse criado en los Estados Unidos", dice Ana Celia Zentella. Cuenta la profesora que ha escuchado a los niños de California y Nueva York decir la palabra "chirona". ¿Alguna idea del significado? Viene de *to cheat*, hacer trampas, y de *cheater*, tramposo.

Los niños, por su condición de seres libres en cuanto a que no **se rigen** por convenciones o normas, por códigos lingüísticos estrictos, inventan constantemente palabras y en Estados Unidos, los niños de padres hispanohablantes crean palabras que no son más que el reflejo de una realidad en la que el español está cada día más presente.

---

* Referencia al océano Atlántico, es decir, España.
** La Real Academia Española ha anunciado que la próxima edición de su diccionario incluirá la palabra *espanglish*.

9-4 COMPRENSIÓN DEL TEXTO

1. Menciona al menos tres características del *spanglish* que se citan en la lectura.
2. Según la lectura, ¿quiénes usan el *spanglish*?
3. ¿Es el *spanglish* una fusión al 50% de español e inglés?
4. ¿Qué tradujo el profesor Ilan Stavans al *spanglish*?
5. ¿Cuál es la postura de la Real Academia de la Lengua Española con relación al *spanglish*?
6. ¿Qué premio ganó el escritor Junot Díaz y por qué se distingue su novela?

 ### 9-5 ANÁLISIS Y EXPANSIÓN

1. En tus propias palabras, define qué es el *spanglish* y explica por qué no es una lengua.
2. ¿A qué se refiere el profesor Del Valle cuando dice que es una contradicción tratar de poner reglas al *spanglish*?
3. ¿Por qué sería un contrasentido decir que una persona "habla un *spanglish* ejemplar"?
4. Explica la importancia de que empiece a haber escritores que usen el *spanglish* en su obra.
5. ¿Por qué son los niños y los jóvenes los más dados a inventar palabras nuevas en *spanglish*?
6. Explica de qué manera(s) puede ser el *spanglish* una seña de identidad para los hispanos nacidos en EE. UU.

GRAMÁTICA

ADJETIVOS Y PRONOMBRES POSESIVOS

 ### POSESIVOS

	ADJETIVO DELANTE DEL SUSTANTIVO	ADJETIVO DESPUÉS DEL SUSTANTIVO	PRONOMBRE
yo	mi, mis	mío (-os, -a, -as)	el (los, la, las) mío (-os, -a, -as)
tú	tu, tus	tuyo (-os, -a, -as)	el (los, la, las) tuyo (-os, -a, -as)
él, ella, Ud., cosa	su, sus	suyo (-os, -a, -as)	el (los, la, las) suyo (-os, -a, -as)
nosotros (-as)	nuestro (-os, -a, -as)	nuestro (-os, -a, -as)	el (los, la, las) nuestro (-os, -a, -as)
vosotros (-as)	vuestro (-os, -a, -as)	vuestro (-os, -a, -as)	el (los, la, las) vuestro (-os, -a, -as)
ellos (-as), Uds., cosas	su, sus	suyo (-os, -a, -as)	el (los, la, las) suyo (-os, -a, -as)

1. Los *adjetivos posesivos* acompañan al sustantivo para expresar posesión o relación. Concuerdan con el sustantivo al que acompañan y no con el "poseedor". Como se ve en el recuadro arriba, hay dos formas de adjetivos posesivos:

◆ La forma "corta", que va delante del sustantivo. **Mi**, **tu** y **su** concuerdan en número con el sustantivo; **nuestro** y **vuestro** en género y número.

¿**Tu** computadora tiene corrector ortográfico de español?
Mi hermana habla tanto *spanglish* como español; depende de la situación.

◆ La forma "larga", que va detrás del sustantivo, después del verbo **ser** o sola. Concuerda en género y número con el sustantivo.

—¿Es este el diccionario **tuyo**?   —¿Y de quién son estos CD?
—Sí, es **mío**.   —**Nuestros**.

2. **Su**, **sus** y **suyo** (-os, -a, -as) algunas veces presentan ambigüedad. Para mayor claridad se sustituyen por la preposición **de** + los pronombres personales.

su amigo
{ el amigo **de él**   el amigo **de ellos**
  el amigo **de ella**   el amigo **de ellas**
  el amigo **de Ud.**   el amigo **de Uds.**

la casa suya
{ la casa **de él**   la casa **de ellos**
  la casa **de ella**   la casa **de ellas**
  la casa **de Ud.**   la casa **de Uds.**

El español **de ellas** es muy culto.
La novia de él es española.

3. Los *pronombres posesivos* se forman con los artículos definidos + las formas largas **mío**, **tuyo**, **suyo**, **nuestro**, **vuestro** y **suyo**. Concuerdan en número y en género con la cosa poseída o con la persona a la que se refieren.

Su apartamento está lejos de la universidad pero **el nuestro** queda cerca.
¿Cuál es tu taza? Esta es **la mía**.
Mi hermana tiene veintidós años. ¿Cuántos años tiene **la tuya**?

4. Las formas neutras **lo mío**, **lo tuyo**, **lo suyo**, **lo nuestro**, **lo vuestro** y **lo suyo** se usan para referirse a una idea o concepto.

Lo tuyo no tiene solución.
Ellos explicaron **lo suyo**.

9-6   PRÁCTICA

Traduce al español los posesivos que están en inglés para completar las frases.

1. (*your [fam., sing.]/yours [form.]*) Por _____ acento, Patricio, debes ser argentino. Pero no reconozco _____. ¿De qué país es usted?

2. (*his*) Javier y _____ amigos hablan *spanglish*.

3. *(my/yours [form. pl.])* _____ generación no usaba casi ninguna palabra del inglés, pero _____ usa muchísimos anglicismos.

4. *(ours)* ¿De quién son estos programas? Son _____.

5. *(ours)* _____ es un dialecto que se habla en la región de Murcia en el sureste de España.

6. *(his)* _____ acento es mexicano, pero no sé de qué estado.

7. *(mine/theirs)* El diccionario no es _____ sino _____. Se lo pedí prestado.

8. *(your [fam., sing.]/theirs)* Esas no son _____ ideas, son _____.

9. *(my/hers)* _____ familia habla español con acento cubano, pero _____ hablaba con acento mexicano.

10. *(our)* El artículo sobre el judeo-español, el español de los sefardíes, fue escrito por una profesora _____.

9-7   EN EL AEROPUERTO

Mientras caminas por el aeropuerto escuchas algunas conversaciones. Completa los siguientes diálogos con los pronombres posesivos que se necesiten según el contexto.

© Tupungato/iStockphoto

EMPLEADO: ¿A quién le pertenecen estas maletas? ¿Son de Uds.?

SR. GARCÍA: Sí, estas son _____1. Estamos esperando para facturarlas (*check them in*).

UN HOMBRE: Mi vuelo sale a las diez y media. ¿A qué hora sale _____2?

UNA SEÑORA: _____3 sale a la misma hora; es que también voy a San Antonio. Qué bien que nuestro vuelo sale a tiempo pues acabo de hablar con mi hijo Roberto, que va a Dallas, y me dice que _____4 sale con media hora de retraso.

LUISA: Voy a comprarles unos recuerdos (*souvenirs*) a mis sobrinitos. Y tú, ¿vas a comprarles algo a _____5?

ROSA: Sí, claro, a _____6 les encanta cuando les llevo regalitos.

DOÑA ANA: Tengo mi pasaporte en el bolso, pero no encuentro _____7, Manuel.

DON MANUEL: _____8 lo llevo en el bolsillo. No te preocupes tanto.

ADJETIVOS Y PRONOMBRES DEMOSTRATIVOS*

◆ DEMOSTRATIVOS ◆

SINGULAR	PLURAL	NEUTRO
este	estos	esto
esta	estas	
ese	esos	eso
esa	esas	
aquel	aquellos	aquello
aquella	aquellas	

1. Los *demostrativos* se usan para indicar proximidad o lejanía en el espacio o en el tiempo.

este (*this*)   próximo a la persona que habla
ese (*that*)   próximo a la persona que escucha
aquel (*that over there*)   lejos de la persona que habla y de la que escucha

Siempre recordaré **aquellos** días como unos de los más felices de mi vida.
¿Qué es **eso**?
Este es el momento más importante de mi carrera.

2. Los *adjetivos demostrativos* se colocan delante del sustantivo al que modifican y concuerdan con este en género y número.

¿Podrías corregir **esta** carta?
Mándeme **ese** *e-mail* que acaba de recibir.
¿Te acuerdas de **aquellas** máquinas de escribir que había antes?

---

* Las nuevas normas de la *Real Academia Española* (*2010*) recomiendan no poner tilde en los pronombres demostrativos.

3. Los *pronombres demostrativos* se usan en lugar de un sustantivo con el que concuerdan en género y número.

> Me voy a quedar con **estos** <u>zapatos</u> pero voy a devolver **aquellos**.
> ¿Qué <u>bolso</u> le gusta más, **este** o **ese**?
> **Aquella** sí fue una buena <u>compra</u>.

4. El pronombre **este** (-os, -a, -as) puede también reemplazar al sustantivo que está más cerca; en inglés quiere decir *the latter*. **Aquel, aquellos, aquella, aquellas** reemplazan al sustantivo que está más lejos; en inglés quieren decir *the former*.

> El español de España y el de las Américas son el mismo idioma, pero **este** incorpora más palabras indígenas que **aquel**.
> *The Spanish from Spain and Latin America are the same language, but the latter incorporates more indigenous words than the former.*

5. Las formas neutras **esto, eso** y **aquello** se refieren a una idea, acción o cosa abstracta.

> Ricardo, **esto** que estás diciendo ya lo sabemos. **Aquello** que nos prometieron no es lo que nos dieron; por **eso** sabemos que nos engañaron.
> *Ricardo, what you are saying we already know. That which they promised us, they didn't give us; that's why we know that they deceived us.*

9-8 PRÁCTICA

Completa estas frases con el demostrativo que mejor corresponda al sentido de cada oración.

1. Siéntate ahí, en _____ silla.
2. Aquí te dejo _____ periódicos para que los leas mientras esperas.
3. Si tienes hambre, puedes comer de _____ galletas que están allá en el estante.
4. ¿Recuerdas _____ vez que nos perdimos yendo de San José a Quepos?
5. _____ días tengo muchísimo trabajo.
6. _____ película que estamos viendo me recuerda los musicales de los años 30.
7. ¡ _____ que llevas puesto ya estuvo de moda hace 20 años!
8. Sabio es _____ que piensa antes de actuar.

9-9 SITUACIONES

Con un/a compañero/a piensen en una situación en la que las siguientes frases tendrían sentido. Después escenifiquen las situaciones para la clase.

Modelo: Eso no tiene ni pies ni cabeza.
  Situación: Un chico le dice a su profesor/a que desde hoy va a hablar solo esperanto.

1. ¡Aquello fue una locura!
2. Por eso no lo hice.
3. Bien, pues. Te veo a eso de las 3.
4. ¡No digas eso!
5. ¿Para esto me hiciste venir?

 9-10   EN UN RESTAURANTE

La familia Robles llega a un restaurante para cenar y ver un espectáculo. Completa el diálogo con el pronombre demostrativo que sea adecuado.

MESERO: ¿Qué mesa prefieren, _____¹ o _____² que está más cerca del escenario?

SRA. ROBLES: Preferimos _____³. Desde aquí se ve bien y no estamos tan cerca de los cantantes.

MESERO: Aquí tienen la carta, y _____⁴ es la lista de vinos.

SR. ROBLES: ¿Qué vino nos recomienda?

MESERO: Cualquier vino chileno. Mire Ud., aquí en la página dos. _____⁵, por ejemplo, es un vino sensacional.

SR. ROBLES: Pues tráiganos una botella de _____⁶ mientras vemos el menú.

PRONOMBRES RELATIVOS

 PRONOMBRES RELATIVOS

que	that; which; who	lo que	what; which
quien (-es)	who	lo cual	what; which
el (la, los, las) que	that; the one who/which	cuyo (-a, -os, -as)	whose
el (la, los, las) cual (-es)	that; which; who	donde	where; in which

1. El *pronombre relativo* se usa para introducir cláusulas de relativo. Las cláusulas de relativo son frases subordinadas que sirven para dar más información sobre el antecedente, es decir, un nombre, pronombre o concepto mencionado anteriormente. El pronombre relativo puede funcionar como sujeto o complemento (directo, indirecto o preposicional) de la cláusula de relativo.

         antecedente   cláusula de relativo
En español hay muchas <u>palabras</u>   **que** provienen del árabe.
                                    (SUJETO)

      antecedente   cláusula de relativo
Mi amiga <u>Laura</u>,   con **quien** fui a la universidad,   estudió el español de los judíos sefardíes.
         (COMPLEMENTO PREPOSICIONAL)

2. **Que** es invariable y es el relativo más usado cuando sigue inmediatamente al antecedente. Puede referirse a personas, cosas, lugares o conceptos. Aunque en inglés frecuentemente se omite el relativo correspondiente *that*, en español no se omite **que**.

> Los hablantes **que** emplean el *spanglish* combinan el inglés y el español de una forma creativa.
> El español **que** se habla en Argentina se distingue por un acento característico.

NOTA: **Que** <u>no</u> puede usarse con todas las preposiciones; solo se puede usar con las preposiciones **a, con, de, en** y solo cuando el antecedente es una cosa, no una persona. En estos casos es posible usar también el artículo definido + **que** (**al/a la que; del/de la que,** etc.) Ver apartado número 4 más adelante.

> La palabra **a que** te refieres es de origen griego.
> El diccionario online **de que** me hablas, ¿da también la etimología de las palabras?
> La compañía **en que** trabajo desarrolla software para enseñar español.
> El procesador de textos **con que** escribo tiene un corrector ortográfico muy bueno.

3. **Quien (-es)** se refiere solo a personas y concuerda en número con el antecedente. Se usa:

◆ Después de cualquier preposición.

> La chica **a quien** conociste en mi casa es peruana y el muchacho **con quien** vino es un escritor muy conocido.

◆ Cuando funciona como sujeto de una cláusula apositiva o suplementaria separada por comas. En este caso también se puede usar **que**, especialmente en contextos informales.

> Jesús y Lola, **quienes/que** trabajan para un canal hispano, tienen un programa sobre el uso correcto de la lengua.
> Voy a consultarle mi duda a Luis, **quien/que** estudió español en la universidad.

◆ En ciertos casos, especialmente en refranes o en frases hechas, cuando **quien** es a la vez el relativo y el antecedente y equivale a **la persona que** (*the one who; whoever*). Generalmente en estos casos también se puede usar **el (la, los, las) que**, como se verá más adelante en el apartado número 4.

> Fue Cervantes **quien/el que** escribió "En un lugar de la Mancha de cuyo nombre no quiero acordarme…"
> **Quien/El que** habla mucho hace poco.
> **Quienes/Los que** dijeron eso, no saben de qué están hablando.
> **A quien/Al que** madruga Dios le ayuda.

NOTA: Recuerda que no se usa **quien (-es)** inmediatamente después del antecedente de persona. En este caso se usa **que**.

> La chica **que** te presenté trabaja en un laboratorio.
> El carpintero **que** me hizo los estantes también me arregló la puerta.

4. **El (la, los, las) que** se usan para referirse a personas o cosas. Estos relativos pueden ser más específicos que **quien** o **que** ya que indican el género y número del antecedente por medio del artículo. Se usan:

◆ Después de cualquier preposición o frase preposicional.

El abogado **para el que/quien** trabajo estudió en Harvard.
El auto **contra el que** choqué estaba parado en un semáforo.
El restaurante **del que** hablas queda enfrente de mi oficina.
La playa **a la que** nos llevaron tenía un agua cristalina.

◆ Cuando el antecedente es ambiguo, para aclarar la ambigüedad. Corresponde al inglés *the one that* o *the one who.*

¿Cómo se llama la primera gramática del español, **la que** se publicó en 1492? (Hay varias gramáticas; me refiero específicamente a la de Antonio de Nebrija, de 1492.)
Pásame aquel diccionario, **el que** está en el estante.
Hay una llamada para ese señor, **el que** lleva la corbata roja.

Compara:

La chica **que** te presenté ayer trabaja en un laboratorio.
La chica, **la que** te presenté ayer, trabaja en un laboratorio. (Esa chica y no otra)

◆ En lugar de **quien** como equivalente de **la persona que.**

El que (Quien) estudia, aprende.
Los que (Quienes) hablan mucho, saben poco.
Josefina fue **la que (quien)** llamó.

◆ Para evitar la repetición de un sustantivo que se ha mencionado previamente. Significa *the one that* o *the ones that.*

Mis <u>primos</u> de León son muy simpáticos. **Los que** viven en Guadalajara también lo son, pero menos.
Los <u>zapatos</u> que tenía eran comodísimos. **Los que** compré ayer no lo son tanto.
La <u>novela</u> que estoy leyendo es muy interesante, pero **la que** leí antes se me hizo un poco pesada.

5. **El (la) cual, los (las) cuales**

El/la cual y **los/las cuales** son relativos que a veces pueden sustituir a **que, quien,** o a **el/la/los/las que.** Se usan:

◆ En contextos más formales.

La Real Academia de la Lengua Española, **la cual/que** fue fundada en 1713, tiene su sede en Madrid.
Las nuevas normas de ortografía, **las cuales/que** no todo el mundo conoce todavía, aparecieron en 2010.
Cervantes, **el cual/quien/que** escribió el *Quijote,* también escribió obras de teatro y poesía.

◆ En cláusulas separadas por comas, cuando el antecedente es ambiguo. Si no hay ambigüedad pueden usarse **que** o **quien.**

El primo de <u>María</u>, **la cual** vive en Nuevo México, quiere venir a pasar las vacaciones con nosotros. (María vive en Nuevo México).
<u>El primo</u> de María, **el cual/que/quien** vive en Nuevo México, quiere venir a pasar las vacaciones con nosotros. (Su primo vive en Nuevo México).
Acabo de hablar con <u>la mujer</u> de Joaquín, **la cual/quien** quiere conocer al primo de María.

◆ Después de cualquier preposición, ya sea el antecedente una persona o una cosa.

Esas son las palabras a **las cuales/las que** me refería.
Los lingüistas a **los cuales/los que/quienes** consulté no consideran necesaria una gramática del *spanglish*.

NOTA: No se pueden usar **el/la cual, los/las cuales** para sustituir a **el/la/los/las que** cuando significan *the one/s that*.

El que estudia mucho aprende mucho.
Los que llegaron tarde no escucharon el discurso completo.
Este es el diccionario que acabo de comprar. **El que** tenía antes no era muy bueno.

6. Los relativos neutros **lo que** y **lo cual** *(which)* se usan para referirse a una idea, una acción o un hecho previamente mencionado.

Juan llegó tarde, **lo que (lo cual)** hizo que la reunión empezara con retraso. Parece que hubo un accidente en la autopista, **lo que (lo cual)** causó un gran atasco de tráfico.

NOTA: Se usa **lo que** *(what)* para referirse a una idea abstracta <u>no mencionada previamente</u>. En este caso **lo que** equivale a **la cosa que** y no se puede sustituir por **lo cual**.

Lo que pasó entre Elena y tú no tiene nada que ver conmigo. Yo no sabía nada de **lo que** habían hablado ustedes porque nunca me meto en **lo que** no me llaman.

7. **Cuyo** (-a, -os, -as) *(whose)* es un adjetivo relativo que indica posesión. Su antecedente puede ser persona o cosa y concuerda en género y número con el nombre al que acompaña, no con el antecedente.

La forma *vos,* **cuyos** <u>orígenes</u> se remontan al castellano antiguo, se usa todavía en Argentina y Costa Rica, por ejemplo.
Pedro, **cuya** <u>madre</u> es de Sevilla, habla español con acento andaluz.
Los pueblos andinos, **cuyos** <u>antepasados</u> eran los incas, hablan tanto español como quechua o aimara.
El uso de palabras indígenas como *choclo, palta, zacate* o *guajalote,* **cuyo** <u>uso</u> es común en ciertas zonas de Latinoamérica, enriquece al español.

8. **Donde** puede usarse como relativo cuando equivale a **en que**.

La compañía de publicidad **donde** trabajo usa el *spanglish* en algunos anuncios.
La novela **donde** se encuentra esa cita es *Cien años de soledad.*

 9-11   PRÁCTICA

Combina las oraciones usando el relativo **que** para contestar las siguientes preguntas. Haz los cambios que sean necesarios.

Modelo: ¿Qué estás leyendo?
(Un artículo. El artículo es un estudio sobre el *spanglish*).
Estoy leyendo un artículo que es un estudio sobre el *spanglish*.

1. ¿Quién lo escribió?

   (Una profesora. Enseña en San Diego.)

2. ¿De qué se trata?

   (El español híbrido. Lo hablan los hispanos en EE. UU.)

3. ¿Qué ejemplos da?

   (Da varios ejemplos. Los ejemplos reflejan la imaginación lingüística de los hablantes.)

4. ¿A quién va dirigido?

   (Va dirigido a estudiantes. Los estudiantes estudian lingüística.)

5. ¿Habla de alguna persona en concreto?

   (Sí, habla de un profesor. El profesor tradujo parte del *Quijote* al *spanglish*.)

 9-12   PRÁCTICA

Imagínate que le estás contando a un amigo sobre un trabajo de clase que estás haciendo con varios compañeros sobre los dialectos del español. Combina las oraciones usando el relativo **que** o **quien (-es)** para informarle acerca de cómo va el trabajo. Haz los cambios que sean necesarios.

Modelo: Este es el trabajo. De él te hablé anoche.
Este es el trabajo del que te hablé anoche.
Estoy trabajando con varios compañeros. Con ellos intercambio archivos por *Dropbox*.
Estoy trabajando con varios compañeros con quienes intercambio archivos por *Dropbox*.

1. Esta es la aplicación bilingüe. Vamos a escribir el trabajo con ella.

2. Tengo mis notas en la memoria *USB*. También tengo varios *PowerPoints* en ella.

3. Los documentos los tenemos por orden alfabético. Te refieres a estos documentos.

4. Mis compañeros de grupo ya tienen el borrador *(first draft)*. Me reuní con ellos ayer.

5. A la profesora Martínez le gustó lo que estábamos haciendo. Le enseñamos un bosquejo a la profesora Martínez ayer.

 9-13   EL BANCO

Completa las oraciones usando **el que, la que, lo que, los que o las que**.

1. Mi hermana, _____ trabaja en el banco, se acostumbró a intercalar expresiones en inglés cuando habla español con los clientes.

2. Esa es la razón por _____ su español ahora está salpicado de anglicismos.

3. El trabajo para _____ la contrataron requería que supiera español e inglés.

4. Por eso a veces _____ hablan solo inglés están en desventaja a la hora de encontrar trabajo.

5. Las compañeras con _____ ella trabaja también hablan *spanglish*.

6. Esto es por _____ este banco es popular entre los clientes hispanos.

9-14   PRÁCTICA

Completa las oraciones con la forma apropiada del relativo **cuyo**.

1. El *spanglish*, _____ palabras son una mezcla de español e inglés, se habla mayoritariamente en EE. UU.

2. El español de Argentina, _____ entonación es similar al italiano, es hablado por casi 42 millones de personas.

3. Las palabra *guaje*, _____ origen es la palabra *uaxin* (niño) del náhuatl, también se usa en algunas zonas del norte de España.

4. Mi amigo José Luis, _____ padres también son escritores, va a publicar su primera novela.

5. La película *Contracorriente*, _____ director es Javier Fuentes-León, fue rodada en Cabo Blanco, Perú.

 9-15   PRÁCTICA

Completa las oraciones con ideas originales usando el relativo entre paréntesis.

Modelo: (cuyo) Mario Vargas Llosa…
Mario Vargas Llosa, cuyo país natal no recuerdo, publicó *El sueño del celta* en 2010.

1. (quien) El chico con…

2. (el que) Aquel novio de Celia…

3. (que) El gesto…

4. (lo que) Para hablar español…

5. (en que/donde) Quiero visitar el pueblo…

 9-16   PRÁCTICA

Escoge el relativo correcto para completar estas oraciones.

1. (lo que, lo cual, que) ¿Trajiste _____ te pedí?

2. (El cual, Lo que, El que) _____ mucho habla, mucho yerra (*errs*).

3. (quienes, a quienes, que) Esos son los estudiantes _____ les dieron las becas.

4. (quien, que, los que) Esos son los estudiantes _____ van a ir a México este verano.

5. (El que, Lo que, Lo cual) _____ no me gusta es levantarme temprano.

6. (el que, lo que, lo cual) A veces no sé de _____ está hablando el profesor.

7. (de quienes, cuyos, los cuales) Los estudiantes _____ nombres aparezcan en la lista tendrán que repetir el examen.

8. (quien, los que, que) Los hablantes _____ usan el *spanglish* combinan el inglés y el español de una forma creativa.

9-17   TRADUCCIÓN

¿Cómo se dice en español?

1. *The program I saw last night was transmitted in English and Spanish.*
2. *What I really liked were the songs the mariachi sang.*
3. *The presenter, who had a fantastic sense of humor, told a joke in Spanish, English, and Spanglish.*
4. *The singers sang old, traditional songs, which my grandmother loved.*
5. *This is a copy of the program. The one I had given you before did not include the stars' names.*

 9-18   EL ESPAÑOL DE ESPAÑA Y DE LATINOAMÉRICA

Escoge el pronombre relativo entre paréntesis que sea correcto.

El español (que/el que)[1] se habla en Latinoamérica es básicamente el mismo idioma que el español de España. Hay, sin embargo, algunas diferencias especialmente de léxico, (las cuales/el que)[2] se deben a razones históricas o a la incorporación de palabras indígenas. Muchos hablantes de Latinoamérica, (cuyos/los cuales)[3] antepasados eran incas, mayas, etc., siguen usando palabras (las que/que)[4] provienen del quechua, aimara o guaraní, por ejemplo. La palabra *choclo*, (la que/que)[5] proviene del quechua, se usa habitualmente en Perú, por poner un ejemplo, pero un español (que/quien)[6] no conozca este vocablo, no sabrá qué quiere decir a no ser que usen la palabra *maíz*. (El que/El cual)[7] viaje por Latinoamérica verá que a veces los nombres usados para referirse al mismo objeto cambian de región en región. Así, la *guagua*, (que/la que)[8] es la palabra con (quien/la cual)[9] se denomina al autobús en el Caribe, pasa a ser el camión en México, el ómnibus en Uruguay, el colectivo en Argentina, y el combi en Perú (que/lo que)[10] es un autobús más pequeño. También hay algunas diferencias en el uso de la gramática. El presente perfecto, (cuyo/que)[11] uso es común en la zona (que/la cual)[12] corresponde más o menos al centro de España, no se usa tanto en Latinoamérica. Así, mientras en muchas regiones de Latinoamérica se diría "Ya llegué", un español (quien/que)[13] viva en el centro del país diría "Ya he llegado". Asimismo hay diferencias en el habla coloquial, (lo cual/el cual)[14] a veces provoca malentendidos, pero (que/cuyos)[15] son parte de la idiosincrasia de cada región o país. A pesar de estas diferencias, (las que/que)[16] contribuyen a hacer al español una lengua viva y más rica, es apasionante comprobar que se puede viajar desde Barcelona a Punta Arenas en el sur de Chile pasando por San Juan, México D.F. o Lima usando el mismo idioma.

 9-19   PRÁCTICA

Completa las siguientes oraciones con el pronombre relativo que sea correcto. En algunos casos puede haber más de una respuesta.

1. Estoy leyendo una biografía _____ trata de la vida de un poeta hispanoamericano _____ actualmente vive en EE. UU.

2. Pienso terminar de leerla este fin de semana, _____ va a ser difícil, porque tengo que trabajar en el proyecto _____ nos asignó la profesora de ciencias.

3. El poeta escribe en español, _____ es su lengua natal, pero con frecuencia usa el inglés, _____ domina perfectamente, porque es el idioma de su país de acogida.

4. En su biografía confiesa que también se siente cómodo con el *spanglish*, _____ uso parece extendido entre muchos inmigrantes _____ viven en EE. UU. como él.

5. _____ más me gusta es el sentido del humor con _____ describe algunas situaciones _____ resultaron en malentendidos al pronunciar ciertas vocales.

9-20   MINILECTURA. "LA ESPERANZA DEL ESPERANTO"

Escoge el adjetivo o pronombre demostrativo o el pronombre relativo que sea necesario en cada oración para completar el sentido de este texto. Después contesta las preguntas que aparecen al final.

¿Puede haber malentendidos cuando ambos interlocutores se expresan aparentemente en el mismo idioma? Desafortunadamente, sí. Muchas veces a la hora de viajar se crean situaciones divertidas, como (esta/aquella)[1] vez que una amiga mexicana quiso comprar agujetas en un supermercado español. Las agujetas en España son (ese/este)[2] dolor muscular (cual/que)[3] surge después del ejercicio físico. En México son los cordones de los zapatos y la situación no pudo ser más cómica. Pero también se dan confusiones (que/las que)[4] pueden llegar a resultar peligrosas, por ejemplo a la hora de ser atendidos por un médico. Un caso claro es cuando los inmigrantes sudamericanos (quienes/que)[5] visitan al médico en España y le enumeran sus síntomas: fatiga en España significa cansancio, mientras que en Colombia es hambre. Lógicamente el diagnóstico será distinto para un caso y para otro. Y si ambos interlocutores no se encuentran en el mismo canal, el resultado puede ser catastrófico.

En una ocasión hubo un intento de resolver la problemática del idioma, creando un código común e igual para todos: un idioma plástico, creado a partir de cero, aunque ciertamente tenía reminiscencias muy claras de otros idiomas, especialmente del latín y las lenguas romances. Lo llamaron esperanto, (cuyos/cuyo)[6] nombre en inglés o en chino probablemente no tiene significado, pero en español está claro (lo que/que)[7] recordaba la intención con (que/cual)[8] fue creado: la esperanza. Creado por un médico polaco llamado L.L. Zamenhof en 1887, conocido como el *Doktoro Esperanto*, (el que/cuyo)[9] significado en dicho idioma es *Doctor Esperanzado*, pronto se popularizó (ese/aquel)[10] nombre para el nuevo dialecto.

El esperanto, (cuyo/cuya)[11] gramática es simplísima, se basa en 16 reglas sin excepciones, un alfabeto fonético y una estructura regular, por ejemplo, los sustantivos terminan en *-o* y los adjetivos en *-a*. Además funciona de forma aglutinante, es decir, a partir de un número relativamente pequeño de raíces se pueden expresar todos los conceptos posibles, (lo que/los que)[12] facilita el aprendizaje debido al reducido vocabulario para memorizar, evitando las complicaciones de los giros idiomáticos.

Fue apoyado por la Unesco en diversas ocasiones como vehículo idóneo° de comunicación, sin embargo nunca llegó a cuajar°. Pero la iniciativa esperantista no ha muerto. En 1908 se fundó la Asociación Universal de Esperanto (UEA), con miembros de 119 países y que aún hoy sigue vigente renovando sus estatutos y adaptándose a los nuevos tiempos. Quién sabe si un día podremos llegar a utilizar (aquello/este)[13] idioma como lengua en nuestros viajes a lo largo del planeta. De momento, nuestra comunicación en (estos/aquellos)[14] casos tendrá que circunscribirse únicamente a nuestros conocimientos de inglés, francés, alemán, italiano… el idioma de signos o una desarrollada capacidad para dibujar a fin de que nuestros interlocutores puedan comprendernos.

suitable
took shape

9-21   PREGUNTAS DE COMPRENSIÓN

1. Explica por qué puede haber malentendidos aun cuando dos hablantes usan el mismo idioma.
2. ¿Qué es el esperanto? ¿Cuáles son algunas de sus características?
3. ¿Con qué propósito se creó el esperanto?
4. Con un/a compañero/a hagan una lista de las ventajas y desventajas de tener una lengua internacional como el esperanto. ¿Creen que algún día se popularice el esperanto?
5. ¿Has tenido o conoces a alguien que haya tenido un malentendido al hablar español con alguien de otro país? ¿Has usado alguna vez un falso cognado en español (por ejemplo, *embarrassed*/embarazada; *deception*/decepción)? Comparte la anécdota con la clase y explica su humor.

 9-22   ALURISTA, POETA CHICANO

Photo Courtesy of Alurista

En la década de 1970, muchos escritores activistas experimentaron con las variantes de la lengua como protesta contra el uso exclusivo del inglés. Busca en Internet o en *YouTube* información acerca del poeta chicano Alurista, conocido como "The Wizard of Aztlán" por su habilidad de mezclar de una forma natural el español con el inglés y estos con el náhuatl o el maya. Escribe un párrafo detallando los datos más importantes que obtengas sobre su biografía, sus obras, su estilo y su uso de la lengua. En tu redacción, analiza también un poema que consideres que es representativo de su estilo.

SUSTANTIVOS

El *sustantivo* es la forma gramatical usada para nombrar personas, animales, cosas o conceptos. Los sustantivos se distinguen por tener género y número.

1. Sustantivos masculinos. Son masculinos:

- ◆ La mayor parte de los sustantivos que terminan en **-o**.

  el chico   el perro   el cuaderno   el empleo

- ◆ La mayoría de los sustantivos que terminan en **-aje**.

  el viaje   el traje   el aprendizaje   el garaje

- ◆ Los infinitivos, así como la mayor parte de los sustantivos que terminan en **-r**. Excepciones: la flor, la labor.

el hablar	el temor	el alfiler	el comer	el calor
el motor	el alquiler	el carácter	el terror	el olor

◆ Los sustantivos, principalmente de origen griego, que terminan en **-ma**, **-ta**, **-pa**, así como otros sustantivos que terminan en **-a**. Sin embargo, hay otros sustantivos con estas terminaciones que son femeninos: la cama, la carta, la dama, etc. (Ver sustantivos femeninos más adelante en este capítulo).

el clima	el enigma	el sistema	el mapa
el crucigrama	el pentagrama	el tema	el tranvía
el dilema	el problema	el cometa	el día
el drama	el programa	el planeta	

◆ Los días de la semana, los meses, los colores y los números.

los martes   el pasado abril   el rojo   el cinco

◆ Los nombres de los ríos, lagos, mares, océanos, montañas y volcanes.

el río Amazonas   el Caribe   el Everest
el lago Titicaca   el Pacífico   el Popocatéptl

◆ Los nombres de los idiomas y dialectos.

el catalán   el quechua   el gallego   el español   el *spanglish*

◆ Las palabras compuestas de verbo + sustantivo, incluso las que terminan en **-a**.

el cumpleaños   el abrelatas   el sacacorchos   el sacapuntas   el cubrecama

◆ Los nombres de algunos árboles. Los nombres de las frutas suelen ser femeninos. Una excepción es: la higuera/el higo (*fig tree, fig*).

el banano	la banana	el manzano	la manzana	el aguacate	el aguacate
el cerezo	la cereza	el naranjo	la naranja	el limonero	el limón
el ciruelo	la ciruela	el olivo	la oliva/la aceituna	el melón	el melón

2. Sustantivos femeninos. Son femeninos:

◆ La mayor parte de los sustantivos que terminan en **-a**.* Excepciones: la mano, la soprano, la foto (fotografía), la moto (motocicleta).

la muchacha   la gata   la puerta   la pereza   la presencia

◆ Muchos sustantivos comunes que terminan en **-ma** (excepto los que provienen del griego que suelen ser masculinos).

la alarma	la fama	la lima	la paloma	la dama
la broma	la firma	la norma	la rama	la lágrima

---

* Recuerda que se usa el artículo masculino con los sustantivos femeninos que comienzan con **a-** o **ha-** acentuada: el ala, el hambre, el agua. Ver Capítulo 2, página 74.

◆ Los nombres terminados en **-d**, **-umbre**, **-ión**, **-ie** y **-ez**. Excepciones: el camión, el avión, el gorrión (*sparrow*), el pie, el doblez.

la lealtad	la costumbre	la nación	la serie	la sencillez
la juventud	la muchedumbre	la porción	la superficie	la vejez
la pared	la lumbre	la pasión	la especie	la honradez
la red	la cumbre	la religión	la calvicie	la acidez

◆ Casi todos los nombres terminados en **-sis** o **-tis**, especialmente los referentes a enfermedades. Algunas excepciones: el oasis, el análisis, el énfasis, el paréntesis.

la artritis	la sinusitis	la apendicitis	la tesis
la neurosis	la laringitis	la crisis	la diagnosis

◆ Las letras del alfabeto.

la efe	la erre	la hache	la ene

3. Otros casos. El género de los sustantivos es bastante arbitrario y es difícil formular reglas precisas que no tengan excepciones. A continuación se dan algunas generalizaciones:

◆ Los sustantivos terminados en **-e**, **-l**, **-n** y **-z** pueden ser masculinos o femeninos.

	Masculino		Femenino	
-e:	el parque	el chiste	la suerte	la nube
	el coche	el valle	la nave	la nieve
	el postre	el bigote	la gente	la fuente
-l:	el árbol	el mantel	la piel	la postal
	el rosal	el tamal	la cárcel	la sal
	el sol	el pedal	la editorial	la capital
-n:	el corazón	el galón	la razón	la imagen
	el fin	el examen	la virgen	la sartén
	el refrán	el pan	la orden	la sazón
-z:	el pez	el arroz	la cruz	la voz
	el maíz	el lápiz	la raíz	la actriz
	el doblez	el tapiz	la nariz	la vez

El flamenco es **un baile** andaluz.
La gente llenó el estadio.
Metieron **al ladrón** en **la cárcel**.

◆ Los sustantivos terminados en **-ista** y la mayoría de los sustantivos terminados en **-nte** referentes a personas son invariables.

el/la artista	el/la pianista	el/la adolescente	el/la creyente
el/la masajista	el/la dentista	el/la agente	el/la habitante
el/la novelista	el/la violinista	el/la cantante	el/la representante

El flautista tocó acompañado de **una pianista** argentina.
La cantante hizo un concierto para recaudar fondos para **los habitantes** de la zona afectada.

◆ Los sustantivos de profesiones que tradicionalmente se usaban en la forma masculina e indicaban el sexo de la persona por medio del artículo, se pueden seguir usando de esa forma, o bien, se pueden usar con la terminación **-a** para formar el femenino. Esta forma, relativamente nueva, es común para algunas profesiones, pero todavía no para todas.

el/la asistente	la asistenta	el/la dependiente	la dependienta
el/la cliente	la clienta	el/la presidente	la presidenta
el/la abogado	la abogada	el/la juez	la jueza

Pero no se dice *gerenta, estudianta.*

La juez (jueza) dictó la sentencia ayer.
La médica (médico) me recetó unas pastillas para el dolor.
La Sra. Presidenta expresó su rechazo al proyecto de ley presentado en el Congreso.

◆ Hay sustantivos que se usan para ambos géneros biológicos.

el/la astronauta	el/la compatriota	el/la mártir	el/la colega	el/la mártir
el/la espía	el/la intérprete	el/la detective	el/la atleta	el/la joven
el/la líder	el/la militar	el/la testigo	el/la conserje	el/la psiquiatra

Los atletas mexicanos ganaron varias medallas en las olimpíadas.
La detective privada siguió al sospechoso durante horas.

◆ La mayoría de los sustantivos terminados en **d**, **l**, **n**, **r**, **s** y **z**, referentes a personas o animales, agregan **-a** para formar el femenino.

el huésped	**la huéspeda** o **huésped**	el trabajador	**la trabajadora**
el concejal	**la concejala**	el marqués	**la marquesa**
el bailarín	**la bailarina**	el andaluz	**la andaluza**

◆ Hay sustantivos referentes a personas o animales que tienen palabras diferentes en cada género.

el actor	**la actriz**	el marido, esposo	**la esposa**
el alcalde	**la alcaldesa**	el padrastro	**la madrastra**
el caballero	**la dama**	el padrino	**la madrina**
el caballo	**la yegua**	el poeta	**la poetisa (poeta)**
el compadre	**la comadre**	el príncipe	**la princesa**
el conde	**la condesa**	el rey	**la reina**
el emperador	**la emperatriz**	el toro (buey)	**la vaca**
el gallo	**la gallina**	el varón, el macho	**la hembra**
el héroe	**la heroína**	el yerno	**la nuera**

Tanto **el actor** como **la actriz** tienen acento caribeño.
El rey y **la reina** inauguraron el nuevo Instituto Cervantes.

NOTA: La palabra **macho** se aplica principalmente a los animales. La palabra **varón** se usa para referirse a hombres.

Mi hermano tiene dos **varones**.
El **macho** de muchos animales generalmente es mayor en tamaño.

◆ Algunos sustantivos que se refieren a personas tienen una sola forma.

el ángel	la víctima	el genio
la estrella (de cine)	el personaje	la persona

La víctima del asalto fue un hombre de unos treinta y tantos años.
Rosalía es **un genio**. Es capaz de hacer cualquier cálculo matemático de memoria.

◆ También hay sustantivos referentes a animales que tienen una sola forma. A veces se usan las palabras **macho** o **hembra** para hacer una distinción: la rana macho; la ardilla hembra.

la araña	la rana	el panda	la ardilla	la hormiga
el coyote	la jirafa	el rinoceronte	el tiburón	la mosca

◆ Algunos nombres tienen dos significados diferentes según el artículo —femenino o masculino— que los acompaña.

el cometa	comet		**el** editorial	editorial
la cometa	kite		**la** editorial	publishing house
el guía	guide		**el** frente	front
la guía	female guide; phone book		**la** frente	forehead
el policía	policeman		**el** Papa	Pope
la policía	police force		**la** papa	potato
el parte	communiqué, dispatch		**el** orden	order
la parte	part, portion		**la** orden	order, command
el capital	capital (money)		**el** modelo	example, pattern; male model
la capital	capital (city)		**la** modelo	female model
el cura	priest		**el** pendiente	earring
la cura	cure, healing		**la** pendiente	slope

La policía de **la capital** se encargó de mantener **el orden**.
Le pedí direcciones a **un policía** de tráfico.

4. Plural del sustantivo.

◆ Los sustantivos terminados en consonante añaden la sílaba -**es** para formar el plural.

la flor	**las flores**	la ley	**las leyes**	el bombón	**los bombones**
el reloj	**los relojes**	la cárcel	**las cárceles**	el danés	**los daneses**

◆ Los sustantivos que terminan en vocal no acentuada y los que terminan en -**á**, -**ó** -**é** (vocales acentuadas) añaden una -**s** para formar el plural.

el cuadro	**los cuadros**	la mamá	**las mamás**
la sobrina	**las sobrinas**	el café	**los cafés**
el espíritu	**los espíritus**	el comité	**los comités**
el almirante	**los almirantes**	el canapé	**los canapés**
el taxi	**los taxis**	el bongó	**los bongós**

◆ Los sustantivos que terminan en en **-í** o **-ú** pueden formar el plural añadiendo **-s** o **-es**, aunque se prefiere la terminación **-es**. Para los gentilicios, sin embargo, se recomienda **-es**.

| ají | **ajís** o **ajíes** | hindú | **hindúes** |
| rubí | **rubís** o **rubíes** | iraní | **iraníes** |

Excepciones: Las palabras de origen extranjero añaden **-s**.

| menú | **menús** | champú | **champús** | esquí | **esquís** |

◆ Los sustantivos terminados en **-s** en sílaba no acentuada no cambian en el plural.

el sacacorchos	**los sacacorchos**	el paraguas	**los paraguas**
el salvavidas	**los salvavidas**	el abrelatas	**los abrelatas**
el rascacielos	**los rascacielos**	la crisis	**las crisis**
la tesis	**las tesis**	el viernes	**los viernes**
el rompecabezas	**los rompecabezas**	el lavaplatos	**los lavaplatos**

◆ En las palabras compuestas cuya forma en singular no termina en **-s** solo se pluraliza el segundo elemento.

| la telaraña | **las telarañas** | el altavoz | **los altavoces** | el parasol | **los parasoles** |

◆ Los apellidos no se pluralizan en español. En cambio, los nombres de pila (*first names*) sí se pueden pluralizar.

Anoche cenamos en casa de **los González**.
Allí estaban **las Salcedo**.
Después llegaron los **dos Antonios** de la familia Pérez.

◆ Algunas palabras se usan solo en plural.

| las gafas | los anteojos | las pinzas (*tweezers*) |
| las vacaciones | las cosquillas (*tickling*) | las afueras (*outskirts*) |

◆ Algunos nombres geográficos solo se usan en plural.

| las Antillas | los Andes | los Alpes | las Baleares |

5. Cambios en la ortografía. Los sustantivos que terminan en **-z** cambian la **-z** por **-c** al añadir la sílaba **-es** para formar el plural.

| luz | **luces** | lápiz | **lápices** | cruz | **cruces** |

6. Cambios en la acentuación. Algunas palabras pierden o añaden la tilde al formar el plural:

◆ Si la palabra termina en consonante y lleva tilde en la última sílaba, pierde la tilde al formar el plural.

| pasión | **pasiones** | inglés | **ingleses** | nación | **naciones** | alemán | **alemanes** |

◆ Si la palabra lleva el acento tónico en la penúltima sílaba, lleva tilde en esta sílaba al formar el plural.

examen   **exámenes**   origen   **orígenes**

◆ Hay sustantivos cuyo acento cambia al cambiar el número.

régimen   **regímenes**   espécimen   **especímenes**   carácter   **caracteres**

9-23   PRÁCTICA

Escribe el artículo definido que corresponda a cada una de estas palabras femeninas.

1. _____ hacha
2. _____ alas
3. _____ avena
4. _____ águila
5. _____ aves
6. _____ actitud
7. _____ aguas
8. _____ ansiedad
9. _____ aula
10. _____ hambre
11. _____ alarma
12. _____ alma
13. _____ hamburguesa
14. _____ asta
15. _____ abeja
16. _____ arpa

9-24   PRÁCTICA

Escoge la opción correcta de las dos que se dan en cada oración.

1. Creo que es bueno saber (varios/varias) idiomas.
2. (La/el) intérprete que conociste ayer es Margarita, mi prima.
3. En mi opinión (nuestro/nuestra) sociedad no aprecia el bilingüismo.
4. Si no lees con cuidado no vas a entender (el/la) trama (del/de la) obra.
5. Te conozco bien, y sé que tienes (la/el) costumbre de leer con (mucho/mucha) rapidez.
6. Tan pronto como recibe (el/la) revista, Jorge empieza a hacer (el/la) crucigrama.
7. Consulté (este/esta) mapa para saber exactamente dónde quedaba (el/la) capital del estado.
8. Si no sabes el número, búscalo en (el/la) guía de teléfonos o en Internet.
9. Son (muchos/muchas) (los/las) problemas con que nos enfrentamos.
10. Hoy fue (un/una) día de (mucho/mucha) calor, aunque (el/la) amanecer fue relativamente (fresco/fresca).

9-25   PRÁCTICA

Escribe una oración con las siguientes palabras para indicar la diferencia en su significado.

1. el parte/la parte
2. el modelo/la modelo

3. el policía/la policía
4. el pendiente/la pendiente
5. el capital/la capital

 9-26   PRÁCTICA

Reescribe estas frases cambiando los sustantivos subrayados del masculino al femenino o del femenino al masculino. Haz los cambios que sean necesarios en cada oración.

> **Modelo:** El <u>asistente</u> parecía cansado.
> La asistenta parecía cansada.

1. La <u>cantante</u> dedicó una canción al <u>rey</u>.
2. El <u>juez</u> le llamó la atención al <u>abogado</u>.
3. El <u>conserje</u> del hotel le dio la llave a mi <u>marido</u>.
4. Su <u>madrina</u> tiene tres <u>varones</u>.
5. El <u>psicoterapeuta</u> que me trata es un <u>compatriota</u> suyo.
6. Mi <u>nuera</u> es <u>actriz</u>.

 9-27   PRÁCTICA

Reescribe estas frases cambiando los sustantivos y adjetivos al plural. Haz los cambios que sean necesarios.

1. Este rompecabezas es el más difícil que jamás he hecho.
2. La tesis que defiende ese candidato no es convincente.
3. Juan, trae un altavoz para conectar el *iPod*.
4. La nación necesita un régimen más tolerante.
5. El padre de Amira es iraquí.
6. Hay que limpiar aquella telaraña en el rincón.

DIMINUTIVOS Y AUMENTATIVOS

1. Diminutivos. En español se usa frecuentemente el *diminutivo* no solo para expresar pequeñez de tamaño, sino también afecto o cariño. A veces también se usa con sentido irónico o sarcástico. Asimismo es común su uso con nombres propios para expresar cariño o para referirse a un/a hijo/a (*Jr.*).

> El **abuelito** siempre llevaba a su **nietecito** a pasear.
> El **gatico** estaba echado en un **rinconcito** del cuarto.
> ¡Vaya **sermoncito**! Ni que fuéramos niños…
> **Juanito** es el hijo de mi hermano Juan.

2. Es difícil formular reglas definitivas para la construcción de los diminutivos ya que su uso depende no solo del hablante sino de la región o zona en que se emplean. A continuación se dan las pautas más comunes:

◆ Las terminaciones más usadas para formar el diminutivo son **-ito/-ita**. Se pueden usar con sustantivos, adjetivos y adverbios.

árbol	**arbolito**	corto	**cortito**	pronto	**prontito**	Rafael	**Rafaelito**
silla	**sillita**	fácil	**facilito**	ahora	**ahorita**	Isabel	**Isabelita**
vaso	**vasito**	pequeña	**pequeñita**	rápido	**rapidito**	Marta	**Martita**

NOTA: Cuando una palabra termina en **-co** o **-go** ocurre el siguiente cambio ortográfico:

-co → **-qui**	poco	**poquito**	muñeca	**muñequita**
-go → **-gui**	amigo	**amiguito**	lago	**laguito**

◆ Las terminaciones **-cito**, **-cita** generalmente se usan con los sustantivos y adjetivos que terminan en **e, n** o **r**.

parque	**parquecito**	corazón	**corazoncito**	amor	**amorcito**
madre	**madrecita**	limón	**limoncito**	lugar	**lugarcito**
café	**cafecito**	Efrén	**Efrencito**	mayor	**mayorcito**
suave	**suavecito**	Iván	**Ivancito**	lápiz	**lapicito**
grande	**grandecito**	rincón	**rinconcito**		

◆ Las terminaciones **-ecito**, **-ecita** generalmente se usan para construir el diminutivo de monosílabos terminados en consonantes.

luz	**lucecita**	pez	**pececito**	flor	**florecita**	pan	**panecito**

◆ Hay palabras que aceptan más de una terminación.

puerta	**puertita**	**puertecita**	fiesta	**fiestita**	**fiestecita**
mano	**manita**	**manecita**	pie	**piecito**	**piececito**
cruz	**crucita**	**crucecita**			

◆ También se usan las terminaciones **-illo**, **-ico** y **-uelo** para expresar el diminutivo.

pájaro	**pajarito**	**pajarillo**	gato	**gatito**	**gatillo**	**gatico**
pan	**panecito**	**panecillo**	chico	**chiquito**	**chiquillo**	**chicuelo**
flor	**florecita**	**florecilla**				

NOTA: El significado de algunas palabras puede variar al añadir ciertas terminaciones del diminutivo:

pera	*pear*	perilla	*goatee*	bolso	*handbag*	bolsillo	*pocket*
mano	*hand*	manecilla	*clock hand*	gato	*cat*	gatillo	*trigger*

3. Aumentativos. Las terminaciones más usadas para formar el *aumentativo* son -ote (-ota), -azo (-aza) y -ón (-ona). Se usan para expresar grandeza de tamaño y admiración, así como derogación en algunos casos.

libro	**librote**	perro	**perrazo**	hombre	**hombrón**	cuerpo	**cuerpazo**
grande	**grandote**	carro	**carrazo**	voz	**vozarrón**	casa	**casona**
mujer	**mujerona**						

¡Vaya **cochazo** que te has comprado!

Emilio es un **hombrón** como su padre.

Doña Josefa siempre imponía respeto con aquel **vozarrón** que tenía.

Siempre recuerdo aquellas camas **grandotas** que había en la casa de mis abuelos.

9-28   DIMINUTIVOS

Cambia las palabras subrayadas al diminutivo para hacer la descripción del perro de Álex. Después, con un/a compañero/a razonen los cambios (en cuanto a tamaño, nivel afectivo, etc.) que el uso del diminutivo introduce en la descripción de Rubito.

El perro[1] de mi amigo Álex, Rubito, tiene solo tres meses[2]. Todavía es un cachorro[3]. Tiene unas orejas[4] caídas y unos ojos[5] que cuando te miran te enternecen. Cuando te ve siempre da saltos[6] de alegría y mueve el rabo[7] para saludarte. Después se te sube y te da besos[8] con esa lengua[9] que tiene. Es tan pequeño[10] que dan ganas de comérselo a besos.

9-29   AUMENTATIVOS

Escribe frases que contengan los siguientes aumentativos.

1. casona
2. mandón
3. grandote
4. jefazo
5. fiestaza

9-30   ALTERNANCIA DE CÓDIGO *(CODE SWITCHING)* Y EL USO DE LOS DIMINUTIVOS

Con un/a compañero/a lean este fragmento de un poema del poeta chicano Richard Montoya y después piensen en razones por las que el autor cambia de un idioma a otro. ¿Qué efecto produce este cambio en el poema? Igualmente fíjense en los diminutivos (*jefita, tosecita*) y expliquen el efecto que estos producen en el poema en contraposición a las formas correspondientes *jefa y tos*. ¿Crees que el poeta escoge conscientemente las palabras que escribe en inglés y en español o que su estilo es más espontáneo? Razona tu respuesta.

La jefita

When I remember the campos
Y las noches and the sounds
Of those nights en carpas° o
Vagones I remember my jefita's
Palote°
Clik-clok; clik-clak-clok
Y su tosecita
(I swear, she never slept!)

tents

rolling pin

ESCRITURA

Antes de escribir, repasa las siguientes reglas sobre la acentuación y la ortografía.

REPASO DE ACENTUACIÓN

1. Si la palabra termina en **consonante** y lleva acento escrito en la última sílaba, pierde el acento escrito al formar el plural. Esto ocurre también al formar el femenino de algunos sustantivos.

   inglés inglesa ingleses   nación naciones
   alemán alemana alemanes   juguetón juguetona

2. Si la palabra termina en **vocal** acentuada, mantiene la tilde al formar el plural.

   menú menús   rubí rubíes   ají ajíes

3. Si la palabra termina en **consonante**, excepto **s**, y lleva el acento tónico en la penúltima sílaba, lleva acento escrito al formar el plural.

   examen exámenes   orden órdenes   árbol árboles

9-31   PRÁCTICA

Cambia la palabra del singular al plural o del plural al singular, prestando atención al uso del acento escrito.

1. la nación
2. la crisis
3. las ocasiones
4. la lección
5. el colibrí
6. los huéspedes
7. el examen
8. los caracteres
9. los marqueses
10. el danés
11. los menús
12. los franceses
13. el alemán
14. la razón
15. los corazones
16. el lápiz

ORTOGRAFÍA: sc

Se usa **sc**:

- en los verbos compuestos del prefijo **des-** y una palabra que empiece con **ce-** o **ci-**: **descifrar, descentrar**

- en los verbos cuyo infinitivo termina en -**cender**: **ascender, trascender** (excepto: **encender**)

- en las palabras **doscientos, trescientos, seiscientos**

- en las siguientes palabras que llevan **sc** en inglés:

adolescencia	*adolescence*	**consciente**	*conscious*
disciplina	*discipline*	**discípula**	*disciple*
escena	*scene*	**fascinante**	*fascinating*
miscelánea	*miscellaneous*	**obsceno**	*obscene*
reminiscencia	*reminiscence*	**susceptible**	*susceptible*
trascendencia	*transcendence*	**fluorescente**	*fluorescent*

9-32   PRÁCTICA

¿Se escriben con **sc, c** o **s**? Si no estás seguro/a, busca las palabras en el diccionario.

1. Después de recibir el golpe, el hombre se quedó incon____iente.
2. Todavía viven en ese pueblo los de____endientes de su fundador.
3. ¿Encontraron Uds. muchas diferen____ias?
4. Ese programa no es bueno para los niños porque contiene muchas e____enas de violen-____ia.
5. Juanito, ¿quieres en____ender las lu____es, por favor?
6. Invitaron a más de sei____ientas personas a la boda.
7. El Sr. Ramos es un trabajador efi____iente y hace poco le dieron un a____enso.
8. Ella me a____eguró que estaría pre____ente en la conferen____ia.

COMPOSICIÓN

 9-33   REDACCIÓN

Escribe una composición de por lo menos tres párrafos sobre uno de estos temas, siguiendo las sugerencias a continuación.

TEMA 1: Se dice que las lenguas actúan como *filtros* por medio de los cuales percibimos y entendemos la realidad que nos rodea. Reflexiona sobre tu experiencia como estudiante de español y escribe una composición describiendo cómo el estudiar español y la cultura hispana ha cambiado tu forma de ver la realidad y de entender las relaciones entre las personas. ¿Tienes alguna construcción favorita en español que exprese ideas o conceptos de forma diferente que en inglés (por ejemplo, el imperfecto en narraciones, el subjuntivo, los diminutivos, el *se* accidental, etc.) o alguna palabra o frase preferida en español (por ejemplo, ¡pobrecito!, ¡vamos! ¡no me digas!, etc.)? Explica por qué estas construcciones o palabras son tus favoritas y cómo te ayudan a expresar ideas, conceptos y sentimientos de forma diferente que en inglés. En tu composición compara también un elemento de la cultura hispana que conozcas (por ejemplo, el concepto del tiempo, la familia, el sentido del humor, etc.) con su correspondiente en la cultura estadounidense y explica de qué manera son similares y diferentes. Puedes terminar tu composición valorando cómo tu conocimiento del español y de la cultura hispana ha ampliado tu forma de percibir y entender la realidad.

TEMA 2: El español es el idioma más hablado en España y Latinoamérica, pero no el único. Investiga otros idiomas o dialectos que existen en el mundo hispano y escribe una composición a modo de reporte o ensayo sobre la lengua o dialecto que elijas. En tu composición describe el origen de la lengua, su distribución geográfica, el número de hablantes, y la política lingüística de la región hacia esa lengua. Compara esta lengua con el español e indica de qué maneras son similares y diferentes. Investiga también si esa lengua se usa como lengua de instrucción en las escuelas o si su uso se limita más bien al entorno familiar. Asimismo investiga si hay medios de comunicación (televisión, radio, periódicos) y literatura en esta lengua y menciona las obras o escritores más representativos. Puedes terminar tu ensayo describiendo las características más importantes de la cultura de los hablantes de esa lengua o dialecto.

Trabajo Project, www.trabajoproject.net

¿VIVIR PARA TRABAJAR O TRABAJAR PARA VIVIR?

Enfoque temático

- Vocabulario
- Lectura: "Las buenas inversiones" de Julio Cortázar
- Comprensión, análisis y expansión

Objetivos gramaticales

- Adjetivos
- Adverbios
- Comparativos
- Superlativos

Práctica de escritura

- Repaso de acentuación
- Ortografía: **r**, **rr**
- Composición

PRELECTURA

 10-1   PREGUNTAS DE PRELECTURA

1. Se dice que los estadounidenses viven para trabajar en vez de trabajar para vivir. Con un/a compañero/a razonen qué quiere decir esta expresión. Den ejemplos concretos. ¿Creen que esta actitud hacia el trabajo es igual en todas las culturas?

2. ¿Qué es más importante para ti, el éxito profesional y económico o una vida personal y familiar gratificante? Razona tu respuesta.

3. ¿Qué sería lo mínimo que necesitarías para vivir feliz? Haz una lista y después compárala con las otras de la clase.

4. ¿Crees que normalmente tenemos (o queremos tener) más cosas de las que necesitamos para ser felices? Razona tu respuesta.

 10-2   FAMILIARÍZATE CON EL VOCABULARIO

Antes de leer, trata de deducir, según el contexto que se da en cada oración, el significado de estas palabras que aparecen en negrita en la lectura. Después escoge la opción que mejor las defina.

___ 1. Las **cifras** del último cuatrimestre indican que la compañía ha aumentado sus beneficios en un 15%.
   a. número   b. sumario

___ 2. La larga disputa laboral **arruinó** la buena imagen de la compañía.
   a. dañar   b. reforzar

___ 3. Cuando le dijeron a Manuel que Teresa dejaba su trabajo de ejecutiva para irse a vivir al campo, se quedó **estupefacto**.
   a. muy asustado   b. muy sorprendido

___ 4. Dicen que los buenos inversores no se **desaniman** cuando temporalmente baja el valor de sus inversiones.
   a. perder la ilusión   b. alterar

___ 5. Los **contertulios** del programa auguran una mejora de la economía para el año que viene.
   a. persona que da consejos   b. persona con quien se conversa habitualmente

___ 6. Heredé un **solar** de mi madre, pero no sé si venderlo.
   a. apartamento   b. parcela, propiedad

___ 7. Al romperse el grifo del baño salió un **chorro** inmenso.
   a. líquido que surge a presión b. agujero

___ 8. **Roció** el espejo con alcohol y lo limpió con un paño.
   a. humedecer   b. dividir

____ 9. Le dijo al jefe que había llegado tarde por el tráfico, pero él no **se tragó la píldora**.

    a. afectarse   b. creer una mentira

____10. Han excavado un nuevo **pozo** cerca de mi casa.

    a. perforación   b. pasaje

____11. La compañía **trasladó** su sede central a Atlanta.

    a. mudar   b. entregar

____12. Están construyendo un nuevo **rascacielos** en la avenida Bolívar.

    a. edificio muy alto   b. observatorio

____13. Solo tengo un recuerdo muy **borroso** de él.

    a. brillante   b. opaco, impreciso

____14. Gracias a la abundancia de **pasto**, la Argentina produce grandes cantidades de carne de res.

    a. grano   b. hierba

____15. Hay un **montón** de solicitudes para solo un puesto.

    a. gran cantidad   b. progresivo

____16. Antiguamente era costumbre **teñir** la ropa de negro cuando se estaba de luto.

    a. colorear   b. manchar

____17. En cuanto se nubló, **plegó** la sombrilla y se fue de la playa.

    a. doblar   b. guardar

____18. Debido a la lluvia llegaron a casa **empapados**.

    a. exhausto   b. mojado

LECTURA

◆ "LAS BUENAS INVERSIONES" DE JULIO CORTÁZAR

Calentador Primus

Gómez es un hombre modesto y **borroso**, que solo le pide a la vida un pedacito bajo el sol, el diario con noticias exaltantes y un choclo° hervido con poca sal pero eso sí con bastante manteca. A nadie le puede extrañar° entonces que apenas haya reunido la edad y el dinero suficientes este sujeto **se traslade** al campo, busque una región de colinas° agradables y pueblecitos inocentes, y se compre un metro cuadrado° de tierra para estar lo que se dice en su casa.

    Esto del metro cuadrado puede parecer raro y lo sería en circunstancias ordinarias, es decir sin Gómez y sin Literio. Como a Gómez no le interesa más que un pedacito de tierra donde instalar su reposera° verde y sentarse a leer el diario y a hervir su choclo con ayuda de un calentador primus, sería difícil que alguien le vendiera un metro cuadrado porque en realidad nadie tiene un metro cuadrado sino muchísimos metros cuadrados, y vender un metro

corn

surprise

hills

approx. three square feet

reclining chair

real estate registry
what the heck

located

thistle

late afternoon

come out

hole

unhealthy

farm laborers

small suitcase

malicious

cuadrado en mitad o al extremo de los otros metros cuadrados plantea problemas de catastro°, de convivencia, de impuestos y además es ridículo y no se hace, qué tanto°. Y cuando Gómez, llevando la reposera con el primus y los choclos empieza a **desanimarse** después de haber recorrido gran parte de los valles y las colinas, se descubre que Literio tiene entre dos terrenos un rincón que mide justamente un metro cuadrado y que por hallarse sito° entre dos **solares** comprados en épocas diferentes posee una especie de personalidad propia aunque en apariencia no sea más que un **montón** de **pastos** con un cardo° apuntando hacia el norte. El notario y Literio se mueren de risa durante la firma de la escritura, pero dos días después Gómez ya está instalado en su terreno en el que pasa todo el día leyendo y comiendo, hasta que al atardecer° regresa al hotel del pueblo donde tiene alquilada una buena habitación, porque Gómez será loco pero nada idiota y eso hasta Literio y el notario están prontos a reconocerlo. Con lo cual el verano en los valles va pasando agradablemente, aunque de cuando en cuando hay turistas que han oído hablar del asunto y se asoman° para mirar a Gómez leyendo en su reposera.

Una noche un turista venezolano se anima a preguntarle a Gómez por qué ha comprado solamente un metro cuadrado de tierra y para qué puede servir esa tierra aparte de poner la reposera, y tanto el turista venezolano como los otros **estupefactos contertulios** escuchan esta respuesta: «Usted parece ignorar que la propiedad de un terreno se extiende desde la superficie hasta el centro de la tierra. Calcule, entonces». Nadie calcula, pero todos tienen como la visión de un **pozo** cuadrado que baja y baja y baja hasta no se sabe dónde, y de alguna manera eso parece más importante que cuando se tienen tres hectáreas y hay que imaginar un agujero° de semejante superficie que baje y baje y baje. Por eso cuando los ingenieros llegan tres semanas después, todo el mundo se da cuenta de que el venezolano no se ha **tragado la píldora** y ha sospechado el secreto de Gómez, o sea que en esta zona debe haber petróleo.

Literio es el primero en permitir que le **arruinen** sus campos de alfalfa y girasol con insensatas perforaciones que llenan la atmósfera de malsanos° humos; los demás propietarios perforan noche y día en todas partes, y hasta se da el caso de una pobre senora que entre grandes lágrimas tiene que correr la cama de tres generaciones de honestos labriegos° porque los ingenieros han localizado una zona neurálgica en el mismo medio del dormitorio. Gómez observa de lejos las operaciones, sin preocuparse gran cosa aunque el ruido de las máquinas lo distrae de las noticias del diario; por supuesto nadie le ha dicho nada sobre su terreno, y él no es hombre curioso y solo contesta cuando le hablan. Por eso contesta que no cuando el emisario del consorcio petrolero venezolano se confiesa vencido y va a verlo para que le venda el metro cuadrado. El emisario tiene órdenes de comprar a cualquier precio y empieza a mencionar **cifras** que suben a razón de cinco mil dólares por minuto, con lo cual al cabo de tres horas Gómez **pliega** la reposera, guarda el primus y el choclo en la valijita°, y firma un papel que lo convierte en el hombre más rico del país siempre y cuando se encuentre petróleo en su terreno, cosa que ocurre exactamente una semana más tarde bajo la forma de un **chorro** que deja **empapada** a la familia de Literio y a todas las gallinas de la zona.

Gómez, que está muy sorprendido, se vuelve a la ciudad donde empezó su existencia y se compra un departamento en el piso más alto de un **rascacielos**, pues ahí hay una terraza a pleno sol para leer el diario y hervir el choclo sin que vengan a distraerlo venezolanos aviesos° ni gallinas **teñidas** de negro que corren de un lado a otro con la indignación que siempre manifiestan estos animales cuando se los **rocía** con petróleo bruto.

(Julio Cortázar. "Las buenas inversiones", *Último Round* © Herederos de Julio Cortázar, 2012)

10-3   COMPRENSIÓN DEL TEXTO

1. ¿Cómo se define a Gómez en el cuento? ¿Qué nos dice esta descripción de su personalidad?

2. Explica para qué se va Gómez al campo y lo que busca allí.

3. Según el texto, ¿qué problemas puede traer la compra de un solo metro cuadrado de terreno?

4. Describe el terreno que compra Gómez y lo que él hace allí.

5. Aunque todos creen lo contrario, ¿por qué cree Gómez que su diminuta compra tiene sentido?

6. Explica lo que ocurre en los terrenos cercanos una vez que se conoce el supuesto «secreto» de Gómez.

7. ¿Por qué insiste el emisario venezolano en comprarle el metro cuadrado? ¿Qué encuentran al poco tiempo en el terreno?

8. Explica lo que hace Gómez en la terraza del apartamento que se compra en la ciudad.

 ## 10-4   ANÁLISIS Y EXPANSIÓN

1. Explica por qué en principio comprar solo un metro cuadrado de terreno puede parecer una idea ridícula.

2. Si tú pudieras comprar solo un metro cuadrado de terreno, ¿dónde lo comprarías? Describe minuciosamente el terreno y lo que harías allí.

3. ¿Qué tipo de inversión real crees que buscaba Gómez con su compra?

4. En el texto se dice que el metro cuadrado "posee una especie de personalidad propia". ¿Crees que esa expresión está usada en sentido literal o irónico? Explica tu respuesta.

5. Al final del cuento ¿crees que Gómez consiguió, además de sus millones, lo que deseaba en la vida?

6. Con tus propias palabras explica dónde reside la ironía del cuento.

GRAMÁTICA

ADJETIVOS

Los *adjetivos* son palabras que indican cualidades, características o propiedades de los sustantivos a los que acompañan. Los adjetivos pueden ser determinativos o calificativos según restrinjan o aporten cualidades al sustantivo. Ambos concuerdan en género y número con el sustantivo.

1. *Adjetivos determinativos.* Los adjetivos determinativos concretan o limitan el significado del sustantivo al que acompañan. Estos adjetivos se pueden clasificar según el concepto o noción por la que delimiten al sustantivo:

lugar (adjetivos demostrativos):   **este** valle   **aquellas** colinas
posesión (adjetivos posesivos):   **mis** abuelos   **nuestra** cultura

indefinición (adjetivos indefinidos):   **algún** emisario   **cualquier** precio
número (adjetivos numerales):   **poca** experiencia   **cien** euros

Por lo general, los adjetivos determinativos preceden al sustantivo.

2. *Adjetivos calificativos.* Los adjetivos calificativos aportan más información sobre el nombre al que acompañan. Generalmente se colocan después del sustantivo y nos informan de una cualidad de este que lo diferencia de los demás de su clase.

un hombre **modesto** y **borroso**   unas noticias **exaltantes**

◆ Frecuentemente, los adjetivos calificativos se anteponen al sustantivo para enfatizar o resaltar una cualidad inherente o destacada del sustantivo. También es frecuente la anteposición en poesía y en oraciones exclamativas.

La **blanca** nieve cubría todo el paisaje.
Las **impresionantes** montañas se reflejan en el lago.
¡**Magnífico** puesto el que has conseguido!
Las **drásticas** medidas económicas del gobierno no sorprendieron a nadie.

◆ El adjetivo calificativo también puede ser predicativo, es decir, se une al sujeto mediante los verbos **ser** o **estar**.

Gómez será **loco** pero nada **idiota**.
Todos los contertulios estaban **estupefactos**.

3. En español un sustantivo no modifica a otro sustantivo. Cuando un sustantivo se usa para modificar a otro, se emplea la preposición **de**.

hombre **de negocios** (*businessman*)   libro **de física** (*physics book*)
presidente **de banco** (*bank president*)   clases **de verano** (*summer classes*)

NOTA: Recuerda que el gerundio normalmente no se usa en función de adjetivo como en inglés. En su lugar se usan adjetivos propios o cláusulas con **que**.

hojas que caen   *falling leaves*
vuelos que llegan   *arriving flights*

4. Aunque **in-** o **des-** pueden traducir el prefijo inglés *un-*, en muchos casos es necesario usar frases con **sin**, **no** o **poco**.

sin importancia   *unimportant*   poco profesional   *unprofessional*
sin contestar   *unanswered*   poco amistoso   *unfriendly*
sin autorizar   *unauthorized*   poco ético   *unethical*
sin usar/no usado   *unused*   no formado   *unformed*

5. Género de los adjetivos.

◆ Los adjetivos terminados en **-o** cambian la terminación **-o** → **-a** para formar el femenino.

el equipo **directivo**   la junta **directiva**

◆ Los adjetivos terminados en **-ón**, **-án**, **-or**, y los acabados en consonante que indican nacionalidad, añaden una **-a** para el femenino. Al añadir una sílaba más, los adjetivos que llevan tilde en el masculino la pierden al formar el femenino.

juguetón	**juguetona**	andaluz	**andaluza**
holgazán	**holgazana**	alemán	**alemana**
traidor	**traidora**	francés	**francesa**

un diseño **andaluz**   una iniciativa **andaluza**

◆ Los siguientes adjetivos terminados en **-or** no cambian y tienen una sola forma para ambos géneros. La palabra **superior/a** también existe como sustantivo.

superior	exterior	**mayor**	**mejor**
interior	posterior	**menor**	**peor**
inferior	**ulterior**		

un trabajo **inferior**   una calidad **inferior**
el banco **exterior**   la puerta **exterior**

◆ Los diminutivos y los aumentativos terminados en **-ete** y **-ote** forman el femenino cambiando la **-e** final por **-a**.

un niño **regordete** (*chubby*)   una niña **regordeta**
un cuerpo **grandote** (*huge*)   una mano **grandota**

◆ Los adjetivos terminados en cualquier otra terminación, ya sea vocal o consonante, tienen una sola forma para ambos géneros.

un candidato **entusiasta**   una sociedad **entusiasta**
un día **triste**   una noticia **triste**
un ciudadano **marroquí**   una película **marroquí**
un niño **débil**   una salud **débil**
un actor **popular**   una cantante **popular**
un jefe **cortés**   una empleada **cortés***
un obrero **capaz**   una persona **capaz**

6. Formación del plural.

◆ Para formar el plural, los adjetivos que terminan en vocal añaden una **-s** y los terminados en consonante añaden la sílaba **-es**.

unas ejecutivas **agresivas**   unos ejecutivos **emprendedores**

◆ Cuando el adjetivo termina en **-z**, cambia la **z** → **c** para formar el plural.

un plan **audaz**   unos planes **audaces**
una colaboración **eficaz**   unas colaboraciones **eficaces**

---

* **Cortés** y **descortés** no cambian de género. Son excepciones a palabras que terminan con **-es** como **inglés/a** y **japonés/a**.

7. Concordancia entre adjetivos y sustantivos.

◆ Cuando en una oración hay dos sustantivos, uno masculino y otro femenino, el adjetivo que los modifica normalmente es masculino. Sin embargo, si el adjetivo modifica solo a uno de los sustantivos, entonces concuerda con ese.

Apenas reunió la edad y el dinero **adecuados**, se marchó de su casa.
Marido y mujer, no **contentos** con su trabajo, decidieron empezar su propio negocio.

Pero: El informe y la carpeta **blanca** son para enseñárselos al gerente.

◆ Cuando el adjetivo se antepone a dos o más sustantivos de distinto género generalmente concuerda con el primero.

Me impresionaron sus **meticulosos** análisis y observaciones.

◆ Los adjetivos que modifican a sustantivos unidos por las conjunciones **o** o **ni** generalmente se usan en plural cuando la descripción se refiere a ambos sustantivos. Van en singular si la descripción es exclusiva a uno de los sustantivos.

El administrador **o** su representante pueden ser **responsables** por la confusión.
Ni el cliente **ni** su acompañante, **ignorantes** de la situación, se quejaron.

Pero: El administrador **o** su representante puede ser **responsable**, pero no los dos.

◆ Los sustantivos que indican cantidad o se refieren a un conjunto (**grupo**, **mayoría**, **minoría**, **multitud**, etc.) y funcionan como sujetos de la oración admiten la concordancia tanto con el adjetivo como con el verbo en singular. Admiten la concordancia en plural cuando los elementos que componen el conjunto funcionan como el sujeto.

      sujeto (singular)   adjetivo (singular)   verbo (singular)
Solo un **grupo**   de empleados muy **pequeño**   **salió** en defensa del gerente.

      sujeto (plural) adjetivo (plural)   verbo (plural)
La mayoría de los **empleados**,   **cansados** de negociar,   **estuvieron** a favor de la huelga.

8. Apócope de algunos adjetivos.

◆ El artículo **uno**, así como los adjetivos **bueno**, **malo**, **primero**, **tercero**, **alguno** y **ninguno** pierden la -**o** final delante de un sustantivo masculino.

un **buen** sistema	**primer** grado	**algún** mercado
un **mal** negocio	**tercer** año	**ningún** automóvil

◆ **Grande** (*big, large*) se convierte en **gran** cuando se pone inmediatamente delante de un nombre singular ya sea este masculino o femenino. En este caso el significado cambia a *great*. La forma plural **grandes** se puede usar también antes del sustantivo con el mismo significado de *great* o con su significado original *big*, especialmente cuando se refiere a una cosa.

un **gran** director	una **gran** directora
unos **grandes** vendedores	unas **grandes** ejecutivas
unos **grandes** proyectos	unas **grandes** decisiones

◆ **Ciento** se convierte en **cien** delante de un sustantivo.

    cien dólares   **cien** caballos

9. Cambio de significado.

Algunos adjetivos pueden cambiar de significado de acuerdo a su posición antes o después del nombre al que modifican.

un mercado **grande** *a big market*	un **gran** mercado *a great market*
una familia **pobre** *a poor (not rich) family*	los **pobres** niños *the poor (unfortunate) children*
el traje **nuevo** *the brand-new suit*	unos **nuevos** diseños *some new, different designs*
un caso **único** *a unique case*	el **único** problema *the only problem*
el médico **mismo** *the doctor himself*	los **mismos** abogados *the same lawyers*
el vendedor **dichoso** *the lucky salesman*	el **dichoso** vendedor *the annoying salesman*
el sistema **antiguo** *the old system*	el **antiguo** sistema *the former, previous system*
la **media** jornada *half a day's work (part time)*	la clase **media** *the middle class*
los **diferentes** empleos *several jobs*	unos empleos **diferentes** *some different jobs*

10. Adjetivos relacionados con sustantivos.

SUSTANTIVO	ADJETIVO	SUSTANTIVO	ADJETIVO
actividad	**activo**	humildad	**humilde**
adaptación	**adaptable**	imaginación	**imaginativo**
banco	**bancario**	lealtad	**leal**
belleza	**bello**	mercado	**mercantil**
calor	**caluroso**	novedad	**novedoso**
capacidad	**capaz**	nobleza	**noble**
corporación	**corporativo**	paz	**pacífico**
creatividad	**creativo**	pereza	**perezoso**
eficacia	**eficaz**	perseverancia	**perseverante**
egoísmo	**egoísta**	pobreza	**pobre**
empresa	**empresarial**	puntualidad	**puntual**
encanto	**encantador**	razón	**razonable**
envidia	**envidioso**	riqueza	**rico**
estrechez	**estrecho**	ruido	**ruidoso**
felicidad	**feliz**	servicio	**servicial**
fidelidad	**fiel**	tenacidad	**tenaz**
frialdad	**frío**	trabajo	**trabajador**
honradez	**honrado**	tristeza	**triste**

La recepción del plan de Ernesto fue más bien **fría**, pero a pesar de la **frialdad** de los asistentes, él no se dejó intimidar.

Ese joven viene de una familia **pobre**. Sin embargo, nunca dejó que la **pobreza** disminuyera sus deseos por salir adelante.

11. Adjetivos relacionados con verbos.

Muchos adjetivos derivan de verbos, como es el caso de los participios pasados.*

aburrir	**aburrido**	escribir	**escrito**
avanzar	**avanzado**	incluir	**incluido**
descomponer	**descompuesto**	reconocer	**reconocido**
divertir	**divertido**	sorprender	**sorprendido**

Los temas **incluidos** en la discusión fueron muy **aburridos**.
Nuestra computadora está **descompuesta**.

12. Diminutivos y aumentativos.

En el habla popular es común usar adjetivos en forma diminutiva o aumentativa para acentuar la característica o hacer el habla más expresiva.

un pie **chiquito**	una señora **bajita**	un perro **pequeñito**
un árbol **grandote**	un día **tristón**	una familia **ricachona**

 10-5   TRADUCCIÓN

¿Cómo se dice en español?

1. *I am unemployed. In an unfavorable economy everyone suffers.*
2. *Roberto got a summer job as a swimming instructor.*
3. *Anyway the majority of those unanswered letters were unimportant.*
4. *The personnel director was unimpressed with the new contract.*

 10-6   PRÁCTICA

Escribe de nuevo los siguientes párrafos expresando las ideas subrayadas con adjetivos descriptivos.

Modelo: Es un individuo <u>lleno de egoísmo</u>. Es un individuo <u>egoísta</u>.

1. El edificio donde trabajo <u>tiene mucha belleza</u>. Es un sitio <u>que tiene su encanto</u> además de ser <u>de mucha funcionalidad</u>. Me gusta porque es un lugar <u>de mucha paz</u>, <u>donde no hay ruido</u>. Fue diseñado por un arquitecto <u>de mucha creatividad e imaginación</u> que se especializa en la arquitectura verde.

2. Me encanta mi trabajo. Todos mis colegas son personas <u>que trabajan muchas horas</u> y <u>que tienen mucha capacidad</u> en lo que hacen. Es gente <u>que produce mucho</u>. <u>Siento gran felicidad</u> al estar rodeada de personas <u>que no muestran aburrimiento</u>.

---

* Ver Capítulo 4, participios pasados, páginas 121–123.

10-7   MINILECTURA. "MICROEMPRESARIAS EN PERÚ"

Lee los siguientes párrafos acerca de las microempresarias en el Perú. Después rellena los espacios con los adjetivos que se dan al comienzo de cada párrafo. En cada caso, escoge el que tenga mejor sentido. La respuesta al número 1 se da en negrita como modelo. Se recomienda leer el texto completo antes de empezar el ejercicio.

bancarios   corporativa   empresarial   financieros   novedoso   privado

El Banco Interamericano de Desarrollo aprobó en 2010 un programa de ayuda de 10 millones de dólares para ampliar el acceso a servicios **financieros**[1] de las mujeres microempresarias peruanas. Las microempresarias son mujeres que crean sus propias empresas en las que a menudo solo ellas o ellas y miembros de su familia trabajan. Este programa es gestionado en Perú por Mibanco, el quinto banco _____[2] del país. El programa forma parte de un _____[3] sistema de préstamos que tiene por

Microempresaria pidiendo un préstamo en Perú

objeto fortalecer el espíritu _____[4] de las mujeres combinando la expansión de los servicios _____[5] con la capacitación _____[6] de mujeres que quieren empezar su propio negocio.

avanzada   básicos   comercial   pequeños

Además de préstamos, Mibanco proporciona dos tipos de capacitación mercantil a microempresarias. Uno consta de una sola sesión de adiestramiento _____[7] sobre principios _____[8] de finanzas y administración. El segundo tipo ofrece cursos de educación más _____[9] a propietarias de _____[10] negocios que ya tienen experiencia de planificación y liderazgo corporativo. Diferentes organismos gubernamentales de varios países latinoamericanos han constatado que el apoyo a las mujeres microempresarias repercute favorablemente en la reducción de la pobreza en estas zonas, puesto que las mujeres tienden a usar los beneficios que generan sus microempresas en el mejoramiento de las condiciones de vida de sus familias y en la escolarización de sus hijos.

 10-8   PREGUNTAS DE COMPRENSIÓN Y ANÁLISIS

Contesta estas preguntas sobre el texto que acabas de leer.

1. Explica qué es una microempresaria.
2. Describe los dos tipos de capacitación que ofrece Mibanco en Perú.
3. Explica por qué la inversión en proyectos empresariales promovidos por mujeres tiene una gran repercusión en la reducción de la pobreza en países como Perú.
4. Con un/a compañero/a razonen la importancia de este programa de ayuda a las microempresarias.

10-9   TRADUCCIÓN

Traduce las siguientes oraciones teniendo en cuenta el significado del adjetivo según su posición en relación con el sustantivo que modifica.

1. *Our company has just moved to a brand-new modern building.*
2. *Previously the office was located in a historic building, an old, ancient house built in 1900.*
3. *The company has created new positions and will be hiring aggressive salespeople.*
4. *The vice-president himself will interview the new personnel.*
5. *One of the candidates is a friend of mine. Poor guy! He is very nervous.*
6. *He is the only person I know who has the necessary qualifications for this job.*

10-10   UNA ENTREVISTA

Imagínate que te estás preparando para ir a una entrevista de trabajo en una empresa en la que suelen preguntar a los candidatos que se definan por medio de adjetivos. Mira la lista de adjetivos abajo y la lista en la página 297 y escoge los seis que mejor te definan a ti o tu ética de trabajo. Después escribe seis frases justificando por qué estos adjetivos se aplican a ti o a tu forma de trabajar.

Modelo: Soy **tenaz** porque nunca me rindo hasta que consigo mis objetivos.
Mi proyecto más **innovador** fue emplear energía solar para reducir gastos.

adaptable	empático	práctico
audaz	emprendedor	preparado
capacitado	flexible	prudente
capaz	honesto	puntual
confiable	innovador	responsable
curioso	original	tenaz

10-11   TRABAJO PRODUCTIVO

Se dice que los buenos administradores siempre buscan la manera de mantener a los empleados satisfechos en el trabajo, ya que esto supone mayor productividad. Imagínate que trabajas en una empresa donde el jefe ha pedido sugerencias para mejorar el ambiente laboral. Con un/a compañero/a describan, por ejemplo, el actual ambiente profesional, la participación y organización de los individuos, la ejecución de los proyectos, el salario, la administración, etc. Después formulen sus sugerencias para mejorar estos aspectos y expliquen por qué estos cambios pueden ser positivos para la compañía.

10-12   EL AUMENTO DE SUELDO

Imagínate que tienes un empleo de tiempo parcial que actualmente te paga el salario mínimo. En tu opinión, mereces un aumento y te dispones a pedírselo a tu jefe. Prepara una lista con las razones que vas a presentarle por las que crees que mereces un aumento. Usa adjetivos para describir tus cualidades laborales y tu forma de trabajar. (Puedes escoger el tipo de trabajo u oficio).

PhotoAlto/Eric Audras/Getty Images, Inc.

ADVERBIOS

El *adverbio* es invariable y se usa para modificar a un verbo, a un adjetivo o a otro adverbio.

> La reunión duró **poco**, pero conseguimos **mucho**.
> Patricia expuso las previsiones de ventas muy **bien** y todos estuvieron de acuerdo que eran **bastante** razonables.

1. El adverbio puede expresar lugar, tiempo, modo, cantidad, afirmación, negación o duda.

> La nueva sucursal del banco queda **cerca de** mi casa.
> Las cifras que manejó estaban **lejos de** la realidad.
> Terminaré **mañana** lo que empecé hoy.
> Acaba **mal** lo que **mal** empieza.
> El proyecto era irrealizable por ser **demasiado** caro.
> **Nunca** olvidaré el favor que me has hecho.
> **Tal vez** no me hayan entendido.

2. Se pueden formar adverbios añadiendo el sufijo **-mente** a los adjetivos. Si el adjetivo termina en **-o** se usa la forma femenina para formar el adverbio. (La terminación **-mente** corresponde a la terminación *-ly* del inglés.)*

sencillo	**sencillamente**	fácil	**fácilmente**
rico	**ricamente**	amable	**amablemente**
puntual	**puntualmente**	emocionado	**emocionadamente**
humilde	**humildemente**	perezoso	**perezosamente**

◆ Si el adjetivo lleva tilde, esta se conserva al formar el adverbio.

difícil   **difícilmente**   rápido   **rápidamente**   cortés   **cortésmente**

◆ Si hay dos o más adjetivos unidos por una conjunción copulativa (**y**, **o**, **pero**) la terminación **-mente** se añade solo al último adjetivo.

> Laura trabaja **rápida y eficazmente**.
> Se lo dijo **firme pero cortésmente**.

---

* Ver la lista de adjetivos en este capítulo, página 297.

3. Los adverbios también pueden aparecer en frases adverbiales.

fácilmente/**con facilidad**	calmadamente/**con calma**
generalmente/**en general**	realmente/**en realidad**
inmediatamente/**de inmediato**	tranquilamente/**con tranquilidad**
pacientemente/**con paciencia**	interesantemente/**de manera interesante**
prudentemente/**con prudencia**	puntualmente/**con puntualidad**
dinámicamente/**con dinamismo**	entusiásticamente/**con entusiasmo**

4. Bueno (**-a, -os, -as**) y **malo** (**-a, -os, -as**) son adjetivos; **bien** y **mal** son adverbios y, por lo tanto, invariables.

> Gutiérrez y Almeida son **buenos** vendedores; además hablan muy **bien** el portugués.
> La situación económica es **mala**; por eso las ventas van **mal**.*

5. Más, menos, poco, mucho, mejor, peor, demasiado y bastante pueden usarse indistintamente como adjetivos o como adverbios.

Adjetivo	Adverbio
La presidenta espera **mejores** resultados este año.	Desgraciadamente las ventas no van **mejor**.
Tenemos **demasiados** ejecutivos.	El plan era **demasiado** ambicioso.

6. El adverbio **aún** en oraciones afirmativas equivale a **todavía**. Corresponde al inglés *still*. En oraciones negativas corresponde a *yet*.

> **Aún/Todavía** están deliberando.   *They are still discussing.*
> **Aún/Todavía** no han llegado a un acuerdo.   *They have not reached an agreement yet.*

Aún más/menos corresponde al inglés *still/even more* o *still/even less*.

> En la última década se construyeron muchos rascacielos en el centro financiero, y en esta **aún más**.

7. **Aun** (sin tilde) equivale a **hasta** o **incluso**. Corresponde al inglés *even* o *including*.

> **Aun** los novatos saben eso.   *Even the rookies know that.*

 ### 10-13   PRÁCTICA

Escribe en los espacios los adverbios correspondientes con **-mente** con el fin de formular consejos prácticos para tener una exitosa entrevista de trabajo.

Modelo: (cordial) Saluda **cordialmente** a los entrevistadores.

1. (cuidadoso) Piensa _____ en las preguntas que te pueden hacer.
2. (positivo) Visualiza _____ el desenlace de la entrevista.
3. (pulcro) Ve _____ vestido/a.

---

* Recuerda que **buen** (no **bien**) y **mal** pueden ser adjetivos apocopados cuando van delante del sustantivo.

4. (puntual) Llega _____.

5. (cortés) Preséntate _____.

6. (cómodo, descuidado). Siéntate _____ pero no _____.

7. (claro, breve) Responde a las preguntas _____ y _____.

8. (desesperado) No digas que necesitas _____ el trabajo.

10-14   LA ENTREVISTA DE JULIA

> Cambia los siguientes adverbios con **-mente** a las locuciones adverbiales correspondientes. Si no estás seguro/a de la palabra que se requiere, búscala en el diccionario.

Modelo: En una entrevista a menudo es mejor contestar <u>con franqueza</u> (francamente) las preguntas difíciles.

Algo en lo que pocos jóvenes reparan a la hora de buscar trabajo es que a veces no es tanto la valía y preparación del candidato lo que impresiona a los directores de empresas y patronos que buscan empleados sino la forma en la que se presenta un candidato a una entrevista de trabajo. Para ello hemos entrevistado a Julia Sotomayor, flamante nueva ingeniera, que acaba de conseguir su primer empleo tras una ardua entrevista de trabajo. A la pregunta de cómo se preparó para la entrevista, esto es lo que nos dijo:

© Francesco Ridolfi/Stockphoto

"Sí, estaba bastante nerviosa al principio, pero sabía que si me preparaba bien para la entrevista tendría posibilidades de conseguir el empleo. Primero, examiné mi *currículum vitae* _____[1] (meticulosamente) antes de enviarlo y descubrí un error tipográfico y dos acentos que faltaban. Después pensé _____[2] (anticipadamente) en las preguntas que me podrían hacer en la entrevista. Eso me ayudó a ensayar la entrevista en sí. Cuando llegué a la entrevista saludé _____[3] (cordialmente) a los entrevistadores. Estaba un poco nerviosa cuando les di la mano y en seguida empezó la entrevista. Una cosa importante es contestar _____[4] (claramente) las preguntas y siempre hablar _____[5] (respetuosamente) de los empleos y jefes anteriores. Y eso es lo que hice. Me dije: "Tranquila, Julia, tú estás en control". También es importante no dejarse llevar por los nervios y perder la concentración. Por eso seguí _____[6] (atentamente) la conversación entre mis interlocutores y por supuesto las preguntas que me hacían. Recuerdo que hablé _____[7] (entusiásticamente) de mis planes futuros y de cómo me veía como parte de la compañía en cinco años. También defendí _____[8] (tenazmente) la necesidad de innovar con tecnologías renovables, pues es un tema que me apasiona. Pero por supuesto no lo defendí _____[9] (agresivamente), pues eso no habría dado una buena imagen de mí. Finalmente, cuando terminó la entrevista, me despedí _____[10] (amablemente) pero no _____[11] (efusivamente), pues eso hubiera sorprendido a los entrevistadores. Creo que lo debí de haber hecho bien, pues al día siguiente me llamaron y me pidieron que me incorporara _____[12] (inmediatamente) a la empresa como ingeniera técnica de energías renovables."

COMPARATIVOS

Los adjetivos y los adverbios pueden usarse para establecer comparaciones entre dos o más elementos. Las comparaciones pueden indicar relaciones de igualdad, superioridad o inferioridad entre los dos términos de la comparación.

1. Comparación de igualdad.
    Para indicar igualdad, se usan las siguientes construcciones:

tan + adjetivo o adverbio		*as…as*
tanto (-a, -os, -as) + sustantivo } **como**		*as much (many)… as*
verbo + **tanto**		*as much… as*

La protección del empleo existente es **tan** <u>importante</u> **como** la generación del nuevo. (adjetivo)
Examinaron el plan **tan** <u>minuciosamente</u> **como** habían anunciado. (adverbio)
Mi propuesta tenía **tanto** <u>valor</u> **como** la de Cristina. (sustantivo)
Este año ha habido **tantos** <u>beneficios</u> **como** el año pasado. (sustantivo)
Elena <u>gana</u> **tanto como** su marido. (verbo)

2. Comparación de superioridad e inferioridad.
    Para indicar superioridad o inferioridad se usan las siguientes construcciones:

Superioridad		Inferioridad	
más + { adjetivo / adverbio / sustantivo } **que**		**menos +** { adjetivo / adverbio / sustantivo } **que**	
verbo + **más** + **que**		verbo + **menos** + **que**	

Para mí, la personalidad es **más/menos** <u>importante</u> **que** otras cualidades. (adjetivo)
Las ventas por Internet están creciendo **más/menos** <u>rápidamente</u> **que** las ventas en sucursales. (adverbio)
Esa empresa tiene **más/menos** <u>empleados</u> **que** sus competidoras. (sustantivo)
Mi hermano <u>trabaja</u> **más/menos que** yo. (verbo)

◆ Cuando el segundo término de la comparación es una cantidad, se usa **más de** y **menos de** en vez de **más que** y **menos que**.

Llevo **más de** veinte años en esta compañía.
Pagué por la casa **menos de** $250.000.

◆ Al hacer una comparación de cantidad usando cláusulas o frases que se refieren a un nombre mencionado anteriormente, se usa **de** + artículo definido + **que**. El equivalente en inglés es *than what*. Recuerda que el artículo definido concuerda en género y número con el sustantivo al que se refiere.

Vendieron el solar en **más** <u>dinero</u> **del que** (*than what*) pagaron por él. (sustantivo)
La compañía tiene **menos** <u>recursos</u> **de los que** dicen. (sustantivo)
Julia tiene **más** <u>experiencia</u> **de la que** parece. (sustantivo)
Contrataron a **menos** <u>vendedoras</u> **de las que** habían prometido. (sustantivo)

◆ Cuando la comparación se refiere a una acción (verbo), descripción (adjetivo) o modo (adverbio), se usa **de lo que** para introducir el segundo término de la comparación.

La reunión <u>duró</u> mucho **más de lo que** (*than what*) se esperaba. (verbo)
Mi despacho en la nueva compañía es **más** <u>grande</u> **de lo que** yo pensaba. (adjetivo)
Las exportaciones resultaron <u>mejor</u> **de lo que** se pronosticaba. (adverbio)

◆ **Más** y **menos** pueden ser modificados por un adverbio (**mucho, bastante, poco, algo, tanto**) para intensificar o disminuir el grado de comparación.

Ella trabaja **mucho más** (*much more*) que yo.
Elena habla **bastante menos** (*a lot less*) que sus compañeros de trabajo.
La tecnología que usan es **algo más** (*somewhat more*) avanzada que la que usamos nosotros.

4. Comparativos irregulares.

◆ Hay seis adjetivos y adverbios que tienen formas comparativas irregulares. Estas formas solo concuerdan en género y número. **Mejor** y **peor** se pueden usar como adjetivos o adverbios.

| bueno/bien | **mejor** | pequeño | **más pequeño/menor** | poco | **menos** |
| malo/mal | **peor** | grande | **más grande/mayor** | mucho | **más** |

Los años que estuve destinada en Buenos Aires fueron los **mejores** de mi vida. (adjetivo)
Nuestros competidores negocian **mejor** que nosotros. (adverbio)
La economía está en **peores** condiciones que el año pasado. (adjetivo)
Tu empresa va **peor** que la mía. (adverbio)
Tienen **muchos** clientes, pero nosotros tenemos **más**. (adjetivo)

◆ **Grande** y **pequeño**, cuando se refieren a tamaño, admiten el comparativo regular con **más** y **menos**.

La nueva sala de juntas es **más grande** (*bigger*) que la que teníamos antes.
Nuestra cuota de mercado es **más pequeña** (*smaller*) que hace un año.

◆ **Mayor** y **menor** se pueden usar para expresar **más viejo** y **más joven** cuando nos referimos a la edad de una persona.

Pedro es **mayor/más viejo** (*older*) que Enrique.
Yo soy **menor/más joven** (*younger*) que mi hermano.

◆ Para referirse a cosas, se usan las formas regulares **más viejo** y **más nuevo**.

Estos edificios son **más viejos** que aquellos.
Mi teléfono es **más nuevo** que el suyo.

ALGO MÁS

a. En oraciones negativas generalmente se usa **más que** como equivalente de *only* en inglés. En este caso la construcción no es comparativa.

> No tengo **más que** mi determinación de triunfar.
> *I have only my determination to succeed.*
>
> No encontró **más que** dos razones para defender su proyecto.
> *He found only two reasons to defend his project.*

b. Cuando no se usan en una construcción comparativa, **tanto** y **tan** se traducen con *so, so much,* o *so many.* Cuando acompaña a un sustantivo, **tanto** concuerda en género y número con él.

> ¡Esa compañía tiene **tantos** problemas!
> *That company has so many problems!*
>
> No debes trabajar **tanto**.
> *You shouldn't work so much.*
>
> La reunión fue **tan** larga.
> *The meeting was so long.*

c. **Más bien** equivale en inglés a *rather*.

> La situación es **más bien** complicada
> *The situation is rather complicated.*

d. **Más bueno** y **más malo** con frecuencia se usan para referirse a cualidades morales.

> Mi abuela era **más buena** que cualquiera de sus hermanas.
> *My grandmother was kinder than any of her sisters.*
>
> Rocky era el **más malo** de todos; siempre se peleaba con todos los otros perros.
> *Rocky was the meanest of all; he would always fight with all the other dogs.*

 10-15 PRÁCTICA

Completa el siguiente párrafo con una de las siguientes palabras comparativas:

tan   tanto   tantos   tantas

Ana María acaba de conseguir un puesto que no le paga _____[1] como el anterior, pero no tiene que trabajar _____[2] horas como antes. ¡Está _____[3] contenta! No sale del trabajo _____[4] cansada como antes. Además ahora puede dedicar _____[5] tiempo como sea necesario a sus estudios universitarios. Quiere terminar su carrera _____[6] pronto como sea posible.

 10-16 TRADUCCIÓN

¿Cómo se dice en español?

1. *The doctor told me that I shouldn't worry so much.*
2. *The plan they presented was so good!*
4. *I don't think the problem is so difficult.*
5. *The boss sends us so many e-mails!*

10-17 MINILECTURA. "UN TRABAJO PARA VIVIR, NO UNA VIDA PARA TRABAJAR"

Después de leer la siguiente lectura, contesta las preguntas de comprensión que siguen.

A menudo se oye que los jóvenes de hoy han perdido la cultura del esfuerzo, es decir, que se han acomodado y que han perdido cierto espíritu de sacrificio que sí tenían sus padres porque esta nueva generación se ha criado en una etapa de prosperidad global. Es cierto que muchos jóvenes buscan su primer empleo desde el sofá y acuden a las entrevistas de trabajo con los días de vacaciones y lo cerca que está el trabajo de su casa como inquietudes fundamentales. Pero también es cierto que hay una gran cantidad de jóvenes que buscan empleo denodadamente° y que no cejan° hasta conseguir un puesto de trabajo que les satisfaga.

bravely / back down

Ahora bien, según una encuesta, ante la afirmación de que el trabajo siempre es lo primero aunque signifique **menos** tiempo libre, el grado de rechazo aumenta cuanto menor es la edad. Los jóvenes no quieren ser medidos por las horas de trabajo sino por sus objetivos, y no quieren que su vida gire en torno al empleo. Lo que les importa cada vez **más** es la conciliación del trabajo con la vida privada, es decir, los jóvenes desean trabajar para vivir y no vivir para trabajar.

Además, en los últimos años se ha constatado que la respuesta de la gente joven hacia el trabajo cambia en función de cómo la empresa se compromete con ellos y del interés de los proyectos en los que participan. Desde este punto de vista, el compromiso que se tenía antes hacia la empresa ahora los jóvenes lo tienen hacia los proyectos de trabajo, que tienen que resultar interesantes. Los jóvenes se sienten **más** cómodos con estructuras **más** planas y reclaman un tipo de liderazgo **más** participativo basado en la colaboración, pero esto no significa que se esfuercen **menos**. Al contrario, frecuentemente quieren sentirse responsables de lo que hacen especialmente si la empresa les ofrece proyectos interesantes y flexibilidad de horarios.

10-18 COMPRENSIÓN Y EXPANSIÓN

1. Según la lectura, ¿cuál es la diferencia entre la generación actual y la de sus padres?
2. Explica las prioridades de ciertos jóvenes a la hora de buscar trabajo.
3. ¿Qué es lo que les importa más a los jóvenes en lo que al empleo se refiere?
4. Explica los factores que hacen que los jóvenes se sientan más cómodos en el trabajo.
5. Con un/a compañero/a imagínense que son los encargados de personal de una empresa de moda juvenil que emplea mayoritariamente a jóvenes de menos de 25 años. Hagan una lista de los cambios que introducirían en el sistema de ventas, estructuras organizativas, proyectos y formación de personal para aumentar la productividad de sus empleados.

10-19   ANÁLISIS GRAMATICAL

Vuelvan a leer la minilectura 10-17. Con un/a compañero/a determinen si las palabras **más** y **menos** (en negrita en el texto) funcionan como adjetivos o adverbios según el contexto. Después busquen en el texto dos adjetivos apocopados. Finalmente busquen dos adjetivos antepuestos y expliquen por qué se usan antes del nombre.

 10-20   PRÁCTICA

Basándote en la lectura escribe seis oraciones comparativas de igualdad, superioridad o inferioridad comparando los jóvenes de ahora con la generación de sus padres.

Modelo: Los jóvenes de ahora han crecido con **más prosperidad que** sus padres.

 10-21   BUSCANDO EMPLEO

Busca en el periódico o en Internet dos ofertas de trabajo para dos empleos semejantes, como dependiente, mecánico, profesor, secretario/a, etc. Después analiza las dos ofertas en función del horario, los beneficios, el sueldo, la ubicación, las cualificaciones requeridas, las posibilidades de conseguir un ascenso, interés del trabajo en sí, etc. Finalmente compara los dos empleos escribiendo frases comparativas de igualdad, superioridad o inferioridad.

Modelo: El salario que ofrece la compañía Solbanc es <u>mucho mejor que</u> el que ofrece Mercamen. Los beneficios son <u>tan buenos</u> en una <u>como</u> en la otra. Pero los proyectos de Solbanc son <u>menos interesantes que</u> los de Mercamen.

SUPERLATIVOS

El *superlativo* expresa el grado más alto de la cualidad (característica) indicada por un adjetivo con relación a un sustantivo. A diferencia del inglés, si se indica el grupo o contexto en el que se aplica esta característica, este se introduce con la preposición **de** (no *en* [in]). Hay varias formas de expresar una idea superlativa:

◆ Por medio de las construcciones

(**el, la, los, las**) + (sustantivo) + **más/menos** + adjetivo + (de)

Esta es **la inversión más** <u>aconsejable</u> en estos momentos.
La adquisición de bonos es normalmente **el negocio menos** <u>arriesgado</u>.
La propuesta de Silvia es **la más** <u>audaz</u>.
El candidato que eligieron es **el menos** <u>malo</u> **de** todos.

(**el, la, los, las**) + **comparativo irregular** + (sustantivo) + (de)

Suárez es **el peor** <u>gerente</u> **de** la empresa. Sin duda es **el peor de** todos.
Estas son **las mejores** <u>vendedoras</u> **de** la tienda. De hecho, son **las mejores** que hemos tenido nunca.
Esta computadora es **la mejor de** la tienda.

◆ Añadiendo el sufijo **-ísimo** (**-a**, **-os**, **-as**) al adjetivo o al adverbio. Esta forma, denominada **superlativo absoluto**, es más bien un intensificador del grado del adjetivo y corresponde al inglés *very, very* o *extremely*.

$$\left.\begin{array}{l} \text{adjetivo} \\ \text{adverbio} \end{array}\right\} + \text{-ísimo (-a, -os, -as)}$$

Se llegó a un acuerdo, pero fue una decisión **dificilísima**.
Presentaron un diseño **originalísimo**.

Cuando el adjetivo o adverbio termina en vocal, se suprime esta antes de añadir el sufijo.

Han trabajado **muchísimo**.   Han de estar **cansadísimas**.

Las palabras que terminan en **-co**, **-go** y **-z** sufren los siguientes cambios ortográficos.

c → **qu**	poco	**poquísimo**
g → **gu**	largo	**larguísimo**
z → **c**	feliz	**felicísimo**

NOTA: Observa los cambios en las siguientes palabras:

amable	**amabilísimo**	fuerte	**fortísimo**
antiguo	**antiquísimo**	lejos	**lejísimos**
fiel	**fidelísimo**	sucio	**sucísimo**

El terreno que compraron queda **lejísimos**.
Este manuscrito es **antiquísimo**.
Las acciones de la compañía han experimentado una **fortísima** subida.
Después de un **larguísimo** discurso, el director anunció los cambios de la empresa.

◆ Poniendo delante del adjetivo o adverbio ciertos adverbios (**muy**, **sumamente**, **extraordinariamente**, **notablemente**).

Los problemas del país son **sumamente** serios.
Ese chico, para la edad que tiene, es **extraordinariamente** listo.

◆ **ALGO MÁS** ◆

a. **Pésimo** es una forma especial superlativa de **malo**.

   Fue un día **pésimo** para la bolsa. Cayó más de 500 puntos en unas horas.

b. En el habla popular se usan los prefijos **super-**, **re-** y **requete-** antes de algunos adjetivos o adverbios para expresar una idea superlativa.

   Estas aplicaciones son **superprácticas**.
   Trabaja **rebién** (**requetebién**).

10-22 PRÁCTICA

Escribe en los espacios en blanco una palabra o expresión comparativa o superlativa que le dé sentido al párrafo.

Los cuentos de Borges son _____[1] fascinantes como los de Cortázar. Anoche leí un cuento de Borges que era mucho _____[2] corto _____[3] el de Cortázar que había leído anteayer. No tenía _____ _____[4] una página. El cuento de Borges se titulaba *Los dos reyes y los dos laberintos* y me pareció tan interesante _____[5] *Las buenas inversiones* de Cortázar.

Mi tía, la que trabaja en bienes raíces, acaba de vender un condominio en $200,000. La pareja que lo compró pagó _____ _____ _____[1] que pensaban, pero en realidad están contentos porque los otros apartamentos en esa área normalmente cuestan _____ _____[2] medio millón de dólares. Tal vez sea porque las habitaciones del condominio son _____[3] pequeñas _____[4] las de los apartamentos más caros. De todos modos fue una buena venta para mi tía, quizás _____[5] mejor _____[6] este mes.

10-23 PRÁCTICA

Cambia las palabras entre paréntesis a un superlativo absoluto, ya sea con la terminación **-ísimo** o con otra expresión (**sumamente**, **super-**, **re-**, etc.).

Los señores García se jubilaron el año pasado pero ninguno pudo acostumbrarse a estar en casa, así que decidieron hacer de su *hobby* un negocio. A los dos siempre les ha gustado (mucho) _____[1] cocinar y esto les impulsó a abrir un restaurante. El sábado cenamos allí mis amigos y yo y nos pareció un restaurante (bueno) _____[2]. En primer lugar, es (elegante) _____[3]. Pero lo mejor fue la comida. Estos señores preparan unos platos (sabrosos) _____[4]. Eso sí; la comida es (cara) _____[5], pero vale la pena. Sin duda les va (bien) _____[6], y pronto, creo yo, se harán (ricos) _____[7]. Me alegro mucho porque los señores García son (simpáticos) _____[8] y (amables) _____[9] con el público.

ESCRITURA

Antes de escribir, repasa las siguientes reglas de acentuación y ortografía.

REPASO DE ACENTUACIÓN

1. Los adjetivos que llevan tilde la mantienen al formar adverbios que terminan en **-mente**.

    difícil difícilmente   rápido rápidamente   cortés cortésmente

2. Al formar el superlativo absoluto, los adjetivos que llevan tilde modifican su acentuación original. El acento pasa a la terminación **-ísimo**.

    difícil dificilísimo   fácil   facilísimo

3. Repasa el uso de las siguientes palabras cuyo uso de la tilde depende de la función gramatical y significado.

aún	*(still; yet)*	Aún no ha llegado.
aun	*(even)*	Aun si le pagas bien, no trabajará.
más	*(more)*	Costó más de quinientos dólares.
mas	*(but)*	No le habló mas le escribió.

10-24 PRÁCTICA

Pon la tilde en las palabras que lo necesiten.

1. El orador habla <u>maravillosamente</u> <u>mas</u> no sabe cuándo se debe callar.

2. El público siguió aplaudiendo <u>entusiasticamente</u> <u>aun</u> cuando ya había salido el director general.

3. La organización reunió <u>mas</u> dinero del que pensaba, <u>mas</u> no quiso gastarlo en el momento.

4. A mi prima no le gustaba hacer viajes de negocios <u>aun</u> cuando se los pagaban muy bien.

5. ¿<u>Aun</u> no has preparado la lección para hoy? No lo haces <u>aun</u> cuando tienes tiempo.

ORTOGRAFÍA: r, rr

1. El sonido fuerte de la **r** se puede representar en la escritura por **rr** o **r**. Se escribe **rr** entre vocales y en la formación de compuestos:

    perro, **carro**, **irracional**, **grecorromano**

Se escribe **r**:

◆ después de consonante:

    Israel, **subrayar**, **Enrique**, **alrededor**

◆ a principios de palabra:

    rosa, **rojo**, **redondo**, **Rubén**

2. El sonido suave de esta consonante siempre se escribe con una sola **r**.

    coral, **lámpara**, **sobre**, **atracción**, **estéreo**

Observa la diferencia de significado:

caro *(expensive)*	**carro** *(car)*
coral *(coral)*	**corral** *(corral)*
para *(for)*	**parra** *(grape vine)*
cero *(zero)*	**cerro** *(mountain)*
foro *(forum)*	**forro** *(lining)*
pero *(but)*	**perro** *(dog)*

10-25 PRÁCTICA

¿Se escriben con **r** o **rr**? Si no estás seguro/a, usa tu diccionario.

is____aelita	gue____illa	hon____ado
i____acional	____ico	ce____a
____ancho	peli____ojo	ba____io
e____or	to____e	bo____ador
piza____a	co____upción	En____ique

 10-26 PRÁCTICA

Escoge la palabra que complete el sentido de la oración y escríbela en el espacio en blanco.

1. (cero/cerro) La sede de la compañía estaba situada en lo alto de un _____.
2. (foro/forro) Discutieron las nuevas propuestas en un _____ económico.
3. (coral/corral) Tere se compró un collar de _____.
4. (ahora/ahorra) _____ para la jubilación _____ que eres joven, que después será tarde.
5. (Querían/Querrían) _____ trasladarme a otro departamento, pero yo no acepté.

COMPOSICIÓN

 10-27 REDACCIÓN

Escoge uno de los siguientes temas para escribir una composición de por lo menos tres párrafos, siguiendo las sugerencias que se dan a continuación.

TEMA 1: ¿Has pensado en tu trabajo ideal? ¿Qué tipo de trabajo sería y qué requisitos tendrían que tener los candidatos que optaran a este trabajo? Ahora imagínate que encuentras un anuncio para tu trabajo ideal en Internet y tú cumples todos los requisitos. Además de mandar el *currículum vitae*, la compañía pide que los candidatos escriban una carta de presentación explicando por qué son ellos los mejores candidatos para el puesto. Escribe una carta a esa empresa describiendo tu personalidad, cualificaciones, logros y objetivos. En tu carta, descríbete meticulosamente empleando los adjetivos presentados en este capítulo u otros que mejor te definan a ti, tu estilo de trabajo y tus logros. Además, puedes compararte con otros candidatos y explicar por qué tus cualificaciones son mejores que las de otros. Sé tan específico/a como puedas pues de esta carta depende que te llamen o no para una entrevista.

TEMA 2: La lectura de este capítulo cuenta como un personaje obtiene enormes beneficios debido a un inesperado golpe de suerte. ¿Puedes pensar en una situación en la que el azar o la suerte te hayan beneficiado (o a alguien que conozcas)? Escribe una composición describiendo la situación, qué ocurrió, dónde estabas, qué factores estaban en juego y cuál fue el resultado de la situación. Puedes describir una inversión, un encuentro fortuito, una coincidencia, etc. que resultara en tu beneficio. Describe la situación dando todo lujo de detalles y usando los adjetivos presentados en este capítulo u otros que mejor describan lo que ocurrió. Termina tu composición analizando cómo este episodio cambió tu vida y lo que habría ocurrido de no haber sido por el golpe de suerte que te benefició.

Parte 2

LECTURA

Lectura 1:
Pedro Salvadores

SABETTA/AFP/Getty Images/NewsCom

JORGE LUIS BORGES

Jorge Luis Borges nació en Buenos Aires en 1899 y murió en Ginebra, Suiza, en 1986. Uno de los escritores hispanos más notables del siglo XX, Borges fue además uno de los que más influyó en la renovación literaria de Hispanoamérica. Vivió siempre en un mundo intelectual rodeado de libros e ideas que contribuyeron a la profundidad de sus conocimientos y de su cultura.

Borges ocupó los puestos de profesor de literatura inglesa en la Universidad de Buenos Aires y de director de la Biblioteca Nacional de Argentina, además de ser presidente de la Academia Argentina de Letras. Durante su larga vida recibió numerosos premios y honores.

Los cuentos de Borges ocupan un lugar prominente en la literatura universal. En ellos Borges desplaza (*displaces*) los elementos tradicionales del espacio, el tiempo y la identidad. Sus cuentos trascienden el mundo de la realidad para proyectarse en esferas metafísicas que van más allá del tiempo y del espacio.

Los temas que más aparecen en los cuentos de Borges son el infinito, el universo como laberinto, la contradicción entre la apariencia y la realidad, y el tiempo en forma circular. Para él, el universo es un laberinto caótico que solo se puede ordenar mediante la inteligencia.

Entre las muchas obras de Borges se pueden citar las siguientes: *Fervor de Buenos Aires* (1923), *Inquisiciones* (1925), *Ficciones* (1944), *El Aleph* (1949), *Otras inquisiciones* (1952), *Obra poética* (1969), *La cifra* (1981) y *Nueve ensayos dantescos* (1982).

El cuento "Pedro Salvadores" pertenece a la colección *Elogio de la sombra* (1969). La narración ocurre en la Argentina durante la dictadura de Juan Manuel Ortiz de Rosas,* que terminó en 1852. En esta historia Borges presenta una narración en forma objetiva sin añadir nada documental ni personal. Al hablar de este cuento, Borges señaló lo siguiente: "el texto no es una invención mía, es un hecho histórico, que he tratado de imaginar con cierta precisión. Un bisnieto del protagonista me visitó en la Biblioteca Nacional".

PRELECTURA

PREGUNTAS DE PRELECTURA

1. ¿Conoces a algún personaje real o de ficción que tuviera que esconderse (*hide*) para sobrevivir? Explica quién y por qué tuvo que hacerlo.

2. Si tuvieras que esconderte de alguien que te busca, ¿te esconderías en tu casa? Razona por qué sí o por qué no.

3. ¿Crees que una esposa debe siempre defender a su marido? Razona tu respuesta.

4. Imagina cómo sería la vida de una persona que viviera escondida en su propia casa en el siglo XIX. ¿Qué cambios físicos y psicológicos crees que experimentaría con el paso de los años?

VOCABULARIO

Antes de leer, familiarízate con las siguientes palabras y expresiones que aparecen en negrita en el cuento.

Sustantivos

el amante	persona con quien se tienen relaciones de amor	*lover*
el casco	uña de la pata de los caballos	*hoof*
la cera	substancia con que está hecho el panal de las abejas	*wax*
el ejército	fuerzas militares de una nación	*army*
el griterío	confusión de voces altas; tumulto	*shouting; uproar*
la hondura	profundidad; amplitud	*depth*

---

* Juan Manuel Ortiz de Rosas (1793-1877), general y político argentino que gobernó dictatorialmente desde 1829 hasta 1852. Su modo tiránico de gobernar fue atacado por los unitarios, partido político de la oposición al cual pertenecían los principales hombres de letras y patriotas argentinos.

el jinete	hombre a caballo	*horseman; cavalryman*
la llanura	campo llano, sin altos ni bajos	*plain, prairie*
la madriguera	cueva o guarida donde habitan ciertos animales	*burrow, hole*
la servidumbre	los sirvientes o los criados	*servants*
el sótano	parte subterránea de un edificio	*basement, cellar*
la vajilla	platos, tazas que se usan para poner la mesa	*chinaware*
el zaguán	vestíbulo de una casa	*entrance hall*

Adjetivos

acosado	perseguido, atormentado	*harassed*
amenazado	intimidado	*threatened*
atroz	horrible, espantoso	*atrocious; gruesome*
cobarde	que no tiene valor o coraje	*cowardly*
fofo	blando	*flabby*
incierto	no cierto, falso	*untrue, doubtful*
sordo	silencioso, que suena poco	*muffled*

Verbos

alzar (c)	levantar	*to lift*
azotar	dar latigazos o golpes	*to whip, beat*
coser	unir con hilo y aguja	*to sew*
delatar	denunciar	*to denounce*
derribar	echar abajo, tumbar	*to knock down*
despedir (i)	echar; separar a alguien de su servicio	*to dismiss; send away*
diferir (ie)	ser diferente	*to differ, be different*
encarcelar	poner en la cárcel	*to imprison*
hundir	sumergir; meter en lo hondo	*to submerge*
huir (y)	escapar, fugarse	*to flee, run away*
irrumpir	entrar violentamente	*to burst in*
jurar	prometer; asegurar; afirmar	*to promise; to swear*
ocultar(se)	esconder(se)	*to hide*
prescindir de	dejar fuera	*to leave out*
registrar	buscar o examinar con cuidado	*to search, inspect*

Expresiones

acaso	tal vez, quizás	*perhaps, maybe*
al cabo de	al final de	*at the end of*
a punto de	en el momento de	*on the verge of*
ganar(se) el pan	trabajar para comer y vivir	*to make a living*
ni siquiera	ni aun	*not even*
nos cabe suponer	debemos suponer; supongamos	*let us suppose*
pasar de largo	seguir y no detenerse	*to go on without making a stop*
por más que	por mucho que	*no matter how much*

MEJORA TU VOCABULARIO

Escoge la palabra o expresión que mejor complete el sentido de la oración.

1. Los (jinetes/zaguanes) llegaron montados en preciosos caballos negros.
2. Los soldados (hundieron/irrumpieron) en la casa pasada la medianoche.
3. El fugitivo, viéndose (sordo/acosado), se refugió en la parte baja de la casa.
4. Aunque muchos sabían donde estaba escondido, nadie lo (delató/derribó).
5. Cuando finalmente detuvieron al fugitivo, lo (encarcelaron/juraron) en una prisión a las afueras de la ciudad.
6. Mientras su marido estuvo detenido, ella tuvo que (ganarse el pan/pasar de largo) limpiando casas.
7. (Al cabo de/A punto de) unos años, ya nadie se acordaba de ellos.
8. A la (cera/vajilla) de mi madre se le rompieron unos cuantos platos.
9. El (griterío/amante) de la gente en la plaza no permitía oír el discurso del presidente.
10. Los caballos casi no se veían en tan grande (madriguera/llanura).

LECTURA

◆ PEDRO SALVADORES

A Juan Murchison

Quiero dejar escrito, **acaso** por primera vez, uno de los hechos más raros y más tristes de nuestra historia. Intervenir lo menos posible en su narración, **prescindir** de adiciones pintorescas y de conjeturas aventuradas es, me parece, la mejor manera de hacerlo.

Un hombre, una mujer y la vasta sombra de un dictador son los tres personajes. El hombre
5   se llamó Pedro Salvadores; mi abuelo Acevedo lo vio, días o semanas después de la batalla de Caseros. Pedro Salvadores, tal vez, no **difería** del común de la gente, pero su destino y
10   los años lo hicieron único. Sería un señor como tantos otros de su época. Poseería (**nos cabe suponer**) un esta-blecimiento de campo y era unitario°. *(name of a liberal political party)* El apellido de su mujer era Planes; los
15   dos vivían en la calle Suipacha, no le-jos de la esquina del Temple. La casa en que los hechos ocurrieron sería igual a las otras: la puerta de calle, el **zaguán**, la puerta cancel° *(inner door)*, las habita-
20   ciones, la **hondura** de los patios.

© Hulton Archive/Stringer/Getty Images, Inc.

Una noche, hacia 1842, oyeron el creciente y **sordo** rumor de los **cascos** de los caballos en la
calle de tierra y los vivas y mueras° de los **jinetes**. La mazorca°, esta vez, no **pasó de largo**. Al **gri-**
terío sucedieron los repetidos golpes; mientras los hombres **derribaban** la puerta, Salvadores pudo
correr la mesa del comedor, **alzar** la alfombra y **ocultarse** en el **sótano**. La mujer puso la mesa en su
25 lugar. La mazorca **irrumpió**, venían a llevárselo a Salvadores. La mujer declaró que este había huido
a Montevideo. No le creyeron; la **azotaron**, rompieron toda la **vajilla** celeste*, **registraron** la casa,
pero no se les ocurrió levantar la alfombra. A la medianoche se fueron, no sin haber **jurado** volver.

*shouts of "long live"
and "death to" /
secret police*

Aquí principia verdaderamente la historia de Pedro Salvadores. Vivió nueve años en el
sótano. **Por más que** nos digamos que los años están hechos de días y los días de horas y que
30 nueve años es un término abstracto y una suma imposible, esa historia es **atroz**. Sospecho que
en la sombra que sus ojos aprendieron a descifrar, no pensaba en nada, **ni siquiera** en su odio
ni en su peligro. Estaba ahí, en el sótano. Algunos ecos de aquel mundo que le estaba vedado°
le llegarían desde arriba: los pasos habituales de su mujer, el golpe del brocal y del balde°, la
pesada lluvia en el patio. Cada día, por lo demás, podía ser el último.

*forbidden
the bucket on the
stones of the well*

35 La mujer fue **despidiendo** a la **servidumbre**, que era capaz de **delatarlos**. Dijo a todos
los suyos que Salvadores estaba en la Banda Oriental°. **Ganó el pan** de los dos **cosiendo** para
el **ejército**. En el decurso de los años° tuvo dos hijos; la familia la repudió, atribuyéndolos a un
amante. Después de la caída del tirano, le pedirían perdón de rodillas.

*Uruguay
course of time*

¿Qué fue, quién fue, Pedro Salvadores? ¿Lo **encarcelaron** el terror, el amor, la invisible
40 presencia de Buenos Aires y, finalmente, la costumbre? Para que no la dejara sola, su mujer le
daría **inciertas** noticias de conspiraciones y de victorias. Acaso era **cobarde** y la mujer lealmente
le ocultó que ella lo sabía. Lo imagino en su sótano, tal vez sin un candil, sin un libro. La sombra
lo **hundiría** en el sueño. Soñaría, al principio, con la noche tremenda en que el acero° buscaba
la garganta, con las calles abiertas, con la **llanura**. **Al cabo de** los años no podría **huir** y soñaría
45 con el sótano. Sería, al principio, un **acosado**, un **amenazado**; después no lo sabremos nunca,
un animal tranquilo en su **madriguera** o una suerte de oscura divinidad.

steel knife

Todo esto hasta aquel día del verano de 1852 en que Rosas huyó. Fue entonces cuando el
hombre secreto salió a la luz del día; mi abuelo habló con él. **Fofo** y obeso, estaba del color de la
cera y no hablaba en voz alta. Nunca le devolvieron los campos que le habían sido confiscados;
50 creo que murió en la miseria.

Como todas las cosas, el destino de Pedro Salvadores nos parece un símbolo de algo que
estamos **a punto de** comprender.

 ## COMPRENSIÓN Y EXPANSIÓN

1. ¿Quién fue Pedro Salvadores? ¿Por qué lo perseguía la mazorca?

2. ¿Qué hizo Salvadores cuando la mazorca entró en su casa?

3. Explica lo que dijo su mujer para justificar la ausencia de Salvadores de su casa.

4. Describe la vida de Salvadores durante los nueve años que estuvo en el sótano.

5. Describe la vida de su mujer durante esos nueve años.

6. ¿Por qué repudió la familia a la esposa de Salvadores?

7. Explica por qué Salvadores pudo finalmente salir de su escondite.

8. ¿Qué fin tuvo la vida de Salvadores?

* Azul claro; azul era el color del partido unitario

ANÁLISIS E INTERPRETACIÓN

1. Explica qué recursos usa el narrador para asegurar al lector que la historia de Pedro Salvadores no es ficción.

2. En el primer párrafo el narrador indica que va a "prescindir... de conjeturas aventuradas". ¿Cómo contradice esta afirmación la forma en que narra lo sucedido a Salvadores? ¿Es fiable el narrador?

3. Si tú hubieras estado en la situación de Salvadores, ¿habrías intentado escapar de tu cautiverio? Explica por qué sí o por qué no.

4. ¿Qué habrías hecho tú si hubieras estado en el lugar de la esposa de Salvadores?

5. ¿Crees que la esposa de Salvadores lo consideraba cobarde?

6. ¿Crees que Pedro Salvadores es símbolo del terror que produce una dictadura o más bien es un ejemplo de un hombre cobarde que teme luchar por su libertad? Explica tu respuesta.

REPASO DE VOCABULARIO

CORRESPONDENCIAS

Busca en el texto las siguientes expresiones y explica en qué contexto y con qué significado se usan.

1. por más que
2. no pasó de largo
3. al cabo de
4. a punto de
5. ganarse el pan

ANTÓNIMOS

Busca los antónimos de estas palabras en la lista de vocabulario, páginas 316–317. Después escribe una oración original usando el antónimo que aparece en la lista.

1. valiente   2. construir   3. al principio   4. liberar   5. seguro

¿CUÁL NO PERTENECE?

Escoge la palabra en cada grupo que no esté relacionada con las otras palabras.

1. ejército	general	soldado	servidumbre
2. zaguán	vajilla	sótano	patio
3. azotar	amenazar	golpear	coser
4. casco	caballo	jinete	cera
5. acosado	amenazado	encarcelado	jurado

REPASO DE GRAMÁTICA

¿INFINITIVO O GERUNDIO?

Escoge la palabra que mejor complete el sentido de la oración.

1. Después de (romper/rompiendo) la vajilla, los hombres registraron la casa.
2. (Intervenir/Interviniendo) lo menos posible, el narrador optó por dejar fuera descripciones innecesarias y conjeturas.
3. Al no (saber/sabiendo) qué hacer, la mujer guardó silencio.
4. La familia repudió a la mujer, (atribuir/atribuyendo) los hijos a un amante.
5. El hombre murió en la miseria sin (conseguir/consiguiendo) lo que le habían confiscado.

EL CONDICIONAL

Observa el uso frecuente del condicional para expresar probabilidad o conjetura en el cuento. ¿Qué efecto tiene para la narración el uso de esta forma verbal?

TRADUCCIÓN

Traduce las siguientes oraciones usando el condicional para expresar probabilidad en las frases subrayadas.

1. *Salvadores <u>was probably</u> like other men of his time. He <u>supposedly owned</u> a home in the country. The house in which the events occurred <u>was probably</u> the same as the others.*
2. *<u>Could his wife have given</u> him uncertain news about conspiracies? <u>Could she have thought</u> he was a coward?*
3. *At the end of many years, <u>he would not be able</u> to escape and <u>he would dream</u> about the basement. <u>He would be</u> a harassed man. <u>He would die</u> in misery.*

COMPOSICIÓN

REDACCIÓN

Escribe una redacción a modo de diálogo imaginando una conversación que podrían haber tenido Pedro Salvadores y su esposa. Recuerda que la esposa de Salvadores era la que le traía noticias del exterior y la que lo alimentaba y atendía durante los años de su cautiverio. Ella, además, había sido rechazada por la familia al haber tenido dos hijos durante la supuesta "ausencia" de Salvadores. ¿Qué sentimientos imaginas que se expresarían (desesperación, temor, aburrimiento, amor, esperanza, etc.) en su conversación? ¿Qué imaginas les animaría a seguir sobreviviendo en las condiciones descritas en el cuento?

Lectura 2:
Abril es el mes
más cruel

© Mario Algaze/The Image Works

GUILLERMO CABRERA INFANTE

Guillermo Cabrera Infante nació en 1929 en la provincia de Oriente, Cuba. La obra de este novelista cubano está impregnada de un divertido sentido de humor y, al mismo tiempo, de una gran melancolía. Esta paradoja hace que Cabrera Infante ocupe un lugar especial entre los escritores hispanoamericanos de su generación.

Cabrera Infante, que ganó varios premios literarios durante su larga carrera como escritor, comenzó a escribir en 1947, cuando abandonó los estudios de una soñada carrera médica. Su interés por el cine lo llevó a escribir crítica cinematográfica y a fundar la Cinemateca *(film library)* de Cuba, la cual presidió de 1951 a 1956. En 1959, Cabrera Infante fundó la revista literaria *Lunes de Revolución,* la cual dirigió hasta 1961 cuando esta fue clausurada por el gobierno. En 1962 salió de Cuba con el cargo de Agregado Cultural en Bruselas, pero, por su posición de disidente frente al gobierno de Fidel Castro, decidió quedarse en Europa y no regresar a la isla. Vivió primero en Madrid y más tarde se estableció en Londres, donde vivió hasta su muerte en febrero de 2005.

Entre sus muchos libros se pueden citar *Así en la paz como en la guerra, Tres tristes tigres,* que obtuvo el premio Biblioteca Breve en 1964, *Mea Cuba,* publicado en 1992, y en 1995 apareció una colección de tres cuentos bajo el título *Delito por bailar el chachachá.* En 1997 Cabrera Infante recibió el prestigioso Premio Cervantes.

"Abril es el mes más cruel" forma parte de su colección de cuentos *Así en la paz como en la guerra.* En esta narración, el escritor presenta un momento de la vida de una pareja enamorada. Según progresa el diálogo, nos damos cuenta de que la esposa ha estado enferma y que detrás de la aparente normalidad de la vida de estas dos personas, algo inesperado va a ocurrir.

PRELECTURA

 ## PREGUNTAS DE PRELECTURA

1. Si pasaras tu luna de miel en la playa, ¿qué actividades harías?
2. Explica cómo se sienten normalmente los recién casados durante su luna de miel.
3. Indica por lo menos dos razones que tendría una persona con una enfermedad terminal para quererse casar.
4. ¿Cómo te despedirías de un ser querido si supieras que esa es la última vez que lo vas a ver?

 ## VOCABULARIO

Antes de leer, familiarízate con las siguientes palabras y expresiones que aparecen en negrita en el cuento.

Sustantivos

el acantilado	precipicio	*cliff*
la ampolla	bolsita que se forma en la piel	*blister*
el bolsillo	bolsa pequeña cosida en una prenda de vestir	*pocket*
el bostezo	el abrir la boca en señal de sueño o aburrimiento	*yawn*
la botica	farmacia	*drugstore*
el crepúsculo	cuando termina la luz del día	*dusk, twilight*

el delantal	prenda de vestir que se usa para que no se manche la ropa	apron
el dormilón	persona a quien le gusta dormir	sleepyhead
el encargado	persona que tiene a su cargo algunas cosas o tareas	caretaker
la espuma	burbujas que se forman en un líquido	foam
el hoyo	cavidad (en la tierra); hueco	hole
la loza	platos y tazas; vajilla	dishes
la nuca	parte posterior del cuello donde se une a la cabeza	nape of neck
las olas	ondas en la superficie de las aguas	waves
el olor	aroma, fragancia	smell, odor
la tibieza	suavidad; calorcillo	warmth

Adjetivos

bobo	tonto	dumb, silly
grueso	voluminoso; lo opuesto de delgado o fino	full, thick
hirviente	que hierve; muy caliente	boiling
hondo	profundo	deep, profound
relajado	calmado; que no está tenso	relaxed
tirado	acostado	stretched out

Verbos

advertir (ie)	indicar; informar; notar	to notice; to inform
aspirar	atraer el aire a los pulmones	to inhale
bromear	hacer chistes como diversión o burla	to joke
clavarse	meterse; introducirse	to drive in
dormitar	estar medio dormido	to doze
enterrar (ie)	meter en la tierra	to bury
entrecerrar (ie)	poner algo medio cerrado	to half-close
estirarse	extenderse, desperezarse	to stretch out
fastidiar	enojar, disgustar	to displease
fregar (ie)	lavar; limpiar	to wash
molestarse	incomodarse, ofenderse	to get annoyed
oscurecer(se) (zc)	hacer(se) opaco, nublado	to get dark
pegar	unir; juntar	to unite, put together
retratar	sacar fotografías	to photograph
secar (qu)	quitar la humedad de un cuerpo o cosa	to dry
traicionar	ser desleal; mentir	to betray

Expresiones

darse cuenta (de)	tener conocimiento de algo	to realize
de perfil	postura del cuerpo de lado	in profile; sideways
de veras	de verdad	true, really
echó a andar	empezó a caminar	started to walk
luna de miel	los primeros días que siguen al matrimonio	honeymoon
puesta de sol	momento en que el sol desaparece en el horizonte	sunset
quemarse al sol	calentarse mucho la piel con el sol	to get sunburned

MEJORA TU VOCABULARIO

Escoge la palabra o expresión que mejor complete el sentido de la oración.

1. Los dos enamorados se sentían (relajados/tirados) después de pasar el día en la playa.
2. El encargado de la (loza/botica) les había dado una pomada (*ointment*) para las quemaduras.
3. La joven (entrecerró/secó) los ojos y muy pronto se quedó dormida.
4. Al despertarse le llegó el (bostezo/olor) de lo que su esposo estaba cocinando.
5. Después de (fregar/fastidiar) los platos, salieron a caminar por la playa.
6. Juntos vieron las (nucas/olas) romper sobre la arena.
7. Ella (bromeaba/clavaba) que nunca salía bien en las fotos.
8. Le pidió que nunca más le sacara una fotografía (de veras/de perfil).
9. Mientras miraba al mar, (aspiró/enterró) los pies en la arena de la playa.
10. Desde lo alto del (acantilado/bolsillo) la vista del océano era espectacular y terrible a la vez.

LECTURA

◆ ABRIL ES EL MES MÁS CRUEL

No supo si lo despertó la claridad que entraba por la ventana o el calor, o ambas cosas. O todavía el ruido que hacía ella en la cocina preparando el desayuno. La oyó freír huevos primero y luego le llegó el **olor** de la manteca **hirviente**. **Se estiró** en la cama y sintió la **tibieza** de las sábanas escurrirse° bajo su cuerpo y un amable dolor le corrió de la espalda a la **nuca**. En ese momento *sliding*

5 ella entró en el cuarto y le chocó° verla con el **delantal** por encima de los *shorts*. La lámpara que *shocked him* estaba en la mesita de noche ya no estaba allí y puso los platos y las tazas en ella. Entonces **advirtió** que estaba despierto.

—¿Qué dice el **dormilón**? —preguntó ella, **bromeando**.

En un **bostezo** le dijo: "Buenos días".

10 —¿Cómo te sientes?

Iba a decir muy bien, luego pensó que no era exactamente muy bien y reconsideró y dijo:

—Admirablemente.

No mentía. Nunca se había sentido mejor. Pero **se dio cuenta** que las palabras siempre **traicionan**.

15 —¡Vaya!° —dijo ella. *Well!*

Desayunaron. Cuando ella terminó de **fregar la loza**, vino al cuarto y le propuso que se fueran a bañar.

—Hace un día precioso —dijo.

—Lo he visto por la ventana —dijo él.

20 —¿Visto?

—Bueno, sentido. Oído.

swim suit / terry-
cloth bathrobe

Se levantó y se lavó y se puso su trusa°. Encima se echó la bata de felpa° y salieron para la playa.

—Espera —dijo él a medio camino—. Me olvidé de la llave.

25 Ella sacó del **bolsillo** la llave y se la mostró. El sonrió.

—¿Nunca se te olvida nada?

—Sí —dijo ella y lo besó en la boca—. Hoy se me había olvidado besarte. Es decir, despierto.

30 Sintió el aire del mar en las piernas y en la cara y **aspiró hondo**.

—Esto es vida —dijo.

Ella se había quitado las sandalias y **enterraba** los dedos en la arena al caminar. Lo miró y sonrió.

35 —¿Tú crees? —dijo.

—¿Tú no crees? —pregunto él a su vez.

—Oh, sí. Sin duda. Nunca me he sentido mejor.

40 —Ni yo. Nunca en la vida —dijo él.

Se bañaron. Ella nadaba muy bien, con unas brazadas largas de profesional. Al rato él regresó a la playa y se tumbó en la arena. Sintió que el sol **secaba** el agua y los cristales de sal **se clavaban** en los poros y pudo precisar dónde se estaba quemando más, se formaría una **am-**
45 **polla**. Le gustaba **quemarse al sol**. Estarse quieto, **pegar** la cara a la arena y sentir el aire que *small dunes* formaba y destruía las nimias dunas° y le metía los finos granitos en la nariz, en los ojos, en la boca, en los oídos. Parecía un remoto desierto, inmenso y misterioso y hostil. **Dormitó**.

Cuando despertó, ella se peinaba a su lado.

—¿Volvemos? —preguntó.

50 —Cuando quieras.

slightly
ointment

Ella preparó el almuerzo y comieron sin hablar. Se había quemado, leve°, en un brazo, y él caminó hacia la **botica** que estaba a tres cuadras y trajo picrato°. Ahora estaban en el portal y hasta ellos llegó el fresco y a veces rudo aire del mar que se levanta por la tarde en abril.

La miró. Vio sus tobillos delicados y bien dibujados, sus rodillas tersas y sus muslos tor-
well-rounded 55 neados sin violencia°. Estaba **tirada** en la silla de extensión, **relajada**, y en sus labios, **gruesos**, había una tentativa de sonrisa.

—¿Cómo te sientes? —le preguntó.

Ella abrió los ojos y los **entrecerró** ante la claridad.

Sus pestañas eran largas y curvas.

60 —Muy bien. ¿Y tú?

—Muy bien también. Pero dime... ¿ya se ha ido todo?

—Sí —dijo ella.

discomfort

—Y... ¿no hay molestia?°

—En absoluto. Te juro que nunca me he sentido mejor.

65 —Me alegro.

—¿Por qué?

—Porque me **fastidiaría** sentirme tan bien y que no te sintieras bien.

—Pero me siento bien.

—Me alegro.

70   —**De veras**. Créeme, por favor.

        —Lo creo.

Se quedaron en silencio y luego ella habló:

        —¿Damos un paseo por el **acantilado**? ¿Quieres?

        —Cómo no. ¿Cuándo?

75   —Cuando tú digas.

        —No, di tú.

        —Bueno, dentro de una hora.

En una hora habían llegado a los farallones° y ella le preguntó, mirando a la playa, hacia el   *cliffs*
dibujo de **espuma** de las **olas**, hasta las cabañas:

80   —¿Qué altura crees tú que habrá de aquí a abajo?

        —Unos cincuenta metros. Tal vez setenta y cinco.

        —¿Cien no?

        —No creo.

Ella se sentó en una roca, **de perfil** al mar con sus piernas recortadas° contra el azul del   *outlined*
85 mar y del cielo.

        —¿Ya tú me **retrataste** así? —preguntó ella.

        —Sí.

        —Prométeme que no retratarás a otra mujer así.

        Él **se molestó**.

90   —¡Las cosas que se te ocurren! Estamos en **luna de miel**, ¿no? ¡Cómo voy a pensar yo en
otra mujer ahora!

        —No digo ahora. Más tarde. Cuando te hayas cansado de mí, cuando nos hayamos
divorciado.

        Él la levantó y la besó en los labios, con fuerza.

95   —Eres **boba**.

Ella se abrazó a su pecho.

        —¿No nos divorciaremos nunca?

        —Nunca.

        —¿Me querrás siempre?

100   —Siempre

Se besaron. Casi en seguida oyeron que alguien llamaba.

        —Es a ti.

        —No sé quién pueda ser.

Vieron venir a un viejo por detrás de las cañas del espartillo°.   *sparto grass*

105   —Ah. Es el **encargado**.

Los saludó.

        —¿Ustedes se van mañana?

        —Sí, por la mañana temprano.

        —Bueno, entonces quiero que me liquide° ahora. ¿Puede ser? Él la miró a ella.   *pay*

110   —Ve tú con él. Yo quiero quedarme aquí otro rato más.

        —¿Por qué no vienes tú también?

        —No —dijo ella—. Quiero ver **la puesta de sol**.

        —No quiero interrumpir. Pero es que quiero ver si voy a casa de mi hija a ver el programa
de boseo* en la televisión. Usté* sabe, ella vive en la carretera.

---

* El autor, al imitar la forma de hablar del encargado, escribe *boseo* y *usté* en lugar de *boxeo* y *usted*.

115   —Ve con él —dijo ella.

—Está bien —dijo él y **echó a andar** detrás del viejo.

—¿Tú sabes dónde está el dinero?

—Sí —respondió él, volviéndose.

—Ven a buscarme luego, ¿quieres?

120   —Está bien. Pero en cuanto **oscurezca**, bajamos. Recuerda.

—Está bien —dijo—. Dame un beso antes de irte.

Lo hizo. Ella lo besó fuerte, con dolor.

edgy inside /
waving sparto
grass
125   Él la sintió tensa, afilada por dentro°. Antes de perderse tras la marea del espartillo° la saludó con la mano. En el aire le llegó su voz que decía "te quiero". O tal vez preguntaba "¿me quieres?"

gush
Estuvo mirando el sol cómo bajaba. Era un círculo lleno de fuego al que el horizonte convertía en tres cuartos de círculo, en medio círculo, en nada, aunque quedara un borboteo° rojo por donde desapareció.

Luego el cielo se fue haciendo violeta, morado, y el negro de la noche comenzó a borrar
130   los restos del **crepúsculo**.

—¿Habrá luna esta noche? —se preguntó en alta voz ella.

crust
took hold with
hole
Miró abajo y vio un **hoyo** negro y luego más abajo la costra° de la espuma blanca, visible todavía. Se movió en su asiento y dejó los pies hacia afuera, colgando en el vacío. Luego afincó° las manos en la roca y suspendió el cuerpo, y sin el menor ruido se dejó caer al pozo° negro y
135   profundo que era la playa exactamente ochenta y dos metros más abajo.

COMPRENSIÓN Y AMPLIACIÓN

1. ¿Qué relación hay entre los dos protagonistas del cuento?

2. Describe algunas de las acciones de la pareja que ejemplifican que este es, aparentemente, un momento feliz de sus vidas.

3. ¿Qué pregunta es la que se repite entre ellos dos con insistencia?

4. ¿Qué significado tiene la pregunta que hace la esposa en relación con la altura del acantilado?

5. Explica por qué la esposa se quedó en el acantilado y no fue con el esposo para pagarle al encargado.

6. ¿Crees que el esposo sospechaba lo que iba a hacer su esposa? Explica tu respuesta.

7. ¿Por qué crees que pregunta ella si habrá luna esa noche?

8. ¿Qué desenlace trágico tiene el cuento?

ANÁLISIS E INTERPRETACIÓN

1. Este cuento tiene más diálogo que narración. ¿Qué información recibe el lector acerca de la esposa por medio del diálogo?

2. ¿Qué función importante tiene el encargado en este cuento? ¿Cómo crees que sería el cuento si no se presentara la escena con el encargado?

3. Explica cómo se anticipa el desenlace trágico del cuento.

4. Este cuento empieza con una descripción del día y termina con una descripción detallada del atardecer. ¿Cómo se relaciona esta descripción del ambiente con el tema de la narración?

5. ¿Cómo interpretas el significado del título de este cuento? ¿Conoces el poema de T.S. Elliot cuyo primer verso es idéntico al título? Busca ese poema en Internet y después di por qué crees que el autor eligió este título para su cuento.

REPASO DE VOCABULARIO

CORRESPONDENCIAS

Busca en el texto las siguientes frases y explica en qué contexto y con qué significado se usan.

1. quiero que me liquide ahora
2. se dio cuenta que las palabras traicionan
3. esto es vida
4. ¿ya se ha ido todo?

ANTÓNIMOS

Busca los antónimos de estas palabras en la lista de vocabulario, páginas 323–324. Después escribe una oración original usando el antónimo que aparece en la lista.

1. tenso   2. frialdad   3. amanecer   4. inteligente   5. fino

¿CUÁL NO PERTENECE?

Escoge la palabra de cada grupo que no está relacionada con las otras palabras.

1. nuca   cabeza   crepúsculo   cuello
2. relajar   dormitar   bostezar   fregar
3. espuma   delantal   agua   ola
4. despierto   quemado   tibio   hirviente

REPASO DE GRAMÁTICA

TIEMPOS VERBALES

Escribe la forma correcta del verbo entre paréntesis según el contexto de la oración. Puede haber más de una respuesta.

1. Cuando él (saber) _____ que ella (haberse) _____ quemado al sol, (irse) _____ a la botica a comprar una pomada.
2. El esposo (sorprenderse) _____ cuando ella le (decir) _____ que (haber) _____ olvidado la llave.
3. Después de (desayunar) _____ el esposo le (proponer) _____ a ella que (irse) _____ a bañar.
4. Mientras ella (preparar) _____ el desayuno él (dormitar) _____ en el sillón.
5. (Mirar) _____ desde el precipicio, ella le (preguntar) _____ por la altura del acantilado.
6. El esposo dijo que le (molestar) _____ que ella no (sentirse) _____ bien.
7. No es posible que él (cansarse) _____ de ella. Nunca (divorciarse) _____.
8. Después de almorzar, los dos (salir) _____ y (tumbarse) _____ en la arena, (observar) _____ cómo (bajar) _____ el sol poco a poco.

USOS DE *SE*

Escribe en español las siguientes oraciones usando una expresión con **se**.

1. *It didn't occur to him that she might be lying.*
2. *She stretched out on the chair and fell asleep.*
3. *She forgot that she had the key in her pocket.*
4. *They embraced and kissed as if they were never to see each other again.*
5. *He suggested to her that they put on their swimsuits and go out for a swim.*
6. *Can one walk along this cliff?*

COMPOSICIÓN

REDACCIÓN

¿Qué otro final podría haber tenido el cuento? Escribe otro final imaginando que nadie interrumpe la conversación de la pareja y que el esposo se queda con su mujer en el acantilado a ver la puesta del sol.

© Courtesy of María Manuela Dolón Mendizabal

MARÍA MANUELA DOLÓN

María Manuela Dolón es una escritora española cuyos cuentos han sido publicados en diversas revistas, como *Silhueta*, *La Estafeta Literaria*, *Blanco y Negro*, *Tribuna Médica* y *Lecturas*, así como en numerosas antologías iberoamericanas. Dolón, que comenzó a escribir desde muy niña, se ha mantenido siempre muy productiva. Ha ganado un gran número de premios en diversos concursos de cuentos entre los cuales se pueden citar dos Huchas de Plata (1972 y 1979), Premio Villa de Paterna (1973), Premio Ciudad de Alcorcón, y Premio Faro de Ceuta. También recibió Menciones de Honor del Círculo de Escritores y Poetas Iberoamericanos de Nueva York y de la Asociación de Críticos y Comentaristas de las Artes de Miami. En el año 2000, la Ciudad de Ceuta le concedió el premio de las Artes y de la Cultura de Literatura y en 2001, la casa de Ceuta en Barcelona le otorgó el Premio de Narrativa en el concurso anual con motivo de la Feria del Libro. Entre sus colecciones de cuentos se encuentran *27 Historias* (1999), *Perico encerrado, Perico libertado* (2001), *El sótano* (2005) y *Venganza en la casa amarilla* (2009). Los cuentos de Dolón tocan diversos temas: amor, venganza, soledad, infancia, guerra, relaciones humanas, etc., los cuales trata desde distintos puntos de vista. El cuento "Sol" viene de la colección *Las raíces y otros relatos* (1994). Narrado en primera persona desde el punto de vista de un perro humanizado, "Sol" trata varios temas, como la soledad de los ancianos, el perro como fiel amigo y la crueldad hacia los animales.

PRELECTURA

 ### PREGUNTAS DE PRELECTURA

1. Se dice que el perro es el mejor amigo del hombre. Con un/a compañero/a, expliquen lo que creen que quiere decir este dicho.

2. ¿Tienes o has tenido alguna vez un animal de compañía? Explica de qué forma te hace compañía, cómo te hace sentir especial y por qué lo consideras tu compañero. Si nunca has tenido un animal de compañía, puedes hablar de otra persona que conozcas que tenga o haya tenido una estrecha relación con un animal doméstico.

3. Describe varias maneras en las que un perro puede demostrar su inteligencia.

4. Algunos hospitales y residencias geriátricas permiten a los pacientes tener perros. Razona por qué.

 ### VOCABULARIO

Antes de leer, familiarízate con las siguientes palabras y expresiones que aparecen en negrita en el cuento.

Sustantivos

las **afueras**	alrededores de una población	*outskirts*
el **alborozo**	extraordinario placer o alegría	*great joy; delight*
los **celos**	envidia	*jealousy*
el **estorbo**	que molesta o pone dificultad	*hindrance*
el **forcejeo**	resistencia o lucha con fuerza	*struggle*
la **melena**	cabello largo	*long hair, mane*
la **pizca**	porción muy pequeña	*trace; speck*
el **superviviente**	que sobrevive; que no muere	*survivor*
el **trasto**	mueble o utensilio inútil	*junk*

Verbos

acariciar	tocar con cariño	*to caress*
aguardar	esperar	*to await*
arrastrarse	moverse con el cuerpo por el suelo	*to drag oneself*
asentir (ie)	estar de acuerdo; consentir	*to agree*
echar	hacer salir; sacar	*to throw out*
estremecerse (zc)	temblar	*to tremble*
rehacerse	reponerse; recuperarse	*to regain one's strength*
recobrar	recuperar	*to recover*
soltarse	desatarse; quitarse una cuerda	*to free oneself*
tumbarse	acostarse; dejarse caer	*to lie down*

Adjetivos

despavorido	lleno de terror; horrorizado	*terrified*
extenuado	débil, sin fuerzas	*weakened*
imbatible	invencible	*unbeatable*
tendido	acostado; extendido	*stretched out*

Expresiones

darse por vencido	sentirse conquistado	*to give up*
echarlo a suerte	escoger según la suerte	*to draw lots*
echar(se) a + *inf.*	empezar a + *inf.*	*to begin to + inf.*
en balde	en vano; sin razón o justicia	*in vain*
encogerse de hombros	mover los hombros para mostrar indiferencia	*to shrug*
estar como una cabra	estar loco	*to be crazy*
menos mal	de buenas; qué bueno	*thank goodness*
paño de lágrimas	persona compasiva; confidente	*confidant*
para remate	para colmo; para concluir	*to cap it off*
sin meta ni rumbo	sin propósito; sin dirección	*aimlessly*
venir a parar	llegar; terminar en una situación	*to end up*

 MEJORA TU VOCABULARIO

Escoge la palabra o expresión que mejor complete el sentido de la oración.

1. El perro era el amigo a quien podía contarle sus penas; era como su (trasto/paño de lágrimas).

2. El abuelo estaba lleno de (estorbo/alborozo) porque venían los nietos.

3. El hombre gritaba como un loco; (estaba como una cabra/se encogía de hombros).

4. El abuelo (asentía/acariciaba) la cabeza de su perro.

5. El abuelo (aguardaba/recobraba) con júbilo la llegada de sus nietos.

6. Después de subir las escaleras, el abuelo se tuvo que sentar porque estaba (extenuado/despavorido).

7. No sabía qué dirección tomar ya que iba (en balde/sin meta ni rumbo).

8. Llegó muy cansado y débil, pero muy pronto pudo (rehacerse/soltarse).

9. Era muy fuerte, pero (echó a suerte/vino a parar) en la debilidad.

10. Todas las víctimas murieron; hubo pocos (supervivientes/forcejeos).

LECTURA

◆ SOL

A la memoria de mis abuelos, que amaban a los perros. Y en recuerdo de Sol, el perro que yo tuve en mi infancia y al que no he olvidado nunca.

Lo sé. Lo noto. Hablan de mí.

—Y a ese hay que liquidarle ya mismo, ¿eh? —ha dicho el hermano mayor.

—Pero, ¿matarle? —pregunta el pequeño.

—Bueno, matarle, matarle… —contesta el mayor **encogiéndose de hombros**—. Pero
5 deshacernos de él, sí.

Menos mal, pienso.

—Y, ¿cómo? —pregunta el chico.

—Pues lo llevamos por ahí lejos en el coche y lo dejamos perder…

—Volvería. No olvides que él estaba acostumbrado a salir con el viejo y conocerá el camino
10 muy bien

Impossible! —¡Quiá!° Si lo dejamos muy lejos, en las **afueras**, verás cómo no sabrá volver.

—Los perros son muy listos. ¡Tienen un instinto…!

—Pero no más que tú y yo ¿no?

—Supongo —sonríe con suficiencia el más joven.

15 Han salido de la cocina y no oigo más. Pero es suficiente. Me quieren **echar**. Me he acordado entonces con tristeza del abuelo, mi amo. ¡Buen hombre aquel! Sí, qué gran hombre… Y me quería. ¡Ya lo creo que me quería! Muy a menudo se ha quitado las mejores tajadas de su plato para dármelas a mí… ¡Pobre amo! Apenas ni le cuidaban, ni se preocupaban de él. Estaban deseando que se muriera. Y él lo sabía. Yo le he visto llorar muchas veces contándome sus penas.
20 Y es que yo era como su **paño de lágrimas**. Era su único amigo y el único en quien en verdad podía confiar. Mi amo había tenido muchísimos amigos. Buenos y grandes amigos de toda la vida. Pero poco a poco se le habían ido muriendo… Él era, en los últimos tiempos, como el **su-**
dying **perviviente** de un mundo que estaba extinguiéndose° … Y me decía:
what grief —Qué pena°, Sol, qué pena llegar a viejo. Soy ya un **estorbo**. Solo un estorbo inútil para
25 ellos… Un **trasto** que no sirve para nada… Están deseando que me muera. Que te mueras tú también, amigo mío… Ya ves, con lo poco que les molestamos nosotros… Pero quieren quedarse solos en la casa…

Y era verdad. El amo no se equivocaba, no. Más de una vez les había oído yo hacer sus planes para cuando el abuelo se muriese y dejase libre su habitación. A veces hasta se peleaban
30 entre sí porque los dos hermanos la querían. No **en balde** era el cuarto más grande y más bonito de la casa.

—Yo tengo más derecho porque soy el mayor…

—Pero yo soy el preferido del viejo, ¿eh? No lo olvides —decía el otro.

—De acuerdo. Se lo preguntaremos entonces a él. Que el viejo decida.

35 E iban y le decían:

—Abuelo, cuando tú te mueras, ¿quién quieres que ocupe tu habitación de los dos?

El abuelo estaba sentado en un sillón del comedor leyendo el periódico o un libro. Leer era lo único que podía hacer ya mi amo. Menos mal que sus cansados ojos aún podían ver. Yo estaba **tendido** a sus pies. Noté que mi amo **se estremecía** al oírles. Que todo su cuerpo tem-
40 blaba. Que estaba como a punto de° **echarse a** llorar de un momento a otro…   *on the verge of*

Sentí una inmensa pena por él. Era ya un ser débil, tembloroso y vacilante. Por todo se emocionaba. Por cualquier cosa se le saltaban las lágrimas… ¡Con lo que él había sido, Dios mío! Que había sido, palabra, el hombre más hombre, más fuerte y enérgico que había habido en el mundo. Parecía como un roble que nada le podía abatir°. Lo recuerdo en nuestras largas   *to knock down*
45 caminatas en las que recorríamos kilómetros y kilómetros con su cachava° en la mano. Andaba y   *stick*
andaba sin cansarse jamás. Antes me cansaba yo, que sin aliento°, con la lengua afuera, me tenía   *breathless*
que **tumbar extenuado** al borde de la carretera para descansar un momento. Él me daba con la
cachava cariñosamente en el lomo° y me decía: *side*

—Sol, Sol, ¿no te da vergüenza **darte por vencido** antes que yo?

50 Y es que mi amo era **imbatible**, ya lo he dicho. Solo los años, el tiempo, le han podido
doblegar. ¡Ay, cómo recuerdo aquellos paseos que dábamos juntos! No los olvidaré jamás. Durante ellos él me hablaba, me hablaba sin cesar, contándome sus cosas, sus recuerdos, y yo le
escuchaba siempre atento, con interés, ladrándole algunas veces **asintiendo**. Le gustaba mucho
hablarme de su mujer. Era yo muy joven cuando ella murió, pero la recordaba bien. Fue una
55 maravillosa mujer, digna esposa de mi amo. Se quisieron mucho. Tuvieron una única hija que
se casó pronto y se marchó a otro país. A los pocos años murió esta, pero antes había dejado
dos hijos en el mundo. Aquellos dos nietos de mi amo que ahora, hechos ya dos hombres casi,

acababan de preguntarle aquello
que tanto daño debieron causar a
60 su gastado corazón. Recuerdo que
los miró **rehaciéndose**. Los miró
por encima de sus lentes y dijo con
tristeza:

—**Echarlo a suerte**. Porque
65 para mí los dos sois iguales. Lo
mismo os quiero a uno que a otro…

—¿Pero, yo soy tu preferido,
abuelo? —le preguntó el más joven
un tanto desilusionado.

70 El abuelo lo miró, movió la
cabeza y repitió:

—Os quiero igual a los dos. A los dos os quiero igual, hijos míos… Lo que pasa es que
tú me recuerdas mucho a tu madre cuando tenía tu edad. Era rubia como tú y tenía tus ojos
azules… Y ahora, con esas **melenas** que llevas, eres enteramente su retrato…
75 Y mi amo, al recordar a aquella hija muerta tan lejos, no pudo evitar las lágrimas. Los
nietos salieron. Pero antes de salir dijo uno riendo:

—**Está como una cabra**.

—Lo que está es chocheando°, —dijo el otro.   *doddering*

Y yo me acordé entonces del día en que emocionado y lleno de júbilo me dijo mi amo:

80 ¡Sol! ¡Sol! ¡Van a venir mis nietos! ¡Mis nietos van a venir a vivir conmigo! Su padre ha muerto y solo me tienen a mí. ¡Pobres muchachos! Pero yo me alegro de que vengan, ¿sabes? Mucho. Me acompañarán… Me servirán esos chicos de una gran compañía, porque a veces me siento muy solo…

barked Yo ladré° al escucharle. Quería decirle, quería que supiera, quería recordarle que me tenía

85 a mí, que mientras yo viviera él no estaría nunca solo… Mi amo me comprendió. Me dijo, rectificando y **acariciándome** la cabeza:

—Bueno, bueno, te tengo a ti, ya lo sé. ¡Y buena compañía que has sido para mí en mi soledad…! Pero esos dos muchachos que van a venir van a alegrar esta casa tan triste. Nos van a alegrar la vida a los dos, ya lo verás, —terminó entusiasmado.

90 Y yo no sentí ningunos **celos** de ellos porque veía lo feliz e ilusionado que estaba mi amo. Como nunca le había visto desde la muerte de su esposa. Y los dos **aguardamos** su llegada con **alborozo** y con el mismo alborozo los recibimos. Pero los chicos no eran, no, lo que mi amo y yo esperábamos, no. Los chicos no fueron nunca buenos ni con mi amo ni conmigo. A él le llamaban

brusquely despectivamente «el viejo». Le trataban ruda y ásperamente°, y se burlaban de él y de sus cosas

kicked me 95 continuamente. A mí tampoco me querían ni me podían ver. Me daban patadas° y me hacían todo el daño que podían. En la casa de mi amo, sin embargo, se hicieron ellos unos hombres. El les dio

annoyances techo, cariño, estudios, y todo cuanto tenía. Y ellos, en cambio, solo le proporcionaron disgustos°, tristezas y preocupaciones. Y **para remate** estaban deseando su muerte para hacerse dueños de la casa… Ni una **pizca** de cariño le dieron, con lo ansioso de cariño que él estaba… ¡Pobre amo! Yo sé

100 lo que sufrió sus últimos años. Sus últimos años que podían haber estado llenos de paz y tranquilidad. Apenas dos días hacía que habían enterrado a mi pobre amo y ya me querían echar a mí…

Pero yo no esperé a que me echasen. No. Yo me fui antes… No me importa confesar que lloré al abandonar la casa. También a mí me pasaba lo que le pasaba a mi amo últimamente: lloro por nada. Por nada me siento blando como una esponja… ¡Ah, los años, amo! Tampoco los

105 años me han perdonado a mí. Pero yo sé, yo confío, que alguna vez nos hemos de volver a reunir tú y yo en alguna parte, amo. ¿Acaso en el cielo? ¿Tal vez en un lejano paraíso…?

Camino y camino ahora, amo, **sin meta ni rumbo**. Soy a mi vejez lo que nunca he sido:

beggar un perro errante y vagabundo. Un perro pordiosero° y sin hogar… Me alimento de lo que encuentro en las basuras, en los rincones. Duermo en la calle o en cualquier portal. Algunos niños

to bite me 110 crueles me tiran piedras. Otros perros más fuertes, más jóvenes, intentan morderme°… «Ay, Sol, Sol, me digo, a lo que **has venido a parar**…» Y me echo a llorar como lloraba mi amo.

No sé cuántos días, cuántas semanas o meses han pasado desde que abandoné la casa. Solo sé que estoy más flaco, más viejo, y que he sufrido mucho en este tiempo… cada día que pasa recuerdo con más nostalgia a mi querido amo, a mi perdido hogar. Tanto, que sin poderlo reme-

without fail 115 diar mis pasos me conducen indefectiblemente° a la calle de mi antigua casa. El único hogar que he conocido, que he tenido. Lo suelo hacer de noche. Cuando todo duerme. Cuando la calle está

I prowl desierta y silenciosa. No quiero que ellos me vean. No quiero que sepan que merodeo° por allí…

Cuando esta noche he llegado he visto con sorpresa que la puerta de la casa de mi amo está entreabierta. La empujo. Entro. La casa está a oscuras. Pero hay una hermosa luna que entra

clearly 120 a través de los cristales de las ventanas e ilumina nítidamente° el interior. Veo que todo está cambiado. Ya no parece la casa de mi amo. Aquellos muebles, aquellos cortinajes… Aquellos cuadros antiguos de las paredes… Todo, todo ha desaparecido. Y en su lugar hay muebles claros, modernos, funcionales dicen que se llaman…

De pronto oigo algo. Erizo mis orejas°. Es como un gemido tenue. Como un **forcejeo**… *I prick my ears*
125 No sé lo que me pasa, pero algo se acaba de despertar en mí. Parece como si hubiera **recobrado**
la juventud. Como si hubiese vuelto a mis verdes años… Y corro, corro escaleras arriba ladrando
con todas mis fuerzas. En los últimos escalones tropiezo con un hombre que huye **despavo-**
rido, seguramente a causa de mis ladridos. Un hombre a quien hago caer junto a mí y a quien
sujeto con mis colmillos° mientras se revuelve furioso lanzando terribles imprecaciones°. En sus *fangs / curses*
130 manos lleva una navaja. Una navaja que veo relucir un momento antes de clavármela, ¡ay! en el
vientre… Duele… Sangra… Pero no debe ser nada, pienso.

Mientras tanto ha salido de una habitación en pijama el nieto más joven de mi amo. Me
ha mirado con estupor y luego ha agarrado y reducido al desconocido. Yo he subido los pocos
escalones que me faltan para llegar al primer piso, despacio, casi **arrastrándome**, con enorme
135 dificultad. Y así he entrado en el cuarto que fue de mi amo. Allí, tendido en la cama, atado y
amordazado°, tratando de desasirse° con grandes esfuerzos de las cuerdas que le sujetan las   *muzzled / to free*
manos y los pies, está el nieto mayor. Al fin ha logrado° con mi ayuda **soltarse** del todo, y se   *himself*
levanta. Me mira también con extrañeza, con asombro.   *suceeded*

—Pero bueno, ¿qué haces tú aquí, chucho° del demonio…? —Y a continuación,   *dog*
140 desabridamente°, exclama: —¡Maldito perro! ¡Pues no estás manchando de sangre la alfombra   *embittered*
nueva…! Y me da una patada. Una patada en la herida°… Es lo último que he sentido antes de   *wound*
cerrar los ojos e inclinar la cabeza para ir a reunirme contigo, amo…

COMPRENSIÓN Y AMPLIACIÓN

1. Explica la relación entre Sol y el amo. ¿Es Sol el mejor amigo del amo? Explica por qué.

2. ¿Crees que los nietos le dieron al abuelo (el amo) la compañía que tanto ansiaba? Explica
   por qué si o por qué no.

3. Haz una lista cronológica de los eventos del cuento. Por ejemplo:

   La hija del amo se va de casa

   El padre de los nietos muere… etc.

4. ¿Por qué motivos crees que quieren los nietos deshacerse de Sol? ¿Cómo piensan hacerlo?

5. Al final del cuento, Sol decide volver a la casa de su amo. Describe los cambios que nota.

6. ¿Qué está ocurriendo en la casa en el momento en el que llega Sol?

7. Explica cómo muere Sol al final del cuento.

ANÁLISIS E INTERPRETACIÓN

1. Explica qué información se nos da en el primer diálogo y el efecto que esta información
   produce en el lector. Indica dos puntos importantes que se le presentan al lector por medio
   de este diálogo.

2. ¿Cómo cambia la fuerza narrativa del cuento al tener a Sol como narrador? ¿Qué efecto(s)
   produce este recurso literario?

3. El texto parece delinear un paralelismo entre la vejez del abuelo y la vejez de Sol. Explica
   cómo son similares y en qué se diferencian.

4. Describe algo que te sorprendió o molestó en este cuento. ¿Esperabas el final o fue una sorpresa para ti?

5. Este cuento toca varios temas bien conocidos: el perro como fiel amigo; la crueldad hacia los animales; la íntima relación entre amos y sus mascotas; la inteligencia de los animales, etc. Escoge uno de estos temas y explica cómo se trata en este cuento.

REPASO DE VOCABULARIO

CORRESPONDENCIAS

Busca en el texto las siguientes expresiones y explica en qué contexto y con qué significado se usan.

ser un paño de lágrimas
encogerse de hombros
estar como una cabra
estar chocho/chocheando
¡A lo que has venido a parar!

ANTÓNIMOS

Busca los antónimos de estas palabras en la lista de vocabulario, páginas 332–333. Después escribe una oración original usando el antónimo que aparece en la lista.

1. maltratar   2. atar   3. tristeza   4. tranquilo   5. fortalecido

¿CUÁL NO PERTENECE?

Escoge la palabra de cada grupo que no está relacionada con las otras palabras.

1. lágrima   tristeza   llorar   ladrar
2. errante   robusto   fuerte   enérgico
3. tendido   estremecido   acostado   tumbado
4. cuerda   atado   basura   sujetar
5. tropezar   caer   equivocarse   derribar

REPASO DE GRAMÁTICA

EL GERUNDIO

Rellena los espacios en blanco con el gerundio del verbo entre paréntesis.

1. Poco a poco, los buenos amigos se le habían ido (morir) _____.
2. Estaba sentado (leer) _____ el periódico.
3. El perro escuchaba con interés, (ladrar) _____ y (asentir) _____.
4. El abuelo miró a los nietos (rehacerse) _____.
5. El pobre viejo está (chochear) _____.
6. El abuelo hablaba y hablaba, (acariciar) _____ la cabeza de Sol.

EL PRESENTE PERFECTO (PRETÉRITO PERFECTO)

Escribe la forma correcta del presente perfecto de los verbos entre paréntesis:

Hoy algo me (decir) _____[1] que volviera a casa de mi amo. No sé por qué pero yo (sentir) _____[2] como que algo estaba a punto de ocurrir. Algo malo, algo que no (poder) _____[3] explicar. Antes de acercarme a la casa de mi amo (merodear) _____[4] por los alrededores. De alguna forma (tratar) _____[5] de imaginarme cómo se vería la casa de mi amo sin él, pero no (ser) _____[6] capaz. (Aguardar) _____[7] el momento oportuno y en cuanto (ver) _____[8] la puerta entreabierta de la casa, (echar) _____[9] a correr y no (parar) _____[10] hasta llegar al rellano de las escaleras. ¡Cómo (cambiar) _____[11] la casa! ¡Ya casi ni la reconozco!

PRETÉRITO E IMPERFECTO

Escribe la forma correcta del verbo en pretérito o imperfecto según sea necesario.

Mi amo (ser) _____[1] imbatible. Recuerdo aquellos paseos que nosotros (dar) _____[2] juntos cuando él me (hablar) _____[3] sin cesar contándome sus cosas. Yo le (escuchar) _____[4] siempre con interés. Le (gustar) _____[5] hablarme de su mujer. Yo (ser) _____[6] muy joven cuando ella (morir) _____[7], pero la (recordar) _____[8] bien. (Ser) _____[9] una maravillosa mujer. Mi amo y ella (quererse) _____[10] mucho. (Tener) _____[11] una hija que (casarse) _____[12] pronto y (marcharse) _____[13] a otro país, pero a los pocos años (morir) _____[14].

CONVERSACIÓN

En conjunto. En el cuento que acabas de leer, se tratan varios temas: el perro como fiel amigo, la crueldad hacia los animales, la íntima relación entre los amos y sus mascotas, la inteligencia de los animales, la soledad de los ancianos, etc. Con un grupo, elijan uno de estos temas y expliquen por qué es importante para ustedes. Asegúrense de dar ejemplos concretos de cómo se trata el tema en el cuento. Finalmente, relacionen el cuento con un caso verdadero que conozcan de amistad entre una persona y un animal.

Lectura 4: La eclosión del geranio

© Photo Courtesy of Carmen Alea Paz

CARMEN ALEA PAZ

Carmen Alea Paz (1926, La Habana, Cuba), narradora, poeta, traductora y profesora de idiomas, ha recibido numerosos premios y menciones tanto en Cuba como en Estados Unidos, donde reside desde 1962. Sus cuentos, artículos y ensayos aparecían con frecuencia en importantes revistas y diarios cubanos de la década de 1950, tales como *Lux*, *Carteles*, *Vanidades*, *Colorama*,

Patria y *Bazar*. Sus relatos han sido publicados en los periódicos *Avance, El País, El Mundo* y *Diario de la Marina*. Su sección "Disquisiciones femeninas", que publicaba el semanario dominical *El País Gráfico*, tuvo una gran aceptación por los lectores en aquellos tiempos. Asimismo, fue colaboradora oficial de la popular revista habanera *Romances*. Ha publicado varios libros, entre ellos, *El caracol y el tiempo* (Poesía, 1992); *El veranito de María Isabel* (Novela, 1996); *Cuentos para insomnes rebeldes* (1996); *Labios sellados* (Novela, 2001, Premio Internacional "Alberto Gutiérrez de la Solana", del Círculo de Cultura Panamericano 1999); *Casino azul* (Novela, 2004). La autora, que cuenta con una maestría en Lengua y Literatura Española e Hispanoamericana, ha sido también profesora de español y literatura de California State University en Northridge donde actualmente reside.

El cuento "La eclosión del geranio" de la colección *Cuentos para insomnes rebeldes* pertenece al género del cuento fantástico al combinar elementos del mundo real con el sobrenatural, lo cual intenta dejar al lector en desconcierto e incertidumbre sobre el desenlace de los hechos.

PRELECTURA

PREGUNTAS DE PRELECTURA

1. El cuento que vas a leer hace referencia al éxodo de cubanos que dejaron la isla en la segunda mitad del siglo XX. ¿Qué episodio histórico motivó a muchos cubanos a salir de Cuba? ¿Dónde se radicaron la mayoría de los cubanos que salieron de la isla en aquel entonces?

2. La protagonista del cuento, una de esas personas que salieron de Cuba, ha perdido, además de su patria, el amor de su vida. Con un/a compañero/a, sugieran al menos tres sentimientos que puede sentir una persona que ha perdido el amor de su vida.

3. ¿A qué se dedican los adivinos o espiritistas? ¿Crees que pueden adivinar o influir en el futuro? Razona tu respuesta.

4. Si perdieras el amor de tu vida, ¿hasta qué extremo llegarías para recuperarlo? ¿Crees que otras personas harían lo mismo?

VOCABULARIO

Antes de leer, familiarízate con las siguientes palabras y expresiones que aparecen en negrita en el cuento.

Sustantivos

el alquiler	renta; precio por el uso de algo	*rent*
el barro	mezcla dura de tierra y agua	*clay*
el bicho	insecto	*insect*
el bosque	sitio poblado de árboles y plantas	*forest*

el candado	cerradura para asegurar algo	*lock*
la chapucería	imperfección en la obra o labor	*shoddiness (shoddy work)*
la chuchería	cosa insignificante	*trinket*
el cuchillo	instrumento de metal para cortar	*knife*
la despensa	armario para guardar comestibles	*pantry*
la eclosión	echar flor, florecer	*blooming*
el difunto	muerto	*deceased person*
la losa	cuadrado de terracota o cerámica fina para cubrir el suelo	*tile*
la maceta	recipiente para criar plantas	*flowerpot*
el manotazo	golpe duro con la mano	*slap*
la mejilla	parte carnosa de la cara debajo de los ojos	*cheek*
la pesadilla	sueño angustioso	*nightmare*
el sudor	humedad que sale por los poros de la piel	*sweat, perspiration*
el tacón	parte alta del zapato	*heel*
el trapo	pedazo de tela o paño viejo	*rag*

Adjetivos

apretado	muy ajustado u oprimido	*tight*
arrugado	opuesto de planchado; plegado	*wrinkled*
atado	sujeto; unido para impedir movimiento	*tied up; fastened*
encendido	prendido; iluminado; llameante	*lit up*
espantada	asustada	*frightened*
incómodo	molesto; desagradable; no confortable	*uncomfortable*
pulcro	muy limpio; meticuloso	*neat, tidy*

Verbos

aborrecer	odiar; detestar	*to hate*
arreglar	componer; poner en orden	*to fix; to arrange*
brotar	emerger; florecer	*to emerge; to bloom*
contener(se)	sujetar; moderar un impulso	*to contain (oneself)*
cumplir	llevar a efecto o realizar un deber	*to fulfill*
demorar	tardar; ser lento en hacer algo	*to delay*
empujar	mover una cosa con fuerza	*to push*
enredarse	mezclarse; entretejerse	*to get tangled up*
esculcar	buscar algo oculto	*to search something hidden*
estirar	alargar; extender	*to stretch*
fingir	simular; hacer como que…	*to pretend*
lograr	conseguir	*to get; to achieve*
prender	sujetar; fijar para impedir movimiento	*to hold on to; fasten*
rascarse	pasar las uñas por la piel	*to scratch*

teñir (i, i)	colorear; poner un tinte (en el pelo)	*to color, dye*
tirar	echar; deshacerse de algo	*to throw out*
tirarse	echarse; arrojarse; proyectarse	*to plunge; throw oneself*

Expresiones

a diestro y siniestro	sin rumbo o dirección	*aimlessly*
a pesar de	aunque; contra la voluntad o fuerza de algo o alguien	*in spite of*
al pie de la letra	exactamente	*exactly*
echar a perder	arruinar	*to ruin*
echar pa'lante	seguir adelante	*to keep on, move on*
loco de remate	que ha perdido totalmente la razón	*crazy as a loon*
menos mal	por lo menos	*thank goodness*
no quedar más remedio	no haber otra solución	*there's no other way*
tomar el pelo	hacer una broma	*to kid; to pull one's leg*
valer la pena	tener mérito	*to be worth it*

MEJORA TU VOCABULARIO

Escoge la palabra o expresión que mejor complete el sentido de la oración.

1. Al acercarse a la ventana se dio cuenta de que las (macetas/mejillas) estaban llenas de hormigas.

2. El curandero que consultó le dijo que pusiera unas hierbas (encendidas/atadas) debajo de la almohada para que se curase del mal que la afectaba.

3. El santero le dijo que siguiera sus instrucciones (al pie de la letra/a diestro y siniestro).

4. Cuando sintió la picadura *(bite)* de la hormiga, empezó a (contenerse/rascarse) como una loca.

5. (Se esculcó/Se estiró) todo el cuerpo hasta que encontró el insecto que la había picado.

6. Como había ganado algo de peso, la bata y los vestidos le quedaban (apretados/pulcros).

7. Siempre que llegaba su marido de viaje, le gustaba (cumplir/arreglar) la casa para que se viera limpia y ordenada.

8. El marido, cuando volvía de viaje, siempre les traía alguna (chapucería/chuchería) a los niños.

9. A pesar de haberse arruinado, no tuvo más remedio que (echar pa'lante/echar a perder) y empezar una nueva vida.

10. De un (manotazo/tacón) mató a muchas hormigas, pero muchas otras más seguían saliendo de las esquinas.

LECTURA

 ## LA ECLOSIÓN DEL GERANIO

Probablemente la invasión había empezado mucho antes, pero no fue hasta el amanecer del lunes que Calala vio por primera vez la línea oscura y rápida de obreras° silenciosas. Ya habían alcanzado el lozano° colorido que cubría toda la ventana de la salita. De un **manotazo**, ella barrió con las que sus ojos, un poco nublados, podían ver. Se sentía enferma y había estado llo-
5 rando toda la noche.

Inquieta, **se esculcó** una vez más de arriba abajo buscando el animal que le había picado° todo el cuerpo. Su propio **sudor** le hizo sentir vergüenza. No se había bañado ese día, ni el anterior domingo. Tampoco el sábado. La bata estampada y de tonos brillantes que llevaba puesta estaba penosamente **arrugada** y sucia. Ella que siempre había sido tan **pulcra**. De repente dejó
10 de mirarse para contemplar las siete **macetas** apostadas° junto a la ventana e hizo un gesto de enojo y frustración. La Yeyita le había **tomado el pelo** como los demás espiritistas, santeros y adivinadores° que había consultado. Ella hizo cuanto le indicaron, pero sin resultados. Total, que esta vez había llenado el apartamento de plantas para nada. Y no era solo lo que le había costado cada trabajo, sino que Braulio decía que las plantas traían mosquitos y otros **bichos** indeseables.
15 Cuando empezaron a crecer los geranios él exigió: "Calala, ya te dije que no quiero plantas en la casa. A ver si las **tiras** todas enseguida. Esto parece un **bosque**". Ella iba a contestarle: "¿A ti qué te importa? Tú no vives aquí". Pero **se contuvo**. Recordó lo que le había dicho su padre la primera vez que hablaron por teléfono. "Mi'ja, esa carta de Braulio en la que te pide el divorcio me dejó frío. Suerte que cuando se recibió ya tú llevabas tres meses ahí con él. **Menos mal** que
20 llegaste a tiempo para salvar tu matrimonio. Mira tú, casada y divorciada por correspondencia". Ella comprendió entonces por qué Braulio tenía cara de **difunto** cuando fue a recogerla a Inmigración. Pero no mencionó la carta y como ella la desconocía, todo salió bien.

En realidad las cosas sucedieron inesperadamente°. Una mañana su hermana Chelo entró como un bólido° en la casona familiar de Infanta, gritando que se iba para el Norte con su
25 marido y sus hijos. "La gente está entrando por la libre° en una de las embajadas. La calle está que no se cabe. Vamos, Calala, ven con nosotros antes de que cierren el paso y se embrutezcan° los milicianos. Probablemente aquello acabe como la fiesta del guatao°". Ella contestó que no iba, que prefería esperar a que Braulio la mandara a buscar. "Calala, tú estás **loca de remate**," le increpó°. "¡Esto es un milagro que no ocurre dos veces! Además, ¿para qué te vas a quedar aquí?
30 Mamá murió, papá tiene otra mujer, y yo me voy. ¿Es que quieres seguir toda la vida casada, virgen y sola?". Ella fue a decir algo, pero Chelo no le dio tiempo. La **empujó** hacia el dormitorio, la obligó a meter cuatro **trapitos** en un cartucho° y a la fuerza la sacó de la casa, insistiendo: "Hay que **echar pa'lante**, mi hermana, y salvarse de este infierno. Es ahora o nunca". Ella temblaba de miedo y se resistía. Entonces Chelo se le **prendió** como un **candado** al brazo para impedirle
35 escapar. "No seas idiota, Calala, mira que los hombres no saben esperar". Ella pensó que no llegarían al final de la aventura. Por poco **se tira** al mar cuando en la embarcación en que navegaban rumbo a Cayo Hueso dos hombres empezaron a pelear y uno de ellos sacó un **cuchillo**. La travesía fue una **pesadilla**. Ahora se preguntaba si **valía la pena** haber pasado tanto para llegar a este final.

worker ants
lush

had bitten

placed

fortune tellers

unexpectedly
meteor
without permission
become brutal
a riot

scolded

paper sack

40   Calala trató de contener el río que le corría por las **mejillas**. **A pesar de** todo quería a
Braulio. En realidad no podía decir que él era malo. La había recibido, le había puesto un apartamento y por un tiempo había **cumplido** con sus deberes de marido. Pero aquella mujer y los
dos hijos que le informaron tenía con la intrusa habían **logrado** destruir su felicidad y su matrimonio. Ella **demoró** en reconocer la frialdad en sus besos y el poco entusiasmo con que Braulio
45   respondía a sus reclamos amorosos. Sin embargo, él no mencionó en ningún momento la carta
de rompimiento° que le había escrito. Y ella también **fingió** no conocer su existencia, como le   *breaking off*
aconsejó Chelo. Al principio ella estaba tan contenta de estar junto a él que siempre achacaba°   *attributed to*
al cansancio su indiferencia. Las excusas parecían razonables. Braulio se lamentaba de tener que
trabajar hasta muy tarde en la noche, y los sábados y domingos. A todas horas. Ella no sospechó
50   de él hasta el día que la vecina empezó a cantar. Era una especie de Guantanamera improvisada
mediante la cual la enteraba de la infidelidad de Braulio. Así supo que su rival era alta, hermosa
y que tenía el cabello largo y negro. Ella solo podía aumentar con **tacones** su pequeña estatura,
razonó entonces. Pero su pelo rubio y corto podía cambiar. Se lo dejó crecer y se lo **tiñó** de negro. Más tarde se depiló las cejas y se pintó unos arcos oscuros que a ella misma le disgustaban.
55   A pesar de su estrategia, Braulio siguió **estirando** las ausencias. Ella se desvivía° en la cocina y   *was eager to please*
él no venía a comer. Fue entonces que empezó a comer por los dos. Aun cuando sabía que él no
iba a estar allí, **arreglaba** la mesa y se sentaba a esperar. A veces hasta la madrugada. Comiendo.
Comiendo y llorando. En pocos meses su figura cambió tanto que no **le quedó más remedio**
que empezar a usar aquellas batas que escondían sus protuberancias. Debido a lo **incómoda** que
60   se sentía, dejó de trabajar en la factoría y empezó a coser en la casa. No tardó el momento en que
le negaron la costura porque hacía demasiadas **chapucerías** y **echaba a perder** las telas. Tenía
las uñas tan largas que casi le impedían usar las manos. Las de los pies sonaban un erizante° ras,   *irritating*
ras, ras en las **losas** y **se enredaban** en la alfombra. Al fin, un día cubrió los espejos. No quería
ver la mujer que reflejaban, a quien **aborrecía**.
65   Gradualmente Braulio se fue quedando del otro lado. Solo visitaba el hogar a extrañas
horas de la noche como un ladrón, sin hacer ruido. Siempre dejaba algún dinero sobre la mesa
del comedor, el recibo del **alquiler** pagado y de vez en cuando alguna **chuchería** que él sabía
le gustaba a ella. Pero no entraba al dormitorio, ni siquiera para saludarla. Así la soledad fue
apoderándose° de su vida hasta asfixiarla. Una amiga le había hablado de Paquito el mila-   *taking over*
70   grero. Fue a verlo y como él le indicó, limpió la casa con yerbas, puso dulces a los santos, un
vaso de azúcar debajo de la cama, y un plato con miel y una vela **encendida** dentro de un
clóset. Ese día por poco tiene que llamar a los bomberos de la fogarada° que armó. Después   *blaze*
de Paquito visitó a Cacha, a Toña y a Lalo, el de Hialeah. Por último le hablaron de Yeyita.
La anciana entendió su pena, la trató con cariño y le dio esperanza. Tenía que atraer a Braulio de
75   nuevo. Lo necesitaba. Chelo se había ido con su familia para Puerto Rico y ella se sentía sin los
dos como un barco al garete°. Yeyita, que se las daba de buena bilonguera°, le confirmó lo que   *adrift / sorceress*
de ella le habían contado, que tenía una fuerte alianza con las potencias y que era capaz de partir
un coco con la mirada. Sus poderes, le garantizó, siempre devolvían los descarriados° al hogar.   *those who lose their*
No obstante, Yeyita, acariciándole la cabeza, le dijo: "Pero ten presente mi'jita que si la cosa no   *way*
80   está pa'uno, no importa la lucha que le hagas. Cuando el gallo es volador siempre está sobre la
cerca. Aunque con el amarre° que le he hecho, él volverá, te garantizo. Y los hijos no son de él.   *tying [of herbs]*
El gallo es de mucha pluma y poca miaja°".   *morsels*
Yeyita le preparó siete bolsitas encomendadas° a las siete potencias que ella pagó a veinte   *entrusted*
dólares cada una. También le dio una tinajita° con tierra africana y otras substancias mágicas   *earthenware jar*

85 en las que ambas, con cierta ceremonia, enterraron dos ramitas **atadas** con cintas de siete colores, bien **apretaditas**. "Esta la tiraremos al mar cuando él regrese", indicó la viejita. Por último le instruyó: "Compra

90 siete macetas de **barro** iguales, y mete una de las bolsitas que te di en cada una. Después le pones buena tierra y buena comida de plantas, y siembras geranios rojos en todas. En cuanto **broten** las primeras flores, tu marido

95 regresará". Calala siguió las instrucciones **al pie de la letra**.

© juanolvido/iStockphoto

Los geranios no demoraron en echar hojas a más no poder, pero Braulio continuó entrando de noche, dejando el dinero, y marchándose sin decir palabra. Ella empezó a llorar sin

without letting up
fickle   100   tregua° por cualquier cosa. Volvió el día noche y la noche día para vigilar la entrada de aquel
to clean   marido veleidoso° que se resistía a las fuerzas ocultas a quienes lo había encomendado. Frustrada, dejó de bañarse, de peinarse, de atildar° el apartamento, como era su costumbre, y hasta de cocinar. Cuando le ardía el estómago por hambre abría una lata, comía un poco, y la tiraba

sink   en el fregadero° o sobre el mostrador de la cocina. Generalmente era Braulio quien recogía el
mess / garbage   reguero° y se llevaba las latas y desechos° mal olientes sin decir palabra. Pero, de repente, él
lay awake   105   suspendió las visitas nocturnas. Ella velaba°, atendiendo al mínimo ruido, y finalmente dejó de cerrar la puerta del cuarto, por si se quedaba dormida. Trascurrieron semanas. Día tras día ella marcaba su ausencia en el calendario. Precisamente, ese día hacía seis semanas que no sabía de él. Estaba desesperada, sin saber qué hacer. Las reservas de alimentos en el refrigerador y la **despensa** habían llegado a su fin. Solo quedaba el dinerito que Chelo le había enviado para una

to top it all   110   "emergencia" y eso lo tenía bien escondido y no quería tocarlo. Para colmo°, le habían metido en el apartamento un ejército de hormigas como para interrumpir el trabajo de las potencias. Ella estaba segura de que las mandaba la vecina quien tenía parentesco con "la otra". Atormentada de

itching   nuevo por la picazón°, Calala **se rascó** de pies a cabeza y se registró la ropa pulgada a pulgada
uneasiness   sin lograr encontrar la causa de su desazón°. Tenía mucha sed y aunque continuaba mareada, se
staggered   115   tambaleó° hasta la cocina. Sus ojos color de uva se abrieron con estupor cuando vio la rata traba-
painstakingly   jando afanosamente° con la lata de leche condensada de la que huían las hormigas a todo correr. La línea de insectos se había convertido en una mancha oscura sobre el mostrador y el fregadero. Calala retrocedió **espantada**.

Rascándose con desesperación, volvió para la sala, de la que la negra tropa ya había tomado
Determined   120   posesión. Empeñada° en vencer al diminuto enemigo, empezó a dar manotazos **a diestro y sinies-**
tormenting   **tro**. Lejos de huir, las hormigas se le subían por la ropa mortificándole° los brazos, el torso, el cuello, la cara, mientras ella se rascaba y se defendía al mismo tiempo. La furia de sus uñas iba
furrows   creando surcos° en la carne cada vez más rosados, más hondos, hasta convertirse en canales por los que comenzó a escapársele la vida. Horrorizada, decidió que no quería sufrir más.

packages   125   Ese lunes por la noche, cuando Braulio entró las maletas y bultos° con que regresaba al
bloodied   hogar, lo soltó todo asustado y corrió guiado por un rayo de luna hacia las ropas ensangrentadas° de su mujer, tiradas al pie de la ventana. "Calala, ¿dónde estás?" gritaba él, mientras la buscaba

130 en todos los rincones del apartamento. Clavado con unas tijeras en medio de la cama halló el recado: "Me comieron las hormigas. Adiós. Calala".

En la ventana, los siete geranios ostentaban° su extraordinaria floración en una sonrisa roja, roja, roja.   *flaunted*

 ## COMPRENSIÓN Y ANÁLISIS

1. Explica por qué Braulio y Calala se separaron y llegaron a EE. UU. ("el Norte") en diferentes momentos desde Cuba. ¿Cuál es el contexto histórico que motivó a los dos protagonistas a abandonar Cuba?

2. Describe cómo se produce la salida de Calala de Cuba, por qué Calala temía salir de la isla, y quién la convenció de que lo hiciera.

3. ¿Qué le había pedido Braulio a Calala antes de que esta saliera de Cuba? ¿Cómo se lo pidió? ¿Se enteró Calala de ello antes de salir de la isla?

4. Calala y Braulio no viven juntos. Explica por qué y cuál es su relación al principio del cuento.

5. Explica la imagen que la narradora nos da de Calala al principio del cuento. ¿Qué adjetivos usa en su descripción para presentarnos el estado actual de ella?

6. ¿Cómo se enteró Calala de que Braulio tenía otra mujer? ¿Qué hubieras hecho tú en ese caso? ¿Se lo habrías dicho a Calala? Explica por qué.

7. ¿Qué hizo Calala para serle atractiva a su esposo? ¿Resultó su estrategia?

8. ¿Quién le dijo a Calala que pusiera macetas en la ventana y con qué fin?

9. ¿Qué animales atraen las macetas? ¿Qué importancia tienen estos animales en el desarrollo de la historia?

10. ¿Consigue la Yeyita hacer volver a Braulio?

11. Al final del cuento, Calala no está en el apartamento. Explica por qué crees que se ha ido de la casa y por qué le dice a Braulio por medio de la nota que la comieron las hormigas.

12. El final del cuento se podría considerar irónico. Explica dónde radica la ironía del cuento.

REPASO DE VOCABULARIO

 ## CORRESPONDENCIAS

Busca en el texto las siguientes expresiones y explica en qué contexto y con qué significado se usan.

valer la pena
al pie de la letra
tomar el pelo
no quedar más remedio
echar a perder

DICHOS Y REFRANES

Escoge uno de los siguientes dichos y explica en tus propias palabras lo que quiere decir Yeyita cuando le advierte a Calala lo siguiente:

1. Cuando el gallo es volador siempre está sobre la cerca.
2. El gallo es de mucha pluma y poca miaja.
3. Si la cosa no está pa'uno, no importa la lucha que le hagas.

ANTÓNIMOS

Busca los antónimos de estas palabras en la lista de vocabulario, páginas 341–343. Después elige cuatro y escribe oraciones originales usando en cada una los antónimos que elegiste de la lista.

1. sucio   2. suelto   3. libre   4. amar   5. anticipar   6. confortable   7. apagado

¿CUÁL NO PERTENECE?

Escoge la palabra de cada grupo que no está relacionada con las otras palabras.

1. picadura   bichos   obreras   hormigas   surcos
2. bosque   flor   planta   sudor   ramita
3. limpia   pulcra   sucia   cumplida   arreglada
4. prender   teñir   atar   apretar   comprimir
5. maceta   tinaja   barro   trapo   terracota

REPASO DE GRAMÁTICA

DIMINUTIVOS

Haz una lista de los diminutivos que se encuentran en el cuento. Después, indica cuáles se usan con los siguientes propósitos:

para indicar cariño o afecto

para indicar pequeñez o escasez

para intensificar el significado

ADVERBIOS

Cambia las frases subrayadas a un adverbio que termine en **-mente**.

1. Una rata trabajaba <u>con afán</u> para sacar la leche condensada de la lata.

2. La viejita trató a Calala <u>con cariño</u>.

3. <u>Poco a poco</u> Braulio dejó de venir a su casa por las noches.

4. Calala se rascaba <u>con desesperación</u> por la picazón de las hormigas.

5. Las cosas ocurrieron <u>sin que nadie las esperara</u>.

PRONOMBRES RELATIVOS

Escoge el pronombre relativo que mejor complete el sentido de la oración.

1. Desesperada, Calala entró en la sala, de (cual, la que, que) habían tomado posesión las hormigas negras.

2. Al rascarse, ella había creado surcos en la carne por (lo que, los que, cuales) empezó a escapársele la vida.

3. (Lo que, Lo cual, El que) le habían contado de la anciana era verdad.

4. Calala esperaba todas las noche a su marido, (el que, quien, cuyo) suspendió de repente sus visitas a la casa.

5. Los geranios, (cuya, los que, que) floración resultó extraordinaria, permanecían en las macetas puestas en el alféizar (*sill*) de la ventana.

CONVERSACIÓN

En conjunto. Con tu grupo decidan cuál es el tema principal de la historia y mencionen al menos dos subtemas que se tratan en el cuento. Después analicen los recursos literarios que usa la autora para presentar a Calala como una mujer al borde de la desesperación (su apariencia, la dejadez de la casa, etc.). ¿Qué función juegan las hormigas en la historia? ¿Creen que las hormigas, además de ser una irritante plaga, puedan tener un significado figurativo? ¿Cuál? Finalmente, compartan con el grupo algo que les intrigó, molestó o apenó de la historia de Calala.

VOCABULARIO

Observa que las palabras que comienzan con **ch** y con **ll** aparecen bajo la **C** y la **L**.

A

abatimiento *m* dismantling; *fig* depression, low spirits

abatir to knock down; *fig* to humiliate

abeja *f* bee

ablandar to soften

abocado destined; directed toward

abogado *m* lawyer

abonar to credit, pay; to fertilize, *refl* to subscribe, buy a season ticket

aborrecer to hate

abrazar to embrace

abrelatas *m* can opener

aburrir to bore; *refl* to be bored

acabar to finish, end;
  acabar con to put an end to
  acabar de to have just

acantilado cliff

acariciar to caress

acaso maybe, perhaps

acceder to accede, agree; to give in

acciones *f* shares

accionista *mf* shareholder, stockholder

acechar to spy on

aceite *m* oil

acera sidewalk

acercar to bring or place near or nearer; *refl* to approach, draw near

acero knife, steel blade

acertar to guess right

achacar to attribute

aclamar to acclaim

acoger to welcome, receive

aconsejar to advise, counsel

acordar to agree

acordarse de to remember

acosado harassed

acosar to harass, pursue relentlessly

acostar to put to bed; *refl* to go to bed, lie down

acostumbrar to accustom; *refl* become accustomed to

actuar to act, perform

acudir to go, attend; to resort to

adelgazar to get thin; to taper off

además besides, moreover, in addition

adivinador *m* fortune teller

adorno ornament, adornment

adquirir to acquire

advertir to warn, advise; to observe, notice

afeitar to shave; *refl* to shave oneself

afición *f* liking, fondness, dilettantism

afilado sharp, keen; edgy

afín related, similar

afincarse to lean on, get hold of, settle

afligir to afflict; to grieve

afueras *f* outskirts

agarrar to grab, grasp, take hold of

aglomerar to cluster, to heap upon

agotar to exhaust, wear out; to use up, consume completely

agradar to please, be pleasing

agradecer to appreciate, give thanks

aguacate *m* avocado

aguacero downpour, rain

aguantar to tolerate, put up with; to hold back; *refl* to endure, suffer

aguardar to wait for, await

agudo sharp

águila eagle

ahijado godson

ahogarse to drown; to choke

ahondar to go deep into

ahorrar to save; to spare

ahumar to smoke; make smoke

aislado isolated

ajeno belonging to another; foreign, strange

ají *m* bell or chili pepper

ala *m* wing

alabanza praise

alambrado *m* wiring; wire fence

alambre *m* wire

alargar to lengthen, stretch; to prolong

albor *m* dawn

alborotado excited, noisy

alborozo joy, delight

alcalde *m* mayor

alcantarilla sewer

alcanzar to reach, reach up

aldea small village

alegar to affirm, allege

alegrar to make glad; to brighten;
  alegrarse de to be glad
alejarse to move away, go far away
alentar to encourage
alféizar m window sill
alfiler m pin
alfombra rug, carpet
algodón m cotton
alianza alliance, league
alimentar to feed, nourish; to sustain
alimento m food, nutriment
aliviar to alleviate, ease; refl. to be relieved; to get better
alma soul
almacenar to store; to put in storage
almendra almond
almohada pillow, cushion
alojamiento housing, lodging
alpaca alpaca (South American ruminant)
alquilar to rent
alquiler m rent
alrededor around, about; pl surroundings
altivo haughty, proud
alumno m student
alzar to raise, lift; refl to rise (in revolt)
amable kind, courteous, amiable, friendly
amanecer to dawn; to awaken in; m dawn, daybreak
amante mf lover; loving, fond
amargo bitter
amarrar to tie
ambiente m atmosphere, ambiance, environment;
  medio ambiente environment
ámbito field; environment
ambos both
ambulante traveling, moving;
  vendedor ambulante m peddler
amenaza threat, menace
amenazar to threaten
amo master (of the house); owner
amontonar to pile up
ampliar to make ample, roomy
ampolla blister
andaluz Andalusian
andén m train platform
angosto narrow
ángulo angle
angustia anguish
angustioso distressed; distressing
anhelar to long for, desire anxiously
anillo ring
animar to cheer up; refl to be encouraged

ánimo mood; encouragement;
  estado de ánimo frame of mind
anochecer to become dark; nm twilight, nightfall
ansiar to crave
ansiedad f anxiety
ansioso eager; anxious
antaño yesteryear
antemano beforehand
anticuado old-fashioned
añadir to add
apagado soft, weak, dull, dim, extinguished
apagar to put out, extinguish; to turn off
aparecer to appear
apartarse to go away, withdraw; to leave
apenado sorry, sad; embarrassed
apenar to cause grief, embarrassment
apenas hardly, scarcely; with difficulty
aperitivo appetizer, cocktail
apertura opening, beginning; commencement
aplaudir to applaud
aplazar to postpone
aplicado studious
apoderarse to take over
aportar to contribute, bring one's share; to provide support, help, backing
apostar to post, place; to bet
apoyar to support
aprehender to apprehend, capture
apresurarse to hurry up
apretar to tighten; to press, squeeze;
  apretar el paso to walk faster
apretón m grip, squeeze;
  apretón de manos handshake
aprisionar to imprison; to capture
aprobar to approve
aprovechar to take advantage of
apuntar to take note
araña spider
arañar to scratch
arbusto shrub, bush
archivar to file; to archive
arder to burn
arena sand
argumento plot, theme, subject; argument, reasoning
armadura armor
arpa harp
arqueólogo archaeologist
arquitectura architecture
arraigar to root, establish firmly
arrancar to pull

arrastrar to haul, pull, drag; *refl* to crawl; to drag oneself

arreglar to arrange; to fix; to adjust

arrepentirse to repent, regret

arriesgarse to risk oneself

arrodillarse to kneel

arrojar to throw

arroyo brook, stream

arrugado wrinkled

arruinar to ruin, destroy

asalto assault, attack

asar to roast; *refl* to roast, feel very hot

ascenso promotion

asco disgust; nausea;
  dar asco to disgust

asegurar to assure; to insure, guarantee

asemejarse to look the same; be similar

asentir to assent, agree

asesinar to murder

asiento seat

asimilar to assimilate

asimismo likewise

asistir to attend

asomar to peep into; to show; to stick out; *refl* to appear at; to look out of (a door, window, etc.)

asombro amazement

asombroso astonishing, amazing

áspero rough

aspiradora vacuum cleaner

aspirar to inhale, breathe in; to aspire

astilla splinter, chip

asunción *f* ascension

asunto topic, subject; matter

asustar to frighten; *refl* to be frightened

atar to tie, bind

atardecer *m* late afternoon

atender to pay attention, take care of

aterrizaje *m* landing;
  pista de aterrizaje landing strip

aterrizar to land

aterrorizar to terrify

atestiguar to testify

atildar to clean; to tidy up

atónito astonished

atraer to attract

atravesar to cross, go through

atreverse a to dare to; to venture to

atribuir to attribute; to confer, grant

atroz atrocious, brutal, savage

audacia audacity

audaz audacious, daring, bold

auge *m* summit; increase; boom

augurar to predict

aumentar to augment, increase

aun even

aún yet

auspiciar to support; to sponsor

autopista freeway, turnpike

avalar to endorse

avance *m* advancement

avanzar to advance

avergonzado ashamed, embarrassed

avergonzar to shame, embarrass; *refl* to be ashamed, feel embarrassed

averiguar to find out, inquire into

avieso wicked, perverse

avisar to warn; to inform; to advise

avivar to enliven; to make brighter

ayuda help

ayuntamiento city hall

azahar *m* orange or lemon blossom

azorado upset; disturbed; embarrassed

azotar to flog, beat, whip

B

bailarín *m* dancer

bajar to go or come down; to bring or take down; to dismount

balazo (gun) shot

balcón *m* balcony

barajar to shuffle; consider

barba beard

barca boat

barco boat, ship

barrer to sweep

barriada neighborhood, district

barro clay

barroco baroque

basura garbage, trash

bata nightgown; robe

batalla battle

batería battery;
  batería descargada dead battery

bautizar to baptize, to christen, to name

beca scholarship

belleza beauty

bello beautiful

bendecir to bless

bendición *f* blessing

besar to kiss

bicho bug, insect

bigote *m* mustache

billete bill;
   billete de lotería lottery ticket

billetera wallet

bilonguero sorcerer

blancura whiteness

bobo foolish; silly

boda wedding

bodega warehouse, storm room; wine cellar

bólido meteor; comet

bombero fireman

bono voucher, bond

borde *m* edge, side, fringe

bordillo curb

borrar to erase; to fade away

borroso opaque; non-descript

bosque *m* woods, forest

bostezar to yawn

botica drug store

brazada stroke (in swimming and rowing)

brecha gap, opening

brillar to gleam, shine

brincar to jump, leap

brindar to offer; to toast

bromear to joke

brotar to sprout, bud; to break out, appear; to spring
   (water)

brusco rough, brusque

buey *m* ox

bufanda scarf

bufete *m* lawyer's office

buho owl

bulla noise, uproar

bulto bundle

burlarse de to make fun of, mock, ridicule

buscar to look for, search for

búsqueda search

buzón *m* mailbox

C

caballería chivalry;
   libro de caballería(s) book of chivalry

caballero gentleman; nobleman; knight

caballete *m* easel

caballo horse

cabaña cabin

cabello hair

caber to fit; to have enough room

cabra goat;
   estar como una cabra to be crazy

cachava stick; staff

cadena chain

cajero cashier, teller

cajón *m* big box or case; drawer

caldera cauldron

calentar to heat, heat up

calificación *f* mark, grade (on an examination)

calvicie *f* baldness

calvo bald

calzar to put on or wear shoes

camarero waiter

cambiar to change; to exchange; *refl* to change one's
   clothes

campamento camp

campeón *m* champion

campesino farmer, peasant

camposanto cemetery

canción *f* song

candado lock

candela fire; light; candle

candil *m* oil lamp

cansado tired

cansarse to get tired

cantante *mf* singer

caótico chaotic

capaz capable, competent

captar to earn, win (confidence, trust); to capture, attract (attention)

carbón *m* coal, charcoal

carcajada outburst of laughter

cardo thistle

cárcel *f* prison, jail

carecer to lack

cargado loaded

cargar to charge (an electric battery); to load

caricia caress

cariño love, affection

carrera career; race, run

carretera highway

casado married

casar to marry; *refl* to get married

casco hoof; helmet

castigar to punish

catarro cold, flu

catastro real estate registry

cátedra professorship; discipline

catedrático university professor

cauce *m* river-bed; irrigation channel
caucho rubber
cautivar to captivate, charm
cavar to dig; to dig up
ceder to cede, yield; to transfer; to relinquish, abandon, give up
celda cell (in a convent or prison)
celeste sky blue; celestial, heavenly
celo jealousy; zeal
celoso jealous
ceniza ash
cepillar to brush
cera wax
cerca fence; *adv* near
cercano nearby
cerciorarse to make sure; to find out
cerezo cherry tree
cerrar to close
certamen *m* contest, competition
certero accurate, certain
certeza certainty
cerveza beer
cesar to stop, cease
césped *m* lawn
cesto basket
chapucería shoddy work
chaval *m* lad, youngster
chiflado *coll* crazy, mad, nuts
chirrido screeching; squeaking; chirping
chiste *m* joke
chocar to collide, crash
chochear to dodder
choclo *S Am* corn
chorro spurt, big stream;
chuchería trinket
churro fritter
cicatrizar to form a scar; to heal
ciclista *mf* bicycle rider
ciclón *m* storm
ciego blind man; *adj* blind
cielo heaven; sky
cifra number; figure
cinturón *m* belt
ciruelo plum tree
cirugía surgery
cirujano surgeon
citar to make an appointment with; to quote, cite
ciudadanía citizenship
claridad *f* clarity, clearness
clavar to nail; to thrust into; to drive in

clavel *m* carnation
cobarde *mf* coward
cobrar to collect; to charge; to cash (a check)
cocer to cook
cocinero cook
codearse to hobnob with; rub shoulders with
codicioso greedy
coger to pick; to seize; to grasp; to take
cohibir to inhibit; to restrain
colega colleague
colgar to hang
colina hill
colmo height, limit;
  es el colmo it's the last straw
  para colmo to boot, to top it all
collar *m* necklace
colmena beehive
colocar to place, put (in place); to place or settle (a person in a job)
comerciante *mf* merchant, trader, dealer, businessman
compadecer to feel sorry for, pity, sympathize with
compañero companion
compartir to share
compás tempo; rhythm; beat;
  al compás de in step with
compatriota *mf* fellow countryman
competencia *f* competition
complacer to please
componer to fix, repair
comportamiento behavior
comprobar to verify; to check; to prove
comprometido engaged; politically committed
compromiso obligation; predicament
comunión *f* communion
conculcación infringement, violation
concha shell
concurrencia crowd; gathering; attendance
concurrido with lots of people
concurrir to attend; to gather
condenar to condemn; to sentence
conferir to award, grant
confianza confidence, trust; self-confidence, assurance
confiar to confide; to trust; to entrust
confiscar to confiscate
conformarse to be satisfied with
conjetura conjecture, supposition
conjuntar to join; to put together, combine
conmovedor moving; touching; exciting
conmover to move; to disquiet, excite, upset
conocimiento knowledge

conseguir to get, obtain
consentir to consent, agree to
consiguiente resulting; consequent;
  por consiguiente consequently
consuelo consolation, comfort
consultar to consult
consultorio doctor's office (or clinic)
contador *m* accountant
contagiar to infect with, transmit
contar to tell, count
contenerse to contain oneself
contentarse to be content or pleased
contertulio member of a social or literary circle
contestador automático *m* answering machine
contraerse to contract; to condense
convenir to be convenient; to suit; to agree
conventual conventual, monastic
convidar to invite
convivir to live with, live together
coraje *m* anger; courage
corazón *m* heart
cordillera mountain range
coro choir
correr to run
corrido *Mex* folk ballad
cortar to cut, cut into; to interrupt
cosecha crop, harvest
coser to sew
costra crust, scale, scab (of a wound)
costumbre *f* custom; practice, habit
cotidiano daily, everyday
crear to create
crecer to grow; to increase; to rise (as a river)
creciente *f* flood; *adj* growing, crescent
crecimiento growth
creer to believe
crepúsculo twilight, dusk
criar to bring up, raise
cruz *f* cross
cruzar to cross
cuadra (city) block
cuadrado square
cualquier any
cuello neck
cuenta bill, check; account;
  estado de cuenta bank statement
cuerda cord, string
cuerdo sane
cuerno horn (of animals)
cuero rawhide, leather

cuerpo body
cuchillo knife
culebra snake
culpa blame, guilt
culpable guilty
cumbre *f* summit, crest, top
cumplir to fulfill;
  cumplir … años to turn…years old
cura *m* priest; *f* cure

D

danés Danish
daño damage; harm;
  hacerse daño to hurt oneself
dar a luz to give birth
dar con to find, meet
darse cuenta to realize
dato piece of information; fact; datum
deber to owe; *nm* duty, obligation;
  deber de ought to, must
decano dean
declararse to propose, express one's love
dejar to leave (something or someone behind);
  dejar de to stop or cease
delantal *m* apron
delatar to denounce
delgadez *f* slenderness, thinness
demandar to demand; to file suit against
demorar to delay, retard
denegar to deny, refuse
denotar to denote
deparar to provide; to offer
dependiente *m* clerk
depilar to remove hair
deporte *m* sport
deprimente depressing
derecho right, law; *adj* right; straight; upright;
  derechos humanos human rights;
  no hay derecho it's not fair, it's not right
derretir to melt
derribar to knock down
derrotar to defeat
derrumbar to collapse; to sink down; *refl* to collapse,
  cave in
desabrido tasteless; insipid
desafiante defiant
desarrollar to develop, promote; *refl* to
  develop oneself
desasosegado restless

desasosiego uneasiness; anxiety
desazón uneasiness; discomfort
descalzo barefoot
descarga volley; discharge
descargar to unload; to download
descarriado misguided
descartar to discard, rule out
descomponer to break down (a machine)
descompuesto out of order; broken down
descubierto uncovered; discovered
descuidar to neglect, overlook
desdén m contempt, scorn, disdain
desdeñoso disdainful, contemptuous
desechos garbage
desempeñar to carry out; to perform
desencadenar to unleash
desesperado desperate
desfile m parade
desgracia misfortune; disgrace;
  por desgracia unfortunately
deshacer to undo;
   deshacerse de to get rid of
desheredar to disinherit
designio purpose, plan, intention
deslindar to clear up
desliz m slip; *faux pas*, mistake
deslizar to slide
desmayarse to faint
desmerecer to be inferior (to); to compare unfavorably;
  to be unworthy of
despachar to dispatch, send off
despavorido terrified; horrified
despedida farewell
despedir to fire, dismiss; *refl* to take leave, say good-bye
despegar to unglue; to separate; to detach; to take off
  (an airplane)
despejar to clear up
despensa pantry
desperdiciar to waste
despertar to awaken, wake up; to arouse, stir up
desplazar to displace; to move, shift
despreciar to despise, disdain
desprenderse to detach, become separated
desprestigiar to disparage; to cheapen
destacar to emphasize, point out; to underline; *refl* to be
  distinguished, be outstanding or prominent
destino destiny, fate
desventaja disadvantage
desvivirse to be eager to please
detalle m detail
detener to stop, detain; to arrest

deteriorado damaged, worn out
deuda debt
devolver to return
dibujar to draw, sketch, outline
diferir to differ, be different
difunto dead
Dios God;
  por Dios for heaven's sake
dirigir to direct; to conduct; *refl* to go to, address; to
  speak to
discapacitado disabled
discutir to argue; to discuss
disentir to dissent
diseñar to design; to sketch
disfrutar to enjoy
disgusto displeasure; annoyance
disimular to pretend; to cover up, conceal;
  to overlook
disminuir to diminish, reduce
disparar to shoot, fire; to throw, hurl
disponer de to dispose of
disponerse a to get ready to
disponible available; on hand
dispositivo gadget
disuadir to dissuade; deter
divertir to entertain; *refl* to have a good time
doblar to turn, to fold
doblegar to bend; to force someone to give in
dolor m pain, ache; grief
don m natural ability
dondequiera wherever, anywhere
dorado golden, gilded
dormilón m sleepyhead
dormitar to doze
dote talent
ducharse to take a shower
dudar to doubt
dueño owner
dulzura sweetness, gentleness, tenderness
duna dune
durar to last

E

echar to throw; to throw out; to expel;
 echarse a perder to be ruined; to turn bad
eco echo
edad ƒ age
edificio building
eficacia efficiency
egoísta selfish

ejemplar exemplary
ejercer to exercise; to exert; to practice a profession
ejército army
elegir to choose
elogiar to praise
embarque *m* shipment
embobado stupefied, fascinated
embrutecer to brutalize; *refl* to become irrational
emigrar to emigrate
empapado soaking wet
empeñar to pawn; *refl* to insist, persist
emperador *m* emperor
empleo job, work
emprender to undertake; to embark upon
empresa company; business
empujar to push
enamorado in love
enamorar to enamor; to woo, court; *refl* to fall in love
encantado delighted, enchanted
encarcelar to imprison, incarcerate
encargarse to be in charge of; to undertake
encender to light; to turn on
encerrar to shut in, lock up; to enclose, contain, include; *refl* to shut oneself up
encestar to score (as in basketball)
encima on top
encoger to shrink;
  encogerse de hombros to shrug one's shoulders
encomendar to entrust, commend
encontrar to find, come across; to meet, encounter
endurecer to harden, make hard; to become hard or cruel
enfermarse to become sick
enfermero nurse
enfrentarse to face, confront; to come face to face
enfriar to cool, chill
engañar to deceive
engordar to fatten; to get fat
engrasar to oil, lubricate
enlazar to join, link; to tie with cords or ribbons
enloquecer to go mad
enmarañado entangled; complicated
enmudecer to become silent
enojarse to get angry
enredarse to get tangled up
enriquecer to enrich
enriquecimiento enrichment
enrojecer to blush, turn red
ensanchar to widen; to enlarge, extend
ensangrentado bloodied
ensayar to test, try; to rehearse
ensayo essay; rehearsal

enseñanza teaching
enseñar to teach; to show
ensombrecer to darken; to dim
entender to understand
entendimiento understanding, comprehension
enterarse to find out; to come to know
entero entire, whole, complete
enterrar to bury; to stick into
entierro burial; funeral
entonar to intone; sing a tune
entorno environment; surroundings
entrada entrance; entry; admission ticket
entrecerrado half-closed
entregar to hand over, give; to deliver
entrenador *m* coach, trainer
entretanto meanwhile, in the meantime
entretener to entertain, amuse; *refl* to amuse oneself; to be delayed
entrevista interview
envase *m* bottle; container; wrapping
envejecer to get old, to age
envenenar to poison
envergadura breadth; span; scope
envidia envy
envidiable enviable
envidiar to envy
envolver to wrap
época epoch, era
equipaje *m* luggage
equipo equipment, team
erigir to build; to establish
erizado bristly; spiky
erizante irritating
erizar to bristle; to become ill at ease
erudición *f* erudition, scholarship
esbelta svelte, graceful, slender
esbozar to sketch, outline
escala port of call; stopping point;
  hacer escala to stop over
escalón *m* step of a stair
escampar to stop raining
escarbar to dig up
escenario setting, background; stage, scenery
escoger to choose, select, pick
esconder to hide, conceal
escritor *m* writer
escudero squire; shield bearer
esculcar to search
escurrirse to drain; to sneak off
esfera sphere
esforzarse to strive, make an effort

espalda back (of the body)
espantar frighten, scare
espantapájaros scarecrow
esparcir to scatter, spread
espartillo sparto grass
espectáculo spectacle; sight; show, performance
esperanza hope
espeso thick
espiar to spy
esponja sponge
espuma foam, lather
esquiar to ski
esquina corner
establecer to establish
estacionamiento parking
estacionar to park (a car)
estafador *m* swindler, crook
estafar to swindle; (legal) to defraud
estío summer
estirar to stretch; *refl* to stretch out
estirpe lineage; race
estorbo bother; nuisance
estrellado with stars
estremecerse to shake, tremble
estrenar to use for the first time; *refl* to present for the first time; to open (play or movie)
estreno première; first night
estropear to spoil, ruin; to mistreat
estupefacto stupefied; thunderstruck; speechless
etapa phase; stage
evitar to avoid, evade
evolucionar to evolve, develop
excusar to excuse; *refl* to apologize; to excuse oneself
expatriarse to go into exile
expectativa expectation, hope
extenuado emaciated; weakened
extinguir to extinguish
extranjero foreigner, alien; *adj* foreign
extrañar to miss; to wonder, find strange
extrañeza strangeness, oddness
extraño strange, odd
extraviarse to go astray; to get lost
extravío losing one's way; going astray

F

fábrica factory
factura invoice
facultad *f* school (of a university); faculty, authority;
  facultades mentales mental faculties

falda foothill; skirt
falla fault, defect, imperfection
faltar to be missing; to be lacking
fantasma *m* ghost
farmacéutico pharmacist; *adj* pharmaceutical
farallón precipice; cliff
faro *m* lighthouse; headlamp
fastidiar to annoy, bother
fe faith
felicitar to congratulate
felpa plush fabric; terrycloth
fertilizante *m* fertilizer
festejar to celebrate
fidelidad *f* faithfulness, fidelity; accuracy, precision
fiel faithful
fijar to fix, set; *refl* to notice
fijo fixed
fila line; rank
fingir to pretend
firma signature; business firm
firmar to sign
flaco thin, skinny
flamante brand-new; bright, brilliant
flan *m* baked custard
florecer to flower, blossom, bloom
flotar to float
fluir to flow
flujo flow; flux
foco light bulb
fofo spongy, soft
fogarada blaze
fondo bottom; back, rear
forcejeo struggle
fortalecer to fortify, strengthen
fortaleza fortress, stronghold; fortitude, strength
forzar to force
fracasar to fail
fraile *m* friar, monk
franco frank
fregar to wash (dishes)
fregadero sink
freír to fry
frenético frantic
freno brake (of a car, etc.)
frialdad *f* coldness
frondoso leafy, luxuriant
frontera frontier, border
frotar to rub
fuego fire
fuente *f* source

fundador *m* founder
fundar to found
furgón wagon; van
fusilar to execute by shooting (firing squad), shoot
fusión *f* fusion; merging, union

G

gafas eyeglasses
gallina hen, chicken
gallo cock, rooster
gana(s) desire;
 tener ganas to feel like
ganado cattle
ganador *m* winner
ganancia profit, gain
ganar to earn; to win
ganzúa picklock
garete *m* drift;
 al garete adrift
garganta throat
gastar to spend; to wear out
genial genial; brilliant, inspired
genio genius; temper; temperament, disposition
gente *f* people
geranio geranium
gerente *mf* manager
gesto gesture
gimnasia gymnastics
giro postal money order
gitano gypsy
gobernante *mf* ruler; *adj* governing, ruling
golondrina swallow
golpe *m* blow; knock
golpear to beat, strike, knock, tap; *refl* to hurt oneself
goma *f* rubber; eraser; tire
gordura fatness
gorro cap, beanie
gota drop
gotear to drip
gozar to enjoy
grabar to engrave; to record (music); to cut a record; *refl* to become engraved in the memory
gracioso funny, amusing
grado grade
graduarse to graduate
granizar to hail
granizo hail
grano grain; pimple
grasiento greasy, grubby, grimy
gravedad *f* gravity, seriousness

griego Greek
grifo faucet
grisáceo grayish
gritar to shout, cry, scream; call out; cry out
grito shout, cry, scream; outcry
grosería vulgarity, coarseness
grueso fat; thick
guagua (*Cuba* and *Puerto Rico*) bus
guapo handsome
guardar to keep; to preserve; to put away; to guard
guerra war
guiar to guide
guion hyphen; script

H

habitante *mf* inhabitant
hacha ax
hada fairy
hallar to find
hamaca hammock
hecho deed, fact
helado ice cream; frozen
hembra female
heredar to inherit
heredero heir
herencia inheritance
herir to wound
hermosura beauty
herradura horseshoe
herramienta tool
hervir to boil
hiedra (yedra) ivy
hiel *f* bitterness, gall
hielo ice
hiena hyena
hierro iron
hincarse to kneel, kneel down
hincharse to swell; to swell up, fill up
hipoteca mortgage
hirviente boiling
hoja leaf
holgazán lazy, indolent
hombro shoulder
homenaje *m* homage
hondo deep, profound
hondura depth, profundity
honradez *f* honesty, integrity
horario timetable
hormiga ant
horno oven

hortaliza vegetable
hoyo hole
hueco hole
huelga strike
huella trace, mark, footprint
huerta orchard; vegetable garden
hueso bone
huésped *mf* guest
huevo egg
huir to flee, escape
humanista *mf* humanist
humedecer to dampen
humildad *f* humility
humilde humble
humo smoke
hundir to sink
huracán *m* hurricane
hurtar to steal; to move away

I

iglesia church
igualdad *f* equality; uniformity
imbatible unbeatable
impasible impassive, unfeeling
implacable inexorable, relentless
imponer to impose; to command, order
imprecación curse
imprescindible essential
impresionante impressive
impuesto tax
inalámbrico wireless
incapaz incapable, unable, incompetent
incendiar to set on fire
incienso incense
incómodo uncomfortable
inconmovible firm, unyielding
incontenible uncontainable, irrepressible
incredulidad *f* incredulity, disbelief
increíble incredible
increpar to scold
indefectible infallible, unfailing
indeleble indelible
índice *m* index; indication, sign; index finger
índole *f* nature, character
indumentaria clothing
ineludible unavoidable
inequívoco unmistakable, certain
inesperado unexpected
inexorable inexorable, unyielding, relentless
infalible infallible

infarto heart attack
influir to influence
informática *f* computer science
ingresar to enter, become a member (of);
   ingresar en la universidad to enter the university
   (as a student)
ininteligible unintelligible
inmovilizar to immobilize
innato inborn
innegable undeniable
inolvidable unforgettable
inquietud *f* uneasiness, restlessness
inquirir to inquire
insistir en to insist on
insoportable insufferable, unbearable
insuperable insurmountable, unbeatable
integrarse to integrate
intercalar to insert
intercambiable interchangeable
interrogar to question
intervenir to take part in, participate; to intervene,
   intercede
intimidar to threaten, frighten; to intimidate
invadir to invade
irrumpir to burst in

J

jabón *m* soap
jarra pitcher
jazmín *m* jasmine
jerarquía hierarchy
jinete *m* horseman
joya jewel
jubilarse to retire (from work)
juez *mf* judge
juguete *m* toy
juguetón playful
junto together, connected;
   junto a next to
jurado jury
jurar to swear, declare upon oath
justicia justice
juventud *f* youth

L

labriego farm hand
lacio limp, lifeless, flaccid, languid; straight (hair)
ladrar to bark
ladrillo brick

ladrón *m* thief
lagartija lizard
lágrima tear
lámpara lamp
lana wool
lanzar to throw
lástima pity, compassion
lastimarse to hurt oneself; to get hurt
lavaplatos *m* dishwasher
lealtad *f* loyalty
lecho bed
lechón *m* suckling pig
lectura reading
lejano far away
lengua tongue, language
lento slow
letras *fpl* literature; liberal arts;
  campo de las letras field of literature
letrero sign, poster
levantamiento uprising
levantar to raise, pick up, lift; *refl* to get up
leve light; trivial, unimportant
ley *f* law
librar to free; to save, spare
ligado tied, bound, linked
llama flame; llama (South American ruminant)
llano flatland; plain; level, flat, even
llanta tire
llanto weeping, crying
llanura plain, prairie
llave *f* key
llegar to arrive
llevar to take; to carry, transport, to wear, have on
  (clothes) *refl* to take away; to take with one;
  llevar a cabo to carry out
llorar to cry
llover to rain
lloviznar to drizzle
loco crazy
locutor *m* commentator
lodo mud
lograr to achieve; to attain, obtain
loza dishes (dinnerware)
losa tile
luchar to fight; to struggle
lucir to show, display; to look
lujo luxury
luminoso bright
luna moon
luto mourning
luz *f* light

M

maceta flowerpot
madriguera burrow, hole (of a rabbit, etc.)
madrina godmother
madrugada dawn, daybreak;
  de madrugada early, at daybreak
madurez *f* maturity
magisterio teaching profession
majestuoso majestic
maldecir to curse, damn
malsano unhealthy
mancha stain, spot (of oil, dirt, etc.)
manchar to mar; to stain; to patch in a
  different color
mandado errand
manejar to drive; handle
manejo handling
manía habit, whim, fad
manotazo slap
manteca lard
maquillarse to put on makeup
marfil *m* ivory
mariposa butterfly
marisco seafood
Marte Mars
masajista *mf* masseur, masseuse
mata bush, shrub, plant
matadero slaughterhouse
matanza massacre; slaughter
mate *m* South American herb, tea-like infusion
mayoría majority
mecer to rock, swing; to move to and fro
medir to measure
mejilla cheek
mejorarse to get better
melena long, loose hair
mellizo twin
mensaje *m* message
mentado aforementioned
mentir to lie
mentira lie
merecer to deserve
merodear to prowl about
mesón *m* inn
meta goal
meter to put in, insert; *refl* to meddle; to get into;
  to enter
mezclar to mix
mezquita mosque
miaja morsel

miedo fear

miel *f* honey

milagrero miracle worker; healer

mimar to pamper, spoil; to pet, fondle

mirada look, glance

misa Mass

mohín *m* gesture, face

mohoso rusty

mojar to wet, soak, moisten; *refl* to get wet, soaked, moistened

molestar to bother, annoy; *refl* to get annoyed

molino mill;
  molino de viento windmill

moneda coin

monedero change purse

monja nun

mono monkey; *adj* cute

montar to ride (a horse, bicycle, etc.)

montón *m* heap, pile

morder to bite

moribundo dying

morir to die

mortificar to bother; to torture

mosca fly

mostrador *m* counter

mostrar to show

motín *m* mutiny

mover to move, shift

movilizar to mobilize

muchedumbre *f* crowd

mudarse to move (to another location); to change (clothes)

mudo dumb, mute

muerte *f* death;
  pena de muerte death sentence

muestra sample, specimen; proof; demonstration

mujer *f* wife; woman

multitud *f* crowd, multitude

muñeca wrist; doll

muro wall; fence

musgo moss

muslo thigh

N

nadar to swim

natación *f* swimming

navaja switchblade; razor blade

nave *f* ship;
  nave espacial spaceship

navegar to sail, navigate

neblina fog

necio foolish, stupid

negar to deny; to refuse; *refl* to decline to do

negocio business

nevera ice box, refrigerator

nicaragüense from Nicaragua, Nicaraguan

niebla fog, mist, haze

nieve *f* snow

nimia insignificant

niñez *f* childhood

nítido clean, spotless

nobleza nobleness, nobility

nombramiento appointment

nombrar to appoint, elect, name

nota note; grade (in exam)

novedoso new, novel

nublado cloudy

nublarse to become overcast or cloudy

nuca nape of the neck

nuera daughter-in-law

O

obedecer to obey

obispo bishop

obligatorio mandatory, compulsory

obra work; work (book, painting, etc.)

obrero worker, laborer

ocultar to hide, conceal

odiar to hate

odio hate

ojo eye

ola wave

oler to smell

olla pot

olor *m* smell; fragrance

olvidar to forget

onda wave

oponer to oppose

oponerse a to be opposed to

oprimir to oppress

oreja outer ear

orfanato orphanage

orgullo pride

orgulloso proud

orilla bank, border, edge; shoulder of a road

ortografía spelling
oscurecer to darken; to get dark
otorgar to grant; to award

P

pabellón *m* pavilion, canopy
padecer to suffer; to endure
padrastro stepfather
padrino godfather
paella Spanish rice dish with seafood or chicken
paisaje *m* landscape
paisano fellow countryman
pájaro bird
palidecer to turn pale, grow pale
palidez *f* paleness, pallor
pantalla screen
pañuelo handkerchief
papel *m* role, part; paper
paquete *m* package
paraguas *m* umbrella
parar to stop; *refl* to stand up
parecer to look like, seem; *refl* to look alike, resemble
    one another
pareja pair, couple
párpado eyelid
partidario supporter, follower
pasaje *m* fare (price charged to transport a person);
    ticket
pasajero passenger, traveler; *adj* passing, transient
pasearse to stroll, walk; to take a ride;
    to go for a ride
paseo walk, stroll; ride
paso step;
  abrirse paso to get through
  apretar el paso to hasten one's step
pastel *m* pie, cake, pastry
pasto pasture; grass
pastor *m* shepherd; priest
pata leg of an animal; paw
patada kick
paterno paternal; from the male line
patinar to skate
patria native land; country
patrimonio patrimony; heritage
payaso clown
peatón *m* pedestrian
pecado sin
pecador *m* sinner

pecho breast; chest
pedalear to pedal
pedido order, purchase
pedir to ask for
pegar to hit, beat; to stick, paste, glue; to move or push
    close together; to pass on (a disease, bad habit, an
    opinion, etc.); to fire (a shot)
peinar to comb; *refl* to comb one's hair
pelar to peel; *refl* to get a haircut
pelear to fight, struggle; to contend, quarrel; *refl* to have
    a disagreement
peletería fur shop
peligro danger
peligroso dangerous
pelota ball
peltre *m* pewter
peluquería hairdresser's or barber shop
pena embarrassment, shyness; sorrow; pain;
  es una pena it's a pity
  valer la pena to be worthwhile
pensamiento thought; idea
percibir to perceive, sense; to collect, receive
perdición *f* ruin, perdition
perdonar to forgive
peregrino pilgrim
perezoso lazy
perfil *m* profile
perfilar to outline; to streamline
periódico newspaper
perjuicio damage, injury
permanecer to remain
perseguir to persecute; to pursue, chase
persignarse to make the sign of the cross
personaje *m* character (in literature, theater)
pertenecer to belong
pesadilla nightmare
pesado heavy
pesadumbre *f* grief, pain, sorrow
pesar to weigh; *nm* sorrow, grief
pescado fish
pescador *m* fisherman
pescar to fish; to catch
pésimo very bad, terrible
pestaña eyelash
petróleo oil
picante spicy
picar to puncture, pierce; to sting, bite (insect, snake);
    to chop; to itch; to decay (a tooth)
picaresco picaresque; mischievous

picadura sting; bite
picazón *f* itch
pico peak, summit; beak (of bird)
pie *m* caption (under a photo or an illustration); foot;
  al pie de la letra exactly, literally
piel *f* skin
píldora pill
pintura paint; painting
piña pineapple
pisar to step on
piso floor
pizca speck; trace; pinch
planta plant
plantar to set (foot) on; to plant
plato dish, plate
plazo term; time-limit
plegar to fold, crease; to pleat
pliegue *m* fold, pleat
plomero plumber
plomo lead
pluma feather
pobreza poverty
poco small amount;
  por poco almost, nearly
podar to prune
poderoso powerful
ponerse to put on
pordiosero beggar
por doquier everywhere
poro pore
portar to carry, bear; *refl* to behave
postal *f* postcard
postre *m* dessert
potencia power, force
pozo pit, well, hole
precavido cautious, careful
preceder to precede, go before
precisar to need
precolombino pre-Columbian
preguntón *m* inquisitive
premiar to reward; to award a prize to
premio prize
prenda garment; jewel
prender to catch, seize; to turn on; to start (a motor);
  refl to hold on to
preocuparse to worry
preparativos *pl* preparations
prescindir to do without
presentir to have a presentiment of something
préstamo loan

prestar to lend,
presupuesto estimate
pretender to claim, allege; to aim to, intend
prevalecer to prevail
prever to foresee
previsible foreseeable
principio beginning
prisa haste, hurry
proceder to proceed, go on; *m* conduct, behavior
procedente coming from
profesar to profess; to practice
prohibir to forbid
prójimo fellow man; neighbor
promover to promote
prontitud *f* promptness
propiciado caused, propitiated; sponsored
proporcionar to provide, supply
propuesta proposal
proyectarse to project, stick out
provenir to come from, stem from
provocar to bring about; to promote; to incite
prueba trial, test; proof, evidence;
  sample, piece to be tested; ordeal
púa spike; barb;
  alambre de púas *m* barbed wire
pudor *m* modesty, chastity
puente *m* bridge
puesta (de sol) sunset
puesto job, position
pujante strong, vigorous
pulcro neat, tidy
pulir to polish
puntapié *m* kick
puntiagudo sharp-pointed
puntualizar to report or describe in detail
puño fist; handful; cuff (of a sleeve); handle
  (of an umbrella, cane, etc.)
pupila pupil of the eye
púrpura purple

Q

quebrar to break; *refl* to break
quechua *m* South American indigenous group; language
  of the Quechua people
quedar to be located;
  quedar en to agree; *refl* to remain, stay, be left behind
quehacer *m* chore, work, task
quejarse to complain; to groan, moan
quemar to burn *refl* to get burned

quemazón ƒ burning, fire
quiebra bankruptcy
quiniela lottery
quitar remove *refl* to take off

R

rabia anger, rage; rabies
rabo tail
radicado located; residing
radical ƒ (grammar) stem
radiografía x-ray
raíz ƒ root; (grammar) stem
rama branch
ramillete *m* bouquet, cluster
ramo bouquet
raro rare; odd, strange;
  rara vez seldom
rascacielos *m* skyscraper
rascar to scratch
rasgar to strum (a guitar); to tear, rip, slash
rasgo characteristic, feature
rastro vestige, trace, sign; track; store or market of
  secondhand goods
rato while, short time;
  a cada rato every now and then
  a ratos at times
  largo rato a long while
rayo ray
razón ƒ reason
realizar to accomplish, fulfill; to carry out
reanudar to resume
rebatir to refute, rebut
rebelarse to revolt, rebel
rebosar to overflow with; to abound
recado message
recargar to recharge; to overload; to charge extra
receta recipe
rechazar to reject, repudiate
recién recently
recinto space, area
reclamar to claim; to demand
recobrar to recover, recuperate; to regain
recoger to pick up; to collect, gather
recompensa reward
reconocer to recognize; to admit, acknowledge
reconocimiento recognition
recopilar to compile, collect
recordar to remember; to remind
recorrer to run through; to look over; to cross

recostarse to lean, recline; to lie down
  (for a short while)
rector *m* president (of a university)
recuerdo memory, recollection, remembrance;
  pl regards, greetings
red ƒ net; netting
reemplazar to replace
reflejar to reflect; to show; *refl* to be reflected
reflejo glare, reflection
refugiarse to take refuge
regalar to give, treat
regañar to scold
regar to water
regentar to manage, preside over
regio royal, regal
regirse to be ruled, governed by
registrar to examine, inspect, search; to record
regresar to come back
reguero spill; mess
rehacerse to recover
rehusar to refuse, turn down
reírse to laugh
reja railing, iron grillwork
relajado relaxed
relampaguear to lighten
relegar to put aside; to relegate; to forget
rellano landing (of a staircase)
reluciente shining
relucir to shine, glitter; to excel
renacer to be reborn
rendija small crack
rendir to render; *refl* to surrender
renunciar to resign; to give up; to renounce
reñir to fight
reparo objection
repartir to distribute; to deliver
repasar to review, go over
repente: de repente suddenly
reposar to rest
reposera folding chair; lawn chair
repudiar to repudiate
requisito requirement
resbalar to slip
reseco very dry
resfriado (resfrío) head cold
resfriarse to catch a cold
resignarse to resign oneself
respirar to breathe
resplandor *m* glare
respuesta answer

restar to subtract

resumen *m* summary

retar to challenge, dare

retrasar to delay; *refl* to be late; to be behind time

retratar to photograph

retrato portrait; portrait painting or photograph; image, exact likeness

reunir to unite, bring together; *refl* to get together

revelar to reveal; to develop (a photograph)

revisar to revise, check

revolotear to flutter

revoltoso rebellious, unruly; *n* agitator

rey *m* king

Reyes Magos Three Wise Men

rezar to pray

rezo prayer

rico rich

rigidez *f* rigidity; steadfastness

riqueza wealth

rincón *m* (inside) corner; remote place

risa laugh

robar to steal

roble oak

rociar to sprinkle; to spray

rocío dew

rodar to roll

rodear to surround

rodilla knee

rogar to beg, implore; to pray

rompecabezas *m* jigsaw puzzle

romper to tear; to break

rostro face

rozar to brush past; to chafe; to be well-connected

ruego request, petition, plea

ruido noise

rumbo a en route to, on the way to

S

sabor *m* taste, flavor

sabroso delicious, tasty

sacacorchos *m* corkscrew

sacar to take out

sacarse la lotería to win the lottery

sacerdote *m* priest

sacudir to shake, jolt

salpicar to splash

saltar to jump, leap

salud *f* health

saludable healthy

saludar to greet, salute

salvaje wild

salvaguardar to safeguard

salvavidas *m* lifesaver; lifeguard

sanar to heal

sangría wine and fruit drink

santiguarse to cross oneself

sastre *m* tailor

secar to dry; to dry up; *refl* to dry oneself

seco dry; dried up

sed *f* thirst

seguir to go on, continue; to follow; to pursue

seguridad *f* assurance

seguro insurance

selva jungle

semblante *m* face; look, appearance

sembrar to plant; to seed; to sow

semejante similar

semilla seed

sencillez *f* simplicity, naturalness

sentido sense; meaning; judgment;

   los cinco sentidos the five senses

   perder el sentido to lose conciousness

   sin sentido meaningless

sentimiento feeling, sentiment

sentir to feel

señal *f* signal, sign

señalar to point out; to point at; to put a mark or sign on

sepultar to bury

servidumbre *f* servants, domestic help

siglo century

siguiente following, next

similitud *f* similarity

sindicato labor union

sinvergüenza *mf* scoundrel, rascal

sitio place

sito situated, located

sobrar to have extra

sobrenatural supernatural

sobresalir to stand out

sobresaltado frightened, startled

sobrevivir to survive

socio partner, member

socorrer to help, aid

solar *m* lot, yard

soledad *f* solitude, loneliness

soler to be accustomed to, used to

solicitud *f* application; request, petition

soltar to untie, loosen; to let go, free

soltero single, unmarried
solucionar to solve, resolve
sombra shade, shadow, darkness
sombrilla umbrella
sombrío somber, gloomy
someter to submit, present; overpower
sonar to strike (the hour); to sound
sonreír to smile
sonrisa smile
soñar to dream
soplar to blow; to blow away
sordo deaf; muffled, dull
sorprender to surprise
sosegado calm, quiet, peaceful
sosiego calm, tranquility, quiet
sospecha suspicion
sótano basement, cellar
suave soft
sublevarse to revolt
subrayar to underline; to emphasize
subsanar to repair; to make right
suceder to happen; to occur; to follow
sucursal *f* branch office
sudor *m* sweat
sueldo salary
suelo floor
suelto loose, free; at large
suerte *f* luck
suicidarse to commit suicide
sujeto fellow, individual; person; (grammar) subject
sumiso submissive, obedient
superar to overcome
superficie *f* surface
superviviente survivor
suplente *mf* substitute, replacement
suplicar to beg, implore
surgir to spring up, arise; to present itself, appear
suroeste *m* southwest
suspender to interrupt, stop temporarily; to suspend, hang up
suspirar to sigh; to long for
sustantivo (grammar) noun
sutil subtle

T

tacaño stingy
tajada slice
tallar to carve
taller workshop

tamaño size
tambaleo staggering; tottering
tapar to cover up
taquilla box office
tardar to be long; to be late; to take a long time
tarea task, homework
techo roof, ceiling
tejado roof; tile roof
tejer to weave, knit, spin
tejido weave;
  tejido social social fabric
telaraña cobweb
telón *m* drop-curtain in the theater
temblar to tremble, shake
temer to be afraid
temor *m* fear
tender to extend; to hang (clothes) up or out to dry; *refl* to stretch out; to lie down
tentar to tempt
teñir to color, dye, tint
ternura tenderness
terremoto earthquake
terso smooth, glossy
tesoro treasure
testigo witness
tibieza warmth
tibio lukewarm, tepid
tientas: a tientas gropingly
tierno tender, soft; delicate
tinta ink
tirar to throw; *refl* to throw oneself
  tirar de to pull
tiro shot, shooting
toalla towel
tobillo ankle
tocadiscos *m* record player
tocar to touch; to play (musical instrument); to ring, toll (bell);
  tocarle (a uno) to be one's turn
tontería foolishness, silliness
tonto silly, foolish, stupid
tópico cliché; commonplace
torcer to twist; to sprain
torneado shapely
torno potter's wheel; turn;
  en torno a about, in connection with
torre *f* tower
torrencial torrential
tortilla omelette; *Mex* thin cornmeal bread
toser to cough

traer to bring; to carry
traficante *mf* trader, dealer
tragar to swallow
traicionar to betray
traidor *m* traitor
traje *m* dress, suit, gown; costume
tra(n)scurrir to go by, pass, elapse
transparencia transparency
trapo cloth, rag
tras after; behind
trasto piece of furniture; junk
trasladar to transfer, move; *refl* to move, change
   residence
trasplantar to transplant
trayectoria path
trecho stretch (of space or time)
tregua respite, truce; easing up
trenza braid
trepar to climb
triunfo triumph
tronar to thunder
tropezar to stumble; to run, bump into;
   to encounter
tropezón *m* stumble; trip
trusa (*Cuba*) bathing suit
tumbar to knock down *refl* to lie down
tupido dense, thick
turbar to disturb, upset; to confuse; to embarrass

U

ubicar to locate, situate; *refl* to be located
ultrajar to offend, affront, insult
uña nail
utilidad *f* usefulness; profit, earnings

V

vaciar to empty
vacío emptiness; empty space; *adj* empty
vagón train car
vajilla chinaware, set of dishes
valer to be worth;
  valer la pena to be worth it
valor *m* value; courage
valija suitcase; mailbag
vaquero cowboy
variopinto multi-color
varón *m* male
vecindad *f* neighborhood
vecindario neighborhood
vecino neighbor; *adj* neighboring, nearby

vedar to prohibit, forbid
vejez *f* old age
velar to watch; to watch over
veleidoso fickle
velocidad *f* speed
vengar to avenge; *refl* to take revenge
venidero coming; future
ventaja advantage
ventanilla window (in airplane, railway coach, car, bank
   counter, etc.); ticket window
verdura vegetable, greens
vergüenza shame, bashfulness
vertiginoso dizzy; giddy
vez *f* time;
  alguna que otra vez occasionally, once in a while
  de una vez once and for all
  de vez en cuando from time to time
  en vez de instead of
  rara vez seldom
  una y otra vez again and again
vidrio glass
vieira scallop shell
vigencia validity;
  en vigencia in force, valid
vigoroso vigorous, strong
vincular to connect, link
virreinal viceregal
virreinato viceroyalty
vista view
viudo widower
vivencia personal experience
volante *m* steering wheel
volcar to turn over, overturn
volverse to become
vuelta turn; return;
  a la vuelta on returning
  dar una vuelta to take a walk, stroll
  darse (la) vuelta to turn around

Y

yedra (hiedra) ivy
yegua mare
yermo barren
yerno son-in-law

Z

zaguán *m* vestibule; inner entrance
zanahoria carrot
zozobra uneasiness, anxiety, worry

APÉNDICES

◆ VERBOS CON CAMBIOS ORTOGRÁFICOS

	Pretérito	Presente subjuntivo	Imperativo
1. Verbos terminados en **-car**. Cambian **c** → **qu** delante de la vocal **e**.			
sacar	saqué	saque saques	saque saquemos saquen
buscar, tocar, colocar, dedicar, evocar, acercarse, chocar			
2. Verbos terminados en **-gar**. Cambian **g** → **gu** delante de la vocal **e**.			
llegar	llegué	llegue llegues	llegue lleguemos lleguen
pagar, jugar, obligar, negar, regar, plegar, rogar			
3. Verbos terminados en **-zar**. Cambian **z** → **c** delante de la vocal **e**.			
cruzar	crucé	cruce cruces	cruce crucemos crucen
empezar, gozar, alcanzar, avanzar, cazar, forzar, rezar			

	Pretérito	Imperfecto subjuntivo	Gerundio
1. Algunos verbos cambian la **i** (no acentuada) en **y** cuando va entre vocales.			
leer	leyó leyeron	leyera leyeras	leyendo
caer, creer, proveer			
2. Verbos cuya raíz termina en **ll** o **ñ**. Excluyen la **i** de algunas terminaciones.			
bullir (*to boil*)	bulló bulleron	bullera bulleras	bullendo
reñir	riñó riñeron	riñera riñeras	riñendo
teñir, bruñir, ceñir, gruñir			

	Presente	Presente subjuntivo	Imperativo

1. Verbos que tienen la terminación **-cer** precedida de una vocal. Llevan una **z** en la primera persona del singular del presente de indicativo y de subjuntivo.

	Presente	Presente subjuntivo	Imperativo
conocer	conozco	conozca	conozca
		conozcas	conozcamos
			conozcan

establecer, parecer, ofrecer, agradecer

2. Verbos que tienen la terminación **-cer** o **-cir** precedida de una consonante.
Cambian **c → z** delante de las vocales **a**, **o**.

	Presente	Presente subjuntivo	Imperativo
vencer	venzo	venza	venza
		venzas	venzamos
			venzan

convencer, ejercer, torcer, esparcir

3. Verbos terminados en **-ger** o **-gir**.
Cambian **g → j** delante de las vocales **a**, **o**.

	Presente	Presente subjuntivo	Imperativo
escoger	escojo	escoja	escoja
		escojas	escojamos
			escojan

coger, recoger, proteger, regir, dirigir, elegir, corregir, fingir

4. Verbos terminados en **-guir**.
Cambian **gu → g** delante de las vocales **a**, **o**.

	Presente	Presente subjuntivo	Imperativo
seguir	sigo	siga	siga
		sigas	sigamos
			sigan

conseguir, distinguir, perseguir

◆ VERBOS IRREGULARES

Infinitivo Gerundio Participio pasado	INDICATIVO				
	Presente	Pretérito	Imperfecto	Futuro	Condicional
1. andar andando andado	ando andas anda andamos andáis andan	anduve anduviste anduvo anduvimos anduvisteis anduvieron	andaba andabas andaba andábamos andabais andaban	andaré andarás andará andaremos andaréis andarán	andaría andarías andaría andaríamos andaríais andarían
2. caber cabiendo cabido	quepo cabes cabe cabemos cabéis caben	cupe cupiste cupo cupimos cupisteis cupieron	cabía cabías cabía cabíamos cabíais cabían	cabré cabrás cabrá cabremos cabréis cabrán	cabría cabrías cabría cabríamos cabríais cabrían
3. caer cayendo caído	caigo caes cae caemos caéis caen	caí caíste cayó caímos caísteis cayeron	caía caías caía caíamos caíais caían	caeré caerás caerá caeremos caeréis caerán	caería caerías caería caeríamos caeríais caerían
4. conducir conduciendo conducido	conduzco conduces conduce conducimos conducís conducen	conduje condujiste condujo condujimos condujisteis condujeron	conducía conducías conducía conducíamos conducíais conducían	conduciré conducirás conducirá conduciremos conduciréis conducirán	conduciría conducirías conduciría conduciríamos conduciríais conducirían
5. conocer conociendo conocido	conozco conoces conoce conocemos conocéis conocen	conocí conociste conoció conocimos conocisteis conocieron	conocía conocías conocía conocíamos conocíais conocían	conoceré conocerás conocerá conoceremos conoceréis conocerán	conocería conocerías conocerías conoceríamos conoceríais conocerían

SUBJUNTIVO		IMPERATIVO	
Presente	*Imperfecto*	*Afirmativo*	*Negativo*
ande	anduviera (anduviese)		
andes	anduvieras (-ses)	anda	no andes
ande	anduviera (-se)	ande	no ande
andemos	anduviéramos (-semos)	andemos	no andemos
andéis	anduvierais (-seis)	andad	no andéis
anden	anduvieran (-sen)	anden	no anden
quepa	cupiera (cupiese)		
quepas	cupieras (-ses)	cabe	no quepas
quepa	cupiera (-se)	quepa	no quepa
quepamos	cupiéramos (-semos)	quepamos	no quepamos
quepáis	cupierais (-seis)	cabed	no quepáis
quepan	cupieran (-sen)	quepan	no quepan
caiga	cayera (cayese)		
caigas	cayeras (-ses)	cae	no caigas
caiga	cayera (-se)	caiga	no caiga
caigamos	cayéramos (-semos)	caigamos	no caigamos
caigáis	cayerais (-seis)	caed	no caigáis
caigan	cayeran (-sen)	caigan	no caigan
conduzca	condujera (condujese)		
conduzcas	condujeras (-ses)	conduce	no conduzcas
conduzca	condujera (-se)	conduzca	no conduzca
conduzcamos	condujéramos (-semos)	conduzcamos	no conduzcamos
conduzcáis	condujerais (-seis)	conducid	no conduzcáis
conduzcan	condujeran (-sen)	conduzcan	no conduzcan
conozca	conociera (conociese)		
conozcas	conocieras (-ses)	conoce	no conozcas
conozca	conociera (-se)	conozca	no conozca
conozcamos	conociéramos (-semos)	conozcamos	no conozcamos
conozcáis	conocierais (-seis)	conoced	no conozcáis
conozcan	conocieran (-sen)	conozcan	no conozcan

Infinitivo Gerundio Participio pasado	INDICATIVO				
	Presente	Pretérito	Imperfecto	Futuro	Condicional
6. contar	cuento	conté	contaba	contaré	contaría
contando	cuentas	contaste	contabas	contarás	contarías
contado	cuenta	contó	contaba	contará	contaría
	contamos	contamos	contábamos	contaremos	contaríamos
	contáis	contasteis	contabais	contaréis	contaríais
	cuentan	contaron	contaban	contarán	contarían
7. dar	doy	di	daba	daré	daría
dando	das	diste	dabas	darás	darías
dado	da	dio	daba	dará	daría
	damos	dimos	dábamos	daremos	daríamos
	dais	disteis	dabais	daréis	daríais
	dan	dieron	daban	darán	darían
8. decir	digo	dije	decía	diré	diría
diciendo	dices	dijiste	decías	dirás	dirías
dicho	dice	dijo	decía	dirá	diría
	decimos	dijimos	decíamos	diremos	diríamos
	decís	dijisteis	decíais	diréis	diríais
	dicen	dijeron	decían	dirán	dirían
9. dormir	duermo	dormí	dormía	dormiré	dormiría
durmiendo	duermes	dormiste	dormías	dormirás	dormirías
dormido	duerme	durmió	dormía	dormirá	dormiría
	dormimos	dormimos	dormíamos	dormiremos	dormiríamos
	dormís	dormisteis	dormíais	dormiréis	dormiríais
	duermen	durmieron	dormían	dormirán	dormirían
10. entender	entiendo	entendí	entendía	entenderé	entendería
entendiendo	entiendes	entendiste	entendías	entenderás	entenderías
entendido	entiende	entendió	entendía	entenderá	entendería
	entendemos	entendimos	entendíamos	entenderemos	entenderíamos
	entendéis	entendisteis	entendíais	entenderéis	entenderíais
	entienden	entendieron	entendían	entenderán	entenderían
11. estar	estoy	estuve	estaba	estaré	estaría
estando	estás	estuviste	estabas	estarás	estarías
estado	está	estuvo	estaba	estará	estaría
	estamos	estuvimos	estábamos	estaremos	estaríamos
	estáis	estuvisteis	estabais	estaréis	estaríais
	están	estuvieron	estaban	estarán	estarían

SUBJUNTIVO		IMPERATIVO	
Presente	*Imperfecto*	*Afirmativo*	*Negativo*
cuente	contara (contase)		
cuentes	contaras (-ses)	cuenta	no cuentes
cuente	contara (-se)	cuente	no cuente
contemos	contáramos (-semos)	contemos	no contemos
contéis	contarais (-seis)	contad	no contéis
cuenten	contaran (-sen)	cuenten	no cuenten
dé	diera (diese)		
des	dieras (-ses)	da	no des
dé	diera (-se)	dé	no dé
demos	diéramos (-semos)	demos	no demos
deis	dierais (-seis)	dad	no deis
den	dieran (-sen)	den	no den
diga	dijera (dijese)		
digas	dijeras (-ses)	di	no digas
diga	dijera (-se)	diga	no diga
digamos	dijéramos (-semos)	digamos	no digamos
digáis	dijerais (-seis)	decid	no digáis
digan	dijeran (-sen)	digan	no digan
duerma	durmiera (durmiese)		
duermas	durmieras (-ses)	duerme	no duermas
duerma	durmiera (-se)	duerma	no duerma
durmamos	durmiéramos (-semos)	durmamos	no durmamos
durmáis	durmierais (-seis)	dormid	no durmáis
duerman	durmieran (-sen)	duerman	no duerman
entienda	entendiera (entendiese)		
entiendas	entendieras (-ses)	entiende	no entiendas
entienda	entendiera (-se)	entienda	no entienda
entendamos	entendiéramos (-semos)	entendamos	no entendamos
entendáis	entendierais (-seis)	entended	no entendáis
entiendan	entendieran (-sen)	entiendan	no entiendan
esté	estuviera (estuviese)		
estés	estuvieras (-ses)	está	no estés
esté	estuviera (-se)	esté	no esté
estemos	estuviéramos (-semos)	estemos	no estemos
estéis	estuvierais (-seis)	estad	no estéis
estén	estuvieran (-sen)	estén	no estén

Infinitivo Gerundio Participio pasado	INDICATIVO				
	Presente	Pretérito	Imperfecto	Futuro	Condicional
12. haber habiendo habido	he has ha hemos habéis han	hube hubiste hubo hubimos hubisteis hubieron	había habías había habíamos habíais habían	habré habrás habrá habremos habréis habrán	habría habrías habría habríamos habríais habrían
13. hacer haciendo hecho	hago haces hace hacemos hacéis hacen	hice hiciste hizo hicimos hicisteis hicieron	hacía hacías hacía hacíamos hacíais hacían	haré harás hará haremos haréis harán	haría harías haría haríamos haríais harían
14. huir huyendo huido	huyo huyes huye huimos huís huyen	huí huiste huyó huimos huisteis huyeron	huía huías huía huíamos huíais huían	huiré huirás huirá huiremos huiréis huirán	huiría huirías huiría huiríamos huiríais huirían
15. ir yendo ido	voy vas va vamos vais van	fui fuiste fue fuimos fuisteis fueron	iba ibas iba íbamos ibais iban	iré irás irá iremos iréis irán	iría irías iria iríamos iríais irían
16. lucir luciendo lucido	luzco luces luce lucimos lucís lucen	lucí luciste lució lucimos lucisteis lucieron	lucía lucías lucía lucíamos lucíais lucían	luciré lucirás lucirá luciremos luciréis lucirán	luciría lucirías luciría luciríamos luciríais lucirían
17. mentir mintiendo mentido	miento mientes miente mentimos mentís mienten	mentí mentiste mintió mentimos mentisteis mintieron	mentía mentías mentía mentíamos mentíais mentían	mentiré mentirás mentirá mentiremos mentiréis mentirán	mentiría mentirías mentiría mentiríamos mentiríais mentirían

SUBJUNTIVO		IMPERATIVO	
Presente	*Imperfecto*	*Afirmativo*	*Negativo*
haya	hubiera (hubiese)		
hayas	hubieras (-ses)		
haya	hubiera (-se)		
hayamos	hubiéramos (-semos)		
hayáis	hubierais (-seis)		
hayan	hubieran (-sen)		
haga	hiciera (hiciese)		
hagas	hicieras (-ses)	haz	no hagas
haga	hiciera (-se)	haga	no haga
hagamos	hiciéramos (-semos)	hagamos	no hagamos
hagáis	hicierais (-seis)	haced	no hagáis
hagan	hicieran (-sen)	hagan	no hagan
huya	huyera (huyese)		
huyas	huyeras (-ses)	huye	no huyas
huya	huyera (-se)	huya	no huya
huyamos	huyéramos (-semos)	huyamos	no huyamos
huyáis	huyerais (-seis)	huid	no huyáis
huyan	huyeran (-sen)	huyan	no huyan
vaya	fuera (fuese)		
vayas	fueras (-ses)	ve	no vayas
vaya	fuera (-se)	vaya	no vaya
vayamos	fuéramos (-semos)	vayamos	no vayamos
vayáis	fuerais (-seis)	id	no vayáis
vayan	fueran (-sen)	vayan	no vayan
luzca	luciera (luciese)		
luzcas	lucieras (-ses)	luce	no luzcas
luzca	luciera (-se)	luzca	no luzca
luzcamos	luciéramos (-semos)	luzcamos	no luzcamos
luzcáis	lucierais (-seis)	lucid	no luzcáis
luzcan	lucieran (-sen)	luzcan	no luzcan
mienta	mintiera (mintiese)		
mientas	mintieras (-ses)	miente	no mientas
mienta	mintiera (-se)	mienta	no mienta
mintamos	mintiéramos (-semos)	mintamos	no mintamos
mintáis	mintierais (-seis)	mentid	no mintáis
mientan	mintieran (-sen)	mientan	no mientan

Infinitivo / Gerundio / Participio pasado	INDICATIVO				
	Presente	Pretérito	Imperfecto	Futuro	Condicional
18. oír	oigo	oí	oía	oiré	oiría
oyendo	oyes	oíste	oías	oirás	oirías
oído	oye	oyó	oía	oirá	oiría
	oímos	oímos	oíamos	oiremos	oiríamos
	oís	oísteis	oíais	oiréis	oirías
	oyen	oyeron	oían	oirán	oirían
19. pedir	pido	pedí	pedía	pediré	pediría
pidiendo	pides	pediste	pedías	pedirás	pedirías
pedido	pide	pidió	pedía	pedirá	pediría
	pedimos	pedimos	pedíamos	pediremos	pediríamos
	pedís	pedisteis	pedíais	pediréis	pediríais
	piden	pidieron	pedían	pedirán	pedirían
20. pensar	pienso	pensé	pensaba	pensaré	pensaría
pensando	piensas	pensaste	pensabas	pensarás	pensarías
pensado	piensa	pensó	pensaba	pensará	pensaría
	pensamos	pensamos	pensábamos	pensaremos	pensaríamos
	pensáis	pensasteis	pensabais	pensaréis	pensaríais
	piensan	pensaron	pensaban	pensarán	pensarían
21. poder	puedo	pude	podía	podré	podría
pudiendo	puedes	pudiste	podías	podrás	podrías
podido	puede	pudo	podía	podrá	podría
	podemos	pudimos	podíamos	podremos	podríamos
	podéis	pudisteis	podíais	podréis	podríais
	pueden	pudieron	podían	podrán	podrían
22. poner	pongo	puse	ponía	pondré	pondría
poniendo	pones	pusiste	ponías	pondrás	pondrías
puesto	pone	puso	ponía	pondrá	pondría
	ponemos	pusimos	poníamos	pondremos	pondríamos
	ponéis	pusisteis	poníais	pondréis	pondríais
	ponen	pusieron	ponían	pondrán	pondrían
23. querer	quiero	quise	quería	querré	querría
queriendo	quieres	quisiste	querías	querrás	querrías
querido	quiere	quiso	quería	querrá	querría
	queremos	quisimos	queríamos	querremos	querríamos
	queréis	quisisteis	queríais	querréis	querríais
	quieren	quisieron	querían	querrán	querrían

SUBJUNTIVO		IMPERATIVO	
Presente	*Imperfecto*	*Afirmativo*	*Negativo*
oiga	oyera (oyese)		
oigas	oyeras (-ses)	oye	no oigas
oiga	oyera (-se)	oiga	no oiga
oigamos	oyéramos (-semos)	oigamos	no oigamos
oigáis	oyerais (-seis)	oíd	no oigáis
oigan	oyeran (-sen)	oigan	no oigan
pida	pidiera (pidiese)		
pidas	pidieras (-ses)	pide	no pidas
pida	pidiera (-se)	pida	no pida
pidamos	pidiéramos (-semos)	pidamos	no pidamos
pidáis	pidierais (-seis)	pedid	no pidáis
pidan	pidieran (-sen)	pidan	no pidan
piense	pensara (pensase)		
pienses	pensaras (-ses)	piensa	no pienses
piense	pensara (-se)	piense	no piense
pensemos	pensáramos (-semos)	pensemos	no pensemos
penséis	pensarais (-seis)	pensad	no penséis
piensen	pensaran (-sen)	piensen	no piensen
pueda	pudiera (pudiese)		
puedas	pudieras (-ses)	puede	no puedas
pueda	pudiera (-se)	pueda	no pueda
podamos	pudiéramos (-semos)	podamos	no podamos
podáis	pudierais (-seis)	poded	no podáis
puedan	pudieran (-sen)	puedan	no puedan
ponga	pusiera (pusiese)		
pongas	pusieras (-ses)	pon	no pongas
ponga	pusiera (-se)	ponga	no ponga
pongamos	pusiéramos (-semos)	pongamos	no pongamos
pongáis	pusierais (-seis)	poned	no pongáis
pongan	pusieran (-sen)	pongan	no pongan
quiera	quisiera (quisiese)		
quieras	quisieras (-ses)	quiere	no quieras
quiera	quisiera (-se)	quiera	no quiera
queramos	quisiéramos (-semos)	queramos	no queramos
queráis	quisierais (-seis)	quered	no queráis
quieran	quisieran (-sen)	quieran	no quieran

Infinitivo Gerundio Participio pasado	INDICATIVO				
	Presente	Pretérito	Imperfecto	Futuro	Condicional
24. reír	río	reí	reía	reiré	reiría
riendo	ríes	reíste	reías	reirás	reirías
reído	ríe	rió	reía	reirá	reiría
	reímos	reímos	reíamos	reiremos	reiríamos
	reís	reísteis	reíais	reiréis	reiríais
	ríen	rieron	reían	reirán	reirían
25. saber	sé	supe	sabía	sabré	sabría
sabiendo	sabes	supiste	sabías	sabrás	sabrías
sabido	sabe	supo	sabía	sabrá	sabría
	sabemos	supimos	sabíamos	sabremos	sabríamos
	sabéis	supisteis	sabíais	sabréis	sabríais
	saben	supieron	sabían	sabrán	sabrían
26. salir	salgo	salí	salía	saldré	saldría
saliendo	sales	saliste	salías	saldrás	saldrías
salido	sale	salió	salía	saldrá	saldría
	salimos	salimos	salíamos	saldremos	saldríamos
	salís	salisteis	salíais	saldréis	saldríais
	salen	salieron	salían	saldrán	saldrían
27. ser	soy	fui	era	seré	sería
siendo	eres	fuiste	eras	serás	serías
sido	es	fue	era	será	sería
	somos	fuimos	éramos	seremos	seríamos
	sois	fuisteis	erais	seréis	seríais
	son	fueron	eran	serán	serían
28. tener	tengo	tuve	tenía	tendré	tendría
teniendo	tienes	tuviste	tenías	tendrás	tendrías
tenido	tiene	tuvo	tenía	tendrá	tendría
	tenemos	tuvimos	teníamos	tendremos	tendríamos
	tenéis	tuvisteis	teníais	tendréis	tendríais
	tienen	tuvieron	tenían	tendrán	tendrían

	SUBJUNTIVO		IMPERATIVO	
Presente	*Imperfecto*		*Afirmativo*	*Negativo*
ría	riera			
rías	rieras		ríe	no rías
ría	riera		ría	no ría
riamos	riéramos		riamos	no riamos
riáis	rierais		reíd	no riáis
rían	rieran		rían	no rían
sepa	supiera (supiese)			
sepas	supieras (-ses)		sabe	no sepas
sepa	supiera (-se)		sepa	no sepa
sepamos	supiéramos (-semos)		sepamos	no sepamos
sepáis	supierais (-seis)		sabed	no sepáis
sepan	supieran (-sen)		sepan	no sepan
salga	saliera (saliese)			
salgas	salieras (-ses)		sal	no salgas
salga	saliera (-se)		salga	no salga
salgamos	saliéramos (-semos)		salgamos	no salgamos
salgáis	salierais (-seis)		salid	no salgáis
salgan	salieran (-sen)		salgan	no salgan
sea	fuera (fuese)			
seas	fueras (-ses)		sé	no seas
sea	fuera (-se)		sea	no sea
seamos	fuéramos (-semos)		seamos	no seamos
seáis	fuerais (-seis)		sed	no seáis
sean	fueran (-sen)		sean	no sean
tenga	tuviera (tuviese)			
tengas	tuvieras (-ses)		ten	no tengas
tenga	tuviera (-se)		tenga	no tenga
tengamos	tuviéramos (-semos)		tengamos	no tengamos
tengáis	tuvierais (seis)		tened	no tengáis
tengan	tuvieran (-sen)		tengan	no tengan

Infinitivo Gerundio Participio pasado	INDICATIVO				
	Presente	Pretérito	Imperfecto	Futuro	Condicional
29. traer trayendo traído	traigo traes trae traemos traéis traen	traje trajiste trajo trajimos trajisteis trajeron	traía traías traía traíamos traíais traían	traeré traerás traerá traeremos traeréis traerán	traería traerías traería traeríamos traeríais traerían
30. valer valiendo valido	valgo vales vale valemos valéis valen	valí valiste valió valimos valisteis valieron	valía valías valía valíamos valíais valían	valdré valdrás valdrá valdremos valdréis valdrán	valdría valdrías valdría valdríamos valdríais valdrían
31. venir viniendo venido	vengo vienes viene venimos venís vienen	vine viniste vino vinimos vinsteis vinieron	venía venías venía veníamos veníais venían	vendré vendrás vendrá vendremos vendréis vendrán	vendría vendrías vendría vendríamos vendríais vendrían
32. ver viendo visto	veo ves ve vemos veis ven	vi viste vio vimos visteis vieron	veía veías veía veíamos veíais veían	veré verás verá veremos veréis verán	vería verías vería veríamos veríais verían
33. volver volviendo vuelto	vuelvo vuelves vuelve volvemos volvéis vuelven	volví volviste volvió volvimos volvisteis volvieron	volvía volvías volvía volvíamos volvíais volvían	volveré volverás volverá volveremos volveréis volverán	volvería volverías volvería volveríamos volveríais volverían

	SUBJUNTIVO		IMPERATIVO	
Presente	Imperfecto		Afirmativo	Negativo
traiga	trajera (trajese)			
traigas	trajeras (-ses)		trae	no traigas
traiga	trajera (-se)		traiga	no traiga
traigamos	trajéramos (-semos)		traigamos	no traigamos
traigáis	trajerais (-seis)		traed	no traigáis
traigan	trajeran (-sen)		traigan	no traigan
valga	valiera (valiese)			
valgas	valieras (-ses)		val	no valgas
valga	valiera (-se)		valga	no valga
valgamos	valiéramos (-semos)		valgamos	no valgamos
valgáis	valierais (-seis)		valed	no valgáis
valgan	valieran (-sen)		valgan	no valgan
venga	viniera (viniese)			
vengas	vinieras (-ses)		ven	no vengas
venga	viniera (-se)		venga	no venga
vengamos	viniéramos (-semos)		vengamos	no vengamos
vengáis	vinierais (-seis)		venid	no vengáis
vengan	vinieran (-sen)		vengan	no vengan
vea	viera (viese)			
veas	vieras (-ses)		ve	no veas
vea	viera (-se)		vea	no vea
veamos	viéramos (-semos)		veamos	no veamos
veáis	vierais (-seis)		ved	no veáis
vean	vieran (-sen)		vean	no vean
vuelva	volviera (volviese)			
vuelvas	volvieras (-ses)		vuelve	no vuelvas
vuelva	volviera (-se)		vuelva	no vuelva
volvamos	volviéramos (-semos)		volvamos	no volvamos
volváis	volvierais (-seis)		volved	no volváis
vuelvan	volvieran (-sen)		vuelvan	no vuelvan

◆ VOCABULARIO ÚTIL – COGNADOS FALSOS

La lista siguiente incluye "cognados falsos"— palabras que se prestan a confusión porque son parecidas y tienen significado diferente en los dos idiomas. Nótese la diferencia de significado.

actual = *present, current*
actual = **verdadero, real**
anticipar = *to act beforehand*
to anticipate = **esperar**
apreciar = *esteem, evaluate (a book, novel), a person*
appreciate = **agradecer**
argumento = *plot summary of a story or novel*
argument = **disputa**
asistir = *to attend*
to assist, to wait on = **ayudar, atender**
asumir = *to adopt, to take on, to accept*
to assume, suppose = **suponer**
carácter = *character, personality*
character (literary) = **personaje**
casualidad = *chance, opportunity, unforseen event*
casualty = **víctima; desgracia personal**
competencia = *competition, contest*
competence = **eficacia**
compromiso = *engagement, appointment*
compromise = **arreglo, convenio**
cualidad = *quality (of character)*
quality (of merchandise) = **calidad**
cuestión = *problem, issue*
question = **pregunta**
decepción = *disappointment*
deception = **engaño**
desgracia = *misfortune*
disgrace = **vergüenza**
educado = *well-mannered*
educated, schooled = **instruido**
emoción = *excitement*
emotion = **pasión, sentimiento**
entretener = *to amuse*
to entertain = **dar una fiesta**
éxito = *success*
exit = **salida**
facultad = *college or school in a university*
faculty = **profesorado**
fastidioso = *annoying, bothersome*
fastidious = **esmerado, exigente**
gracioso = *witty, funny*
gracious = **generoso, gentil**
honesto = *honorable, chaste*
honest = **honrado**

ignorar = *to be unaware of, be ignorant of*
to ignore = **no hacer caso de**
largo = *long*
large = **grande**
lectura = *reading*
lecture = **conferencia**
librería = *bookstore*
library = **biblioteca**
pariente = *relative*
parent = **padre; madre**
particular = *private*
particular = **exigente**
posición = *position, location*
position = **punto de vista; puesto, empleo**
pretender = *to seek, claim*
to pretend = **fingir**
quitar = *to remove, take away*
to quit = **dejar, abandonar**
realización = *achievement*
realization = **comprensión**
respecto = *referring to*
respect = **respeto**
restar = *to subtract*
to rest = **descansar**
reducir = *to reduce, diminish*
to reduce (lose weight) = **adelgazar, bajar de peso**
remover = *to mix, stir*
to remove = **quitar**
sensible = *sensitive*
sensible = **sensato, razonable**
sensitivo = *pertaining to the senses*
sensitive = **sensible**
simple = *simple (not multiple), single; simpleton*
simple (not complicated) = **sencillo**
soportar = *to tolerate*
to support (a family) = **mantener, sostener**
suceso = *event, happening*
success = **éxito**
sugestión = *power of suggestion*
suggestion = **sugerencia, recomendación**
urgir = *to be urgent*
to urge = **instar; insistir en**

SINOPSIS DE UNA CONJUGACIÓN VERBAL

Sinopsis de una conjugación verbal

Infinitivo **trabajar**
Gerundio **trabajando**
Participio pasado **trabajado**

Modo Indicativo

Presente	Cristina **trabaja** en una oficina de exportación.
Pretérito	Anoche Rafael **trabajó** hasta muy tarde.
Imperfecto	Cuando yo **trabajaba** en el centro siempre **llegaba** tarde a la oficina.
Futuro	El próximo verano ellos **trabajarán** en un campamento para niños.
Condicional	Yo no **trabajaría** en esa compañía porque pagan poco.
Presente perfecto	Pepe **ha trabajado** mucho este año.
Pluscuamperfecto	Yo ya **había trabajado** en ese banco dos años cuando me aumentaron el sueldo.
Futuro perfecto	Juan **habrá trabajado** tanto este año como el pasado.
Condicional perfecto	¿**Habrías trabajado** tú en esa oficina?

Modo Subjuntivo

Presente	Esperamos que **trabajes** aquí con nosotros.
Imperfecto	Federico dudaba que Maricarmen **trabajara** para el senador Valle.
Presente perfecto	Es posible que Juana **haya trabajado** todos estos años en Santa Fe.
Pluscuamperfecto	¡Ojalá que ella **hubiera trabajado** conmigo!

ÍNDICE

TEXT CREDITS

Chapter 1 Page 25: Fernando Trías de Bes, "La risa y la productividad," El País, 15/05/2005. © Fernando Trías de Bes. By permission of International Editors Co. Literary Agency. Page 35: Rosario Castellanos, "Mirando a la Gioconda" in *Poesía no eres tú*. México: Fondo de Cultura Económica, 1972. D.R. © FONDO DE CULTURA ECONÓMICA. Carretera Picacho-Ajusco, C.P. 14738, México, D.F. Page 41: Ramón Gómez de la Serna, "Greguería." By permission of Oleander Press, Cambridge. Page 43: Enrique Anderson-Imbert, "Las estatuas," from *El gato de Cheshire. Cuentos II*, Buenos Aires, Editorial Corregidor, 1999. © Enrique Anderson-Imbert. **Chapter 2** Page 80: Marco Denevi, "Cuento policial," from *Cartas peligrosas y otros cuentos. Obras completas. Tomo 5*. Buenos Aires, Corregidor, 1999. © Marco Denevi. **Chapter 3** Page 92: Ramón Gómez de la Serna, "Greguería." By permission of Oleander Press, Cambridge. Page 95: Manuel Vicent, "Semáforo," El País, 07/07/1986. © Manuel Vicent/El País. **Chapter 4** Page 117: (El arte comprometido): © Ángel Mario Fernández, "El arte como medio de protesta (111). Solo le pido a Dios. León Gieco, un poeta comprometido" [Adaptado] By permission of the author. Page 126: Esequiel Moltó, "Denuncia social en ocho minutos," El País, 01/12/2010. © Esequiel Molto/El País. Page 132: Armando Valladares, "La mejor tinta," from *El alma de un poeta*, 1988. By permission of the author. **Chapter 5** Page 144: "Carta de la Tierra". By permission of Earth Charter Secretariat, Earth Council. **Chapter 6** Page 176: Carmen Aguirre, "Corridos mexicanos de migración. Entrevista a María Luisa de la Garza," [Adaptado] *Revista Punto y Coma*, núm. 23, marzo-abril 2010, Habla con Eñe, S. L. Publishers. Page 184: María Fernanda Ampuero, "Yo conduzco este autobús." [Adaptado] www.enlatino. com **Chapter 7** Page 201: Isabel Jiménez, "Solidaridad en vacaciones," from *Revista Punto y Coma*, núm. 25, julio-agosto 2010, Habla con Eñe, S. L. Publishers. **Chapter 8** Page 233: Janina Pérez Arias. "¿En qué creen los latinoamericanos?" [Adaptado] *Revista Punto y Coma*, núm. 23, marzo-abril 2010, Habla con Eñe, S. L. Publishers. **Chapter 9** Page 260: Clara de la Flor, "*Espanglish* o *spanglish,* producto de una nueva realidad," *Revista Punto y Coma*, núm. 16, enero-feb. 2009, Habla con Eñe, S. L. Publishers. Page 275: Paloma Gil, "La esperanza del esperanto," [Adaptado] from *La Razón y la Palabra*, núm. 68, enero 24, 2012. By permission of the author. Page 286: José Montoya, "La jefita", from *20 Years of Joda*, San Jose, CA, Chusma House Publications, 1992. By permission of Chusma House Publications. **Chapter 10** Page 291: Julio Cortázar, "Las buenas inversiones," from *Último Round*. © Herederos de Julio Cortázar, 2012. By permission of Agencia Carmen Balcells. Page 307: Amanda Mars, "Un trabajo para vivir no una vida para trabajar," [Adaptado] El País, 28/01/2010. © Amanda Mars/El País. **Lectura 1** Page 318: Jorge Luis Borges, "Pedro Salvadores" from *Elogio de la sombra*, Emecé editores, S.A., Buenos Aires, 1967. By permission of Emecé Editores. **Lectura 2** Page 325: Guillermo Cabrera Infante, "Abril es el mes más cruel," from *Así en la paz como en la guerra*, 1971. By permission of the author. **Lectura 3** Page 334: María Manuel Dolón, "Sol," from *Las raíces y otros relatos*, Madrid, Ediciones Torremozas, S.L., 1994. By permission of the author. **Lectura 4** Page 344: Carmen Alea Paz, "La eclosión del geranio," from *El veranito de María Isabel y cuentos para insomnes rebeldes*, Coral Gables, FL, Editorial Ponce de León, 1996. © Carmen Alea Paz. By permission of the author.